조선을 읽는 법, 단壇

조선을 읽는 법, 단

조선 시대 단과 의례는 어떻게 탄생했는가

의례는 텅 속의 관구로만 존재하지 않는다. 구체적인 공간에서 특정한 시간에 수행을 함으로써 완성이 된다. 수도 한성은 바로 그러한 현장으로 창출되었다. 아기 의례 중에서도 단에서 주목할 것은 이것이 오래세계에서 김례吉禮을 대부분을 차지하는 동시에, 수도 한성 인레에 포진한 장소들이었기 때문이다. 김례는 국가적인 기원의 대상으로 삼는 신격에 대한 제사를 의미하는데, 이 제사를 총칭하여 단묘제라고 한다.

장지연 지음

푸른역사

- 이 저서는 2019년 대한민국 교육부와 한국학중앙연구원(한국학진흥사업단)의 한국학 총서 사업 지원을 받아 수행된 연구임(AKS-2019-KSS-1130003).
- This work was supported by Collection and Documentation of Manuscripts for Korean Studies through the Ministry of Education of Republic of Korea and Korean Studies Promotion Service of the Academy of Korean Studies(AKS-2019-KSS-1130003).

책머리에

"조선 시대 '단壇'에 대한 책을 내려고 합니다."

이 얘기를 했을 때, 한번도 "아, 재밌는 주제네요"라고 하는 반응을 들어본 적이 없다. 대부분은 일단 무슨 '단'을 말하는 것인지 낯설어했고, '사직단', '선농단' 같은 것이라고 답하면 그제서야 "아!" 하는 정도의 짧은 탄식이 돌아오는 정도였다. 조선 시대 '단'이란 주제가 그 정도의 무게감이나 흥밋거리 정도밖에 안 되나 하는 생각에 의기소침해지곤 했다. 그러나 이 반응을 다시 새겨본다면, 적어도 사람들이 단이 무엇인지 정도는 안다는 의미기도 하다. 시행한 지 10년 정도 된 도로명 주소 곳곳에 '사직'이 들어간 경우가 꽤 되는 것을 보면, 완전히 잊힌 역사 속의 퇴물도 아니다. 요컨대 우리는 이 '단'이라는 장소에 대해 자세히 알지는 못하면서도, 대충은 그 역사적인 의미를 안다고 생각하는 막연한 앎의 상태에 있는 듯하다.

처음 단에 대한 연구를 진행해야겠다고 마음먹은 것은 박사논문을 쓰면서였다. 고려·조선의 수도는 도시적·상업적 발달보다는 먼저 권력의 중심지라는 지점을 천착해야 한다는 관점을 가지고 있었다. 그러한 고민의 연장선상에서 권력과 공간이 어떻게 관계를 맺으며, 그것이 고려와 조선의 수도에서 어떤 방식으로 이루어지고 전환되었는가 하는 점을 설명하고자 했다. 이를 위해서는 세 가지 부문을 연구할 필요가 있다고 생각했는데, 첫 번째로 주목한 것이 공간을 조직하고 운용하는 이념인 풍수였다. 이를 다룬 것이 박사논문으로, 고려의 국도풍수國都風水가 태조 왕건이라는 상징과 결합하여 태조유훈太祖遺訓이라는 정치이념으로 기능했으며, 조선은 이를 극복하며 건국됐다는 주장을 담았다. 이는 《고려·조선 국도풍수론과 정치이념》(2015)으로 공간했다. 두 번째로 주목한 것은 조선의 정치이념인 성리학이었다. 조선의 정치이념으로 꼽히는 성리학이 과연 권력 공간의 재편에도 영향을 미쳤는지, 미쳤다면 당대인들이 공간에 어떻게 이를 담아냈는지에 대한 설명이 필요하다고 생각했다. 이를 다룬 것이 《경복궁, 시대를 세우다》(2018)로, 천도 논쟁, 경복궁의 전각명과 공간 배치 등을 단서로 삼아 성리학과 권력 공간의 관계에 대해 서술했다. 세 번째로 주목한 것이 바로 의례다. 조선 시대 단을 다룬 이 책은 의례를 통해 권력 공간을 설명하고자 하는 작업이다.

  조선 시대 수도를 연구하기 위해 의례가 필수적이라고 생각한 것은 당대인들이 그만큼 여기에 몰입했기 때문이다. 천하를 윤리가 통용되는 공간으로 파악한 조선의 성리학적 세계관에서 수도 한성은 그 규범을 확산시키는 구심으로 여겨졌다. 조선을 건국한 이들은 즉위 교서에서부터 의례의 개혁을 천명할 정도로 중요한 과제로 여기고, 이를 개혁하는 데 부심했다. 그것이야말로 새로운 규범을 형성할 수 있는 방법이라고 여겼기 때문이다. 의례는 사회를 조직하는 규범을 만듦으로써, 특정한 모습으로 공동체를 형성하는 수단이 된다. 그 규범은 권력의 성격에도 반영이 되며, 규범에 충실한 권력일 때 더 폭넓고 단단한 지지를 이끌어낸다. 그런 의미에서 의례는 단순히 권력을 현창하는 데 그치지 않는다.

의례는 책 속의 문구로만 존재하지 않는다. 이는 따뜻한 몸체를 지닌 인간이 구체적인 공간에서 특정한 시간에 수행을 함으로써 완성된다. 수도 한성은 바로 그 의례의 현장으로 조성되었다. 여러 의례 중에서도 단에 주목한 것은 이것이 오례 체계에서 길례吉禮의 대부분을 차지하는 동시에, 수도 한성 안팎에 포진한 장소들이었기 때문이다. 길례는 국가적인 기원의 대상으로 삼는 신격에 대한 제사를 의미하는데, 이 제사처를 총칭하여 단묘壇廟라고 한다. 보본報本의 의미를 담은 종묘, 윤리 규범을 제창한 공자와 성현들을 모시는 문묘, 농상農桑과 같은 산업 관련 신격이나 기후의 조절이나 재변의 제거 등에 공덕을 지니고 있는 신격에 대한 제사처가 이에 해당한다. 종묘나 문묘, 여러 시조묘처럼 '묘廟'라는 형식의 건축물을 지니고 있는 제사처는 주로 인격성이 남아있는 신격을 대상으로 한다. 이에 비해 단은 천지에 속하는 자연이나 인격성이 거의 탈각된 신격을 대상으로 제사를 드리는 장소다. 흙을 북돋아 일정한 크기로 평평하게 만들고, 그 위에 신위와 제사상을 베풀어 제사를 지내는 정도로 건축 구성도 아주 단출하다.

공간 구성은 단출하지만 그 의미나 비중은 전혀 단출하지 않다. 이 단들은 도성의 안팎에 포진하며, 이 수도의 규범적 성격을 표상하였다. 도성 안에 위치한 사직단, 도성 밖 동쪽의 선농단, 북쪽의 여제단과 선잠단, 남쪽의 풍운뢰우산천성황단과 우사단 등, 수많은 단은 조선이라는 국가가 수도라는 공간을 중핵으로, 의례라고 하는 수단을 통해 국가적 지향을 제시하고 실천하는 곳이었다.

그럼에도 이들 단에 대한 정보와 지식은 몹시 제한적이다. 현재까지 그 유적이 그대로 남아있는 것은 사직단뿐이며, 나머지는 원형이 남아있지 않고 위치조차 일실된 곳이 거의 대부분이다. 다분히 형식적이고 정형화된 전례서의 문구들은 어떤 역사성을 찾기도 쉽지 않은데, 이를 보완할 수 있는 다른 사료도 많지 않다. 그들이 사용하는 개념과 용어들은 너무나도 낯설어 그 논의를 따라가는 것도 쉽지 않다. 이런 상황에서 전례서의 문구나 당대의 논의를 그대로 답습하며 기술하다보면, 의례를 만들고 실행하는 이들의 생각과 행위가 지닌 당대 맥락이 사상되고 생동감이 사라진다. 더 큰 문제는 전례서의 문구대로 당대의 현실이 그대로 구축됐을 것이라고 오해하게 할 수도 있다는 점이다. 본문에서 서술하겠지만, 정연하기 그지없는 전례서 규정의 대부분은 그대로 준수되지 못하였다.

이 책에서는 전례서에 주석을 달고 따라가기보다는 이러한 단과 의례가 어떠한 현실적 고민에서 탄생했는지를 주목한다. 이를 통해 조선의 예제禮制를 탁상공론이나 관념적이라고 보는 이미지를 깨고자 한다. 당대의 예제가 지극히 관념적으로 여겨지는 것은 지금의 우리가 그들의 의례가 구동되던 의미망과 논의를 제대로 이해하지 못하기 때문이다. 그러나 어려운 용어와 개념을 뚫고 그들의 의미망에 접속해보면, 지금 현실과도 닮아있는 어떠한 모습에 다다르게 된다. 거대한 제국이 망하면서 국제질서에 대격변이 일어나는 시기, 새롭게 탄생한 나라들이 새 관계를 구축하기까지 필연적으로 겪게 되는 상당한 갈등과 위기, 새로운 나라를 세운 이들이 제시하고 싶어 한 새 권력의 비전과 공동체의 형태, 사회 규범 등이 바로 그것이다. 이처럼 14세기 후반부터 대체로 15세기까지 이르는 이 시대의 과제와 역동성은 지금과도 닮았다는 인상을 준다.

그들의 해결 방법과 답안을 지금 이 시대에 그대로 적용하는 것은 비역사적일 뿐만 아니라 불가능하다. 우리가 역사에서 기대할 수 있는 것은 지나온 길에 대한 이해와 가야 할 길에 대한 영감이다. 과거에 대한 잘못된 인상을 교정하고 그들이 거쳐온 행로를 이해하려는 것은 우리의 현재를 이야기할 때 과거를 무분별하게, 혹은 잘못 호출하지 않기 위해서다. 이 책이 그러한 앎의 지평을 넓히는 데 조금이나마 도움이 되길 바란다.

이 책에는 이전 논문들*이 일부 반영되어 있으나 도판은 척도를 좀 더 정밀하게 적용하여 재작성하고 오류들을 수정하였다.

개별적으로 쓴 논문들을 하나로 묶고 새로 글을 더해 큰 틀을 구성해보고 싶다는 생각은 오래전부터 해왔으나 한국학중앙연구원의 지원이 아니었다면 이렇게 저술로 구성할 엄두를 내지 못하였을 것이다. 기초학문에 대한 국가의 지원이 꾸준할 때, 우리 지식의 기반이 단단해질 것이다. 학술서라는 것이 과연 시장이 있기는 하냐는 자조적인 질문만 나오고 전근대사 연구는 더욱 관심을 못 받는 이 시대에 선뜻 출판을 결심해준 도서출판 푸른역사에 감사드린다. 표지 글씨를 흔쾌히 써주신 시아버님 이동진 화백과 도판을 그려주느라 고생한 김나연, 이창아가 없었다면 이렇게 깔끔한 책이 나오지 못했을 것이다. 나의 일상을 단단히 지지해주는 남편 이광렬, 이제 새로운 세상에 한걸음 내딛게 될 아들 이은재는 내 힘의 원천이다. 공부는 혼자 하는 것이라고 잘난 척

---

* 〈조선 초 중앙 사직단 단제의 형성과 그 성격〉, 《서울학연구》 43, 2011.
〈고려~조선 초 적전 선농단의 변화와 그 특징〉, 《서울학연구》 44, 2011.
〈조선 시기 주현 사직단 설치의 의미와 그 실제〉, 《한국문화》 56, 2011.
〈조선 시대 선농단과 선잠단의 실제 형태 고찰〉, 《조선시대사학보》 63, 2012.

하며 이 길을 선택했는데, 이렇게 국가와 사회의 도움을 받고서야 뭔가를 만들어낸다. 우리 모두를 위해 공동체의 올바른 규범과 단단한 국가가 바로 서기를. 모두에게 감사드린다.

2025년 3월

장지연

차례

005 • **책머리에**

016 • **서설**

1 예의 나라로 가는 길—그 길목의 세 장면
029 • 첫 번째 장면: 1369년(공민왕 18) 고려와 명의 첫 통교
039 • 두 번째 장면: 1385년(우왕 11) 어렵게 성사된 우왕의 책봉
048 • 세 번째 장면: 1412년(태종 12) 조선의 번국 의주 요청

〔I부 하늘〕

2 풍운뢰우산천성황단—왕조 교체기 위기의 전유

- 065 • 근본적인 모순을 지닌 단
- 067 • 제각각 제사 드린 고려의 전통
- 071 • 홍무제의 천하일통 선언
- 076 • 산천 제사에 대한 고려의 거부와 경계
- 083 • 기록되지 않은 조선 건국 후의 산천 제사
- 088 • 정도전의 풍운뢰우단은 무엇이었을까
- 094 • 제천인가 산천인가 — 풍운뢰우와 산천
- 098 • 중사단의 기준이 되다
- 103 • '시왕지제'의 유용성
- 114 • 끝내 제천의 장소가 되다

3 우사단—태종이 찾아낸 제천의 대체물

- 121 • 제천이라는 딜레마
- 128 • 1414년(태종 14) 한여름에 서리가 내리던 해
- 133 • 특이한 단의 제도, 동교라는 위치
- 136 • 우사단의 그 후, 제천의 그림자

〔Ⅱ부 땅〕

4 적전 선농단—땅에서 농경으로, 화풍에서 전통으로

- 147 • 정월, 하늘과 땅의 의례가 여는 새해
- 149 • 고려의 친경 — 화풍華風인가 유교례인가
- 157 • 고려 말, 화풍에서 전통으로
- 164 • 조선, 적전에서 선농으로
- 169 • 우선순위에서 밀리는 단
- 174 • 단제가 보여주는 예치禮治의 이상과 현실

5 사직단—만들어낸 '제후'의 의례와 일원화의 이상

- 185 • 단壇, 유壝, 주원周垣, 외장外墻
- 190 • 사직단의 기원, 그 형식의 변천
- 195 • 조선, 단의 크기를 반으로 줄이다
- 202 • 태종, 유와 주원, 외장을 건설하다
- 206 • 세종 대 박연과 정초가 지적한 모순
- 212 • 집현전 조사의 허점과 개축 방향
- 222 • 행례 문제는 어떻게 해결되었는가
- 226 • 조선이 만들어낸 '제후'의 사직단
- 232 • 중앙과 지방을 연결하는 새로운 고리
- 239 • 지방은 얼마나 일원화되었는가

〔Ⅲ부 젠더〕

6 악해독단 — 공간과 젠더의 이항대조

- 251 • 별기은別祈恩이라는 산천 제사
- 259 • 산천 봉작의 폐지, 새로운 제사체계
- 272 • 제사 대상의 확대, 혁파되지 않은 신상神像
- 277 • 전통의 수호를 자임한 왕실 여성
- 289 • 옛 수도 개성의 관성

7 친잠과 선잠단 — 국가가 제시하는 규범적 젠더상

- 301 • 남자는 농사짓고 여자는 길쌈하고
- 305 • 조선의 성종, 친경과 친잠을 시행하다
- 314 • 언덕 위에 자리 잡고 작게 건설된 단

328 • 결어

- 336 • **주**
- 397 • **참고문헌**
- 403 • **수록 그림 및 도표**
- 405 • **찾아보기**

서설

흙을 우뚝하게 모으고 그 위를 평평하게 다진다.
무너지지 않게 돌로 가장자리를 두르고,
사람이 오르내릴 수 있는 계단을 낸다.
성스러운 영역임을 표시하기 위해 주변에 담장과 문을 세운다.
지붕을 덮지 않은 흙더미 위에
제물을 차리고
술을 붓고 올리며
인간이 신과 소통하는 원초적인 장소.
그것이 단壇이다.

단이라는 제사 장소는 중국에서 유래했다. 묘廟나 당堂과 같은 제사 장소는 건축물의 형태를 지니면서, 인격성이 남아있는 신격에 대해 제사를 드리는 곳이다. 공자와 성현들을 모시는 문묘나 왕실의 조상을 제사 지내는 종묘 등을 떠올리면 이해하기 쉽다. 이에 비해 단은 하늘, 땅, 산천, 농경의 신 등에게 기원을 한다. 원구단, 방구단, 사직단, 선농단과 같은 장소들이 대표적이다. 이들 신격은 신농씨神農氏처럼 신화적인 존재거나 호천상제昊天上帝 같은 자연신으로 인격성이 탈각된 존재들이다. 사실 탁 트인 대지의 특정 지점에 흙더미를 쌓고 이러한 신격과 소통한다는 발상 자체는 인류 문화 전반에서 확인할 수 있다. 그러나 신격에 대한 중국적인 기원을 지닌 개성적인 설화를 서사적 날줄로, 음양오행설이나 천문 지식을 논리적 씨줄로 삼아, 임금이 거주하는 도성 안팎의 특정 장소에 특정한 규격과 형식의 단을 설치하고 특정일에 제사드린다는 것은 중국적 전통이다. 좀 더 정의를 좁혀본다면, 《예기禮記》, 《주례周禮》 등의 고대 경전에 기원을 두고 한漢·당唐 대를 거치며 오례五禮 중 길례吉禮라는 국가의례로 확립된 제사처, 그중에서도 흙을 쌓고 평평하게 다진 제사처를 단이라 하겠다.

  우리나라에서는 신라에서 처음 이러한 단의 존재가 확인이 된다. 8세기 선덕왕宣德王(재위 780~785) 때 도입한 사직단이 대표적이며, 이외에도 선농先農, 풍백風伯, 우사雨師, 영성靈星, 팔자八楷 및 악진해독嶽鎭海瀆 등에 대한 제사가 확인된다.* 그러나 이중 단을 세웠다고 분명히 밝히고 있는 사직단을 제외하고는, 다른 신격의 경우 단을 설치했는지, 했다면 어떠한 형태와 규모로 세웠는지 등이 확인되지 않는다. 흔히 종묘·사직으로 병칭하고 도성에서도 궁궐의 좌우에 건립해야 한다고 인식된 종묘와 사직을 함께 동시에 도입하지 않은 것도 특징적이다. 선농의 경우에도 중국에는 없는 중농中農이나 후농後農의 신격을 설정하고, 농경의 연간 일정에 맞춰 장소를 바꿔가며 제사한다든지, 전체 의례가 아니라 명산대천만을 대·중·소사로 분류하는 등 상당히 독특한 체계

---

* 《三國史記》 권32, 잡지 제1 祭祀.

를 지니고 있다. 중국에서는 《주례》에서 제사의 등급에 따라 희생과 폐백의 차등을 둔 이래로, 전체 제례의 등급을 나누는 것이 전통이었으나 신라는 이를 따르지 않은 것이다. 요컨대 신라의 국가 제사, 특히 단에 대한 제사는 당의 예제禮制를 일부 수용했으나 전체적인 체계를 가늠하여 도입했다기보다는 그때그때 필요에 따라 약간의 수정이나 보충을 통해 구성한 것으로 보인다. 신격이나 제사 방식에도 변용된 것이 많은 것으로 추정된다.

단의 형태를 지닌 제례를 체계적으로 원래의 신격과 제사 방식을 준수하며 도입한 것은 10세기 고려 성종 대였다. 이때에는 단지 한두 개의 단만 도입한 것이 아니라 원구단, 적전 선농단, 종묘, 문묘, 사직단 등을 함께 도입했을 뿐만 아니라, 단묘壇廟 및 제기祭器 제도 등에 대한 글과 그림까지 송에서 가져왔다.* 글과 그림을 함께 가지고 왔다는 점에서 실제 중국과 비슷하게 단의 제도를 갖추고 제례를 갖추었음을 알 수 있다. 이는 이후 예종 대 예의국禮儀局을 설치하며 한 차례 산정이 되고, 의종 대 《상정고금례詳定古今禮》로 집대성되었다.** 《상정고금례》는 《고려사》의 예지禮志를 비롯하여 조선 초 예제 논의 때에는 주요 자료로 활용되었다.

《고려사》 예지에서는 대·중·소사의 세 등급으로 길례를 분류하였다. 명산대천만을 대·중·소사로 나눈 신라와는 달라진 것이다. 이중 단과 관련된 신격을 정리하면 다음과 같다.

---

* 《高麗史》 권3, 세가3 성종 2년 5월 甲子.
** 《高麗史》 권59, 지13 예1.

○ 대사大祀

　원구圜丘, 방택方澤, 사직社稷

○ 중사中祀

　적전籍田, 선잠先蠶

○ 소사小祀

　풍사風師·우사雨師·뇌신雷神·영성靈星, 마조馬祖, 선목先牧·

　마사馬社·마보馬步, 사한司寒

성종 대 당唐·송宋의 예제를 참고하여 도입한 종묘, 사직, 원구, 선농단 등의 제반 의례는 유교적인 의례를 확충하려던 당대의 개혁과 밀접하게 관련되어 있었다. 그러나 고려 시대 국가의례 전체에서 이러한 유교 의례가 차지하는 영역은 제한적이었다. 불교 의례, 산천 신앙이나 도교 및 풍수에 관한 의례 등이 훨씬 더 정서적으로 밀착해 있었을 뿐

[표 1] 고려와 조선의 단壇 변사체계 비교

왕조 변사	고려	조선
대사	원구, 방택, 사직	사직
중사	적전, 선잠	풍운뢰우산천성황, 악해독, 선농, 선잠, 우사雩祀,
소사	풍사·우사·뇌신·영성, 마조, 선목·마사·마보, 사한	영성, 노인성, 마조, 명산대천, 사한, 선목·마사·마보, 마제禡祭, 영제, 포제, 여제

서설

만 아니라, 설행 빈도나 규모도 훨씬 더 컸다. 《고려사》에 유교 의례 이외의 의례들은 그 설행 양상이나 빈도가 상당히 생략되었기 때문에 그 전모가 제대로 드러나지 않을 뿐이다. 따라서 고려의 단에 대한 제사체계가 [표 1]에 제시하는 조선의 단에 대한 제사체계와 대체로 비슷해 보인다 할지라도 행례에서의 비중이나 의미는 상당히 달랐다는 점을 유의해야 한다.

단에 대한 의례의 비중이 확연히 높아지고 그 위상도 강화된 것은 조선이 건국되면서였다. 조선은 즉위 교서의 첫 항목에서부터 종묘와 사직의 개혁을 선언했다.

> 천자는 칠묘七廟를 세우고 제후는 오묘五廟를 세우며, 왼쪽에는 종묘를 세우고 오른쪽에는 사직을 세우는 것은 옛날의 제도다. 그것(종묘)이 고려에서는 소목昭穆의 순서와 당침堂寢의 제도가 경전에 합하지 않았으며, 또 성 밖에 있었다. 사직은 비록 오른쪽에 있었으나 그 제도가 고제古制에 어긋남이 있었다. 예조는 상세하게 연구, 논의하여 일정한 제도로 삼을 것이다.[1]

이 교서에서는 종묘와 사직의 제도가 제후국의 위상에 맞지 않는다는 점, 또 고제古制에 어긋난다는 점을 문제시했다. 무엇보다 이 교서에서 유의할 지점은 종묘와 사직으로 대표되는 예제의 개혁이 국가의 주요 의제라고 선언했고, 오로지 유교 예제만을 대상으로 선언했다는 것이다. 불교적이거나 무속적인 예전은 국가의 주요 의제에서 아예 배제한 셈이다. 유교 의례의 비중이 국가의례(길례)에서 절대적인 비중으로 상승하고, 그 대부분을 차지하는 단의 비중이 높아질 것을 예고하며, 이러한 의례 개혁의 방향이 곧 새 왕조의 지향임을 천명했다. 이후 여러 차례의 논의와 변경을 거쳐 선정한 단은 최종적으로 성종 대 《국조오례서례國朝五禮序例》에 다음과 같이 대·중·소사의 3등급으로 나누어 수록됐다.

○ 대사大祀

사직社稷

○ 중사中祀

풍운뢰우산천성황風雲雷雨山川城隍, 악해독嶽海瀆,

선농先農, 선잠先蠶, 우사雩祀

○ 소사小祀

영성靈星, 노인성老人星, 마조馬祖, 명산대천名山大川, 사한司寒, 선목先牧, 마사馬社, 마보馬步, 마제禡祭, 영제禜祭, 포제酺祭, 여제厲祭

초기 연구에서부터 국가의례는 왕조의 이념적 전환을 보여주는 것으로 주목했다. 국가의례의 정비과정은 왕조의 이념이 정착·심화하는 과정으로 인식됐는데, 크게 두 방향으로 연구가 진행되었다.

하나는 제후국이라는 조선의 자의식을 어떻게 해석할 것인가라는 문제였다. 즉위 교서의 종묘와 사직에 대한 문제 제기 대부분이 제후국의 예제에 맞지 않는다는 지적인 것에서 드러나듯이 조선이 제후국을 자처했다는 점은, 같은 유교 의례를 도입했어도 고려와 대별되는 중요한 지점이었다. 특히 천자만이 지낼 수 있는 제천祭天 의례인 원구단圜

丘壇(원단圓壇) 제사의 치폐를 놓고 여러 왕대에 걸쳐 벌어진 논쟁은 조선의 고민과 갈등을 잘 보여주는 것으로 주목됐다. 초기 연구에서는 제후국을 자처한 것을 독자성의 포기로 해석했기에 원구 제사를 회복하자는 주장이나 세조 대의 복구를 자주적 민족의식을 보여주는 것으로 조명했다.² 근래에는 조선에서 천자-제후의 차등적 질서를 수용한 것은 몽골제국에 포섭된 고려 후기의 변화에서 비롯했다고 보면서, 이 시기 형성된 의례들의 영향을 주목한다. 이러한 논의는 몽골제국의 정치적 압박이나 경험을 제후국 관념이 형성되는 계기로 본다는 점에서 외부적 요인을 중시하는 한편, 명明의 건국이라는 변수는 그다지 비중 있게 취급하지 않는다. 그리고 조선 건국 후에도 지속된 제후국 자의식은 신유학 이념의 내면화로 설명한다.³

다른 하나는 유교 이념의 확산이나 강화라는 측면에서 조선의 국가의례를 살펴본 것이다. 성리학의 정착 및 이해의 구도로 살펴보거나 예치禮治 체제를 구축하여 어떻게 운용했는지를 살펴보는 관점이 이에 해당한다.⁴ 대체로 초기에는 성리학 및 예제에 대한 이해가 미흡했다가 세종 대 연구를 통해 그 이해가 심화되었으며, 성종 대 예전禮典으로 완성됐다고 본다. 유교 의례의 이해 수준은 사상의 이해와 밀접하다고 보며, 이를 적극적으로 도입하는 것을 국가가 신앙과 이념을 독점하며 사회를 개편해나가는 과정으로 조명한다. 이러한 연구에서 불교나 도교, 무속 신앙 같은 민간 신앙이 지속된 것은 신분·계급별 차이 혹은 문화지체 현상으로 설명되곤 했다.

이러한 연구들이 국가의례 체계 전반을 다루었다면, 2000년대 이후에는 의례별 연구가 확대, 심화하면서 개별 단묘나 의례에 대한 연구들이 축적되고 있으며,5 특히 자료가 많은 조선 후기의 여러 의례에 대해서는 개별 사안별로 연구가 축적되고 있다. 또 길례 이외 가례, 빈례 등 오례의 다른 부분에 대해서도 관심이 확대되고 있다.

새로운 연구의 장이 열리는 국면에서 몇 가지 숙고해보아야 할 문제가 있다. 우선 의례의 실행과 그 목적을 왕권 강화라든가 왕권과 신권의 대립 등의 문제로만 조망하는 시각을 재검토할 필요가 있다. 의례는 다층적 의미를 지닌 복잡한 상징체계를 동원하여 구성하는 것이기에, 만들고 실행하는 자의 의도가 아무리 정교하다 해도 수용하는 자에게 그대로 관철되지 않는다. 권력은 의례에 기대어 창출되거나 강화되기도 하지만, 역으로 약화되기도 한다. 또 저항세력이 그 의례를 전유하거나 전복함으로써 저항의 수단으로 삼기도 한다. 권력과 의례의 관계에 대해 좀 더 섬세한 고찰이 필요하다.

의궤 등 자료가 많은 후기에 비해, 조선 전기는 자료가 그다지 많지 않기에 주로 《국조오례의》 같은 전례서와 실록의 의주儀注를 중심으로 연구가 진행되었다. 문제는 최근의 단별 개별 연구나 발굴 조사 등을 볼 때, 전례서나 의주의 규정이 실제 단의 존재 양태와 큰 차이를 보인다는 점이다. 전례서를 통해 볼 때 정연해 보이는 그 이상이 실제 현실에서는 제대로 구동되지 않았다는 점이 드러나고 있는 것이다. 그렇다면 과연 조선의 예치가 당대의 선언만큼, 혹은 선언대로 구축되었다고 볼 수 있을까. 이념과 현실의 격차가 이만큼 크다면, 의례를 통해 이념의 수준이나 방향을 판단하는 것은 바람직한가, 당대의 의례를 통해 우리가 알아낼 수 있는 의미는 무엇인가라는 의문이 생기지 않을 수 없다.

당대인들이 의례나 의주를 구성하는 언어는 중국의 경전과 수많은 전례서를 출전으로 삼아 구사된다. 이 때문에 일부 연구에서는 그 함의를 충분히 파악하지 못하거나 오해를 한 부분들이 존재했다. 조선인들은 한 시대 한 가지 원형을 그대로 가져오지 않고 여러 가지 제도 및 의주를 조립하거나 의미를 추론·참작하여 새롭게 규정을 만들었다. 그렇기에 이들의 의례를 설명하기 위해서는 왜 이러한 조합을 만들었는지, 왜 여기는 새로운 규정을 만들었는지, 새 규정의 기준은 무엇인지에 대한 질문이 필요하다. 이 질문은 궁극적으로 의례를 새 국가의 과제로 내세운 조선인의 문제의식이 무엇이었느냐로 이어진다. 외부 환경과 경험은 분명 새로운 문제의식을 갖게 하는 요소가 된다. 그러나 외부적 요인은 문제의식의 시작을 열 수는 있으나 그 방향과 형태까지 모두 결정하지는 않는다. 중요한 것은 주체의 결정이다.

원元 대의 경험이 명明과 교섭하는 고려·조선으로 그대로 이어졌다는 전제에 대해서도 재검토가 필요하다. 새로운 상대는 새로운 규칙을 가지고 다가왔다. 명이 예제禮制를 가지고 시도한 압박은 선언적 차원이 아니라, 여러 가지 측면에서 새로운 수준이었으며, 압박의 양상이나 강도도 원 대와 같지 않았다. 고려·조선이 자처한 '제후국' 레토릭의 역사적 의미, 그것을 규범화한 이유 등을 이해하기 위해서는 사상만이 아니라 현실을 더욱 직시할 필요가 있다. 조선의 국가의례는 단순히 관념적 산물이 아니라 이러한 치열한 정치와 외교의 현장 속에서 여러 가지 고민 끝에 나온 현실의 산물이기 때문이다. 국가의례가 비록 이념적 성격이 강했으며 이념적 언설들로 구성되기는 했으나, 그 형성과정까지 관념적으로 이해해서는 안 된다.

의례를 정비하고 창안하는 과정에는 당대의 여러 가지 사정과 문제의식이 교차한다. 담당 주체들도 서로 다른 생각을 가지고 있었다는 점에서, 단일한 대오로 이들을 이해하면 그 현장을 충분히 이해할 수 없다. 기존에는 그 모든 원인과 결과를 성리학으로 돌리며 단순화하는 경향이 있었다. '성리학 사회가 되었다'고 결말을 정해놓은 결과, 그 과정에 있었을 수많은 갈래의 선택, 집중과 배제, 변형과 우회, 타협과 포기 같은 역동성에 주목하지 않은 것이다. 시대의 결에 대한 무딘 감각은 이념이 재편될 때의 양상을 제대로 드러내지 못하게 한다. 또한 유교 의례가 강화되는 새로운 풍경 속에서 불교와 무속 의례가 어떻게 재배치되는지, 그 과정에서 여러 주체가 어떠한 전략을 구사하는지에 대해서도 섬세하게 들여다보지 못하게 한다.

이런 문제의식들을 바탕으로, 이 책은 예제의 원형이 형성되던 시점에서 시작한다. 회귀의 첫 시점은 공민왕 대 명과 처음으로 통교하기 시작한 시점이다. 1장은 공민왕 대, 우왕 대, 조선 태종 대 등 의미 있는 세 장면을 선택하여 명에서 시도한 예제적 지배의 단면과 고려·조선의 대응을 살펴볼 것이다. 이는 조선의 예제 개혁, 특히 제후국의 예제를 만든다는 문제의식과 관련된 중요한 국면이며, 명의 홍무제와 영락제가 시도한 예제적 지배의 실체를 보여줄 것이다.

이후 하늘, 땅, 젠더의 3부로 나누어 총 6개의 단을 살펴본다. 2장과 3장은 하늘과 관련한 단으로 풍운뢰우산천성황단과 우사단을 다룬다. 일반적으로 하늘에 대한 제례는 원구단의 치폐 문제를 가지고 설명해왔다. 그러나 이 책에서는 풍운뢰우산천성황단과 우사단을 가지고 조선이 궁극적인 기원의 장소인 하늘에 대한 문제를 어떻게 풀었는지를 설명할 것이다. 이 두 단은 시왕지제時王之制와 경전經典을 전유한 조선의 창의적 방식을 보여줄 것이며, 원구단(원단)과 관련한 은폐된 현실을 드러낼 것이다.

4장과 5장은 땅과 관련한 단으로, 적전籍田 선농단과 사직단을 다룬다. 선농은 농경을 시작한 신격을 기리는 것이지만, 고려~조선 초까지 선농보다 적전이 중시됐으며, 적전은 원구단圜丘壇과 연결하여 하늘과 땅의 의례라는 쌍으로 엮여 있었다. 사직단은 원구단을 폐지하며 가장 등급이 높은 단이 되었으나 제후국의 규모에 맞게 크기를 반으로 줄이려고 하면서 새로운 문제를 안게 되었다. 그런 점에서 이 두 단 역시 하늘의 문제와 연동되어 있었다. 이 단들은 제후국의 의례를 총체적으로 구성해야 한다는, 역사성 전례가 없는 작업이 현실의 여러 제약 속에서 실천되었다는 점을 보여준다. 또한 지방의 사직단은 국가의 지방에 대한 일원적 지배 노력을, 그러나 그 지배력에는 한계가 있었음을 보여줄 것이다.

6장과 7장은 젠더와 관련한 단이다. 이 장에서는 악해독단과 선잠단을 통해 의례의 개편이 조선의 젠더 규범과 성별 분업상의 구축과 관련됐다는 점을 설명하고자 한다. 이 장에서 다루는 두 단 중 악해독단은 산천 신앙과 관련한 음사를 철폐하고 유교적 방식으로 전환하기 위해 마련한 단으로, 일견 젠더와 무관해 보일 것이다. 그러나 조선에서 산천 제사를 유교화하는 것과는 별도로 전통적인 무속적 산천 제사가 지속되는데, 이 과정이 성별 분업과 관련이 되어 있음을 서술할 것이다. 친잠親蠶과 선잠단은 유교적 성별 분업, 산업관을 표상한다. 성종은 친경親耕과 친잠을 함께 실시하면서, 유교적 가부장제에 의거한 성별 분업의 모범을 제시했다. 이러한 모범을 만들어가는 것은 단지 '남성 국가'의 의지에 의한 것만은 아니었다. 악해독단과 이 시대 남녀 성별 분업 구축에는 왕실 여성들의 역할도 컸다는 점을 짚으려고 한다.

  이 여섯 개의 단은 조선의 단 전체를 포괄하지 않으며, 제시 순서도 변사辨祀체계 상의 중요도를 따르지 않았다. 이는 조선을 설명하는 데 필수적이며 핵심적인 키워드를 유기적으로 담을 수 있다고 생각한, 저자의 임의적인 구성이다. 이 책의 마지막 페이지를 넘길 때, 이 구성이 설득력 있다고 느껴지기를 희망하며, 이제, 예치禮治의 나라로 가는 그 노정의 첫 장면을 제시한다.

1. 예의 나라로 가는 길
- 그 길목의 세 장면

첫 번째 장면: 1369년(공민왕 18) 고려와 명의 첫 통교

몽골제국이 무너진 후, 천하는 새롭게 결속되어야 했다. 새로운 천하에 대한 이해, 그 속에서의 자기 위치 및 성격에 대한 설정은 새로운 의례와 사전祀典을 통해 표현될 것이었다. 고려의 공민왕은 그 결속의 첫 모델을 만들었으며, 이때의 전략과 기조는 조선 건국 후에도 이어진다. 이 첫 통교는, 그래서 의미 있고 중요하다.

 1368년(공민왕 17) 1월 주원장朱元璋은 즉위 후 국호를 대명大明으로, 연호를 홍무洪武로 정했다. 7개월 후에 원의 대도까지 점령한 그는, 그해 겨울 부보랑符寶郎 설사偰斯를 고려에 보내 자신의 등극을 알렸다.[1] 험난한 바닷길 때문에 이듬해 4월에야 고려에 도착한 설사는 황제의 새서璽書를 전했다. 명에서 이때 고려에만 이 사실을 알린 것은 아니다. 그러나 안남 등 다른 나라에는 동일한 내용의 조서詔書를 보낸 것과는 달리, 고려에는 고려만을 위한 글을 보냈으며 동등한 사이에서 보내는 글을 의미하는 치서致書라는 표현을 썼다.[2] 그만큼 이 새서의 문투는 조심스러웠다. 언어가 통하고 고려에 형제가 있는 설사를 보낸 것도 그러한 조심성의 일환이었다.³ 새서에서 홍무제는 제위에 오른 과정을 간략하게 설명하고는 마지막에 이렇게 썼다.

> 예전 우리 중국의 임금과 고려는 땅이 서로 접하고 있어 그 왕은 신臣이라고도 하고 빈賓이라고도 했으니 대개 중국의 풍교를 사모하여 백성을 편안하게 하려고 할 따름이었습니다. 하늘이 그 덕을 살펴보았으니 어찌 고려에서 영원히 왕이 되게 하지 않겠습니까?⁴

홍무제는 고려와 명이 지리적으로 밀접하기 때문에 역사적으로 고려가 신을 칭한 적도 있으며 손님을 칭한 적도 있었다고 조심스럽게 운을 띄우고선, 자신은 고려의 왕이 영원히 그 나라에서 왕으로 있게 하겠다는 의사를 내비쳤다. 천자로서 제후왕을 분봉해주는 책봉-조공 체제를 암시하며 고려 국왕과 안정적 관계를 맺겠다는 뜻이었다.⁵

고려의 반응은 전향적이었다. 바로 이 친서에 호응하여, 5월에는 등극을 하례하는 사신을, 8월에는 성절, 황태자의 천추절, 새해를 축하하는 사신 세 명을 한꺼번에 보냈다.⁶ 이때 성절사가 총부상서 성준득成准得, 하정사가 공부상서 장자온張子溫이었는데, 이듬해인 1370년(공민왕 19) 5월 성준득은 공민왕의 고명誥命을 전할 설사와 함께 귀국하면서 황제의 새서와 관복, 악기 등을,⁷ 장자온은 6월에 귀국하면서 조하의주朝賀儀註를 가지고 왔다.⁸

후에 홍무제는 자신이 기대하지도 않았는데 안남과 고려에서 먼저 책봉을 요청하며 칭신稱臣하였다고, 이때의 일을 여러 차례 회고하였다. 아무리 암시적으로 책봉-조공 체제에 대한 희망을 드러냈다 하더라도 이것이 상대에 의해 바로 받아들여지리라는 보장은 없다. 최악의 경우에는 사신이 죽임을 당하며 갈등만 증폭될 수도 있고, 그 정도까지는 아니더라도 여러 가지 핑계를 대며 조공을 거부하는 유보적인 반응만 얻을 수도 있다. 그러나 안남과 고려, 점성占城 등에서 전향적으로 책봉을 요청해오자 홍무제는 큰 자신감을 얻을 수 있었을 것이다.

당시 안남은 과거 원과 전쟁을 치르는 등 정치적 간섭을 받은 적이 있었기에 명의 건국에 민감하게 반응하며 책봉을 요청했다.[9] 고려도 비슷한 처지였다. 고려 왕실과 조정이 원 황실 및 조정에 너무 밀착되는 바람에 국왕권과 정치가 심각하게 위협받는 상황이 여러 차례 있었다. 공민왕 대에도 이런 갈등은 계속되었다.[10] 이런 상황에서 명의 건국은 고려에 새로운 도전이자 기회가 될 수 있었다.[11]

1369년 홍무제의 첫 사신을 맞이하고 고려가 명에 책봉을 요청한 것은 분명하나, 이때의 책봉이 '칭신稱臣'을 의미하는가, '칭신'의 의미가 무엇인가에 대해서는 고려와 명 사이에 미묘한 해석상의 차이가 있었다. 고려가 칭신했다는 근거로 거론되는 사료는 두 가지가 있다. 첫째, 고려에서 보낸 하등극표賀登極表와 사은표謝恩表, 둘째 설사에게 준 이색의 시 서문인 송설부보사환시서送偰符寶使還詩序이다.[12] 이 사료들을 고려가 신하를 자처한 근거로 읽을 수 있을까? 하나씩 다시 살펴보자.

먼저 1369년(공민왕 18) 5월 고려에서 올린 하등극표에서 '칭신'으로 거론되는 부분은 다음과 같다.

신臣은 멀리 동쪽 끝에 처하여 우러러 북신北辰을 바라만 볼 뿐, 비록 경하를 드리는 반열에 참여는 못하지만 항상 간절한 정성을 바칩니

다.¹³(밑줄: 필자)

여기에서 공민왕이 분명 '신'이라 칭하고는 있다. 그러나 좀 더 주목해야 할 것은 '동쪽 끝[東表]'에 멀리 거처한다고 한 부분이다. 《고려사》에서 동쪽 끝이라는 뜻으로 '동표東表'가 쓰인 사례는 1110년(예종 5)에 송의 밀유密諭에 답한 글에서 확인이 된다.¹⁴ 이때에도 동표는 송과 고려의 지리적 거리감을 의미했다. 1356년(공민왕 5) 기철, 인당 등을 처단하고 원에 보낸 표문에서도 고려가 "동쪽 끝에 멀리 처해 있기에[邈處東極]" 수·당 대에도 기미하는 데 그쳤다고 하며, 기철 등은 고려의 전례에 따라 처리하겠다고 하고 있다.¹⁵ 이러한 지리적 거리감은 고려라는 정치체의 독자성을 지지하는 수사로 자주 활용되었다.¹⁶ '신'이라는 표현이 표문이라는 형식상 관습적으로 사용될 수밖에 없는 자칭이라면, 사실 저 표문에서 핵심은 '신'보다는 '동쪽 끝에 멀리 처했다'는 지리적 거리감, '경하를 드리는 반열에는 참여하지 않는다'는 부분이라고 봐야 한다.

사은표에서도 이러한 거리감은 반복된다.

그동안 중원이 어지러워 귀의할 곳을 잃고 있었는데, 이제 성상이 일어나심을 보게 되었으니 더욱 간절히 기쁘게 떠받들고 싶습니다. 다만 산천이 워낙 멀리 떨어져 있는 관계로, 강수江水와 한수漢水가 조회하는 일을 아직 행하지 못하고 있었는데, 곡진히 포용하여 도탑게 어루만져주실 줄이야 어찌 알았겠습니까.……황제 폐하께서는 무력을 중지하고 문교文敎를 밝히면서, 간척干戚의 춤을 추어 인덕仁德을 베풀어주고 계십니다. 그리하여 하늘과 땅에 평화의 기운이 감돌게 하는 가운데 오제五帝와 삼왕三王의 뒤를 이어 황극皇極(천하의 표준)을 세우시고, 남쪽과 북쪽에 교화가 널리 퍼지게 하는 가운데 구주九州와 사해四海를 한 집안으로 여기고 계십니다. 그렇기 때문에 언어가 달라서 통역해야만 하는 <u>먼 작은 나라</u>까지도 일시동인一視同仁의 덕화德化를 입을 수 있게 되었으니, 신은 삼가 마땅히 충순하는 것에 뜻을 두어 대대로 중국의 울타리 역할을 충실히 수행하며, 토산물을 바치는 예의를 깍듯이 닦으면서 항상 하늘과 같은 수壽를 누리시도록 축원하겠습니다.[17] (밑줄: 필자)

이 글에서는 산천이 떨어져 있는 먼 나라라는 거리감을 언급하며, 홍무제의 정치가 무력이 아니라 문교에 기반하여 평화를 추구하고 있다는 점을 강조한다. 이러한 질서가 '강수와 한수의 조회[江漢之朝宗]'라고 하는 제후 천자에 대한 조회를 열었으며,[18] 고려는 여기에서 대대로 울타리[翰藩] 역할을 하겠다는 의사를 비쳤다. 이 울타리 역할은 정확히 어떠한 지위를 말하는 것일까?

이색이 쓴 송설부보사환시서는 좀 더 분명하게 고려가 청하는 것이 신속臣屬을 의미하는 것이 아님을 강조한다.[19]

내가 생각하건대, 조선씨가 나라를 세운 것은 실로 당요唐堯 무진년이었다. 비록 대대로 중국과 통교하였으나 <u>중국이 일찍이 신하로 여기지 아니하였으며</u>, 이 때문에 주 무왕이 은 태사殷太師를 봉하여 신하로 삼지 아니하였다. 그 후 신라·백제·고구려가 솥발처럼 대치하여 서로 한 지역씩을 장악하여, 진秦·한漢 이래 통교하기도 하고 절교하기도 했다. 우리 시조가 굉장한 자질과 원대한 계략으로 당의 말기에 일어나서, 드디어 삼국을 합병하고 그 땅에서 왕이 되어 5대 시대로부터 지금까지 내려왔으니, 대개 500년이 되어간다. 습속이 이미 다르고 언어가 통하지 아니하니, 진실로 중국이 언급할 만하지 않지만, 시·서·예·악의 풍이 아직도 사라지지 아니하여 중국을 존대할 줄 알며, 만약 성인聖人이 나오게 된다면 의지하여 돌아가려고 생각하던 참이었다. 하물며 지금 천자가 먼 곳 사람을 비루하게 여기지 아니하고, 기쁘게 돌봐주시는 것이 이와 같으며, 부보공符寶公도 능히 마음가짐이 충직하여, 험한 거센 파도를 보기를 평탄한 길처럼 여기고 덕음德音을 선포했다. 상하가 서로 믿어서 털끝만큼도 의심이 없으니, 대대로 번병[藩輔]이 되어 우리 제명帝明을 받들고 천만세를 나갈 것이 대개 지금으로부터 비롯할 것이다.[20] (밑줄: 필자)

우선 이 글에서는 '조선'이라는 명칭으로 고려를 소개하며 그 유래가 당요 무진년부터 시작되었다고 하는데, 이는 단군조선을 의미한다.[21] 이때에도 중국에서 신하로 삼지 않았다는 점을, 그래서 주 무왕이 은 태사인 기자를 신하로 삼은 것이 아니라 왕으로 봉했음을 강조하였다. 이러한 서두의 배치는 명이 고려를 신하로 삼으면 안 되고 제후왕으로 봉해야 한다는 주장을 펼치기 위한 바탕이다. 이 시집과 서문은 단순히 사적 교류를 위한 문집이 아니라, 공민왕이 설사에게 증정하라고 한 것이며, 설사는 귀국 후 이 문건도 같이 보고한 것으로 추정된다.[22] 이는 고려에서 명에 간접적으로 자신들의 정치적 의사를 표현한 수단이었다.

홍무제는 고려의 이러한 요청에 부응하여 '왕'이라는 위상을 맞춰주었다. 1370년(공민왕 19)에 공민왕에게 내린 고명에서는 "고려 국왕 왕전은 대대로 조선朝鮮을 지켜왔으며 선왕을 이은 좋은 후계자로서 정성을 다해 화하華夏를 따름으로써 동토東土의 명번名藩이 되었다"고 하며, 의제儀制 등은 본속本俗을 따르라고 하였다.²³ 여기에서 고려를 "동쪽의 번병"으로, 또 "조선"이라고 언급한 것은 고려에서 올린 표문과 설사에게 준 이색의 서문에 나오는 표현과 동일하다는 점에서 고려의 요구가 받아들여진 것임을 알 수 있다. 또한 "의제 등은 본속을 따르라"는 말까지 이끌어냈다는 점도 중요하다. 각종 제도 및 의례는 고려가 자율적으로 해도 무방하며 명에서 간섭하지 않겠다는 확인이었다.

한편 조하의주를 가져온 장자온의 활동 역시 주목할 필요가 있다. 설사가 받은 것처럼 그 역시 명에 체류할 때 여러 문신과 접촉하며 시를 받았는데, 송렴宋濂이 여기에 서문을 써주었다. 송렴의 서문은 여러 지점에서 흥미로운 점을 보여준다.

> 마침 고려는 해동海東에 처해 있으면서 사신을 보내어 표문을 바치고 신하를 칭하면서 조공朝貢으로 방물을 바쳤다. 상께서 그 정성을 가상하게 여겨 조서를 내리고 새서와 금보金寶를 하사하고, 고려 국왕高麗國王으로 삼았다. 또 왕자王者의 예악禮樂을 내려주어 그로 하여금 나라 안에 있는 종묘와 산천의 여러 신들에게 제사 지내게 하였다.……고려는 기자箕子 서여胥餘가 세운 나라여서, 위로는 항상 일정하게 높은 지위에 있는 사람이 있고, 아래로는 신분에 따른 등급이 있으니, 실제로 선왕의 유풍이 보존되어 있다.²⁴(밑줄: 필자)

이 글에서는 고려를 기자가 세운 나라라고 하며, 홍무제가 공민왕에게 왕의 예악을 하사하였다고 했다. 고려의 주장과 논리가 그대로 반영된 글을 송렴이 쓴 것이다. 그는 건국 전부터 주원장을 도운, 가장 중요한 조언자 가운데 하나이자 명나라 정치·사회 전반에 걸친 그랜드 플랜을 제시한 인물이다. 그에게서 이런 서문을 받아냈다는 것은 고려 사신들의 물밑 작업이 얼마나 활발했는지를 보여주는 단서이다.

고려에서 단군과 기자를 언급하며 조선을 그 연원으로 삼은 것은 중국과 어깨를 나란히한다는 역사적 유구함과 지역적 독자성에 대한 인식을 보여준다.[25] 이는 이때 돌출한 것이 아니라 원 간섭기 이래 고려에서 동원해온 레토릭이다. 고려에서는 원과 관계가 안 좋을 때 기자箕子를 추숭하곤 했다. 1325년(충숙왕 12)과 1356년(공민왕 5)에 평양의 기자 사우를 세우거나 수리하고 제사를 드리게 한 것이 대표적이다.[26] 1325년은 입성책동 등으로 충숙왕이 큰 어려움을 겪고 난 후였으며, 1356년 6월은 공민왕의 반원 개혁이 한창이던 때다. 이럴 때 기자에 대한 추숭이 행해졌다는 점은 고려에서 기자라는 상징을 통해 원이 고려를 한 지방으로 복속하려는 것에 저항하며 책봉-조공 질서 속의 거리감을 회복하려고 한 것을 의미한다. 이런 점에서 볼 때 고려-명 관계의 초반에 조선(단군과 기자)을 언급한 것은 책봉-조공 질서 속의 천자-제후국의 관계를 지향한 것이며, '왕의 예악', '동쪽의 번병' 등도 이러한 맥락으로 해석할 수 있다.

고려의 요구와 논리가 거의 그대로 받아들여졌다는 점에서 공민왕 대 첫 책봉 요청은 성공적이었다. 고려의 요청은 책봉에만 그치지 않았다. 설사와 함께 귀국한 성준득이 가져온 홍무제의 새서는 공민왕의 또 다른 노림수를 보여준다. 홍무제의 구어가 날것 그대로 표현되어 있는 이 새서는 매우 신랄한 어조로 공민왕의 정치를 비난한다.[27] 여기에서는 근래 사신에게 고려 국왕의 정치를 물으니 여러 가지 문제가 있더라고 하면서 불교가 아니라 유교를 중시할 것, 왕으로서 위엄을 보일 궁궐이 필요하다는 것, 왜구를 막기 위한 성곽이 필요하고, 사전祀典을 중시하라는 등의 지적을 하였다.[28] 이렇게 정치를 행하면 자식도 얻을 수 있을 것이라고 언급까지 하고 있는 이 새서는 고려 국왕의 내정을 지나치게 구체적으로 들먹이고 있어서 상당히 돌출적인 느낌이 있다.

그런데 이 무렵 공민왕의 행로를 보면, 홍무제의 새서는 도리어 고려의 요청에 맞추어 내려준 것임을 알 수 있다. 예를 들어 공민왕은 이 새서를 받기 전에 이미 이색에게 문묘 석전을 주관하게 하였으며,[29] 1370년(공민왕 19) 1월엔 원구圜丘 친사親祀를 행하였고, 실현되지는 못하였으나 3월엔 적전籍田 친경親耕을 준비하였다.[30] 이는 새서를 받기 전부터 이미 공민왕이 유교 예전을 강화하고 있다는 것이다. 제례에 필수적인 관복과 악기 등은 고려에서 먼저 요청한 것이었고, 공민왕은 이를 기회로 종묘 악장을 제작하는 등 국가의례를 새롭게 했다.[31] 또한 새서를 받은 후인 8월에는 수창궁 옛터에 궁궐을 짓고, 11월부터는 육아일六衙日의 조회朝會를 실시하며 보평청報平廳에 무일편無逸篇을 게시하고 친정親政에 나섰다.[32]

보평청은 이 시기에 "임금이 몸소 나와 국가의 모든 일을 친히 처리하며 날마다 경연을 열고 노성한 학자들을 맞이하여 나라 다스리는 방도를 강론하여 성현의 학문을 연구"하는 곳으로 인식된 전각이다. 여기에 태조의 훈요 제10조에서 언급하고 있는 무일편을 게시한 것은 임금이 태조를 본받되, 특히 관료들과 소통하며 직접 정치를 하겠다는 의지의 표명이었다.[33] 공민왕의 친정이 결국 이듬해인 1371년(공민왕 20) 신돈辛旽의 숙청으로 이어졌다는 점에서, 홍무제가 새서에서 불교의 축소와 친정을 요구한 것은 이러한 공민왕의 계획을 뒷받침해주는 것에 다름없음을 알 수 있다. 신돈 숙청 후 공민왕이 모니노牟尼奴(훗날의 우왕)가 자신의 자식임을 밝히고 데려온 것까지 생각하면, 자식을 얻게 될 것이라는 홍무제의 예언은 사실 사전 정보가 아니었을까. 아마도 자신의 후사에게 명 황제의 아우라를 얹어주기 위한 장치였을 가능성이 크다.

신돈의 숙청과 친정, 후계의 수립은 1371년(공민왕 20) 10월 공민왕이 친히 태묘에서 제사하고 신하들의 하례를 받는 장면에서 정점을 찍는다. 제향에는 새로 지은 악장이 연주되었다.[34] 명에서 새롭게 받은 악기, 명에서 새로이 받은 관복은 모두 이날을 위한 준비가 아니었을까.[35] 제사를 마치고 돌아오는 길, 도성의 동문인 숭인문崇仁門 안에서 성균관의 학관 및 생원들과 12도 생도들은 권신의 난을 제거하고 새로운 정치를 펼치는 군주를 찬양하는 가요를 올렸다. 이에 뒤질세라 아리따운 교방 기생들도 노래를 지어 올렸다.[36] 공민왕의 첫 대명 외교는 새로운 천하에서 자국의 위치를 정하는 것뿐만 아니라, 국내에서 자신의 왕권을 강화하고 새로운 정치에 나서는 발판까지 마련한 치밀한 기획이었다.

첫 통교에서 고려가 '칭신'했다고 여기며 한껏 신이 난 홍무제는 그 요구 대부분을 그대로 들어주며, 그해 친왕 책봉, 악진해독 제사 개혁과 같은 일이 있을 때마다 번번이 사신을 보내어 고려에 알렸다. 그러나 고려는 '신臣'이라는 단어에는 거리감을 두고 책봉-조공 질서 속의 제후왕, 지리적 거리감이 있는 독자적 정치체로서 자신의 위치를 자리매김하였다.[37] '신臣'에 대한 양국의 미묘한 해석 차이, 고려의 신중한 거리두기와 홍무제의 흥분 사이에서 양국은 미묘하게 어긋나 있었고, 이는 당장 책봉사보다 먼저 도착한 도사 서사호의 산천 제사에서부터 드러나기 시작했다.[38] 이에 대해서는 풍운뢰우산천성황단에서 설명할 것이다.

고려와 명의 첫 악수는 수월했으나 곧 파국을 맞았다. 그럼에도 공민왕 대 첫 통교는 조선에 이르기까지 하나의 모델이 되었다는 점에서 의미가 크다. 건국 후 국호를 '조선'으로 요청하며 기자를 언급한 것, 책봉 시 관복과 악기 등도 함께 요청한 것 등은 새 왕조에서 처음 나온 결정이 아니라, 이미 20여 년의 유래를 지닌 전략이었다.

두 번째 장면: 1385년(우왕 11) 어렵게 성사된 우왕의 책봉

고려와 명의 첫 통교는 매끄러웠으나 곧 여러 가지 갈등이 발생했다. 특히 공민왕이 시해되고 명 사신이 살해되는 사건이 발생하며 고려-명 관계는 완전히 경색되었다. 우왕이 즉위한 뒤로 고려의 대명 외교는 공민왕의 시호와 우왕의 승습을 받는 데 집중되었다고 해도 과언이 아니다. 그러나 명에서는 고려의 승습과 책봉 요청은 받아들이지 않은 채 과도한 공물을 요구하고 절차상으로도 까다롭게 굴며 계속 퇴짜를 놓는 등 양국의 관계는 개선될 기미가 보이지 않았다.

양국의 관계는 명이 본격적으로 요동을 공략하기 시작하면서 전기를 맞게 되었다. 안정적으로 요동에 집중하기 위해 배후의 고려와 관계를 정상화하는 것이 필요해진 것이다. 명에서는 공물 양만 맞추면 그동안 까다롭게 굴던 다른 절차는 문제삼지 않겠다며 고려를 회유했고, 고려에서는 과도하기는 하지만 그 양을 맞추고, 금과 은의 부족분은 말로 환산하여 대납하기로 했다. 이렇게 고려의 공물이 도착하자 명은 그동안 억류하거나 유배한 고려 사신을 바로 풀어주고 조빙朝聘을 허락했다. 1385년(우왕 11) 4월, 억류된 고려 사신들이 귀환하자, 고려에서는 다음 달 바로 책봉을 요청하는 사신을 보냈다. 이에 응한 명의 책봉사는 9월에 도착했다.[39]

공민왕의 시호를 받고 우왕이 책봉 받는 데 이르는 일련의 과정은 고려가 협상 테이블에서 상당히 불리한 처지에 있었음을 보여준다. 명이 요구한 막대한 공물은, 그 양도 문제였지만 협상의 여지도 없이 그대로 이행되었다는 점에서 지극히 일방적이었다. 때문에 이때의 책봉은 고려의 자발적인 의지로 수립된 책봉–조공 관계 아래서는 믿기 어려울 만큼 약탈적이었다고 평가받는다.[40] 1385년(우왕 11)은 고려가 굉장히 수세에 몰린 상황에서 간신히 관계를 회복시켰기 때문에, 명에서는 책봉을 미끼로 공물을 막대하게 징수하는 것은 물론 다른 부분에도 상당한 영향력을 발휘할 수 있었다. 공민왕 대 첫 통교 때와는 상황이 완전히 달라진 것이다.

명에서 책봉 사신을 파견했음에도 고려에서는 긴장의 끈을 놓을 수 없었다. 책봉 사절을 맞기 위해 문관들이 총출동할 때 최영과 이성계 같은 무장들은 모두 서울 밖으로 내보내졌다. 실록에는 최영과 이성계의 위명威名이 천하에 알려져 명 사신과 접하지 못하도록 하기 위해서였다고 한다.[41] 아마도 1380년의 황산대첩이나 진포대첩 등이 명에도 알려진 것으로 보이는데, 고려에서는 혹여 긴장을 불러올 수 있다고 보아 사신과 접하지 못하게 한 것으로 추정된다. 그런데 흥미롭게도 명 사신들은 국경에 접어들자마자 이들 무장에 대해 물었다.[42] 이 시기 양국의 상호 탐색전과 신경전이 치열했음을 여기에서도 다시금 짐작할 수 있다.

[표 2] 1385년(우왕 11) 이전 명에서 보낸 사신

서기(년)	왕력(명)	날짜	사신	목적
1370	공민왕 19 (홍무 3)	4월 경진	도사道士 서사호徐師昊	산천 제사
1370	공민왕 19 (홍무 3)	5월 갑인	상보사승尙寶司丞 설사偰斯	책봉
1370	공민왕 19 (홍무 3)	6월 신사	예부주사禮部主事 백례栢禮 시의사인侍儀舍人 복겸卜謙	명의 친왕 책봉 알림/ 과거 정식 반포
1370	공민왕 19 (홍무 3)	7월 임인	비서감직장秘書監直長 하상봉夏祥鳳	악진해독 등 사전 개혁 알림
1370	공민왕 19 (홍무 3)	7월 을사	중서성선사中書省宣史 맹원철孟原哲	매적리팔라買的里八剌 [마이데르바라] 등의 생포 알림
1372	공민왕 21 (홍무 5)	5월 계해	환자宦者 원사院使 연달마실리延達麻失里 손내시孫內寺	진리, 명승 등 고려에 보냄
1374	공민왕 23 (홍무 7)	4월 무신	예부주사禮部主事 임밀林密 자목대사孶牧大使 채빈蔡斌	말 징발
1379	우왕 5 (홍무 12)	3월	주차奏差 소루邵壘, 조진趙振	공물 요구. 심덕부 등과 함께 고려에 오다 첨수참에서 돌아감.

이때 명에서 보낸 사신은 조서사詔書使와 시책사諡册使였다. 조서사로는 국자감학록國子監學錄 장부張溥, 행인行人 단우段祐를, 시책사로는 국자감전부國子監典簿 주탁周倬, 행인 낙영雒英을 보내 전 왕에게 '공민'이라는 시호를 내리고 우왕을 고려 국왕으로 책봉했다. 여기서 이때 사신의 관력을 유의할 필요가 있다.

[표 2]를 보면 우왕 11년 이전 명 사신은 설사偰斯나 원 환관 출신처럼 언어적 소통을 염두에 둔 인물이 아니면 예부주사나 중서성선사처럼 실무 관련 관원이 주였다. 하급 관원이기는 하지만 국자감의 관원을 사신으로 보낸 것은 우왕 11년이 처음이다. 이때 사신으로 온 장부는 1367년(오吳 원년)에 국자감 학관의 제도를 정할 때부터 학록을 맡았을 정도로,[43] 국자감에서 잔뼈가 굵은 인물이었다. 명에서 십여 년의 첨예한 갈등 끝에 처음으로 보내는 사신을 국자감 소속의 관원으로 선택했다는 점은 음미해보아야 할 부분이다.[44]

아니나 다를까, 공민왕의 시호와 우왕을 책봉한 조서를 전한 후 장부와 주탁 일행은 고려의 사전祀典 체제를 점검하는 데 집중하였다. 그 대상은 광범위하였다. 약 한 달간 이들이 점검한 내용을 《고려사》를 통해 정리해보면, 다음과 같다.[45]

① 장부 등: 서사호가 세운 비석 점검. 남교南郊로 옮기려고 땅을 보았는데 끝내 실행은 하지 않음.
② 장부, 주탁 등: 문묘 배알. 맹사성에게 《시경》을 강하게 함. 주탁 등이 고려의 사전祀典을 보고 싶어 하여 사직·적전·풍운을 적어 보여 줌. 주탁이 충신·열사·효자·순손·의부·절부도 더하여 제사 지내라

고 함. 주탁이 하륜에게 황태자에게 바치는 전문箋文에도 칭신稱臣하라고 함.

③ 장부 등: 사직단에 가서 보고 재려齋廬가 없음을 지적함. 성황도 보려고 했으나 높은 곳에 올라가서 국도國都를 내려다보게 할 수 없다 하여 정사색淨事色을 성황이라고 보여줌. 적전도 보려고 하였으나 조정에서 이를 막음.

《고려사》에는 이들의 행적이 '장부 등'과 '주탁 등'으로 분명히 나뉘어 설명된 경우도 있고, 그냥 장부 등이라고만 되어 있는데 주탁 일행을 포함하는 것인지 모호한 경우도 있다. 태묘에서 분황한 후 제사에 쓴 번육을 바칠 때 장부 측과 주탁 측에 각각 따로 보냈다는 점, 양측의 식사 시간이 같지 않은 것 등을 보면 양측의 숙소는 달랐던 것으로 보인다.[46] 문묘의 경우엔 두 일행이 함께 간 것이 확실히 확인되는 반면, 나머지 일행은 '장부 등'이라고만 되어 있어 함께 간 것인지 확인되지 않는다.

장부 일행은 가장 먼저 공민왕 대 홍무제가 보낸 도사 서사호가 고려의 산천에 대해 제사드리고 세운 비석이 제대로 있는지를 점검하였다(①). 풍운뢰우산천성황단에서 후술하겠지만, 이 비석은 홍무제의 천하관에 근거하여 세웠으나 공민왕 당대부터 이미 달가워하지 않았다. 뿐만 아니라 명과 관계가 악화한 1383년(우왕 9) 쓰러뜨려버린 상태였는데,[47] 이때의 점검에 대비해 다시 이 비석을 세워둔 것이다.

명 사신들은 비석 점검뿐만 아니라 고려의 사전체계 전체를 검토하려 했고(②), 이 장소들을 직접 답사까지 하며 상태를 확인하고 싶어했다(③). 고려에서는 이에 대응하면서 적전과 성황 등은 못 가게 하고, 사전 전체가 아니라 사직, 적전, 풍운 정도로 축소하여 보여주었다. 그러나 조선 초 언급을 보면 명에서는 이미 고려의 사전에 대해서 상당한 사전 지식을 가지고 있었으며, 《고려사》에 나온 것보다는 좀 더 깊은 논의가 오간 것으로 보인다. 세종 대 변계량은 다음과 같이 주탁의 지적 때문에 원구의 제사를 중지했다고 하였다.

> 근래에 중국 사신 주탁이 와서, "듣자하니, 그대들의 나라가 하늘에 제사한다 하던데, 그러한가?"라고 물어서, "그러하오"라고 대답하였습니다. 주탁이 "사람 일을 가지고 말하면, 그대의 나라가 향례饗禮를 베풀어서 조정의 재상에게 청한다면 혹 허락할 수는 있겠으나, 천자처럼 하는 데 이른다면, 비록 정성을 다하여 청한다 해도 어찌 그대 나라에 기꺼이 내려오겠는가"라고 하므로, 이에 비로소 하늘에 제사하는 의식을 폐하였습니다.[48]

명에서는 고려가 이미 원구 제사를 지내고 있다는 것도 파악하고 있었고 그것이 고려의 국체에 맞지 않는다는 문제의식까지 지니고 있었다. 편법으로 명의 관료를 움직여 사전祀典에 대해서 허락을 받아낼 수도 있겠으나, 제사의 원칙상 그렇게 한다 한들 신이 감응하지 않을 것이라고까지 지적했다. 명의 재상을 움직일 수 있다는 언급에서는 원하는 사전체계와 의주를 받아내는 데 고려가 상당히 능동적인 힘을 가지고 있었음을 다시 한번 확인할 수 있는 한편, 역으로 그것이 권도인 만큼 상황과 정세에 따라서는 불가능할 수도 있다는 점도 함께 보여준다.

장부, 주탁 등의 점검 태도는 한껏 까다로웠다. 우왕이 태묘에서 분황례를 하고 나서 보낸 번육을, 직접 전달하지 않고 숙소에 놓고 갔다는 것을 가지고도 주탁은 불같이 화를 냈다. 장부 등은 사직단에 재계 齋戒를 드릴 건물을 지으라며 건물 구성까지 문제삼았고, 주탁은 충신, 효자처럼 추가할 조목, 거기에 '칭신'할 범위를 확대하라고 요구했다. 당시 이들의 문묘 방문을 앞두고 고려에서는 민제閔霽와 권근權近을 임시로 사예와 직강으로 차정해둘 정도로 준비했으나, 정작 장부는 고려가 불교나 섬겨 문묘가 쓸쓸하다는 비판적인 시를 남겼다.[49] 이들의 점검 대상과 태도를 보면, 홍무제가 이들을 보낼 때 시호와 책봉 외에도 고려의 사전체계를 점검하고 까다롭게 지적하는 것이 주요 업무로 포함되어 있었으리라는 점을 짐작할 수 있다. 여기에서 '예제禮制'는 단순히 천하일통天下一統의 상징물이나 관념체계가 아니라 실질적인 외교적 압박의 수단이었다.

우왕 대 장부, 주탁 등은 강렬한 인상과 영향을 남겼다. 십여 년에 걸친 외교 위기를, 상당히 굴욕적일 수도 있을 정도의 공물 부담까지 모두 감수하며 맞아들인 첫 사신이자 시호와 책봉 조서를 가져온 이들이 아닌가. 고려의 고위관료가 총출동하여 이들을 영접한 것은 물론,[50] 당대 문재文才가 있는 이들은 모두 시를 지어 증정하였다.[51]

이러한 시문은 사적 교류 이상의 목적을 지니고 있다. 이색이 장부를 전송하며 지은 시에서 "황궁에 돌아가 절하면서 응당 복명하겠지요. 삼한이 은덕에 감사하며 이미 사특함이 없더라"[52]고 한 것이라든가, 권근이 서문에 "이제부터 우리 동방의 귀화하는 정성이 더욱 천총天聰에 들리어 나눠주는 복에 참여할 수 있게 되리니, 실로 선생에게 바라는 바가 크다"[53]라고 쓴 것처럼, 이들은 이 시집을 통해 고려의 성의와 입장이 황제의 귀에까지 전달될 수 있기를 바랐다. 공민왕 대 설사에게 준 시집처럼 우왕 대의 이 시집도 이러한 외교적 행위의 일환이었다.[54]

장부와 주탁 역시 교류에 적극적이었다. 이들은 개경으로 오는 행로 곳곳에서 접반사와 함께 시문을 창화했으며, 이숭인, 정도전의 시문집에 서문을 써주며 교류했다.[55] 정도전이 주탁에게서 받은 붓에 대해 감사를 표한 시를 지은 것을 보면, 선물도 교환했던 것으로 보인다.[56] 이들의 교류는 단발로 끝나지 않았다. 가장 많이 시문을 교류한 이숭인은 후에 사신으로 갔을 때 주탁을 다시 만나지 못함을 애석해했으며,[57] 문묘에서 주탁을 만난 적 있는 권근은 훗날 조선 태조 대 명에 사신으로 갔을 때 주탁의 아들 주우周瑀를 만났다.[58]

중국 관료에게도 이들의 교류는 좋은 인상을 남겼다. 장부와 주탁은 고려인이 만들어준 문집을 보고 "동방에도 인물이 있구나!"라며 감탄했다.[59] 중국 문인인 고손지高巽志는 주탁을 통해 이 사환使還 시집을 본 적이 있다며, 나중에 정몽주가 명에 왔을 때 《도은집》 발문을 써주었다.[60] 권근은 훗날 사행길에서 어떤 중국 관료가 주탁의 사환 시에 써준 그의 서문을 봤다며 자신의 그림에 글을 써달라는 요청을 받기도 했다.[61] 이처럼 장부, 주탁 등은 길지 않은 기간에도 고려 관인과 활발히 교류하며 강렬한 인상을 남겼다. 이들과 접한 고려 관료들이 훗날 조선의 중추적 인물이 되었다는 점도 간과할 수 없다. 문묘에서 명 사신 앞에 《시경》을 강한 이십 대 중반의 젊은 맹사성은 세종 대 재상을 역임한다.

우왕 11년의 책봉은 공민왕 대와는 달리 고려가 상당히 수세적이고 불리한 위치였을 때 행해졌다. 홍무제는 그 기세를 몰아 고려의 사전과 의례체계 전반을 점검하며 전방위적으로 압박을 가했다. 고려는 모든 사전을 보여주지는 않는 등 저항하기는 했으나 일정 정도 수모와 압박을 받을 수밖에 없었다. 공민왕 대 첫 통교 때에는 홍무제에게서 "의제는 본속을 따르라"는 지침까지 이끌어낼 수 있었다. 그러나 고려를 궁지에 몰 수 있는 상황이 되자 홍무제는 자신이 내린 지침을 뒤집는 데 전혀 거리낌이 없었다. 이때 고려가 당한 수모는 그만큼 홍무제가 예제를 통해 천하일통을 구현하려고 한 의지가 강렬했음을, 그리고 그것이 단순히 책 속의 이상이 아니라 현실적인 압박의 수단이자 유동하는 것이었음을 보여준다.

장부, 주탁 등은 황제의 의지를 수행하는 데 걸맞게 까다롭고 깐깐한 상대였다. 그러나 그들이 국자감 관원 출신이기에 고려 관료들과 상당한 동류의식도 공유한 것으로 보인다. 이들이 교류한 시문은 외교적인 목적이 일차적이기는 했으나, 그 문장의 수준과 내용을 통해 상대를 인정하는 계기가 되었다. 이는 다른 중국 관료에게 입소문으로 전달되며 새로운 인연으로 이어지기도 하고 세대를 이어 연결되기도 했다.

이때 이들을 맞이한 고려 관료들 중 상당수가 조선 건국 후 세종 대까지도 이어졌다. 담당 주체의 연속성이라는 측면에서 이 사행은 조선에서 사전을 수립할 때 중요한 기억이자 선례로 상당한 영향력을 발휘하게 된다. 세종 대까지도 명의 책봉 연혁을 언급하거나 의주儀注 등을 논의할 때면 이때의 사행이 거론되곤 하였으며, 민간에서는 장부가 문묘에 대해 남긴 시를 기억하고 읊조렸다. 그 기억의 자취를 간접적으로나마 짐작할 수 있다.

세 번째 장면: 1412년(태종 12) 조선의 번국藩國 의주儀注 요청

하늘이 해동을 사랑하여 우리 태종을 내려주셨네	天眷海東 降我太宗
부지런하신 태종께서 성대한 덕을 몸에 지녔네	亹亹太宗 盛德在躬
거룩한 아버지를 추대하여 능히 위대한 공업을 이루고	推戴聖父 克集大功
황제의 조정에 조근朝覲하여 조용히 잘 아뢰었네	乃覲帝庭 敷奏從容
황제의 은총을 넉넉히 입어 백성들을 보전하였도다	優荷睿恩 保我黎元[62]

변계량이 지은 조선 태종 신도비문의 명銘이다. 개국 창업의 공조차 태종에게 돌리는 것으로 시작하는 이 명문에서는 개국에 이은 태종의 두 번째 공덕으로 황제의 조정에 조근한 것, 즉 명과 책봉–조공 관계를 맺은 것을 꼽고 있다. 태종의 가장 대표적인 업적은 사대事大를 통한 조명 관계의 안정으로, 이를 통해 백성들을 보호할 수 있었다는 것이다. 1370년 첫 통교 이래 홍무제 재위 기간 내내 양국의 관계가 널뛰기한 것, 태조대에는 폭발 직전까지 갔던 것을 염두에 두면 그렇게 자부할 만도 하다.

1402년(태종 2) 10월 12일, 영락제永樂帝의 즉위 소식을 알리는 명 사신이 도착했다. 영락제는 8월 1일 조선에 가장 먼저 사신을 파견하고, 8월 26일에는 오이라트 등 여러 부족에, 9월 7일에는 안남, 섬라 등 여러 나라에 사신을 파견해서 즉위 사실을 공표했다.[63] 홍무제처럼 영락제 역시 제위에 오르자마자 주변국에 이를 선포한 것이다. 조선(고려)을 신경 쓰며 가장 먼저 사신을 보낸 것 역시 홍무제와 동일했다. 조선에서는 명 사신이 온 지 3일 만에 바로 하등극사 하륜을 명으로 보냈다. 태종은 명의 건문제建文帝 때 정난靖難의 변에 기민하게 대응하며 처음으로 책봉을 받은 바 있었는데, 영락제가 즉위하자 다시금 발 빠르게 대처한 것이다. 하륜은 기지를 발휘하여 원래의 목적인 등극을 축하하는 데 그치지 않고 명의 태종 책봉까지 이끌어내며, 이듬해인 1403년(태종 3) 4월 8일에 태종에게 고명과 인장을 하사할 명의 사신단과 함께 돌아왔다.

조선은 고명과 인장을 받는 데 그치지 않고 면복까지 청하여 받아냈는데, 그 작질爵秩은 친왕親王에 준하는 구장면복九章冕服이었다.[64] 조선에서는 책봉이 성사되고 나면 늘 면복을 함께 요청하여, 건문제 때에도 친왕의 구장복을 받은 바 있다. 이때 명에서는 원래 면복을 내려주려는 생각이 없었으나 조선에서 적극적으로 요청하여 받아냈다.[65] 책봉과 함께 면복을 받아내는 것, 그 등급을 친왕에 준하는 왕자王者의 것을 받는 것 등은 공민왕 대 첫 통교 때 성사시킨 이래 조선까지 이어진 전략이다.

영락제는 홍무제보다도 조공에 더 집착했다. 제위 찬탈의 오명을 불식시키기 위해 이적夷狄이 사모하는 유덕한 천자의 이미지를 만들기 위한 고심의 일환이었다.[66] 영락제는 홍무제와 같은 방식을 동원하기도 했다. 홍무제가 주변 조공국의 산천에 제사를 지내고 비석을 세운 것처럼 영락제 역시 1404년(영락 2) 일본을 책봉하면서 아소산阿蘇山을 수안진국지산壽安鎭國之山으로 봉하고 그 땅에 비석을 세우게 했으며, 자신이 직접 그 글을 지었을 정도로 공을 들였다.[67] 그도 아버지 홍무제처럼 조공국 산천 제사를 통해 천하의 일통을 이뤄냈다고 선언한 것이다.[68]

영락제는 조선이나 일본 같은 곳과는 무난히 책봉-조공 관계를 맺기도 했으나, 약간의 갈등을 일으킨 안남 같은 경우에는 침략을 통해 직접 지배하는 것도 서슴지 않았다. 안남 침공의 경우 그 전쟁의 발단은 안남보다는 조공질서의 '문란함'을 묵과할 수 없던 영락제의 심리가 더 큰 요인이었던 것으로 해석한다.[69] 이러한 '응징'과 정화鄭和의 항해를 통한 조공국의 확대까지 더하여, 영락제 시대에는 60개가 넘는 주변 국가들이 조공하였다. 아니, 적어도 조공하는 모습을 갖추었다. 수많은 조공국을 통해 영락제는 원 세조 쿠빌라이를 능가하는 천자의 이미지를 구축하기를 기대했다.[70]

조선에서는 명의 동향을 면밀히 주시했다. 안남 정벌에 대해서도 정확히 상황을 파악한 태종은 다음과 같이 말했다.

> 우리 황제가 큰 공을 좋아하니 우리나라가 조금이라도 사대의 예를 잃는다면, 황제는 반드시 군사를 일으켜 죄를 물을 것이다. 나는 한편으로는 지성으로 섬기고, 한편으로는 성을 튼튼히 하고 군량을 비축하는 것이 오늘날의 급무라고 생각한다.[71]

황제의 체면을 세워주는 사대의 예를 잃지 않아야 한다는 점을 강조한 것이다. 조선의 '지성사대至誠事大'는 관념적 산물이 아니라 국제 정세의 면밀한 분석을 통해 나온 현실적인 대책이었다.[72]

조선의 기민한 지성사대 대책은 1409년 첫 번째 막북 친정을 준비하는 영락제의 상황을 예의주시하는 속에서 더욱 적극적으로 발휘되었다. 명에서는 첫 번째 막북 친정을 앞둔 1409년 9월 환관 황엄黃儼을 보내 비용을 지불할 테니 형편에 따라 말을 진헌하라고 요구하였다.[73] 명에서는 이때 마필의 숫자를 정하지 않았기 때문에 마필의 수효나 진헌의 속도는 조선의 성의가 어떠한지를 가늠하게 되는 척도가 됐다.

조선은 전폭적으로 마필을 지원하기로 결정했다. 하루 만에 진헌관마색을 설치하여 여러 품관과 제주濟州에서 말을 내게 했으며, 이듬해 정월 안에 1만 필을 진헌하겠다고 명에 알렸다.[74] 말의 진헌은 예정보다 한 달 늦은 2월에 완료되었으나, 이전 그 어떤 시기의 진헌보다도 신속히 진행, 완료되었다. 영락제의 칙서에 응하여 총 1만 필을 보내겠다고 11월에 주본을 보내고 그달에 1차 진헌마 500필이 출발한 이래, 이듬해 2월까지 채 넉 달이 되지 않는 기간에 19차례로 나누어 마필 수송을 마친 것이다.[75]

1만 필이라는 수효도 수효지만 이렇게 단기간에 마필 수송을 완료한 적은 일찍이 없었다. 우왕 대 이래 1만 필 가까이 운송한 적이 두 차례 있었는데, 모두 18~21개월 정도 오랜 기간에 걸쳐 이루어졌다.[76] 1407년(태종 7)에 보낸 3,000필도 여섯 달에 걸쳐 운송한 점을 생각하면, 이때의 말 진헌은 단기간에 급박하게 휘몰아쳐서 해낸 일이었다. 이때에는 명에서 퇴짜를 놓은 퇴환마도 없었다는 점에서 막북 친정을 앞두고 사정이 급박했음을 알 수 있는데[77] 조선에서는 이런 명의 사정에 적극적으로 호응해준 셈이다.

마필의 운송은 단지 말의 수효만 헤아리면 될 문제가 아니다. 말을 수송하기 위해서는 호송군을 비롯하여 엄청난 숫자의 사람이 필요하다. 마침 이때의 수송에 소요된 인원을 알려주는 사료가 있어 정리해보면 다음과 같다.

압송관과 호송군 813명
취반군炊飯軍 70명

기복마騎卜馬 408필

몰이꾼[驅人] 408명

견마군牽馬軍 5,000명[78]

말 1만 필을 호송하기 위해서는 6,000명 이상의 사람이 필요하다. 이 정도 규모의 사람과 마필이 왕래하는 데 양식과 사료를 대는 일은 어땠겠는가. 이때 기록에서는 확인되지 않지만, 세종 대 사례를 보면 1만 필을 운송하기 위해 콩 1만 1,000석을 비축하게 한 경우가 있어 이를 통해 간접적으로 짐작해볼 뿐이다.[79] 이 정도의 인원이 왕래할 때에는 당연히 연로의 여러 고을이 그 숙식을 제공하느라 고생할 수밖에 없다. 앞에서 정리한 인원은 서북면도순문사 박은朴訔이 올린 상언에 나온 내용이다. 서북면의 백성들이 안 그래도 전년부터 연이어 성곽을 수축하느라 고생이 심했는데, 말 수송이 끊이지 않아 굶주리고 곤궁함이 다른 때의 배가 된다고 하며 구휼할 방책을 건의하면서 나온 얘기였다. 1차 진헌마 500필이 한양에서 요동으로 가는 장면을 상상해보자. 말 500필을 끌고 가기 위한 견마군만 따져봐도 250명이다. 이들이 앞뒤로 줄지어 말을 끌고 가고 그 행렬의 앞뒤 좌우에 말을 탄 몰이꾼, 전체 일행을 이끌고 가는 압송관과 호송군이 수십 명씩 붙는다. 거기에 밥 지을 인원, 식량과 취사 및 취침 도구 등이 실린 어마어마한 짐까지. 이런 엄청난 규모의 인원이 1409~1410년 추운 한겨울 서북면의 도로에 끊이지 않았다.

  당장의 무리를 무릅쓰고 응한 이때의 진헌마 무역은 여러 면에서 이후 조선에 유리한 교두보가 되었다. 어떤 면에선 진헌마 무역 정도로 명의 첫 번째 막북 친정에 대응할 수 있었던 것이 조선으로서는 다행이었다. 황엄이 온다는 소식만 들려오고 아직 그 정확한 목적은 몰랐을 때, 이 사행이 달단 협공을 위해 조선에 10만의 군사와 장수를 요청하려 오는 것이라는 풍문이 돌았다.[80] 대규모 원병을 보내는 것에 비한다면 말 무역 정도는 부담의 정도가 훨씬 덜하다. 또 원병은 아니더라도 조선이 몽골을 돕는다는 의심도 잊을 만하면 한 번씩 돌아서, 명에서는 이를 탐문하기 위한 사절을 파견하기도 했다.[81] 홍무제 때 조선이 몽골과 내통한다는 의심을 끊임없이 받았던 점을 생각해본다면, 이러한 의심이 영락제 때에도 잔불처럼 남아있었을 가능성은 충분했다. 이러한 분위기에서 적극적인 말 무역을 통해 일말의 의심도 남김없이 제거하고, "황제가 너희 나라 임금과 친하기를 부자간같이 한다"[82]는 말이 돌 정도로 신뢰를 쌓을 수 있었다는 점을 생각하면, 조선은 말 무역을 통해 얻어낸 것이 훨씬 더 많았다.[83] 신뢰 자산은 무형이지만 외교에서 그 무엇과도 바꿀 수 없는 귀중한 자산이라는 점에서 더욱 그러하다.

한편 이 무렵 조선에서는 이러한 외교와는 별개로 큰일이 생겼다. 바로 1408년(태종 8) 5월, 조선을 건국한 태조 이성계가 죽은 것이다.[84] 건국 후 첫 국상國喪인 데다 즉위과정에 정당성이 부족했던 태종에게는 이 국상을 잘 치러내는 것이 매우 중요한 과제였다.

태조 국상에는 몇 가지 이슈가 교차했다. 먼저 태종의 입장에서는 어머니 신의왕후 한씨 및 신덕왕후 강씨와 아버지 태조의 관계를 설정하는 문제가 있었다. 태종은 아버지의 산릉을 조성하며 신덕왕후 강씨의 능인 정릉을 도성 밖으로 옮겨버렸고, 친어머니 신의왕후를 적통으로 삼아 아버지와 함께 종묘에 부묘하였다. 두 번째로는 왕위계승에서 정

종을 최대한 배제하고, 자신을 아버지 뒤를 직접 이은 것으로 자리매김하는 일이었다.[85]

이상이 왕위계승에서 태종의 자리를 재정립하는 일이었다면, 좀 더 추상적인 차원에서는 바람직한 군주의 상을 만드는 과제가 겹쳐 있었다. 조선은 건국 후 《주자가례朱子家禮》를 기준으로 관혼상제의 여러 의례를 개혁하고 있었는데, 국상에서도 이러한 의례 개혁을 적용하려고 했다. 이에 태종은 삼년상을 치르면서 기존의 일반적인 역월제易月制 관행을 타파하여 의례 개혁에 앞장서는 효자 군주의 모습을 체현하며 도덕적 모범이 되는 국왕의 상을 만들고, 이를 통해 왕권의 정당성을 확보하려 했다.[86]

이제 태조 국상 과정에서 정하는 의례는 모든 것이 이 나라의 첫 선례가 될 것이었다. 명에서 내리는 제사, 부의, 시호 등의 의주도 처음이었으며, 이를 가지고 오는 사신을 맞이하는 국왕의 복장도 처음으로 정하는 것이었다. 1408년(태종 8) 태조에게 시호를 내리기 위해 나온 명 사신을 맞이할 때 어떤 옷을 입을지 난감하여 담채복淡彩服을 입으려고 했다가 사신의 반대로 길복인 면복을 입고 맞이한 후 소복으로 바꾼 것은 이러한 첫 선례의 난감함을 보여주는 대표적인 장면이다.[87] 삼년상을 통해 효자 군주의 모습을 체현하고 왕통의 정당성을 표방하려 한 태종은 종묘에서의 제사 의주에도 큰 관심을 기울였다.[88] 명에 의주를 요청하여 받아오자는 이야기는 바로 이 과정에서 나온 태종의 의견이었다.

1411년(태종 11) 태종은 종묘의 제례가 고례古禮에 부합하지 않을까 의심하며, 명에 이를 물어보자고 하였다. 예관禮官 설미수偰眉壽·허조許稠 등과 우정승 조영무趙英茂·지의정知議政 박신朴信 등은 다음과 같이 이야기하며 반대하였다.

지금 명의 예가 너무 간략하니, 황제가 만일 사대부의 제례祭禮로 주면 어찌할 것이며, 또 이전에 행한 제례를 물으면 장차 어떻게 대답하겠습니까? 우리 왕조에서는 모두 당례唐禮를 모방하였으니, 바른대로 대답하면 참람하다고 하지 않겠습니까? 후환이 있을까 두렵습니다.[89]

예관과 우의정, 지의정은 명에 의례를 청했다가 왕의 예에 합당하지 않은 낮은 등급의 예를 주거나 참람한 예가 드러날 수 있어 더 문제가 될 수 있다는 입장이었다. 그러나 태종은 명에서 상공복, 즉 친왕의 옷을 이미 주었으니 사대부의 제례를 주지 않을 것이라는 자신감을 보였고 영의정 하륜과 좌정승 성석린 역시 이에 동의하였다.[90]

이때의 논의에도 불구하고 일단은 자체적으로 종묘 제례 의식을 정하였으나,[91] 한 달 후 태종은 다시금 이 문제를 끄집어내어 설미수와 논쟁하였다.[92]

태종: 종묘제도는 마땅히 시왕의 제도를 아뢰어 청하여야 한다.
설미수: 《문헌통고文獻通考》를 상고하면 천자와 경대부의 예만 있으니, 만일 경대부의 제례를 반강頒降하면 어찌합니까?
태종: 이미 구장면복을 주었으니 반드시 경대부의 예를 반강하지 않을 것이다.
설미수: 개국한 지 이미 오래되었는데 이제 와서 처음으로 청하면 너무 늦다고 하지 않겠습니까?

태종: 청하지 않는 것보다는 늦는 게 차라리 해롭지 않을 것이다.

설미수: 우리 왕조의 제의祭儀는 제후국[侯國]의 것을 따르지 않은 것이 자못 많습니다. 만약 반강한 것이 너무 간략하면 어찌하겠습니까?

태종: 지금 쓰는 의주도 증감한 것이 있으니, 너무 간략하다면 어찌 가감하는 권도가 없겠는가?

설미수: 고황제(홍무제)의 칙서에 '의례는 본속本俗을 따르고 법은 구장舊章을 지킨다'고 했으니, 청하지 않는 것만 못합니다.

태종: 작헌한 뒤에 절[拜]의 유무를 알지 않으면 안 되겠다.[93]

설미수는 여전히 동일한 지점을 우려하고 있었다. 명에 종묘 의례를 물었다가 낮은 등급의 예를 받으면 어떻게 할 것인가? 혹시 우리의 의례가 참람하다는 걸 알아채고 힐난하면 어떻게 할 것인가? 그러나 태종은 이미 구장면복을 주었으므로 낮은 등급의 예를 받을 리 없다는 자신감을 보이는 동시에, 혹여 너무 간략한 예를 보내준다고 해도 약간의 가감을 하면 된다는 유연함을 보였다. 특히 이 가감하는 권도權道에 대한 언급은 상당히 흥미로운 지점이다. 정작 태종이 정말 알고 싶다고 한 것은 작헌한 뒤에 절을 하는지 여부 정도였는데, 절을 하는 전례도 있고 하지 않는 전례도 있다면 이 정도는 본인의 말대로 가감할 수 있는 정도의 범주에 들 것이기 때문이다.[94] 그렇다면 명에 종묘제도를 물어야 한다고 태종이 이렇듯 집요하게 주장하는 진정한 이유가 무엇인지 도리어 궁금해지지 않을 수 없다.

이러한 논의를 벌인 지 열흘 만인 1411년(태종 11) 11월 7일, 정조사로 참찬의정부사 정탁鄭擢·참지의정부사 안성安省을 보내면서 다음과 같이 예부禮部에 자문하였다.

> 본국에서 조묘祖廟 및 사직·산천·문묘 등 제사에 성조聖朝가 제정한 번국의 의식을 알지 못하여, 그대로 전대 왕씨의 옛 의례를 쓰고 있으니, 심히 편안하지 못하다. 위 항목의 제례를 주청하니, 만일 반강해 준다면 황제의 기준을 준수하겠다.[95]

이 자문에서 사직, 산천, 문묘와 같은 제반 의례를 다 언급하고 있는데서, 관심의 시작은 종묘제도였을지 모르지만 곧 그 대상이 의례 전반으로 확대되었음을 알 수 있다. 설미수의 시각에서 본다면, 이때의 질의는 종묘만이 아니라 사전祀典 전반으로 문제의 소지를 더 확대한 꼴이라 하지 않을 수 없다. 이해에는 종묘 제례뿐만 아니라 원단 제사도 다시 정하고 새롭게 원단을 쌓기 시작했다는 점도 주목할 필요가 있다.[96] 원단은 천자가 아니면 제사를 지낼 수 없는 곳이 아니던가? 이러다간 종묘만이 아니라 사전 전체가 문제될 수 있지 않을까? 더구나 새롭게 원단을 쌓고 있는 상황이라면? 그러나 이는 태종의 고도의 노림수였던 것으로 보인다.

태종은 이미 여러 차례 명에서 경대부의 예처럼 낮은 등급의 예를 내려줄 리가 없다는 자신감을 내비쳤다. 구장면복을 이미 받은 것은 물론, 전해의 진헌마 무역을 통해 상당한 신뢰관계를 구축한 데서 오는 자신감이었을 것이다. 이 자신감은 명이 내려주는 의주를 수동적으로 주는 대로 받아오겠다는 것이 아니라 그가 원하는 사전을 받아올 수 있다는 의미이기도 하다. 명에 의주를 요청한 것과는 별개로 자체적으로 예제를 정비하고 있었던 점도 간과해선 안 된다.⁹⁷ 예를 들어 태종 11년 12월에는 예조에서 아악을 정하자고 하는 논의가 있었다.⁹⁸ 공민왕 때와 유사하게 자체적으로 예제를 이미 정비하고 있는 상황에서 명에 의주를 요청하는 형식을 갖춘 것이다.

  발단은 종묘의 소소한 의주를 가지고 시작했지만, 사실 태종에게는 원단을 비롯한 사전 전반을 개혁하고 제대로 갖추려는 문제의식이 크게 자리 잡고 있었다. 전반적으로 태종이 부묘를 마치며 삼년상을 다 치러낸 후, 아버지의 그림자 없이 본격적으로 자신의 정치를 갱신하려던 시기가 바로 이 시점이었음을 상기해보자. 이때의 의례 개혁은 삼년상을 마친 태종이 본격적으로 창덕궁을 고치고 개천을 준천하며 행랑을 건설하는 등 수도 한양 곳곳을 자신의 공간으로 만들어간 것과 궤를 같이한다.⁹⁹ 수도의 일신과 함께 의례 공간을 만드는 시점에서 태종은 자신이 원하는 지침을 받아올 수 있을 것이라는 자신감과 계산 아래, 사신을 보냈을 것이다. 이 지침은 태종이 개혁한 예제에 명 황제의 지지라는 정통성을 더해줄 것이었다.

  그렇다면 태종이 받아온, 아니 받아오려고 한 번국 의식은 무엇이었을까? 이듬해 5월, 임첨년任添年·최득비崔得罪는 다음과 같은 예부의 자문을 받아왔다.

> 영락 10년 3월 초2일에 본부의 관원이 봉천문奉天門에서 제주題奏하여 성지를 받들었는데, '다만 제 본속本俗을 따르라. 너희 예부에서 문서를 보내어서 저들에게 알리라'고 하였습니다.¹⁰⁰

'본속을 따르라'는 지침, 즉 조선의 사전에 개입하지 않겠다는 확인이었다. 가까이는 공민왕과 홍무제의 첫 통교 때 세운 본속을 지키라는 지침의 재확인으로, 명이 기도하는 예제적禮制的 지배의 한계선을 확실하게 설정한 것이다.

태종 12년 조선이 받아온 이 지침은 가까이는 영락제의 막북 친정에 적극적으로 호응한 외교력의 성과였다. 1만 필이라는 대규모의 말 무역, 공녀 진헌을 통한 관계 다지기는 이 국면에서 확실한 효과를 발휘했다. 예부 자문을 받아온 임천년과 최득비는 모두 직전에 공녀로 차출된 여성들의 가족으로, 명에 가서 관직과 봉록을 하사받는 등 아주 후한 대접을 받고 돌아오는 길이었다.

영락제는 홍무제만큼이나 예제적 지배에 관심이 많았다.[101] 새롭게 책봉한 일본의 산천을 봉하고 그곳에 비석을 세운 것, 조공국이 늘어남에 따라 수도에서 제사하는 외이산천外夷山川의 숫자가 계속 늘어난 것 등은 그러한 성향을 잘 보여준다. 영락제 역시 홍무제처럼 조선과 문제가 있었다면 조선의 사전祀典을 얼마든지 문제삼았을 것이며, 어쩌면 끝내 전쟁은 망설인 홍무제와는 달리 조선도 직접 지배를 하겠다며 무모하게 나설 수도 있었을 것이다. 안남이 그 좋은 사례였을 뿐더러, 무의미하고 성과도 없는 막북 친정에 대해 그토록 집착한 그가 조선에 대해 집착하지 말란 법이 어디 있겠는가? 그러나 다행스럽게도 조선과 명, 양국이 형성한 신뢰관계 덕분에 그런 일은 발생하지 않았다.

조선의 태종은 양국 관계를 안정시키고 제후왕의 격에 맞는 관복 등을 받아냈다. 황제의 친정에 부응하여 선제적으로 대규모의 말을 진헌함으로써 유리한 입지를 만들었고, 이를 바탕으로 번국 의주를 내려주지 '않게', '의제는 본속을 따르라'는 지침을 받아냈다. 가까이는 고려-명의 첫 통교 때 홍무제의 '의제는 본속을 따르라'는 명을 다시 한번 확인한 것이라면, 조금 멀게는 원 세조 쿠빌라이에게서 '불개토풍不改土風(토풍을 고치지 말라)'는 원칙을 받아낸 고려 말에 닿아있는 전략이었다.[102] 그리고 더 멀게는 고려 시대 내내 책봉-조공 체제를 통해 왕국의 자율성을 유지해왔던 전통을 재수립한 것이었다. 이제 드디어 조선은 명의 간섭을 걱정하지 않고 정당한 천하의 질서와 의미를 구현한 자신만의 사전祀典체계를 만들 수 있게 되었다. 이제 그 내용을 하나씩 살펴보자.[103]

大祭 親享儀圖

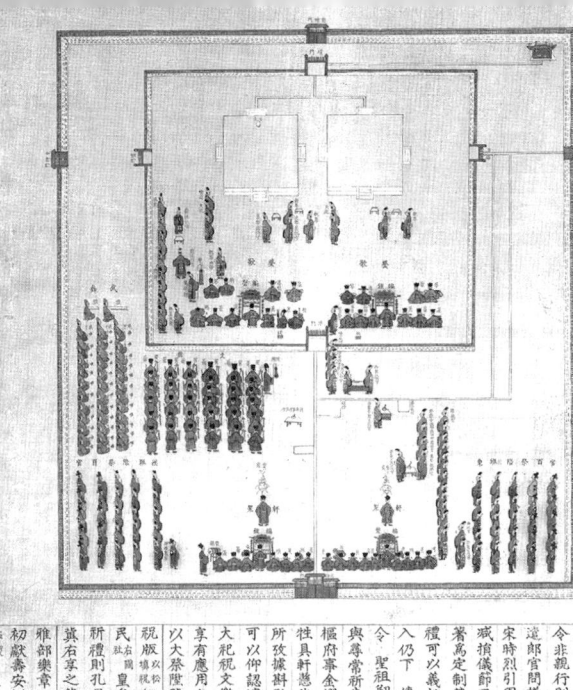

I부

하늘

2. 풍운뢰우산천성황단
― 왕조 교체기 위기의 전유

근본적인 모순을 지닌 단

풍운뢰우산천성황단은 풍운뢰우지신風雲雷雨之神을 주향으로 국내산천지신國內山川之神과 성황신城隍神을 함께 모신 단이다. 풍운뢰우는 풍사風師, 우사雨師, 뇌사雷師, 운사雲師의 천신을 의미한다.[1]

세종 대 봉상판관 박연朴堧은 제향 음악을 비롯하여 여러 단제에 대해 심도 있게 고찰한 끝에, 이 단이 상당히 문제가 있다고 보았다. 그는 1426년(세종 8)에도, 1430년(세종 12)에도, 1438년(세종 20)에도 이 단의 문제에 대해 지적하였다.[2] 그의 주장을 요약하면 이렇다.

음악은 제향의 대상이 천신天神인지, 지기地祇인지, 인귀人鬼인지에 따라 달라져야 한다. 그런데 풍운뢰우산천성황단에서는 천신인 풍운뢰우를 위한 음악만을 연주하고 지기인 산천·성황을 위한 음악은 없다. 이는《홍무예제》에 따라 천신과 지기를 함께 한 단에 모셔서 발생한 문제다.

박연의 문제 제기는 논리적이다. 종류가 다른 신격을 함께 모시는 것은 개념적으로도 이상하고, 경전이나 역사적인 근거도 없다. 오로지 《홍무예제》에만 근거가 있으나, 이는 지방 주·현의 예에 해당하니 제후왕의 나라라는 국체에도 맞지 않는다. 관료들 역시 이 부분을 모두 인지하고 있었다. 그럼에도 결국 '시왕時王의 제도'를 함부로 고칠 수 없다는 의견에 따라 폐백 등을 약간 조정하는 것 외에는 그대로 두자는 방향으로 논의는 마무리되었고, 성종 대 재논의를 거쳐서도 수정되지 않은 채 《국조오례의》에 오르게 된다.

이 때문에 이 단은 시왕지제時王之制, 구체적으로 《홍무예제》에 대한 조선의 태도를 보여주는 대표적인 사례로 여겨지며, 조선에서는 마땅히 따라야 할 보편적·당위적 제도가 명확하지 않을 때 시왕지제를 하나의 준거로 활용했다고 해석되기도 하였다.[3] 그러나 '보편·당위'이건 시왕지제건 그를 통해 조선이 구현하려고 한 상이 구체적으로 무엇인가, 무엇이 이러한 단을 만들고 유지하게 추동하였는가에 대한 답은 아직 미완이다. 이에 대한 답을 찾지 못한다면 충분한 분석이 되었다 할 수 없다. 풍운뢰우산천성황단을 둘러싼 조선인들의 논쟁을 통해 알 수 있는 것은, 그 제도에 설령 이상한 점이 있다 할지라도 조선에는 천신과 지기를 합친 '풍운뢰우산천성황단'을 만들고 유지해야 할 이유가 있었다는 점이다. 그 이유는 무엇이었으며, 그것이 보여주는 조선인의 문제의식은 무엇이었을까? 이 장에서는 이 질문에 대한 답을 찾아보고자 한다.

제각각 제사드린 고려의 전통

먼저 고려가 풍운뢰우 및 산천과 관련해 어떠한 제사처를 운영했는지 살펴보자. 고려에서는 운사는 제사 지내지 않았고, 풍사, 우사, 뇌신雷神, 영성靈星을 하나의 카테고리로 묶어 길례 소사에 편제했다. 이 신격들이 묶인 것은 모두 천신에 속하기 때문일 것이다. 뇌신은 우사와 함께 제사를 드렸는데, 이것과 풍사는 별개의 단으로 별개의 장소에 있었으며, 제사일도 달랐다. 풍사단은 국성國城의 동북쪽 영창문슈昌門 밖에서 입춘 후 축일丑日에, 우사와 뇌신은 한 단을 쓰고 국성의 서남쪽 월산月山에서 입하 후 신일申日에 제사를 드렸다.[4] 이처럼 위치도 국성의 동북쪽과 서남쪽으로 달랐고, 제사일도 봄과 여름으로 완전히 달랐다.

고려의 풍사와 우사는 어느 제도에서 기원한 것일까? 기존에는 단의 위치와 제사일에 주목하여 당唐의 제도를 따랐다고 보았다.[5] 그런데 이렇게 단정 짓기에는 미심쩍은 부분이 많다. 제사일은 당제唐制와 송제宋制가 차이가 없고, 단의 위치는 송과 다르긴 하지만 이 역시 검토해봐야 할 부분이 있으며, 단의 크기는 당이 아니라 송과 일치하는 것으로 보이기 때문이다.

이를 비교할 수 있도록 당, 송, 고려의 단의 크기와 위치, 제사일을 표로 정리해보았다. [표 3]은 풍사단을, [표 4]는 우사단雨師壇을 비교한 것인데, 이를 보면 우선 제사일의 경우 당과 송이 차이가 없기 때문에 이것을 가지고 당제와 송제 중 어느 것을 따랐는지를 이야기할 수 없다.

단의 위치를 보면 당과 고려가 일치한다. 당의《개원례開元禮》에 따르면 풍사에 대한 제사는 입춘 후 축일에 국성의 동북쪽에서, 우사에 대한 제사는 입하 후 신일에 국성의 서북 방향에서 거행한다고 했으니 고려와 일치한다. 풍사와 우사의 단을 각각 동북과 서남으로 정한 것은 동방 청룡 일곱 별자리 중 마지막인 기성箕星과 서방 백호 일곱 개 별자리 중 다섯 번째인 필성畢星의 위치를 따른 것이었다. 수와 당·원 대 풍사와 우사는 이 방향을 따랐다. 이에 비해 송 대는 풍사와 우사를 각각 서교와 북교에서 지냈는데, 이는 기성과 필성의 자리가 아니라 유사한 성질[기류氣類]을 따른 것이었다.[6] 그러나 이는 일반론일 뿐 송 대에는 단의 위치가 여러 차례 바뀌었기 때문에 일률적으로 이렇게 이야기하기 힘들다. 예를 들어 송의 희령熙寧 연간(1068~1077, 송 신종; 고려 문종

[표 3] 풍사단 비교

	당	송	고려
단의 크기	(고高) 3척 주회周廻 16보	고 3척 광廣 23보	고 3척 광 23보
단의 위치	국성 동북	서교	국성 동북 영창문 밖
제사일	입춘 후 축일	입춘 후 축일	입춘 후 축일

*《高麗史》 권63, 지17 예5 길례 소사 風師雨師雷神靈星;《大明集禮》 권13, 길례13 專祀太歲風雲雷雨祀 壇制;《宋史》 권103, 지56, 예6 길례6

[표 4] 우사단(뇌사 부) 비교

	당	송	고려
단의 크기	(고) 3척 주회 16보	고 3척 광 15보	고 3척 광 –
단의 위치	국성 서남	북교	국성 서남 월산
제사일	입하 후 신일	입하 후 신일	입하 후 신일

*《高麗史》 권63, 지17 예5 길례 소사 風師雨師雷神靈星;《大明集禮》 권13, 길례13 專祀太歲風雲雷雨祀 단제;《宋史》 권103, 지56, 예6 길례6

22~31) 제사 의식에서는 풍사는 국성의 동북에서, 우사는 서북에서 제사 지내도록 하고 있다.[7] 다만 우사는 어느 시기의 송제와도 맞지 않는다는 점을 볼 때 전반적으로는 당제에 따른 것으로 보는 것이 무난하다고 할 수 있다.

이에 비해 단제도의 경우 당보다는 송의 제도와 일치한다. 그 너비가 나와 있지 않은 우사단은 논외로 하고, 풍사단의 크기를 보면 당이 아니라 송의 제도와 일치한다. 그런데 여기에서도 송의 풍사단 제도는 몇 차례에 걸쳐 변화되었다는 점을 유의할 필요가 있다. 원래 송의 옛 제도에서는 높이 4척, 동서 4보 3척, 남북은 동서에서 1척을 감하여 4보 2척이었다. 그러다 황우皇祐 연간(1049~1053, 송 인종; 고려 문종 3~7)에 높이는 3척으로, 둘레를 33보로 바꾸었다고 한다. 이를 정화政和 연간(1111~1117, 송 휘종; 고려 예종 6~12)에 높이 3척에, 너비는 23보로 바꾼 것이다.[8] 이러한 연혁을 염두에 두면, 고려 풍사단의 크기인 높이 3척, 너비 23보는 당제가 아니라 정화 연간의 송제와 일치한다는 점을 알 수 있다.

이는 몇 가지 의문을 불러일으킨다. 원구, 적전, 종묘, 사직과 같은 전례는 고려 성종이 처음으로 도입했으며, 풍사에 대한 제사도 정종靖宗 대에 치러진 것이 확인된다는 점에서 풍사단 역시 성종 대 무렵에 함께 도입되었을 것으로 추정된다.[9] 그럼에도 고려 풍사단의 제도가 그보다 훨씬 후인 정화 연간의 단제와 일치한다는 점은 의문스럽기 때문이다. 일단 생각해볼 수 있는 것으로는 성종 대 도입한 단의 제도를 정화 연간에 한 차례 개변했을 가능성이다. 정화 연간은 고려 예종이 송과 교류의 폭을 넓혔던 시기인 만큼 이 시기에 변동되었을 가능성이 있다. 혹은 너비 23보라는, 지나치게 크기 때문에 현실적으로 오류가 있어 보이는 숫자를 송과 고려에서 함께 썼다는 점을 볼 때, 이것이 기록으로만 구현된 현실이었을 가능성도 배제할 수는 없다. 의종 대 《상정고금예문詳定古今禮文》을 편찬하며 송의 풍사단의 기록을 그대로 가져왔을 가능성도 농후하다는 의미다. 다만 사료의 부족으로 이 이상은 자세히 알기 어렵다.

한편 산천과 성황은 고려에서 원래 구체적이며 개별적인 성소聖所였지, 추상화된 신격이 아니다. 산천 제사는 길례 잡사로 편제하여 전국 각처의 산천을 제례 대상으로 삼았고,[10] 성황사城隍祠 역시 여러 지역의 성황신이 영험함을 인정받아 신앙의 대상이 된 것이었다. 성종은 990년(성종 9) 9월 처음으로 산천 제사를 산정하고, 그다음 달 서경에 행차했다. 이는 '지맥의 근본'으로 인식되어온 서경에서 전국 산천의 체계를 정비하겠다는 선언이었다.[11] 이후 목종 대부터 국내의 신기神祇에 훈호勳號를 더하기 시작하였는데, 특히 새 국왕이 즉위한 후 훈호가 행해지곤 하였다. 악진해독嶽鎭海瀆과 같은 자연신을 봉작하는 행위는 당 대 무측천 때부터 시작된 것으로서, 산천신과 같은 신의 영역까지 국왕권의 영향 아래 있다는 것을 표방한다.[12] 새 국왕의 즉위 때 신기에 대한 훈호가 행해지는 것은 새로운 국왕과 국내의 산천이 새로운 관계를 맺는다는 점을 표방한다.[13]

고려의 산천신과 성황신은 구체적인 개별 성소일 뿐만 아니라 인격적 특징도 지니고 있었다. 산천에 훈호를 더했다는 점에서도 그러하지만, 성황신은 그 지역 토착세력의 상징적 인물을 신으로 모시는 경우가 많았다.[14] 이러한 신은 가뭄 같은 자연재해나 전란과 반란 같은 국난에서 영험한 이적을 보임으로써 추앙의 대상이 되기도 했다. 이처럼 고려의 산천이나 성황에 대한 제사는 추상화된 신격을 대상으로 한 것이 아니었다.

고려의 풍사단, 우사단 및 산천과 성황에 대한 전통을 생각해볼 때, 조선 초 풍운뢰우산천성황단의 설치는 매우 이례적이다. 따로따로 신앙하던 풍사, 우사, 뇌신을 한데 모은 것, 여기에 운사를 추가한 것, 거기에 추상화된 산천과 성황이라는 신격을 만들어 이들을 함께 제사 지낸다는 것은 완전히 새로운 개념이기 때문이다. 풍운뢰우산천성황단은 새로운 신격을 창조하고 추가했다는 점, 제례처와 제례 방식이 변화했다는 점, 제사 등급을 상향한 점 등 모든 면에서 새로운 단이었다. 여기에는 고려 말 명의 영향이 지대했는데, 그 시작은 산천단이었다.

홍무제의 천하일통 선언

홍무제는 명 중심의 조공 질서를 구축하고, 몽골의 장기 통치에서 말미암은 각종 풍속을 개변하여 원의 흔적을 쇄신한다는 목표하에 지속적으로 예제 개혁을 추진했다.[15] 명 건국 직전인 오吳 원년에 이미 원구, 방구, 사직단을 완성하였으며 1368년(홍무 1) 2월에는 교사종묘의郊社宗廟儀를, 12월에는 전국 군·현에 사직단을 비롯하여 풍운뢰우산천, 기독묘旗纛廟 등의 단묘 규정을 제정하였다. 1369년(홍무 2) 정월에는 경도京都 및 악진해독, 천하의 성황신을 봉하였으며, 선농단을 산천단의 서남에 건립하고 대사大祀에 포함시켰다. 또한 태세太歲와 풍운뢰우, 악진해독, 산천, 성황 등의 신을 제사 대상으로 선정하였다. 이러한 정비에 뒤이어 1370년(홍무 3)에는 국가 제사제도의 전반적인 원칙을 정립하였는데, 주요한 조처로는 정월에 안남, 점성占城, 고려의 산천을 제사 지내기로 결정한 것, 6월에 악진해독, 성황 등에 사여한 기존의 봉작을 폐지하고 그 본명으로 부르도록 한 것, 음사淫祀의 금지, 9월에 《대명집례大明集禮》를 완성한 것 등을 들 수 있다.[16]

명초의 사전 정비 중 몇 가지는 역사상 유례가 없었다는 점에서 특기할 만하다. 우선, 처음으로 성황신을 전국적인 통일적 제사의 대상으로 만들었다. 악진해독 등의 산천 제사에 외이산천外夷山川을 넣고, 주변국의 산천에 천자가 제사를 지낼 수 있다며 사신과 제관을 직접 파견한 것도 처음이었다. 악진해독, 성황 등에 사여한 기존의 봉작을 폐지한 것도 특기할 만한데, 이러한 봉작이 당唐 무측천武則天 이래 600여 년의 전통을 뒤엎었다는 점에서 사실상 새로운 시도라 해도 과언이 아니었다. 더구나 명 국내에 그치지 않고 주변국에도 이러한 지침을 알리며 수정하라고 한 것 역시 또 하나의 파격이었다.

역사상 유례없는 여러 시도 중 외이산천 제사는 1369년(홍무 2)에 시작했다. 이해 정월, 수도 주변에 태세, 풍운뢰우, 악진해독, 산천, 성황 등 제사를 지낼 개별 단묘를 구성하며 산천에 외이산천을 함께 제사 지내도록 했다.[17] 주변국 산천에 대한 제사는 명 중심의 세계 질서를 의례적으로 선포하는 데 있어 매우 중요한 위치를 차지했다.[18] 이는 《예기禮記》 왕제王制편에서 천자는 천하의 명산대천을 제사 지내고, 제후는 경내의 산천에 제사한다는 내용에 근거한다.[19] 그러나 이때는 전년에 안남, 고려, 점성 등에 건국을 알리는 사신을 보낸 것에 대해 아직 답이

오지 않은 시점이었기에,[20] 신부臣附한 나라도 없는 상태에서 거행한 자족적 의례에 불과했다. 그런 점에서 이때의 조처는 《예기》의 규정을 적용한 이론적인 차원의 시도였을 뿐이다.[21]

그런데 명의 사신을 맞은 안남, 고려 등에서 실제로 책봉을 요청하는 사신을 보내오자 이론적 차원의 조처를 더욱 적극적으로 현실화시켰다. 명이 수도의 산천단에서 외이산천을 함께 제사 지내는 정도가 아니라 조공국에 직접 사신을 파견하여 제사를 지내겠다고 한 것이다.[22] 수도의 산천단에서 외이산천을 제사드리는 것은 망사望祀이고, 안남이나 고려에 사신을 보내어 직접 제사를 드리는 것은 견사遣祀이기 때문에 제사의 형식이 다르긴 하지만 기본적으로 두 제사는 같은 발상에 기초한다. 바로 '천자는 천하의 산천에 제사를 드릴 수 있다'는 것이다. 이 두 가지는 형식은 다르나 이념적 지향에서는 동일한데, 견사는 조공국과 직접 대면하여 행례한다는 점에서 훨씬 구체성을 띤다. 그런 점에서 이때 외이산천 제사를 위해 사신을 파견한 것은 예제禮制를 통해 천하의 일통을 이뤄낸다는 홍무제의 선언이 조공국에게 피부로 와닿을 수 있게 구체화한 의례였다.[23]

이러한 발상은 금화학파金華學派와 홍무제의 통치 관념과 밀접하게 관련되어 있었다. 이들은 원나라처럼 광대하게 영토를 확장하는 것은 인의仁義가 아니기에 왕조의 단명을 초래했다고 보았다. 따라서 영토 확장을 경계하는 한편, 일시동인一視同仁의 관념에 근거하여 주변국과 외교 관계와 의례를 통해 천하를 일통했다는 상징성을 갖추려고 하였다.[24] 이러한 레토릭은 외이의 산천 제사에 단적으로 반영됐다. 금화학파의 이데올로그 송렴이 고려의 산천 제사를 위해 쓴 대사고려국산천기代祀高麗國山川記에서는 다음과 같이 서술하였다.

> 전에 고려국이 표문을 받들어 신하를 칭하여 이미 그 임금을 왕으로 봉작하였고 금인金印을 내려주었는데, 그 경내 산천을 미처 치제致祭하지 못했으니 일시동인一視同仁의 뜻이 아니다.……신 사호가 듣기에 자고로 제왕이 천하를 한 집안으로 삼으면 비록 해외海外 요황要荒의 땅이라도 지척처럼 본다고 하였으니, 공양고公羊高가 말한 '사방에 제사를 드리는 일은 통하지 않는 바가 없다'는 것이 진실로 마땅하다.²⁵ (밑줄: 필자)

밑줄 친 부분은 《춘추공양전春秋公羊傳》 희공僖公 31년 여름 4월의 전傳에 나온 것으로, "천자는 사방에 제사를 드리는 일이 있으니 통하지 않는 것이 없으나 제후의 산천은 그 봉내에 있지 않은 것은 제사하지 않는다"는 구절에서 나온 것이다.²⁶ 천자와 제후의 분수가 엄연히 다르기에 산천 의례의 행례 범위가 다르다는 것을 강조한 부분이다.

《춘추공양전》은 이적夷狄에 대한 중국의 우위를 노골적으로 기술하면서도, 이적이 중국을 위협하고 중국의 질서를 위태롭게 할 때만 그 정벌이 명분을 가질 수 있다고 하여 팽창적인 정벌은 경계한 경전으로 평가받는다.²⁷ 송렴의 글에서 《춘추공양전》의 한 대목을 언급한 것은 명초 지향한 천하 질서와 일치하며, 이때 산천 제사가 이 천하관을 실현하는 주요한 레토릭이자 수단이었음을 잘 보여준다.

이러한 중요도에 걸맞게 홍무제는 이 제사에 매우 공을 들였다. 그는 1370년(홍무 3) 정월 3일(계사) 정전인 봉천전奉天殿에서 원단元旦의 조하를 받으며, 안남, 고려 등에 산천 제사를 파견하겠다고 선언했다. 축문과 향을 전하기 위해 7일이나 재계하였는데, 이는 가장 등급이 높은 재계였으며, 사문祀文도 친히 지었다. 재계가 끝난 10일 새벽, 좌우에 좌승상 서달徐達을 비롯한 문무백사가 도열한 가운데, 홍무제는 통천관通天冠에 천자의 조복인 강사포絳紗袍를 입고 축문과 향, 폐백을 전하였다. 음악이 연주되는 속에 향을 실은 채여가 봉천문奉天門을 나갈 때에는 친히 걸어서 배웅하기까지 하였다.[28] 이런 제반 과정은 이 제사에 그가 얼마나 정성을 들여 권위를 부여하려 한 것인지를 잘 보여준다. 홍무제는 이 일을 다음과 같이 비석에 새겨 기록하게 했다.

짐이 천지와 조종의 도움으로 신민의 위에 자리하여 교사郊祀, 종묘, 사직부터 악진해독의 제사에 이르기까지 감히 공경히 하지 않은 것이 없다. 전에 점성, 안남, 고려가 사신을 보내와 표문을 올리며 신이라 칭하여 이미 그 왕을 봉하였으니, 그 나라의 경내 산천은 모두 직방職方에 귀속된다. 고전을 살펴보니 <u>천자가 망제望祭를 지내는 데에는 통하지 않는 곳이 없다 하나 사신을 보내어 그(제후의) 경내에서 치제를 한 것은 일찍이 들어보지 못했다.</u> (그러나) 이제 생각건대 온 천하가 함께 승평昇平의 다스림을 누리고 있으므로 희생과 폐백을 갖추어 사신을 보내어 신에게 제사를 드리게 한다. 신이 흠향하면 반드시 그 국왕이 대대로 영토를 지키도록 감싸주고, 비와 바람이 제때 내림으로써 풍년이 들게 하여 백성을 편안하게 해줄 것이다. 일시동인의 뜻을 밝히고자 하니 이를 돌에 새겨 영원히 전하게 하라[29](밑줄, 괄호: 필자).

외이산천에 직접 사신을 보내어 드린 이 제사는 홍무제에게 '일시동인'에 입각하여 몽골제국과는 다른 방식으로 자신의 천하를 완성했다는 것을 보여주는 매우 중요한, 상징적 행위였다. 어찌나 중요했는지 고려 국왕을 책봉하는 사신보다도 산천에 제사를 드리기 위한 도사 서사호徐師昊가 먼저 고려에 왔다.[30] 자기 권력에 취한 홍무제의 생각과 행위는 고려에 어떻게 가닿았을까? 고려인은 이를 기꺼워했을까?

산천 제사에 대한 고려의 거부와 경계

1370년(공민왕 19: 홍무 3) 명에서 산천 제례를 위해 제관을 파견했을 때의 상황은 《고려사》에 자세히 전한다. 명에서 파견한 조천궁도사朝天宮道士 서사호는 산천 제례를 기념하는 비석을 세울 곳으로 도성 남쪽의 풍천楓川(회빈문 밖 양릉정)을 지정하고 왔을 뿐만 아니라, 비석으로 쓸 돌까지 직접 가지고 왔다.[31] 다시금 홍무제의 정성과 흥분, 천하일통에 대한 기대가 드러나는 부분이다. 그러나 그의 부푼 의욕과는 달리 고려의 반응은 차갑기 그지 없었다.

서사호가 산천 제례를 드릴 때, 공민왕은 압승壓勝을 염려하며 나가 보지 않았다. 관료들 역시 그를 융숭하게 접대하지 않았다. 신돈의 방해 때문이었다. 서사호의 산천 제사를 압승술로 이해한 것 역시 신돈 때문이었을 가능성이 크다.[32]

고려는 왜 이렇게 명의 산천 제사를 경계했을까? 우선 이것이 전례가 없었기 때문일 것이다. 원 간섭기 강향사降香使가 고려의 산천을 방문한 적이 종종 있어서, 이를 전례로 여기는 견해도 있다.[33] 그러나 이는 금강산처럼 영험하거나 불교적인 명산을 직접 방문해 기원을 올리는 것이므로 이때의 제사와는 성격이 다르다. 더구나 원 대 강향사는 환관이거나 관리였지 도사도 아니었다. 한편 고려 국왕을 책봉하는 사절보다 일찍 왔기 때문에 고려에서 이를 오해했다는 해석도 있다.[34] 그러나 사절의 도착 시기는 겨우 한 달 차이에 불과하며 책봉처럼 중요한 사안을 고려에서 미리 알지 못하고 있었을 리도 없다.[35] 기본적으로 산천 제사가 신부臣附와 개념적으로 직결된 만큼, 산천 제사만 드리고 책봉은 해주지 않는 경우를 걱정했을 리도 없다.

그렇다면 고려는 왜 이렇게 서사호를 박대했을까? 일차적으로는 사료에서 '압승'이라는 표현으로 언급되듯이 도사道士의 산천 제사에 대한 신앙적 거부감이 즉자적으로 작용했을 가능성이 크다. 이전에도 중국의 도교는 고려에서 그 이질성 때문에 갈등을 빚은 바가 있다. 특히 불교계나 고려의 풍수 담지자들이 민감하게 반응하곤 했는데, 12세기 고려 예종 대가 그러했다. 예종은 도교를 도입하며 도교 사원으로 복원궁福源宮을 창건하고 북송에서 도사를 초빙했다. 그중 호종단胡宗旦이라는 인물이 있었는데, 지방의 전통적 성소에 이 사람이 불러일으킨 문제나 갈등에 대한 이야기가 많이 전해진다. 13세기 이곡李穀은 동유기東遊記에서 강원도의 사선四仙 관련 유적지에 다음과 같은 이야기가 전해지고 있다고 하였다.

> (사선이 놀았다는 호수 주변의) 이 36봉에는 봉우리마다 비석이 있었는데, 호종단이 모두 가져다가 물속에 가라앉혔다고 한다. 지금도 그

비석의 받침돌은 아직 남아있다. 호종단이란 자는 남당南唐 출신으로 본국에 와서 벼슬하였는데, 오도五道에 나가 순시할 적에 이르는 곳마다 비갈을 가져다가 비문을 긁어버리는가 하면 깨뜨리기도 하고 물속에 가라앉히기도 했다고 한다. 심지어 종경鍾磬까지도 유명한 것들은 모두 쇠를 녹여 용접해서 소리가 나지 않게 틀어막았다고 한다. 이는 한송정寒松亭과 총석정叢石亭, 삼일포三日浦의 비석, 그리고 계림부鷄林府 봉덕사奉德寺의 종 같은 경우에서도 볼 수 있다.[36](괄호: 필자)

사선은 영랑永郎, 술랑述郎 등 신라의 유명 화랑 네 명을 말하는 것으로 강원도 일대에는 이들과 관련한 유적지가 많았다. 곳곳에 관련 비석이 있었던 듯한데, 호종단이 이를 모두 없애버렸다는 것이다. 이곡이 며칠 후 방문한 강성江城의 문수당文殊堂 동쪽에 있던 사선의 비석도 호종단이 물속에 가라앉혀버리는 바람에 귀부龜趺만 남아있는 실정이었다.[37] 사선으로 대표되는 국선은 고려의 토속문화를 담지하는 존재들이었다. 이들은 팔관회 의례의 한자리를 차지하고 있었고, 고려 시대 내내 중요하게 여겨진 존재들이다.[38] 그런데 호종단은 이들의 사적을 없애버리는 '만행'을 저질렀다.

제주도에도 호종단과 토속 신앙이 대결하는 내용의 설화가 전한다.

두천斗泉은 병문천屛門川 서쪽 50보에 있는데 그 모양이 말[斗] 같으므로 그렇게 이름 지었다. 세상에서 전하기를, "이 샘물을 마시면 능히 백 보를 날 수 있었는데 호종단이 와서 그 기운을 눌렀기 때문에 마침내 없어졌다" 한다. 가물면 맑아지고 비가 오려면 쇠 기운이 물 위에

뜬다.[39]

민간에 전하기를, "한라산 주신主神의 아들 계제季弟가 살아서 거룩한 덕이 있었으므로 죽어서 이름난 신이 되었다. 마침 호종단이 이 땅을 진양하는 제사를 지내고 배를 타고 강남으로 떠나려 할 때, 신이 매로 변하여 날아서 돛대 꼭대기에 앉았다. 조금 있다가 북풍이 크게 불어 호종단의 배가 부서져서 서쪽 지경인 비양도飛揚島의 암초 사이에 침몰했다." 나라에서 그 영험한 이적을 기려서 (신에게) 식읍을 하사하고 광양왕廣壤王으로 봉했으며, 해마다 나라에서 향과 폐백을 내려서 제사를 지낸다.[40]

위 두 설화를 이어보면 호종단은 두천과 같은 제주 곳곳의 영험한 성소를 압승했는데, 한라 산신의 아들 계제가 이를 응징했다는 구조가 된다. 이러한 설화들을 보면, 호종단이 각처를 다니며 여러 성소에서 행한 행위를 지역민은 압승으로 인식했다는 점을 잘 볼 수 있다. 《고려사》의 예종 사찬史贊에서는 "중화의 풍속을 흠모하고 호종단을 신임하니 그의 말에 너무 현혹되어 실수를 면하지 못했다"라고 했다.[41] 예종의 실정을 언급하여 거론한 인명은 호종단이 유일하다는 점에서, 그에 대한 당대 고려인들의 반감 정도를 미루어 짐작해볼 수 있다.[42] 또한 이러한 반감이 공민왕 대까지 계승됐다는 점이 중요하다. 사찬을 쓴 이제현이나 동유기를 쓴 이곡 모두 공민왕 대 무렵을 살아간 인물들이다. 이들이 호종단 관련 설화를 전했다는 것은 옛날 중국에서 온 호종단 같은 도사가 곳곳에서 압승술을 행했다는 이야기가 공민왕 대까지 광범위하게 퍼져있었다는 것을 의미한다.

고려 사회에서 산천에 대한 제례는 다른 어떤 제례보다 토속성이 강했다. 산천 신앙은 고려의 지역성을 지지하는 신앙이었고 독특한 고려 풍수의 특징을 낳은 것이기도 했다.[43] 고려 중기에 온 도사 호종단이 지역의 산천 성소를 탄압하고 대립·갈등하는 형태로 기억된 것은 이러한 심상의 잔영으로 해석할 수 있다. 인종 대 서경 천도를 주장한 묘청이 강한 영향력을 갖고 있던 시기에 유생이 노장老莊의 학문을 공부하는 것을 금지한 것[44]과 공민왕 대 신돈이 서사호의 행위를 압승으로 이해한 것 역시 상통한다. 신돈 역시 승려 출신으로 이 무렵 전통적인 고려 풍수에 기반해 삼소三蘇 순주를 건의하기도 했다.

이처럼 이질적인 도교에 대한 거부감이 깔린 한편으로는 '산천 제사를 통해 고려의 신부臣附를 구현하려는' 명의 의도에 대한 경계도 있었던 것으로 보인다. 서사호를 접대하고 그에게 줄 시문을 구하러 다닌 이색은 신돈의 방해 때문에 시집을 만들지 못해 기껏 지은 서문도 그에게 전달하지 못했다. 그런데 이 서문에는 서사호가 도사임을 강조하고 천자가 그를 보낸 것 역시 "도교의 청정한 도에 깊이 인연을 맺어 천하를 편안하게 하려고 하니, 그 웅장한 규모와 원대한 계획이야말로 한나라 때의 것을 훨씬 능가한다"[45]라고 하며, 도교적 행위라는 점만을 강조한다. 글의 마지막에서 "여기에 기록하는 것은 망사望祀의 실질적인 의례가 올해부터 시작하였다는 점을 드러내기 위해서"라고 하였으면서도, 홍무제가 표방한 일시동인과 같은 이념은 전혀 반영하지 않고 그 행위는 도교적인 것으로 축소하였다.

정몽주의 시 역시 같은 맥락이다. 서사호를 위해 쓴 고려 문인의 시

로는 유일하게 이 정몽주의 시만 남아있다.[46]

황제가 천명에 응하여 천자가 되니	聖主膺圖籙
진인이 도와서 정치를 이루려 하네.	眞人欲贊襄
천자를 만나려고 광활한 곳 노닐다가	朝天遊汗漫
그 덕을 살펴보고 훨훨 날아 내려왔네.	覽德下翶翔
조서를 받들고 선경을 둘러본 뒤에	奉詔窺仙境
이제 배를 돌려 황제의 땅으로 돌아가네.	回舟返帝鄕
서생은 지금 병을 앓고 있는 몸이니	書生今抱病
어느 날에 즐거이 황도를 구경할까.	何日好觀光[47]

여기에서도 이 산천 제사를 신비로운 도교적 진인의 도움으로만 묘사할 뿐 홍무제가 천명한 일시동인이나 산천 제사에 무소불통한 천자의 위상 등을 전혀 언급하지 않는다. 정몽주 역시 시는 주었으나 병을 칭탁하며 서사호를 만나지 않았다는 점 역시 지나칠 수 없다. 고려는 명과 첫 통교에서부터 책봉을 자청했기에 홍무제가 설파하는 일시동인의 세계관에 부정적일 이유가 없다. 그러나 이색과 정몽주의 글을 보면, 그 방법론으로 홍무제가 택한 산천 제사는 도교적인 것으로 축소하며 상당히 경계하고 거부했음을 알 수 있다.

흥미롭게도 서사호가 압승을 행했다는 조선 시대 설화도 전해진다. 서사호가 단천端川의 현덕산懸德山에 천자의 기운이 있다며 쇠말뚝을 박고 떠나는 바람에 북관北關에 인재가 나지 않는다는 정조 대의 속설이 그것이다.[48] 고려부터 조선에 이르기까지 호종단이건 서사호건 중국

도사 출신에 대해서는 적대적인 심상이 일관했다.

이렇게 냉담한 분위기에서 세워진 산천 제사 비석은 명과 관계가 악화된 1383년(우왕 9) 훼손된다. 비석을 세운 후 전쟁이 끊이지 않고, 수재와 한재가 계속 발생했기 때문이다.[49] 이 비석을 헐어버리는 과정은 고려인이 이를 압승으로 인식하며 경계했다는 점을 잘 보여준다. 고려에서는 서경西京의 중흥사重興寺에서 진병법석鎭兵法席을 여는 한편, 판서운관사를 보내어 이 비석을 헐었다. 다른 곳도 아닌 지맥의 근본인 서경에서 진병법석을 열면서,[50] 풍수를 담당한 서운관 관원을 보내어 비석을 헐었다는 점은 고려 풍수적 사고가 공민왕 때의 이 산천 제사를 얼마나 적대시하고 있었는지를 여실히 보여준다. 고려는 홍무제의 산천 제사를 전혀 수용하지 않았다.

그로부터 2년 후인 1385년(우왕 11) 명과 고려의 관계가 회복되고 나서야 서사호의 비석은 다시 세워질 수 있었다.[51] 1장에서 살핀 두 번째 장면, 1385년 우왕의 책봉, 즉 고려가 지극히 수세적인 처지에서 명의 압박을 그대로 받아야 했던 바로 그때였다. 우왕을 책봉하고 전왕에게 시호를 내린 명 사신 장부와 주탁은 바로 이 비석부터 점검하고, 사직단을 비롯한 고려의 사전 전반을 살펴보았다. 홍무제의 역사적으로 유례가 없는 제후국 산천에 대한 직접적인 제사는 예제를 통해 천하일통을 구현한다는 상징적인 행위이자 강도 높은 외교적 압박이었다. 그리고 이 압박은 우왕 대 한 차례로 끝나지 않았다.

기록되지 않은 조선 건국 후의 산천 제사

홍무제는 재위 후반기에도 조공국의 산천 제사를 외교적 압박 수단으로 사용했다. 그를 잘 보여주는 것이 1394년(태조 3) 조선의 산천 제사다. 묘하게도 이때의 산천 제사는 기록에 제대로 남아있지 않다. 산천 제사를 행했다는 기록은 물론이고, 그에 대한 반응도 없다. 산천 제사 자체보다는 그 과정에서 돌출된 다른 건이 이후의 조선 역사에서 시끄러운 문제가 되었기에, 이때의 산천 제사는 지금껏 연구자에 의해 제대로 인지된 적도 없다. 그러나 이 산천 제사는 이 시기 조명 관계의 한 단면을 보여줄 뿐만 아니라 홍무제가 외교적 압박 수단으로 예제를 활용한, 그 구체적인 한 장면을 잘 보여주므로 주목할 필요가 있다.

1394년(태조 3) 4월, 흠차내사 황영기黃永奇 등 세 사람이 변방에서 문제를 일으킨 사람들을 압송하라는 좌군도독부의 자문을 가지고 조선에 왔다. 실록에는 이들이 이 자문을 가지고 와 전하고 나서는 고향으로 근친을 하러 간 정도의 일만 나와 있다(이들은 모두 고려 출신 환관이다). 그러나 이들은 여기에 그치지 않고 축문을 가지고 와서 조선의 산천 제사를 지냈다. 이는 조선이 작성하여 황영기 편에 보낸 다음 주본을 통해 알 수 있다.

홍무 27년 4월 25일에 칙사로 보낸 내사 황영기 등이 와서 삼가 해악 산천海岳山川 등의 신령에게 고제告祭하는 축문을 받들어보니, 그 안에, '옛날 고려 배신 이인임李仁任의 후사 이성계의 지금 이름 이단李旦이 공공연하게 사람을 보내서 정탐하기도 하고, 혹은 비밀리에 사람을 보내서 염탐하여 우리들의 변방 장수를 꼬시기도 하고 바닷가의 백성을 죽이고 약탈하기도 하며, 유인하여 나쁜 일까지 하게 한다. 이처럼 화禍를 만들고 있으므로 즉시 군사를 일으켜 죄를 묻고자 하나, 큰 군사가 국경에 들어가면 살상이 많을 것이므로 아직 경솔히 행동하지 않는 것이다. 또 고려는 삼면이 바다로 둘러싸이고 한쪽은 산을 지고 있어 지방이 수천 리나 되고 주위가 험하고 막혀서 하늘과 땅이 만들어낸 요새지이다. 그 속에서 백성을 다스리는 자는 황제의 명령이 아니면 할 수 없는 것인데, 이번에 이단이 하는 짓을 보니, 황제의 명령을 받들어서 백성들을 다스릴 자가 못되는 것 같다. 내가 상제에게 분명히 고하고자 하나 쓸데없이 상제의 들음만 번거롭게 할 것 같아서, 이제 사람을 보내서 먼저 신神에게 고하노니, 오직 신령은 그 까닭을 살피고 상제에게 고하라. 그래도 저들이 멋대로 까불기를 그만두지 않으면 죄를 묻는 군사를 일으키지 아니할 수 없는 것이다'라고 하였으니, 신은 억울해 견딜 수 없습니다.[52]

이 주본은 명에서 이성계를 이인임의 아들이라고 한 첫 사료다. 이후 거의 200년 동안 조선이 골머리를 썩게 될 종계변무宗系辨誣 문제의 시작이었다. 지금껏 이 사료는 종계변무의 측면에서만 다뤄졌다. 그러나 여기에서는 이성계가 이인임의 아들이라고 한 그 말이 바로 '해악산천에 대한 제사의 축문'에 들어가 있었다는 점을 주목한다. 즉 홍무제는 이때에 이르러, 공민왕 대에 서사호를 보내 산천 제사를 지내고 우왕 대에 사신을 보내 그 비석을 다시 살피게 한 것처럼, 조선의 산천에 제사를 드리게 한 것이다. 이때는 아직 한양으로 천도하기 이전이었기 때

문에, 이들이 제사를 드린 산천단은 공민왕 대 서사호가 비석을 세운, 바로 그곳이었을 것이다.[53]

축문의 후반부에서는 조선의 왕은 왕 노릇을 할 만한 자격이 없다고 하며, 산천의 신이 상제에게 이를 고하라고 하였다. 자신이 조선의 왕을 벌하는 전쟁을 일으킬 수도 있으나 인명의 살상을 염려해서 일으키지 않는 것이며, 상제에게 직접 고할 수도 있으나 번거롭게 하는 듯하여 우선 산천의 신에게 고한다는 것이다. 즉 산천의 신에 대한 이 제사는 이성계의 죄를 상제에게까지 알리려는 목적을 가진다. 이는 하늘 혹은 종묘에 누군가의 죄를 고하는 것과 같은 성격의 행위로서, 전근대 시기에 가장 엄중한, 죄악의 고발 방식이다. 이런 성격을 지닌 축문에 이성계를 이인임이라는 역적의 아들이라고 기록한 것이 우연이었을까?

명에서는 이성계에 대해서는 왕이 되기 훨씬 전부터 그 정보를 가지고 있던 터, 이런 식의 오해를 했을 리가 없다. 축문의 문장 자체도 억지로 아버지 이름을 집어넣은 티가 완연할 정도로 어색하다. 전근대 시기에 상대의 부모를 걸거나 부모 없는 자식이라고 하는 것, 혹은 아버지를 엉뚱하게 대는 등의 언사는 상대에게 최대한의 모욕을 가하는 발언이다. 더구나 이를 신에게 올리는 축문에 집어넣었다는 것은 이성계와 조선을 최대한으로 모욕하고 압박한 것이다.[54]

홍무제의 산천 제사는 상당한 진정성을 지니고 있었다. 그는 이후에 조선과 전쟁을 벌이는 대신 산천 제사로 그 죄를 고했다는 이야기를 여러 차례 하곤 했다.[55] 이를 가장 잘 보여주는 것이 1398년(태조 7)의 상황이다. 이때 명에서는 오군도독부와 병부의 관료들이 모여 조선을 토벌할 것을 논의한 바 있다. 원 지원 연간 이후 130여 년 만에 조선(고려)

을 공격하자는 논의가 나온 것으로, 그만큼 협악했던 당시의 조명 관계를 반영한다.[56] 논의 후 홍무제는 전쟁을 일으키는 대신, 다음 문서를 보내 조선을 다시금 꾸짖기로 했다.

> 지금의 왕이 불미스러운 일을 거듭 발생시키므로 우리 황제께서 또 장차 천신天神과 지기地祇에 밝게 고하려고 하니, 무슨 이유 때문인가? 감히 혈기血氣의 용맹을 가지고 (전쟁)하지 않는 것은 오직 피차의 백성이 상할까 두렵기 때문에 (전쟁)하지 않는 것이다.……지금 왕은 자주 우리 조정에 변방의 문제를 발생시키므로, 우리 황제께서는 변방의 근심으로 인하여 이미 사신을 보내 해악海岳과 산천山川에 한 차례 제사를 지내어 고하게 하였다. 저 나라의 엄인奄人이 돌아가서 이미 왕에게 알렸는데도, 지금 왕은 사람과 신神도 모두 두려워하지 않는다. (괄호: 필자)[57]

이 글에서는 해악과 산천에 제사를 지내 죄를 고하게 한 것이 전쟁을 대신하여 조선의 왕을 꾸짖는 것이었다고 한다. 그리고 그 제사의 다음 단계로는 황제가 직접 천신과 지기에게 제사를 지낼 수도 있다고 하고 있다. "저 나라의 엄인이 돌아가서 왕에게 알렸다"는 표현을 보면, 아마도 황영기 등의 환관을 통해 홍무제의 신랄한 구두 성지도 날것으로 전달된 듯하다.

　이처럼 산천 제사는 조선 건국 후에도 홍무제가 조선을 압박하고 모욕하는 주요한 수단이었다. 홍무제는 이것이 전쟁에 버금갈 만한 강력한 질책임을 여러 차례 천명했으며, 그다음 단계로는 천신과 지기에게 직접 고하는 것으로 이어질 수 있다고 경고했다. 그러나 이상하게도 산천 제사를 지낸 것에 대한 직접적인 기록은 명 실록에도, 조선의 실록에도 전하지 않는다. 공민왕 때 홍무제가 보낸 첫 산천 제사는 최고 등급의 재계와 조정 관료를 다 모은 봉천전의 행례를 준비하고, 고려는 싫어했으나 명 나름으로는 신경을 써서 도사를 파견하는 등 한껏 멋지게 진행된 바 있으며 기록에도 잘 남아있다. 그러나 1394년(태조 3)의 산천 제사는 그러한 준비과정이 전혀 보이지 않는다. 조선을 모욕하는 축문과 고려인 출신 환관을 통해 질책했다는 것만 간접적으로 전해질 뿐이다. 왜 그런 것일까?

조선의 입장에서는 비록 전쟁이 벌어지는 것까지는 아니더라도 저잣거리 싸움 수준의 모욕적 언사와 수모를 당했다는 것을 보여주는 것이 이 산천 제사다. 그렇기에 산천 제사의 사건을 기록의 수면 아래로 최대한 가라앉힌 것이 아닐까. 이성계를 역적의 아들이라고 한 내용 때문에 종계변무를 해야 하는 상황만 아니었다면, 어쩌면 제사의 존재 사실이나 축문의 존재 여부조차도 기록에 안 남았을지도 모를 일이다.

그렇다면 명 실록에는 왜 남아있지 않을까? 해악산천 제사에 대한 홍무제의 거듭된 언급은 늘 '조선과 전쟁을 하려면 할 수도 있지만 백성이 불쌍하다'는 명분과 함께한다는 점을 유의할 필요가 있다. 결국 산천 제사에 대한 홍무제의 언급을 뒤집어보면, 조선과 전쟁을 벌일 수는 없다는 이야기다. 천신과 지기에 대한 제사 역시 장차 할 수도 있다고 협박하고 있지만, 실상은 천신·지기에는 아직 고하지 않았다는 고백이기도 하다. 사실 천신과 지기에 죄악을 고한다는 것은 바로 전쟁의 시작을 의미하는 것이기에 실행할 수가 없었던 것이다. 그만큼 해악산천 제사에 대한 강조는 홍무제가 조선과 전쟁을 벌이는 상황은 피하고 싶어 했다는, 혹은 두려워했다는 점을 보여주는 증거였으며, 그 축문의 수준에서 드러나듯이 지극히 질 낮은 모욕으로 점철된 것이었다. 어느 모로 보나 그다지 '대명천자大明天子'의 격에 맞는 일은 아니었을 것이다.

정도전의 풍운뢰우단은 무엇이었을까

해악산천에 대한 제사와 종계변무 문제로 시끌시끌하던 1394년(태조 3) 5월, 정도전은 《조선경국전朝鮮經國典》을 찬진한다.[58] 새 나라의 기본적인 틀과 지침을 대략적으로 서술한 이 책의 〈예전禮典〉에는 나라에서 제사를 드려야 할 길례의 대상이 서술되어 있다. 종묘, 사직, 적전, 풍운뢰우, 문묘가 각각 하나의 항목으로 잡혀 있고, 산천과 옛 성현에 대한 제사는 제신사전諸神祀典에 들어가 있다.[59]

각 제사처에 대한 서술은 두 부분으로 구성된다. 앞부분이 해당 제사처의 의미와 설치 이유라면, 뒷부분은 조선에서 이를 어떻게 하고 있는지에 대한 설명이다. 예를 들어 사직의 경우는 이렇게 서술되어 있다.

① 사社라는 것은 토신土神이고, 직稷이라는 것은 곡신穀神이다. 대개 사람이란 토지가 없으면 존립할 수 없고, 곡식이 없으면 살아갈 수 없는 것이다. 그러므로 천자에서 제후에 이르기까지 인민을 가진 자는 모두 사직을 설치하는 것이니, 이것은 인민을 위하여 복을 구하는 제사를 지내기 위해서이다.

② 나라에서는 사직을 설치하여 여기에 바치는 희생은 가장 살진 것을 사용하고, 제기와 폐백은 가장 정결한 것을 사용하며, 헌작은 세 번으로 끝내고 주악은 여덟 번으로 마친다. 모두 유사가 있어서 때에 맞추어 제사를 거행하고 있으니, 인민을 중히 여기는 뜻이 이렇듯 큰 것이다.[60](번호: 필자)

①이 사직의 의미와 설치 필요성에 대한 일반적인 설명이라면, ②는 이를 달성하기 위해 조선에서 실행하고 있는 바에 대한 설명이다. 여기 실린 제사처들은 개경에 있던 곳이다. 《조선경국전》 찬진이 한양 천도보다 이를 뿐만 아니라, 아직 그 논의도 본격적으로 나오기 이전이었다.[61] 건국 초부터 건설하기 시작한 종묘를 제외하고는 다른 단묘는 새롭게 건설했다는 기록이 없으므로, 여기에 실린 단묘는 기본적으로는 개경에 존재하던 고려 시대 때의 것으로 추정된다.[62]

《조선경국전》에 실린 길례 제사처 중 종묘, 사직, 적전, 문묘의 경우 ②번 부분, 즉 조선 건국 후 실천하고 있거나 조처한 사항은 대체적으로 이 제사처를 중시하여 여러 가지 의례나 제사처 유지에 공을 들인다는 내용이다. 여기에는 딱히 황제의 승인을 받았다는 등의 내용이 없다. 그런데 풍운뢰우는 특이하게도 이러한 내용이 들어가 있다.

① 바람·구름·우레·비는 오곡을 살찌게 하고 품류를 이루게 하는 것이니, 만물에 미치는 혜택이 지극히 크다.
② 나라에서는 천자의 조지詔旨를 공경히 받들어 국도의 남쪽에 제단을 설치하고, 유사가 때에 맞추어 제사를 지내니, 사대事大의 예와 신

을 공경하는 뜻을 동시에 다한 것이다.⁶³

이 글 역시 풍운뢰우에 대한 일반적인 설명①과 현재 조선에서 하고 있는 일②로 구성된다. 그런데 바로 그 ②번 부분에서 '천자의 조지에 따라 수도의 남쪽에 풍운뢰우단을 설치했으니, 사대의 예와 신을 공경하는 뜻을 동시에 다한다'고 하고 있다. 이는 여러모로 의문스러운 서술이다. 먼저 조선 건국 후에는 명과 관계가 안정되어 있지 않았기 때문에 풍운뢰우단 설치와 관련한 조지를 받은 적이 없다. 그렇다면 고려 시기에는 있느냐 하면 그것도 확인되지 않는다.

다만 1385년(우왕 11) 장부, 주탁 등이 왔을 때 혹시 관련되었을 수 있는 내용이 있다.

> 주탁 등이 고려의 사전祀典을 보자고 요청하니, 이에 사직·적전·풍운風雲에 관한 글을 적어 보여주었고, 주탁이 충신·열사·효자·순손·의부·절부 등도 추가하여 제사를 지내라고 하였다.⁶⁴ (밑줄: 필자)

1385년(우왕 11) 명 사신들이 성균관을 방문했을 때 주탁 등은 고려의 사전을 보여달라고 요청한 바 있다는 점은 1장에서 언급한 바 있는데, 그때 고려에서 제시한 사전에 '풍운'이 들어가 있었다. 《고려사》에 근거해서 볼 때 고려의 사전에는 '풍운'이 들어가 있지 않다. 풍사와 우사는 있으나 운사는 제사를 드린 적이 없으며 '풍운'이 함께 묶인 적도 없다. 그런 점에서 여기에서 제시한 '풍운'은 사실 진짜 고려에서 제사를 드리던 대상이 아니며, 무언가를 대체하기 위해 들어간 것으로 추정된다.

1장에서 거론했듯이 장부나 주탁은 고려의 사전을 우연히 살핀 것이 아니라, 예제를 통해 고려를 압박하고자 한 홍무제의 의사를 따른 것이었다. 그러한 압박을 고려할 때, 고려에서 원구, 방택 등은 제외하고 사직, 적전을 넣으면서 풍운도 포함시켰다는 점은 의미심장하다. 풍운은 기본적으로 하늘에서 기후를 관장하는 신격을 의미한다는 점에서 제천 祭天의 성격을 지니고 있다. 고려에서는 아마도 참람하다는 혐의가 있는 원구 대신에 풍운(뢰우)를 소개함으로써 이러한 혐의에서 벗어나고자 한 것이 아니었을까. 《고려사》에는 나오지 않지만 후대의 실록에는 이때 주탁과 원구제에 대해 논의했다는 기록이 나온다. 세종 대 변계량이 이때 주탁의 지적 때문에 원구의 제사를 중지했다고 언급한 것이 그것이다.[65]

주탁은 고려가 하늘에 제사를 지낸다는 것을 이미 인지하고 있었고 이에 대한 지적 때문에 고려는 하늘에 제사드리는 의식을 폐했다. 이때 주탁은 "천자처럼 하는 데 이른다면, 비록 정성을 다하여 청한다 해도 어찌 (신이) 그대 나라에 기꺼이 내려오겠는가"라고 하였다. 그러나 그의 말을 약간 비튼다면 '천자처럼 하는 데 이르는' 것만 아니면 하늘에 대한 제사는 할 수도 있는 것 아닐까? 그렇다면 정도전이 '풍운뢰우'로 설정한 제사처는 사실은 원단을 대신한 제사처를 지칭하는 것으로, 제사 대상을 보편적 하늘이 아니라 '풍운뢰우'라는 신격으로 축소한 것이 아닐까.

정도전이 언급한 "천자의 조지를 공경히 받들어"라는 부분을 위와 같이 해석할 수 있다면, "나라의 남쪽에 제단을 설치했다"고 한 것은 무엇을 의미하는 것일까? 《고려사》 기록으로 보면 주탁이 고려의 사전에 대해 따로 문제삼지는 않고 추가할 항목만 이야기해준 것처럼 되어 있다. 그러나 세종 대 변계량의 언급을 보면 제천 의식을 폐지한 것으로 되어 있다. 전자는 암묵적인 승인으로 읽을 수도 있지만 후자는 분명히 폐지했다는 이야기를 전하고 있다. 정도전이 천자의 조지를 받들어 "나라의 남쪽에 제단을 설치했다"고 한 것을 그대로 신뢰한다면, 전자의 암묵적인 승인 정도가 아니라 새로운 제단의 설치를 의미할 만한 사건이 무언가 있어야 한다. 정도전의 거짓말인가, 아니면 무언가 기록의 빈틈이 있는 것일까?

여기에서 주목되는 것은 이 무렵 수도의 남쪽에 새로이 설치한 단이자 천자가 승인한 단인 산천단이 있었다는 점이다. 공민왕 대 서사호가 왔을 때 기록에 따르면, 이때 도성의 남문 밖에 삼성三成으로 단을 만들고 제사를 드렸다 하였고,[66] 우왕 대에는 남교로 옮기려 했으나 못했다고 나온다. 우왕 대 옮기려고 한 남교가 정확히 어떤 지점인지까지는 알 수 없지만 처음 제사를 드린 장소 역시 도성의 남문 밖이라는 점에서 광범위하게는 남교의 범위에 들어간다. 더구나 이때 만든 단은 삼성, 즉 세 등급의 단차를 가진 단이었는데, 원元 대에는 환구단이 양陽의 숫자를 따서 삼성으로 구성되어 있었다.[67] 한편 비록 지방 주·현의 예제를 담은 것이기는 하지만 《홍무예제》에는 산천이 풍운뢰우와 함께 묶여 '풍운뢰우산천성황단'으로 구성되어 있기도 했다. 공민왕 대 설치한 산천단에는 그 모습과 위치, 거기에 《홍무예제》를 통한 약간의 연상과 응용이면 제천을 위한 장소로 전유할 수 있는 가능성이 충분했다.[68]

정도전의 풍운뢰우단에는 아직 산천과 성황의 신이 언급되어 있지는 않다. 그러나 이미 산천과 성황이 합사된 형태였을 가능성이 있다.[69]

《조선경국전》〈공전〉에는 종묘, 사직을 설명하고 풍운뢰우의 사祀와 성황·악독의 사祠가 각각 그 처소를 마련하고 있다고 하였다.[70] 이것이 풍운뢰우단이자 산천단을 의미하는 것으로 보인다. 1404년(태종 4) 아직 개경에 있던 시기에 산천단에서 기청제를 지낸 적이 있으며,[71] 다음 절에서 설명하겠지만 태종 대 기록을 보면 풍운뢰우, 산천, 성황의 세 신위를 모시고 제사드려왔다는 내용이 보이기 때문이다.[72] 한양 천도 후에도 산천단은 건설됐다. 1406년(태종 6)에 한양의 숭례문 밖 마을 사이에 있던 산천단을 남산南山 율현栗峴 서동西洞으로 옮겨 쌓은 기록에서 이를 확인할 수 있다.[73]

한편 정도전이 《조선경국전》을 올린 이후인 1394년(태조 3) 8월에는 예조에서 원구단 제사를 폐지하지 말고 원단으로 고치자는 의견에 따라 원단 제사가 복구된다.[74] 원단 제사가 복구된 시점이 홍무제가 고려인 환관을 보내어 해악산천에 대한 제사를 지낸 바로 몇 달 후라는 지점은 음미해볼 만하다. 정도전은 공민왕 대 설치한 산천단을 풍운뢰우단으로 전유했으나, 조선 태조 대 다시금 불거진 명과의 갈등과 산천 제사 후에 산천단은 다시 그대로 산천단으로 돌리고 이전에 폐지한 원구단 제사를 복구한 것은 아닐까? 이후 원단 제사는 태종 대 폐지하기 전까지 꾸준히 이루어졌다. 산천단에 풍운뢰우와 성황의 합사가 안착되고 새로운 제사가 생기는 것은 태종 대의 일이다. 이때 역시 원단의 문제가 결부되어 있었다.

제천인가 산천인가 — 풍운뢰우와 산천

1411년(태종 11), 기후가 영 좋지 않았다. 음력 5월인데 곳곳에 서리가 내리고 우박이 내리는가 하면 가뭄도 극심했다.[75] 임금의 반찬 가짓수를 줄이고 곳곳에서 갖가지 기우제를 올린 끝에 22일에야 큰 비가 내리며 해갈이 되었다.[76] 이 기간에 예조에서는 다음과 같이 《홍무예제》에 따라 산천단에 풍운뢰우를 합사하여 제사를 지내자는 의견을 제시하였다.

> 삼가 월령月令을 상고하건대, '5월에 유사有司에 명하여 백성들을 위해 산천山川 백원百源에 제사한다' 하였고, 그 주注에 이르기를, '장차 기우를 하려고 함이다'라고 하였습니다. 신 등이 전일에 월령에 의하여 산천에 제사하기를 청하여 유윤俞允을 받아, 오는 11일에 산천단에 제사하려고 합니다. 또 《홍무예제》를 상고해보니, 산천단의 제사에는 풍운뢰우의 신이 가운데 있고, 산천의 신이 왼쪽에 있으며, 성황의 신이 오른쪽에 있었습니다. 그러므로 우리나라에서도 이 제도에 따라 세 개의 신위를 설치하여, 제사해왔습니다. 그런데 지금 풍운뢰우의 신은 버리고 산천만 제사하는 것은, 의리義理에 매우 합당치 않습니다. 원컨대 이제부터는 가뭄을 만나게 되면 《홍무예제》에 따라 풍운뢰우·성황의 신에게도 아울러 제사하게 하소서 하니, 그대로 따랐다.[77]

건의는 두 부분으로 구성되어 있다. 첫 번째, 《예기》 월령편에서 5월에 산천과 온갖 물의 근원에 기우를 위해 제사를 지낸다고 하니 산천단에서 제사를 지내겠다는 것이고, 두 번째, 그래서 산천단에서 제사를 드리려고 보니 《홍무예제》에 따라 산천단에서 풍운뢰우와 성황을 함께 제사를 드리고 있으므로, 산천만 제사를 드릴 수는 없고, 풍운뢰우와 성황을 함께 제사드려야 한다는 것이다.

풍운뢰우산천성황단에서의 기우와 함께 이때에는 기우제차가 마련되었다. 이전에도 가뭄이면 원단, 종묘, 사직 등에서 기우를 하기도 하고 불교적인 법석이나 무당을 동원한 의례, 시장을 옮기고 구언교서를 내리는 등 여러 방식으로 비를 빌었다. 그러나 기우제를 행하는 순서와 절차를 갖추고 있지는 않았는데, 이때에 이르러 예조에서는 다음과 같은 우한사의憂旱事宜, 즉 가뭄에 대처하는 절차를 올렸다.

삼가 《문헌통고》와 전 왕조의 《상정고금례》를 살펴보건대, 수隋나라와 당唐나라의 고제古制를 본받았습니다. 거기에 이르기를, '무릇 경도京都에 맹하孟夏 이후에 가뭄이 들면 악진해독嶽鎭海瀆 및 여러 산천 중 능히 구름과 비를 일으킬 수 있는 곳을 북교北郊에서 제사하여 빌고, 또 사직과 종묘에 빌되, 7일마다 한 번씩 빌며, 그래도 비가 오지 않으면 다시 악독에 기우하기를 처음과 같이 행한다. 그리고 가뭄이 심하면 우제雩祭를 지내는데, 처음에 빈 뒤 10일이 되어도 비가 안 오면, 저자를 옮기고 도살을 금하며, 산선傘扇을 관두고 토룡土龍을 만든다' 하였습니다. 또 고전古典에 말하기를, '가뭄이 있으면 원통한 옥사獄事를 심리하고, 궁핍한 사람을 구제하며, 뼈를 덮고 썩은 고기를 묻으며, 도랑을 치고 논두렁을 깨끗이 치운다'고 하였으니, 고전에 따라 시행하심이 옳겠습니다.[78]

이에 따르면 먼저 북교에서 악진해독 및 여러 산천에 비를 빌고, 다음으로 사직과 종묘에 빌며, 그래도 비가 오지 않으면 악독嶽瀆부터 다시 돌아가면서 하게 하였다.[79] 이 중 북교에서 악진해독 및 여러 산천에 비를 비는 것은 망제望祭인데, 후에 《세종실록》 오례의 시한북교망기악해독급제산천의時旱北郊望祈嶽海瀆及諸山川儀로 들어가며, 사직과 종묘에 대한 기우는 기고사직의祈告社稷儀와 기고종묘의祈告宗廟儀로 등재된다.[80]

앞서 예조에서 건의한 산천단의 기우 역시 《세종실록》 오례의에 풍운뢰우단기우의風雲雷雨壇祈雨儀로 들어가 있다. 여기에 흥미로운 점이 두 가지가 있다. 첫째, 예조에서 건의할 때에는 《예기》 월령편에 근거해서 산천에 대한 제사로 논의가 시작했으나, 최종적으로 《세종실록》 오례의에는 풍운뢰우단의 기우의로 기재가 되었다는 점이다. 둘째, 당이나 고려에서는 풍운뢰우건 산천단이건 간에 이 단은 기우제차에 포함되지 않던 것이라는 점이다.[81] 다시 말해서 1411년(태종 11) 5월, 풍운뢰우산천단에서의 기우는 이전 전통에는 없었다는 의미다. 어떤 면에서는 당연한 일이다. 단 자체가 《홍무예제》에 풍운뢰우산천성황단이 규정되기 전까지는 전례에 없었기 때문이다. 그러나 《홍무예제》에도 이 단에서의 정기적인 제사만 규정하고 있을 뿐 기우를 위한 제례는 수록되어 있지 않다. 이런 점에서 본다면, 이때 풍운뢰우산천성황단을 지목하여 기우 의례를 만든 것은 사실상 새로운 발상에 근거한 새로운 의례의 창출이었다.

그렇다면 왜 예조는 이때 풍운뢰우산천성황단에서의 기우 의례를 건의한 것일까. 공교롭게도 이 무렵 원단圜壇 설립을 두고 논란이 있었다. 이해 1월에 한상경韓尙敬이 원단의 희생이 예법에 어긋난다고 상언한 데 이어, 3월에는 예조에서 역대 원단의 제도를 고찰한 것을 근거로 송제와 고려의 제도를 참작하여 단을 새롭게 쌓고 희생을 송아지로 바꿀 것을 상서하고 이대로 따르기로 한 바 있었다.[82] 그러나 다음 10월의 기사를 보면, 이때의 원단 신축은 중단된 것으로 보인다.

> 다시 원단을 남교南郊에 쌓았다. 이에 앞서 의정부에서 "천자天子가 아니면 하늘에 제사할 수 없습니다"라고 한 까닭으로 파하였는데, 이에 이르러 어떤 사람이 "진秦나라가 서쪽에 있기 때문에 백제白帝만 제사하였는데, 우리나라는 동쪽에 있으니 또한 청제靑帝를 제사하여야 합니다" 하였기 때문에 다시 쌓은 것이다.[83]

이를 보면, 3월에 예조에서 원단의 제도에 대해 상서하고 이를 따라 신축하기로 했으나 중간에 의정부의 반대로 중단됐다가 10월에야 다시 쌓게 된 것으로 보인다. 풍운뢰우산천성황단에서의 기우 의례에 대해 건의가 올라온 것이 5월이라는 점을 생각해보면, 원단의 신축이 중단된 상황에서 이를 대체, 혹은 우회할 수 있는 제천의 방도로 풍운뢰우산천성황단의 기우를 만들었을 가능성이 크다. 이 단에서의 기우의를 만들기 위해 그 근거를 《예기》 월령편을 통해 산천단의 제사에서부터 찾고 여기에 풍운뢰우와 성황을 배제할 수 없다는 식으로 논리를 갖춰간 것이다. 산천단에 합사되는 풍운뢰우는 제천의 성격을 지니고 있기에 매우 유용했다. 이 유용성이 정도전에 이어 태종 대에도 다시금 확인되고 또 다른 단계로 새롭게 응용이 된 것이다. 그런 점에서 《홍무예제》는 조선에 응용의 수단을 제공해주는 매력적인 예서였다.[84]

중사단의 기준이 되다

1412년(태종 12) 5월, 조선에서는 "의제는 본속을 따르라"는 명의 지침을 얻어왔다.[85] 이것이 태종의 노림수였다는 점에 대해서는 1장에서 설명한 바 있다. 이듬해부터 길례의 제례 대상과 제반 의주 등 사전 체제를 본격적으로 정비하기 시작하며, 1413년(태종 13) 4월, 예조에서는 고려의 변사辨祀체계를 참고하여 다음과 같이 계문하였다.

> 삼가 전 왕조의 《상정고금례》를 살펴보니, 사직·종묘·별묘別廟는 대사大祀가 되고, 선농·선잠·문선왕은 중사中祀가 되며, 풍사·우사·뇌사·영성·사한·마조·선목·마보·마사·영제·칠사와 주현의 문선왕은 소사小祀가 됩니다. 신 등이 두루 고전과 전 왕조를 상고하니, 참작이 적중함을 얻었으나, 단지 풍사·우사만은 당唐 천보天寶 연간부터 그 시時를 맞추고 물物을 기른 공을 논하여 올려서 중사로 들어갔고 동시에 뇌사도 제사하였는데, 당나라가 끝나고 송나라를 거치는 동안은 감히 의논하는 자가 없었습니다. 명나라 《홍무예제》에서 운사를 더하여, '풍운뇌우의 신'이라 부르고, 산천·성황과 함께 한 단에서 제사하였는데, 지금 본국에서도 이 제도를 준용합니다. 또 문선왕은 국학에서는 중사가 되나 주현에서는 소사가 되니 의義에 있어 미안합니다. 송제宋制에는 주현의 석전도 중사로 하였으니, 엎드려 바라건대, 풍운뇌우의 신을 올려 중사에 넣어 산천·성황과 같이 제사하고, 주현의 석전도 중사로 올리게 하소서. 그 나머지 여러 제사의 등제等第는 한결같이 전 왕조의 상정례에 의거하소서.[86]

고려 시기의 변사체계가 대체로 적절하지만 주·현의 문묘와 풍사, 우사, 뇌사가 소사로 편재된 것만이 문제라는 계문이었다. 각각에 대해 주현의 문묘는 송제를 근거로, 풍사, 우사, 뇌사는 당 천보 연간 이래 중사로 편제되어 있다는 것을 근거로 중사로 올리기로 한다. 그런데 풍사, 우사, 뇌사는 현재 《홍무예제》에 따라 풍운뇌우산천성황단으로 모시고 있으므로 풍운뇌우산천성황단을 중사로 올리기로 한 것이다. 이러한 예조의 주장은 그대로 승인되었다. 이때의 논의를 보면 이외 여러 단제에 대한 논의에서도 드러나는 공통된 특징이 있다. 바로 바라는 예제의 상을 먼저 설정하고 뒤이어 그에 대한 경전적·역사적 근거를 찾는다는 점이다. 이는 경전·역사적 전거의 고찰을 통해 귀납적 방식으로 예제를 구성한 것이 아니고, 구성하고자 하는 예제의 상을 먼저 설정하고 거기에 필요한 근거를 찾는 연역적 방식이었다는 것을 의미한다.

이로부터 두 달 후 예조에서는 다음과 같이 여러 단의 현황에 대해 계문했다.

> 여러 제사의 단유壇壝 중에서는 오직 사직단과 풍운뢰우단만이 법식대로 축조되었고, 그 나머지 영성·사한·마조·선목·마사·마보·중농·후농의 단유는 모두 아직 축조되지 못했으며, 선농·선잠·노인성·북교·여제의 단유는 비록 축조했다고는 하지만 또한 법식과 다르니, 위 항의 단유는 고제古制를 상고하여 땅을 보아서 축조하소서.[87]

조선의 단 중에서 대사는 사직단뿐으로 너비는 2장 5척, 높이는 3척이다. 중사단은 너비는 2장 3척, 높이는 2척 7촌이며, 소사단은 너비 2

장 1척, 높이는 2척 5촌이다.[88] 앞의 기록과 맞춰본다면, 대사인 사직단과 중사인 풍운뢰우산천성황단만이 제 제도대로 조성되었으며, 다른 중사단인 선농·선잠, 소사단인 노인성·북교·여제는 단유를 만들기는 했으나 법식에 맞지 않는다는 것이다.

그런데 여기에서 의문이 생긴다. 이 기사를 그대로 인정한다면 풍운뢰우단은 중사단의 크기에 맞춰 제대로 조성이 된 것으로 보인다. 이후에도 여전히 법식을 지키고 있지 못하다고 하며 논란이 된 다른 단과는 달리 풍운뢰우단의 제도에 대해서는 크게 문제삼은 게 없는 것을 보면,[89] 아마도 앞의 기사대로 중사단으로서 축조된 것으로 보인다. 나중에 풍운뢰우산천성황단은 《국조오례서례》에 중사단의 대표로 도설이 들어가기도 한다. 그러나 풍운뢰우단을 소사에서 중사로 올린 것이 불과 두 달 전이었다는 점을 염두에 둔다면 어떻게 이것이 가능할지 의문이 아닐 수 없다.[90]

여기에서 1406년(태종 6) 남산 율현에 새로 조성한 풍운뢰우산천성황단의 제도에 맞추어 역으로 중사단의 제도를 구성했을 가능성을 고려할 필요가 있다. 일반적으로는 크기와 높이에서 일정 정도씩 감쇄하는 대사·중사·소사의 체계를 만든 후 이에 따라 여러 단을 구성했을 것으로 생각하기 쉽다. 그러나 앞의 기록을 볼 때, 역으로 풍운뢰우산천성황단을 먼저 조성하고 이를 중사로 규정한 후 나머지 중사단을 이에 맞추려고 했다고 볼 수 있다는 것이다. 이미 조성한 중사단인 선농단, 선잠단이 제도에 맞지 않는다는 것은 이러한 순서에서 비롯한 문제였을 수 있다.

그렇다면 풍운뢰우산천성황단의 너비 2장 3척, 높이 2척 7촌이라는 제도는 어떻게 도출된 것일까? 앞서 본 풍사단이나 우사단의 크기는 이 풍운뢰우산천성황단과는 몹시 차이가 난다. 또 《홍무예제》에는 풍운뢰우산천성황단을 조성하라는 지침만 있을 뿐 단의 제도에 대한 규정이 없기 때문에, 여기에서 지침을 가져왔을 리도 없다.[91] 이 단의 제도에 참고가 되었을 만한 것으로는 원元에서 군현에 세운 뇌우단雷雨壇과 풍사단風師壇의 사례를 들 수 있다. 원에서는 군현의 뇌우단을 직단稷壇의 서쪽에, 풍사단을 사단社壇의 동쪽에 두면서 그 크기를 사직단보다는 약간 작게 하였다.[92] 만약 풍운뢰우산천성황단을 조성할 때에 원의 군현 뇌우단과 풍사단의 방식을 참고했다면, 사직단보다 약간 작게 만드는 것으로 제도를 구성했을 가능성이 있다. 그 '약간 작음'의 정도가 애매할 수 있는데, 너비가 2장 5척이고 높이가 3척인 대사의 사직단에 대해 풍운뢰우산천성황단의 너비를 2장 3척, 높이를 2척 7촌으로 정한 것은 홀수로 숫자가 떨어질 수 있도록 감쇄한 것이다. 이 감쇄한 숫자는 《주례》 등에서 천자, 제후, 경대부 등의 등급에 따라 제도가 감쇄할 때의 숫자 감각과 유사하다.[93] 만약 이보다 더 큰 폭으로 감쇄한다면 단의 크기가 지나치게 작아져서 진설이나 행례 인원의 움직임에 문제가 발생한다.[94] 다만 원의 군현 뇌우단과 풍사단을 고려했다고 하여, 이것이 조선에서 변사체계에 따라 단 크기에 차등을 준 아이디어의 원형이라는 의미는 아니다. 어차피 원의 제도에도 구체적인 크기는 나와 있지 않기에 우연한 일치일 가능성도 있다.

　풍운뢰우산천성황단을 짓기 위해 조선인이 나름으로 참작하여 정한 제도는 이후 중사단의 기준이 되었다. 그리고 홀수로 떨어질 수 있도록 조금씩 감쇄하는 감각은 소사단에도 적용되어 너비 2장 1척, 높이 2척

[그림 1] 중사단 대표 도설 풍운뢰우산천성황단

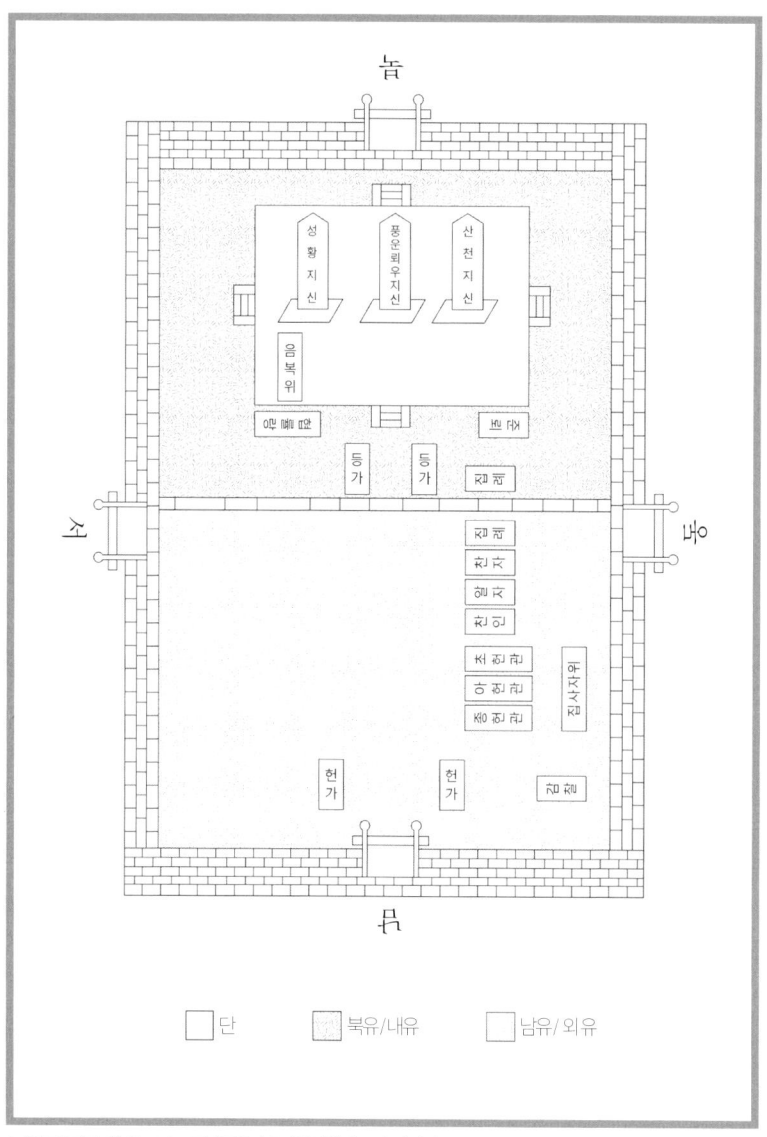

*《국조오례서례》 권1, 단묘도설 풍운뢰우산천성황단 도설 재작성

5촌의 단으로 규정되었다. 조선에서는 변사체계에 따라 일괄적으로 해당 단의 크기를 약간씩 감쇄함으로써 아주 정연하게 단유의 제도를 규정하였다. 중사단은 중사단끼리 같은 크기와 제도를, 소사단은 소사단끼리 같은 크기와 제도를 취했다. 이처럼 변사의 등급에 따라 일괄적으로 단의 크기를 감쇄하여 제도를 규정한 것은 중국에서도 볼 수 없고 고려에서도 전례가 없는 사례로서, 조선이 유일하다. 그만큼 독특한 발상에 근거한 제도였으나, 실제로 대부분의 단은 책 속의 이상처럼 정연하게 조성되지 못하였다. 이에 대해서는 선농단과 선잠단에서 살펴볼 것이다.

'시왕지제'의 유용성

세종 대에 새로운 문제가 제기된다. 시작은 제향 음악에 대한 고찰에서 비롯했다. 1426년(세종 8) 봉상판관 박연은 《조선국악장》을 살펴보니

[표 5] 《국조오례서례》 단묘도설

변사	대사	중사	소사
단의 종류	사직단 (사단/직단 별단)	풍운뢰우산천성황단, 선농단, 선잠단, 우사단, 악해독	영성단, 노인성·마조·선목·마보·마제·사한·명산대천·여제·영제·포제
너비	2장 5척	2장 3척	2장 1척
높이	3척	2척 7촌	2척 5촌
유	일유, 25보	양유, 25보	일유, 25보

풍운뢰우산천단이 다음과 같은 문제를 가지고 있다고 했다.

> 산천단의 음악은 주제周制에 따르면, 유빈蕤賓을 연주하고 함종函鍾을 노래하는 것이 바른 것입니다. 지금은 전폐奠幣부터 변두를 철거하기까지 당상과 당하에 모두 대려大呂를 사용하는데, 대려는 황종黃鍾에 합하니 본래는 천신天神을 제사하는 데 사용합니다. 그러므로 풍운뢰우의 신에게는 적합하지만, 산천에는 전혀 맞지 않습니다. 하물며 한 가지 율律만 사용하니 심히 마땅하지 못합니다. 또 풍운뇌우는 예전 제도에도 천신에 제사했지, 산천과 위位를 같이하여 제사 지내지 않았는데, 지금은 한 단에서 제사를 지내니 적절하지 않습니다. 이것이 산천단의 음악이 부합하지 않는 까닭입니다.[95]

박연이 언급한 주나라의 제도는 《주례周禮》 춘관春官 대사악大司樂 조에 나오는 것으로, 산천단은 당하堂下의 헌가軒架에서는 유빈을 연주하고 당상堂上의 등가登歌에서는 함종을 노래해야 한다는 의미다. 그런데 당시 산천단은 천신에 사용하는 대려를 사용하고 있는데, 이는 풍운뇌우신에게는 적합하나 산천에는 적합하지 않다. 더구나 천신 제사라고 쳐도 문제가 있다. 이 경우에는 원래 당하에서는 황종을, 당상에서 대려를 노래해야 하는데 모두 대려를 쓰고 있기 때문이다. 이는 기본적으로 천신인 풍운뇌우신을 산천과 함께 제사 지내는 것에서 발생하는 문제였다.[96]

이때의 논의에서 박연은 풍운뢰우산천성황단의 핵심을 산천단으로 파악했다. 아마도 《주례》의 육악六樂에는 풍운뢰우는 별개 항목으로 언급되지 않은 반면에, 산천은 명확히 규정되어 있다는 점이 영향을 주었

을 것이다.[97]

같은 날 기사에는 예조가 박연의 주장을 검토한 결과가 함께 실려 있다. 예조에서는 단의 제도는 시왕의 제도라 경솔히 변경할 수 없으나 제사 음악과 율려律呂의 합은 옛것에 부합하지 못하는 면이 있으니, 악학樂學에서 논의하여 교정하자고 하였다.[98] 예조의 조처 결과 풍운뢰우산천성황단의 음악은 당하에서는 대려를, 당상에서는 황종을 연주하는 것으로 바뀐 것으로 보인다. 이는 8년 후 박연이 다시 상서한 내용에서 확인할 수 있다.[99] 여기에서 당하와 당상의 음악을 나누며 교정할 때 산천단을 기준으로 한 유빈과 함종이 아니라 풍운뢰우단을 기준으로 대려와 황종으로 바꾸었음도 주목할 필요가 있다. 이는 풍운뢰우가 산천보다 제사 대상의 격이 높았기 때문으로, 여전히 이 단의 초점이 풍운뢰우에 있음을 보여준다.

단의 구성을 그대로 둔 채로 음악만 고쳐봤자 근본적인 문제는 해결되지 않는다. 풍운뢰우에 초점을 맞춰 음악을 연주하면 산천을 위한 음악은 연주될 수 없기 때문이다. 1430년(세종 12) 박연은, 풍운뢰우산천성황단의 여러 문제를 따로 한 조목을 잡아 다시금 길게 상언하였다. 이는 상당한 분량인데, 내용에 따라 다음과 같이 몇 개의 단락으로 나누어 요약해볼 수 있다.

① **여러 신격을 함께 제사드리는 단의 제도**: 풍운뢰우는 천신이고 산천·성황은 지기이기 때문에 기氣와 유類가 같지 않고 존비가 다르다. 이렇게 동단同壇으로 구성한 것은 《홍무예제》를 따른 것인데, 이는 국도國都의 제도가 아니라 지방의 의식이다. 지방은 간단하게 제례를

드리기 위해서 동단으로 하는 것이지, 국도가 이렇게 할 리는 없다.

② **신주 쓰는 법**: 산천과 성황은 신주에 '모주모현某州某縣'을 붙이는데, 풍운뢰우는 주현의 이름을 쓰지 않는다. 풍운뢰우는 네 위의 신격이고 산천은 두 위의 신격이나 모두 1개의 패에 신주를 쓰는데, 성황은 하나의 신격이 하나의 패를 써서 존비의 격에 맞지 않는다.

③ **신위 배치법**: 신위를 배설할 때 단의 북편에 성황은 서쪽에, 풍운뢰우는 중앙에, 산천은 동쪽에 두게 하고 모두 남면하게 하며 한 줄로 배설하는데, 이는 성황을 높이는 것이 된다. 신위를 한 줄로 두면 서쪽이 상위가 되기 때문이다. 그런데 행사 의식을 살펴보면, 풍운뢰우에 먼저 갔다가 다음으로 산천에, 그다음으로 성황에 가니 이렇게 할 것이라면 풍운뢰우를 중앙에 두고 산천과 성황을 배위로 하여 동서에 두어야 한다. 배위로 두면 동쪽이 높고 서쪽이 낮은데, 지금 산천을 보면 행례는 중간에 하지만 위상은 끝에 거하는 셈이고, 성황은 행례는 마지막에 하지만 위상은 높으니 이치에 맞지 않는다.

④ **진설**: 풍운뢰우의 네 신위 앞에 폐백은 넷을 쓰는데 상은 하나고, 희생 역시 그러하다. 산천의 두 신위는 폐백은 두 개를 쓰는데 상은 하나고 희생도 마찬가지다. 성황은 하나의 신위가 희생과 폐백, 상 모두 한 건을 온전히 누린다. 네 신이 누리는 찬饌은 더 높일 수가 없고 두 신과 하나의 신의 찬은 더 줄일 수가 없어서 그 바치는 물건이 오직 성황에게만 풍성한 셈이 된다.

⑤ **축문·폐백 처리**: 천신을 제사했을 경우에는 축문과 폐백을 요대燎臺에서 불사르고 지기와 인귀는 예감瘞坎에 묻어야 하는데, 이 제사는 《홍무예제》에 의거해서 일곱 신의 폐백과 축문을 모두 불사른다.

⑥ **해결 방법**: 《홍무예제》를 국도國都에서는 쓸 수 없다. 옛 풍운뢰우산 천성황단은 풍운뢰우단으로 바꾸고, 산천단은 따로 단을 만들어 제사 지내고 성황은 산천단에 배위로 제사 지내도 된다. 만약 별개의 단을 만들지 못할 것 같으면, 풍운뢰우 네 신위는 정위로 남면하게 하고 산천 두 신위는 동쪽에 있으면서 서향하게 하며 성황 한 신위는 서쪽에서 동향하게 하여 배위로 제사 지내야 한다. 남쪽에 요대를 두고, 북쪽에는 예감을 두어 망료, 망예의 예를 따로 행해야 한다. 그러나 춘추 여제厲祭로 성황발고제를 지낼 때는 풍운뢰우단에서 성황이 정위가 되어 제사를 지내게 되니, 천신의 단에서 성황이 남면하여 제사를 받는다는 것은 말이 안 된다. 그러므로 풍운뢰우와 산천·성황을 별개의 단으로 만들어 제사를 지내야 한다.[100]

내용은 매우 길지만, ②~⑤는 모두 결국 성격과 위상이 다른 신격이 섞여 있는 데서 발생하는 문제다. 천신인 풍운뢰우가 위상이 가장 높으며, 산천·성황은 지기로 위상이 낮은데, 이 둘을 섞어서 함께 제사를 지내니 신위, 진설, 행례 등 모든 측면에서 풍운뢰우가 다른 신격에 비해 상대적으로 낮아지는 문제가 발생하는 것이다. 박연은 이 단이 《홍무예제》에 근거해 구성된 것 자체가 문제라며, 이는 지방 주현의 것이지 국도의 것도 아니므로 풍운뢰우와 산천·성황으로 신격을 나누어 별개의 단으로 구성하자고 주장했다(①, ⑥).

그러나 예조와 의례상정소에서는 풍운뢰우와 산천·성황을 별개의 단으로 만들자는 박연의 주장을 각하했다. 예조와 의례상정소에서는 《문헌통고》를 바탕으로 한·당·송의 풍사와 우사의 역대 제사 방식을 죽 서술한 뒤 다음과 같이 계문했다.

> (풍운뢰우에 대해서는) 그 뜻을 취한 것이 달라서 왕조마다 각각 다릅니다. 삼대三代의 정삭正朔을 가지고 말해도 주나라는 자월子月을, 상나라는 축월丑月을, 하나라는 인월寅月을 정삭으로 세웠으니 성인의 제도도 같지 않은 것입니다. 우리 태조께서는 《황명예제皇明禮制》에 의거하여 풍운뢰우산천성황을 합하여 하나의 단으로 만들어 제사를 지냈습니다. 이것은 곧 시왕의 제도로 또한 조종의 성헌이 되었으니, 옛것대로 두는 것이 편리하겠습니다.[101] (괄호: 필자)

성인의 제도란 것도 고정적이지 않은데, 이미 태조 대부터 《황명예제》에 의거해 풍운뢰우산천성황단으로 만들었고 조종의 성헌이 되었으니 그대로 두자는 것이다. 여기에서 《홍무예제》가 아니라 《황명예제》로 일컬은 것도 유의하자. 《홍무예제》는 지방의 의례에 불과하다는 박연의 주장에 대해 '황명'의 예제라고 하며 그 권위를 높여 말한 것이다.

풍운뢰우산천성황단의 문제를 지적한 것은 박연만이 아니었다. 민의생閔義生 역시 1426년(세종 8)과 1436년(세종 18)에 《홍무예제》가 지방 주현의 예제라는 점을 언급하며, 방위에 따른 풍사와 우사의 제사를 복원하자고 주장한 바 있다.[102] 그는 심한 가뭄에 기원할 수 있는 장소로 풍사와 우사의 복원을 청한 것이었다. 민의생의 세종 18년 상서에 대해서는 의정부에서 의논하여 계문한 다음과 같은 내용이 실려 있다.

자고로 왕조별로 연혁이 각각 같지 않으니 경솔히 고치는 것은 어려울 듯합니다. 하물며 우리 태조·태종께서 이 제도를 준용하여 행해온 지 이미 오래되었습니다. 정미년(1427, 세종 9)에 의견을 올린 자가 있어 상정소에서 의논한 바 있었는데, 성산군星山君 이직李稷 등의 의논에 따라 이전대로 하고 고치지 않기로 하였습니다.[103]

이 글에서는 세종 9년인 정미년에 의견을 올린 자가 있었다고 하고 있는데, 아마도 세종 8년의 박연과 민의생의 주장을 오인한 듯하다. 여하간 정미년에도 제도를 고치지 않은 것처럼 그대로 두자는 것이 의정부의 의견이었다.

8년 후인 1438년(세종 20), 박연은 다시금 지방 주현에 쓰는《홍무예제》를 제후국인 조선에서 쓰는 것은 문제가 있다는 점을 지적하면서, 풍운뢰우산천성황단의 단제를 조정해야 한다고 강하게 주장했다. 그런데 이때에는 이전과 달라진 점이 하나 있었다. 세종 12년에는 기존의 풍운뢰우산천성황단을 풍운뢰우단으로 만들자고 한 것에 비해, 이때에는 풍사단과 우사단을 별도로 세우자고 하면서 별자리에 맞춰 세우지 못할 것 같으면, 그 위치를 원단이 있는 마을 안에서 선택해서 세우자고 한 것이다. 당시는 원단의 제사가 제후국의 법도에 어긋난다는 이유로 시행하지 않은 지가 이미 여러 해이니 이렇게 풍사단과 우사단을 그 근처에 세우고, 옛 풍운뢰우산천성황단은 산천단으로 만들자고 건의한 것이다.[104] 여기에서도 다시금 풍운뢰우단이 원단 치폐 논의와 맞물리는 것을 확인할 수 있다.

이번에는 예조를 통해 의정부에 광범위하게 의견을 수합했는데, 고치자는 의견과 고치지 말자는 의견으로 대별해볼 수 있으나 세부적으

로 조금씩 논거와 논점이 다르다.[105]

　고치자는 의견을 낸 쪽은 대체로 박연이 거론한 것처럼 《홍무예제》가 주현의 예제에 해당하고 고제古制에는 풍운뢰우와 산천, 성황을 합사하는 형태가 없으므로 다시 축조하자는 의견이었다. 고치지 말자는 의견을 낸 이들도 합사하지 않는 고제나 《홍무예제》가 지방 주현을 위한 것이라는 점을 모른 것도 아니었다. 다만 그렇다고 하여 이를 바꿔 버리면 풍운뢰우건 산천, 성황이건 제후국에서 제사를 지낼 근거가 아예 사라질 수 있다는 우려를 제시했다. 특히 아래 심도원 등의 의견이

[표 6] 1438년(세종 20) 풍운뢰우산천성황단의 단제에 대한 논의

고치자는 의견	고치지 말자는 의견
이견기李堅基: 박연의 의견에 따라 새로 축조하자. **안숭선**安崇善·**신인손**辛引孫: 《홍무예제》를 준용해온 것이 오래되어 경솔히 고치기는 어려우나 역대 사례를 고찰해볼 때 박연의 말이 맞으므로 그에 따라 고치자. **신개**申槩: 주~원까지 풍운뢰우를 각 단에서 제사해왔으며, 산천단이 붙는 것이 근거가 없고 《홍무예제》는 부·주·현의 의식에 불과하니 박연의 의견에 따라 고치자. **민의생**閔義生: 산천단을 조성한 것은 서사호가 왔을 때이며 이때는 풍운뢰우와 성황을 합치지 않았다. 아마도 《홍무예제》 때문인 듯하나, 언제 그렇게 한 것인지 알 수 없다. 이는 주현의 것이므로 바람직하지 않으니 고치고, 단소는 옛 문헌에 의거해서 각 방위에 축조하자.	**정인지**鄭麟趾: 고제에 의거한다면 산천단, 성황단 모두 제사의 근거가 사라지니 단유와 위판의 법제만 상고하고 나머지는 그대로 두자. **심도원**沈道源·**최사강**崔士康·**성억**成抑·**황보인**皇甫仁: 고제의 풍사·우사는 제후국에서 할 수 있다는 근거가 없는데, 《홍무예제》에서 포정사와 부·주·현에 모두 합제하게 하였으니 포정사가 제후국보다 꼭 아래라고 볼 수 없다. 그대로 두되 풍사, 우사, 뇌사 신위를 따로 마련하자. **하연**河演·**이맹균**李孟畇: 황보인 등에 동의. 운사를 제거하지 말고 운사도 설치하자. **허조**許稠·**황희**黃喜: 산천단 제사는 시왕의 제도이니 경솔하게 의논하기 어렵다. 폐백 숫자에 따라 작爵의 숫자만 조정하자.

흥미롭다.

심도원·최사강·성억·황보인 등이 의논하기를, "고제에는 풍사·우사의 제사 지내는 곳과 날짜가 비록 다르나, 모두 천자의 일이고 제후국에 통행한다는 명문은 없습니다. 또《홍무예제》에 풍운뢰우와 산천·성황의 신은 무릇 각 포정사布政司의 부·주·현에 모두 합제하게 하였으니, 어찌 의거한 바가 없이 했겠습니까. 포정사의 제도가 어찌 제후국보다 아래겠습니까. 어찌 시왕의 제도를 경솔하게 의논하여 다시 고치겠습니까. 마땅히 예전대로 하되, 다만 풍사·우사·뇌사의 신위를 각각 마련하고, 전찬奠饌과 작爵을 올리는 것도 역시 각각 마련하게 하소서."106

이들은 풍사, 우사 등이 별개의 장소에서 다른 날짜에 제사를 드린다는 고제를 몰랐던 것이 아니다. 문제는 이러한 제사가 모두 천자의 일이라 제후국에서도 한다고 볼 근거가 없다는 점이다. 이는 이들 제사가 제천 의례이기 때문이다. 제후국의 풍사, 우사에 대한 고제가 확인되지 않는 속에서 산천, 성황 등과 합사되어 있는 것을 분리해버리면, 제후국에서 아예 이를 제사 지낼 근거가 사라질 수 있다는 점을 우려한 것이다.

단을 고치자고 한 신개나 이견기 등도 이것이 천신에 대한 제사임을 알긴 했으나, 제후국에서 제사 지낼 수 없다고는 하지 않았다. 이런 점을 보면 '제후국이 제사를 드려서는 안 되는 천신'의 종류에 대한 당대의 합의가 명쾌하지 않다는 점도 알 수 있다. 어쩌면 그 이면에는 천신의 혐의를 지닌 신격에 대해서, 이를 분명하게 가려내기보다는 경계를 미봉하면서 최대한 제사 지낼 수 있는 신격으로 포섭하고 싶어 한 것일 수 있다. 어느 의견을 내건 풍운뢰우의 제사를 아예 폐지하자는 의견을 낸 이는 한 명도 없었다는 점 역시 간과할 수 없다.

신개나 민의생처럼 《홍무예제》가 지방 부·주·현을 위한 의례임을 일차적으로 문제삼은 경우도 있었지만, 고치지 말자는 의견을 낸 사람들은 그것이 가지고 있는 유용성에 좀 더 주목했다. 시왕의 제도이기 때문에 경솔히 고칠 수 없다며 박연, 민의생 등의 개혁안을 번번이 거부한 것은 이것이 지방 부·주·현의 의례임을 몰랐던 것도 아니고, 시왕의 제도가 강한 권위를 갖고 있었기 때문도 아니었다. 그보다는 이 의례의 필요성에 좀 더 집중한 것이다.

전례 없는 새로운 예제를 만들 때, 《홍무예제》는 아주 유용한 근거를 제공하곤 했다. 사직단을 만들 때, 경전에 없는 큰 척도를 사용하기 위해 《홍무예제》를 찾아낸 것처럼, 천신에 대한 제사를 지낼 수 있는 단을 만들어내기 위해 《홍무예제》에서 풍운뢰우산천성황단을 찾아냈다. 즉 '제후는 천신에 대해 제사를 드릴 수 없다'는 경전의 이념적 원칙을 우회할 수 있는 새로운 권위로 활용한 것이다. '시왕의 제도'는 조선인이 맹종한 권위나 준거가 아니라, 조선이 필요로 하는 논리를 제공해주는 수단이었다. 그런 점에서 '고제古制에 대한 이해가 심화되며 세종 대에는 《홍무예제》보다는 고제를 준거로 예제를 정비했다'는 오래된 관점은 재고할 필요가 있다. 사직단에서도 다시 설명하겠지만 태종 대까지 고제에 대한 이해가 덜했던 것도 아니며, 세종 대 들어서며 고제를 통해 《홍무예제》를 극복한 것도 아니다.

세종 20년 논의 때에는 시왕의 제도를 경솔히 의논하지 말자고 한 허조, 황희 등의 의견에 따라 단제 자체는 크게 고치지 않고 작의 수 등을 조정하는 것 정도로 마무리하였다.[107] 앞서 세종 8년의 개혁 주장을 각하한 것 역시 고려 말부터 경험을 가지고 있던 성산군 이직 등이었다. 이직을 비롯하여 황희, 허조, 예조판서 신상 등은 의례상정소 제조로 이 무렵의 예제 정비에도 깊이 관여하고 있었다.[108] 사직단의 경우에도 맹사성 등의 의견에 따라 옛 제도를 고치지 않는 선에서 마무리된 것처럼, 고려 말부터의 경험을 가지고 있는 원로 대신의 의견이 관철된 것이다. 여기에서 허조나 황희가 풍운뢰우산천성황단을 '산천단'으로 지칭하고 있음도 주목되는데, 아마도 공민왕 대~우왕 대 홍무제가 보낸 산천 제사를 둘러싼 소동을 의식한 발언이 아닐까. 그런 점에서는 이전 시대의 굴곡 있던 외교 관계의 잔영이기도 했다.[109]

이상의 논의 흐름과 여러 논자의 의견을 자세히 들여다보면, 풍운뢰우산천성황단에 대한 박연의 문제 제기 역시 다르게 평가된다. 그의 주장은 일견 꽤 합리적으로 보인다. 그러나 큰 틀에서 보면 그는 단제 성립의 역사에 대해 무지하고 시야가 좁았다. 산천단의 음악에서 비롯한 박연의 문제의식은 결국은 종류와 위상이 다른 신격이 섞여있다는 것 하나로 귀결된다. 박연처럼 이 단을 산천단으로 접근해본다면 이렇게 다른 신격이 섞인 것이 문제가 되지만, 원단과 같은 성격의 단이었다고 보면 사실 이는 별로 문제가 되지 않는다. 원래 중국 역대의 원구제에서는 여러 별자리와 악진해독, 산천 등 천·지·인의 여러 신격을 함께 종사하여 제례를 드리곤 하기 때문이다.[110] 박연의 접근은 좁은 시야에서 의례의 형식과 현재적 상황에만 집중한 것이다. 전체 사전체계를 놓고 하늘에 대한 기원의 문제를 어떻게 풀 것인가, 가뭄과 같은 재난 상황에서는 어디에 어떻게 기원할 것인가, 통치의 정당성을 확보해줄 올바른 의례는 무엇인가, 조종祖宗의 권위는 어떻게 존중되어야 하는가 등의 심도 있는 질문은 그의 문제의식만으로는 풀어낼 수 없다. 세종대 음악 정비에서 박연의 역할은 그 누구와도 비교하기 힘들 정도로 크지만, 예제 전반을 놓고 본다면 허조, 황희처럼 고려 말부터 전체적인 판도와 맥락을 이해하고 고민하며 체제를 구축해온 이들의 문제의식에 비하기는 어렵다.

끝내 제천의 장소가 되다

《세종실록》 오례의에서 《국조오례의》로 가면서 정기제인 사풍운뢰우의祀風雲雷雨儀의 재관으로 차출되는 관료 등급이 상향된다. 초헌관 직위는 정2품에서 정1품으로, 아헌관은 정3품에서 3품 당상관, 종헌관은 종3품에서 정3품으로 올렸다. 세조 대 이후 원구제가 행해지지 않게 되면서, 천신인 풍운뢰우가 중사임에도 그 위격이 높아졌기 때문이다.[111]

풍운뢰우산천성황단은 애매한 성격에 여러 신격이 복합된 단이었던 만큼 이를 무엇으로 줄여 말하는가도 시대에 따라 달랐다. 초기에는 주로 '풍운뢰우단'으로 줄였으나 후기에는 '산천단', '산단'으로 많이 줄였다. 혹은 아예 신격에 대한 언급 없이 도성의 남쪽에 있다 하여 '남단南壇'으로 통칭되기도 한다. '남단'이라 불리던 때, 이제 이곳은 '풍운뢰우'

라는 신격이 아니라 '남교南郊'라는 장소로 주목된다. 이렇게 이곳의 장소성이 중시된 이른 사례로는 중종 대의 친행 기우제를 들 수 있다.

중종은 연산군 대 무질서해진 국가 전례를 재정비하려고 노력하며, 의례의 친행에 관심을 두었다.[112] 이 중에서도 재위 후반인 1537년(중종 32)과 1541년(중종 36) 두 차례 풍운뢰우단에서 친히 기우제를 거행하였다.[113] 《국조오례의》에서 규정한 왕의 친행 제사는 대사인 종묘와 사직, 중사에서는 석전과 적전 선농제뿐이었고, 단에서 실제 친제가 이루어진 적도 별로 없었다. 성종 대 몇 차례 거행된 친경례 외에는 왕의 친행 제사란 매우 드물었다. 그러나 중종은 풍운뢰우단이 위치한 곳이 교외라는 점을 주목하며 친향을 거행했는데, 여기에서 제향을 받을 신격神格보다는 제사의 장소가 더 중시되었다는 점을 엿볼 수 있다.[114] 이렇게 중종에 의해 시작된 풍운뢰우단(남교)의 기우제는 효종, 숙종, 경종, 영조 등에 의해 계승되었고 이 과정에서 마련된 의주는 정조 대 편찬된 《춘관통고》에 친향풍운뢰우산천기우의親享風雲雷雨山川祈雨儀로 수록되었다.[115]

조선 후기에도 풍운뢰우산천성황단의 위상은 점점 높아졌다. 영조 역시 중종처럼 산천단이 위치한 남교라는 공간을 중시하며, 이곳을 원구단에 비견하고 친제를 행했다. 영조는 친제가 정당함을 주장하기 위해 《대명집례》에서 하늘과 땅을 북교와 남교로 나누어 제사 지내는 예가 있다는 것을 계속 인용했다. 《대명집례》의 규정이란 남교의 원구단과 북교의 방구단을 가리키는 것이었다.[116] 영조 대에도 천지天地에 대한 제사의 열망은 사그러들지 않았다.

이러한 흐름은 정조 대에도 이어졌다. 정조는 일찍부터 사직단을 방구단에 비견하고, 남단을 원구단에 비견할 수 있다고 보았다.[117] 1792년(정조 16) 정조는 다음과 같이 전교하였다.

> 지금의 남단은 바로 옛날 교사郊祀를 지내던 원단이다. 예禮에 사서인 士庶人은 오사五祀에 제사할 수 없고, 대부大夫는 사직에 제사할 수 없으며, 제후는 천지에 제사할 수 없다고 하였으나, 오직 기杞·송宋·노 魯나라만이 제후로서 제사한 것은 대국大國의 후손이거나 혹은 큰 성인의 공로 때문이었다. 우리 동방은 나라를 세운 것이 단군부터 시작되었는데 역사에서는 하늘에서 내려와 돌을 쌓아 제천의 예를 행했다고 하였다. 그 후에도 모두 그대로 따른 것은 대국에서 책봉을 받지 않아 크게 참람한 데 이르지는 않았기 때문이다. 우리 왕조에 이르러서는 혐의를 구별하고 미세함을 밝히는 뜻이 엄격하여 원단의 예가 혹 소국小國에서 감히 지낼 제사가 아니라 하여 세조 이후에는 원단의 호칭을 남단이라 고쳐 일컫게 되었으니, 대개 군국郡國·주현州縣에서 각기 풍사·우사에게 제사 지내는 제도를 쓴 것이다. 주단主壇을 풍운뢰우라 하는데 신위는 중앙에서 남면하며, ……산천과 성황의 위판을 좌우에 배향하되 모두 남면으로 한다. 여기에서 전향專享을 합향合享으로 하여 감히 제사 지내지 못한다는 은미한 뜻을 보인 것이다. 그러나 지극히 공경하고 정결히 하는 정성이야 어찌 원단과 남단이 명칭과 제도가 다르다고 해서 차이가 있겠느냐.[118]

정조는 단군 이래 독자적으로 이어져온 제천 의례를 행해온 전통이 있다고 보았다. 그러다 조선에 들어와서 명에 대해 혐의를 피하기 위해 원단을 남단으로 명칭을 고쳐 부르고 지방의 풍사, 우사에 제사 지내는 제도를 썼으며, 산천과 성황을 합향함으로써 하늘에 제사 지낸다는 혐의를 살짝 빗겨간 것으로 이해했다.

정조의 이해는 개별 사실에 있어서는 정확하지는 않지만, 큰 틀에서는 풍운뢰우산천성황단이 제천의 장소로서 마련되었다는 역사성을 꿰뚫었다. 그는 원구와 방택제를 갖추려고 한 목적에서 역으로 이와 같이 의미를 부여했다. 남단의 권위를 원구단에 빗대어 높이고, 사직단을 방택에 비견하면서, 원구와 방택의 제도를 모두 갖추었다고 하려는 목적인 것이다.[119]

남단, 즉 풍운뢰우산천성황단이 진정하고도 궁극적인 제천의 장소, 환구단이 되는 것은 고종 대에 이르러서였다. 1895년 윤5월 20일, 고종은 남문 밖 남단을 환구로 만들기로 결정한다. 전년부터 진행되어온 갑오개혁의 미진함을 국왕이 반성하고 직접 정사를 볼 것임을 천명한 바로 그 시점이었다. 이때의 환구단 개축은 청과 단절하는 독립의 의지를 표방하는 것이었다. 1897년 대한제국을 선포하며 남별궁 자리에 새롭게 환구단을 개축하기 전까지, 동지환구대제冬至圜丘大祭와 환구기곡대제圜丘祈穀大祭가 환구단으로 변모한 남단에서 치러졌다. 1897년 2월 26일(양력) 고종이 경운궁으로 환궁했음을 고유한 환구단도 바로 이 남단이었다.[120] 고종은 정치 전반에서 정조의 정치를 모범으로 삼았는데,[121] 남단을 첫 환구단으로 만든 것 역시 이러한 지향의 연장선에 있었다.

고려 말 산천단은 외교적 압박과 갈등 속에 건설됐다. 그러나 당대인들은 이를 《홍무예제》라는 수단을 통해 제후도 지낼 수 있는 제천의 장소인 풍운뢰우단으로 전유하였다. 여러 신격이 섞인 제단이라는 구성에서 비롯한 본질적인 모순이 있기는 했지만, 조선은 그러한 형식적 모순보다는 장소의 의미에 더 집중했다. 의미의 중점은 500년의 역사를 거치며 살짝 변화한다. 초반에는 풍운뢰우라는 신격이 중시됐다가, 후대에는 이 단이 위치한 남교라는 장소성이 커져갔다. 세종 대 박연이 그렇게 문제삼은 천신과 산천 및 성황의 합향은, 정조에 이르러서는 도리어 참람함을 빚지 않으려는 섬세한 미덕으로 재해석됐다. 왕조 말기 고종 대 이곳을 환구단으로 만들고 잠시나마 사용한 것은 이러한 끊임없는 재해석이 빚어낸 결과였다.

社稷署全圖

3. 우사단
― 태종이 찾아낸 제천의 대체물

제천이라는 딜레마

조선이 건국된 지 한 달도 채 지나지 않은 1392년(태조 1) 8월, 예조전서 조박趙璞 등은 다음과 같이 역대 사전祀典을 정비하자는 상소를 올렸다. 국가 사전 정비로 향하는 첫걸음이었다.

> 신 등이 엎드려 역대 사전을 살펴보건대 종묘·적전·사직·산천·성황·문선왕석전제는 고금으로 통행해왔으니 나라를 가진 자의 상전常典입니다. 지금 월령月令의 규식을 뒤에 모두 쓰겠으니, 유사에 내려 때에 맞춰 거행하십시오.
> 원구는 천자가 하늘에 제사 지내는 예니 폐지하기를 청합니다. 여러 신묘神廟와 여러 주군의 성황 중 나라에서 제사 지내는 곳[國祭所]은 '모주모군성황지신某州某郡城隍之神'이라고만 칭하여 위판을 설치하고 각각 그 수령이 매년 봄가을로 제사를 지내게 하고, 전물奠物과 제기, 작헌의 예는 일체 조정의 예제에 의거하십시오. 봄가을의 장경藏經·백고좌법석과 일곱 곳에서 친히 행하는 도량[七所親幸道場], 여러 도전

道殿, 신사神祠, 초제醮祭 등의 일은 전 왕조의 군왕이 각각 사사로운 바람으로 그때그때 설치한 것인데 후세의 자손이 그대로 따르고 없애지 않은 것입니다. 바야흐로 지금은 천명을 받아 다시 시작하는데 어찌 전날의 폐습을 답습하여 상법常法으로 삼겠습니까. 모두 혁거하기를 청합니다.

조선의 단군은 동방에서 처음으로 천명을 받은 군주고, 기자는 처음으로 교화를 일으킨 군주이니 평양부로 하여금 때에 맞추어 치제하게 하십시오. 전 왕조의 혜종·현종·원종·충렬왕은 모두 백성에게 공이 있었으니 마전군의 태조묘太祖廟에서 함께 제사하십시오.[1]

상소는 크게 세 부분으로 나뉜다. 첫 문단이 국가 사전에 두어야 하는 제사 대상이라면, 두 번째 문단은 없애거나 성격을 바꿔야 하는 제사 대상이다. 세 번째는 추가해야 하는 대상으로 조선에 들어서 처음 제사 대상이 된 신격이다. 원구제는 이 중 두 번째 대상, 즉 없애야 하는 대상에 들어가 있는데, 이 범주의 다른 제사 대상과는 약간 성격이 다르다. 원구 이외의 혁거 대상은 음사, 혹은 불교적·도교적 성격의 제사나 의례인 데 비해 원구제는 천자의 의례라는 점을 지적하고 있다.

흥미로운 점은 이에 대한 태조의 반응이다. 태조는 다른 제사 대상에 대해서는 별 이의가 없었고, 봄가을의 장경도량과 백고좌법석, 칠소친행도량에 대해서만 그 근원을 상고하라는 명을 내렸다. 이 도량들이 전통적 권위나 근거가 없다는 예조의 상소에 대해 이의를 제기한 것이다. 이에 비해 원구제의 폐지에 대해서는 별로 이의가 없었다. 이는 조선이 건국된 그 시점에 이미 원구제는 제후국이 행하기에는 참람하다는 점에 상당한 공감대가 존재했다는 점을 의미한다. 앞서 1장의 두 번째 장면, 우왕 대 명 사신 장부·주탁 등이 왔을 때 고려에서 이미 원구에 대해 조심스런 태도를 지녔던 것에서 알 수 있듯이 원구제 문제에 대해서는 고려·조선인들이 모두 인지하고 있었다.

그럼에도 1394년(태조 3) 8월, 원구단 제사를 폐지하지 않고 이름만 원단으로 고치기로 결정한다.[2] 명에서 환관을 보내 해악산천海嶽山川에 대한 제사를 지내고 이성계의 아버지가 이인임이라고 하는 축문을 보낸 바로 몇 달 후였다. 이때부터 원단 제사는 정기적으로 행해져서 태종 대 중반까지도 정월 기곡제가 정기적으로 설행되고 한여름의 기우제 등도 빈번히 개설되었다.[3]

새로운 논의는 1411년(태종 11) 정월부터 시작되었다. 그 시작은 한상경이 원단제를 예제에 따라 시행하자고 하며 제사 음식을 장만할 공간과 재궁이 없는 점, 송아지 대신 늙은 소를 희생으로 쓰고 있는 등의 문제들을 지적한 것이었다.[4] 이후 3월에 예조에서는 한상경이 지적한 내용뿐만 아니라 원단의 단제 전반에 대해 《예기》, 《고금상정례》와 중국 역대 사례를 조사하여 새로운 원단의 제도를 건의하였다.[5] 정월 한상경의 문제 제기가 예조의 검토를 거쳐 새로운 원단 개축으로 이어진 것이다.

그렇다면 왜 1411년(태종 11), 이 시점에서 원단을 개축하기로 결정한 것이었을까? 전년에 태조와 신의왕후 한씨를 부묘하며 삼년상을 마친 태종은 이제 자신의 새로운 정치를 펼쳐나가려는 모습을 보였다. 1장의 세 번째 장면에서 언급했듯이 이 무렵 그는 종묘 친향의 의주를 가다듬는 등 전반적으로 예제를 정비하여 모범적인 군주상을 만드는

데 큰 관심을 두었다. 한상경의 건의가 이해 기곡제가 열렸을 정월 첫 신일辛日의 이틀 후에 올라온 점을 보면, 삼년상을 마치고 거행한 첫 기곡제를 계기로 태종이 그 문제의식을 표출했을 가능성이 크다.[6] 한상경의 건의 자체가 태종의 부촉에 의했을 가능성이 큰 것이다.

그러나 여름 즈음 원단 개축은 중단된 것으로 보인다. 바로 그 무렵 풍운뢰우산천성황단의 기우의가 새로 만들어졌다는 점에 대해서 2장에서 서술한 바가 있다. 그러다 10월에 다시 남교에 원단을 쌓기 시작하는데, 이때 기사에서 다음과 같이 원단을 다시 쌓은 경위를 밝히고 있다.

> 다시 원단을 남교에 쌓았다. 이에 앞서 의정부에서 "천자가 아니면 하늘에 제사 지낼 수 없습니다"라고 상언했으므로 파하였는데, 이때 이르러 어떤 사람이 "진나라는 서쪽에 있었기 때문에 백제白帝에게만 제사하였는데, 우리나라는 동쪽에 있으니 청제靑帝에게 제사 지내야 할 것입니다"라고 하였으므로 다시 쌓은 것이다.[7]

이처럼 청제에 대한 제사를 명분으로 새롭게 개축을 시작했으나, 태종은 청제에 대한 제사 이상을 원했다.

> 영의정부사 하륜, 예조참의 허조 등이 동방청제에게만 제사 지내자고 청하였다. "제후국으로서 하늘에 제사하는 것은 예에 합하지 않으니, 청제에게만 제사하기를 청합니다"라고 계문하니, 임금이 말하였다. "우리 동방은 원단에 제사를 지낸 것이 이미 오래되었다. 경들의 의

논이 옳지만, 만약 홍수나 가뭄의 재난이 있으면 도리어 원단에 제사하지 않아서 그렇게 된 것이라고 하지 않겠는가?"[8]

두 기사의 흐름을 보면, 청제에 대한 제사를 명분으로 원단을 다시 개축하기 시작했으나 태종이 여전히 호천상제를 대상으로 하려고 하면서 관료들과 갈등이 있던 것으로 보인다.[9]

호천상제를 원하는 태종과 청제로 제한하려는 관료들 사이의 갈등 속에서 일단 태종 11년 원단이 축조되었다. 그러나 이듬해 8월 예조의 계문에 따라 다시 원단을 쌓도록 명한다.[10] 태종 12년 4월에 원단에서 우사를 지낸 것으로 보면 원단은 제대로 축조가 된 것 같은데, 아마도 전달인 7월의 태풍으로 원단도 파손되어 개축할 필요성이 생긴 듯하다. 이때 백악과 성산의 나무가 몇십 주씩 뿌리뽑히는 등 한양 일대도 태풍 피해를 입었다.[11] 그런데 어찌 된 일인지 이때 태종은 전년과는 달리 제후가 천지에 제사하는 것은 예가 아니라는 입장을 천명하며 역대 예문을 상고하여 아뢰라고 하였다.[12] 사흘 후 예조와 성석린, 하륜, 이직 등이 원단 제사에 대해 다시금 청제에 대한 제사만을 한다면 괜찮다고 하자, 태종은 다음과 같이 말하였다.

어찌 육천六天이 있겠는가? 예법은 제사할 만하면 제사하는 것이다. 호천상제가 불가하다면 청제만 어떻게 제사하겠는가? 만약 가뭄의 재앙이 나의 잘못 때문이라면 어찌 하늘에 제사 지내는 것에 관계가 되겠는가? 내가 즉위한 이래 비가 개는 것이나 내리는 것을 빌어도 된 적이 없으니, 이는 비록 내가 성심으로 한다고 해도 하늘에 이르기

에 충분하지 않은 것이므로 하늘은 예가 아닌 것은 반드시 흠향하지 않을 것이다.[13]

상당한 짜증과 좌절감이 엿보이는 언설을 쏟아붙이며, 태종은 청제만을 대상으로 한 원단을 만들 바에는 아예 원단을 폐지하겠다고 결정해버렸다. 이에 예조가 기다렸다는 듯이 원단제는 참례라는 상서를 올리면서 원단 제사는 혁파되었다.

전반적인 과정을 볼 때, 예조 및 의정부 등의 대다수 관료는 원단에 대한 제사는 바람직하지 않으나 굳이 해야 한다면 청제에 대한 제사로 국한하여 제후국이 하늘에 제사 지낸다는 혐의를 피하려는 일관된 입장이었음을 알 수 있다. 동방청제에 국한하자는 의견은 고려 말 이래 이 시기의 천하관에서 자연스럽게 나올 수 있는 발상이다. 13세기 인물인 이승휴李承休는 《제왕운기》에서 "요동에 별천지가 있으니 천문도 중조中朝와 구분되네"라고 한 바 있다.[14] 단군 이래의 역사적 유구함과 독자성을 강조해온 것도 이와 연결이 된다.[15] 다만 원단제가 참람한 예라는 인식 역시 고려 말 이래 일관된 흐름이었다. 그런 흐름에도 불구하고 관료들이 청제에 대한 제사로 국한하자는 의견을 낸 것은 국왕의 강력한 원단 개축 의지에 대응하여 절충적인 방안을 찾은 것이었다.

이에 비해 1412년 태종의 태도는 전년과 상반되어 꽤나 변덕스럽다고 평가할 만하다. 문투의 전반에서 신경질이 묻어나는 것은, 거듭되는 기후 재난으로 인한 낭패감, 마뜩지 않은 관료들의 절충안에 대한 불만 때문이 아니었을까. 태종은 물론 이 시기 그 누구에게도 제천이 제후국의 참례라는 논리를 극복할 만한 결정적인 한 방은 쉽지 않았다. 1장에서 서술했듯이, 고려에서 조선으로 넘어오며 천하의 새로운 질서가 만들어질 때 고려·조선은 책봉—조공 질서를 적극적으로 원용하여 제후국이라는 정치적 위상과 적절한 거리감을 보장받았다. 그러한 상황에서 제후국의 참례를 스스로 범한다는 것은 논리적으로 자가당착에 빠지는 셈이다. 동방이 단군 이래 제천해온 역사가 유구하다는 점이나 중국 춘추 시대의 몇몇 국가의 사례를 끌고 오는 것, 아니면 기우의례의 절실한 필요성 정도가 이에 대응하는 논리였으며, 실제로 후대에 이러한 주장에 근거해 간간이 원단제가 복구되기도 했다. 그러나 태종의 말처럼 이미 참례라는 거리낌, 이 때문에 신이 흠향하지 않을 수 있다는 의심이 있는 상황에서 거행하는 의례가 절실함과 신실함에 기반하기는 힘들다. 국왕이 그래도 추동력을 보인다면 원단제가 복구되거나 유지될 수도 있었으나, 그 의지가 의심에 잠식됐을 때 원단의 제사는 계속되기 힘들었다. 이것이 세종 대를 비롯한 이후의 원단제 치폐 논의에서 반복된 양상이다.

한편 태종 대의 논란에서 흥미로운 점은 기껏 새로이 개축하려고 한 원단을 포기한 시점이 1412년 본국의 의속을 따르라는 영락제의 지침을 받아온 후라는 점이다. 원단을 만들건 말건 명이 개입하지 않을 것이라는 점이 분명한 시점에 도리어 조선에서는 원단을 만들지 않기로 했다. 1411년(태종 11) 번국 의주를 반강해달라는 사신을 보낸 것 역시 조선 내, 구체적으로는 태종 자신의 문제의식에서 비롯한 것이었다면, 그러한 간섭이 전혀 없는 상황에서도 원단 신축을 중단한 것 역시 태종의 자체적인 결정이었다. 1411년 새로운 정치를 시작하며 제대로 된 원단을 구축하려는 것, 결국은 관료들의 반대와 자신의 의구심 속에서 중단할 수밖에 없던 것은 한편으로는 태종이 그만큼 '올바른 예禮'에 기반한 모범적 군주상에 집착했다는 의미이기도 하다. 그러나 모범적 군주라면 기후가 불순한 이 재난을 제거할 다른 의례라도 마련해야 하는 게 아닐까? 원단이 안 된다면 무슨 방법이 있을까? 태종은 다른 방법을 고안했다.

1414년(태종 14) 한여름에 서리가 내리던 해

"여자가 한을 품으면 오뉴월에도 서리가 내린다"는 속담이 있다. 오뉴월, 즉 음력 5월과 6월은 여름의 기운이 한창 맹렬해질 때다. 그런 철에 서리가 내리는 일은 있어서는 안 될 일, 즉 음양의 조화가 어그러져 기후 재난이 발생했다는 의미다. 한창 곡식이 자라야 할 때 서리가 내려 버리면 냉해를 입을 수밖에 없고 그러면 일 년 농사가 망하며 이듬해 기근으로 이어진다. 그렇게 무서운 일이 벌어질 수 있으니 여자가 한을 품지 말게 하라는 것이 저 속담의 교훈일 것이다.

그런데 1414년(태종 14), 바로 그 일이 발생했다. 4월 초하루부터 내내 해의 빛깔이 핏빛인가 하면 아침저녁으로 쌀쌀하여 꼭 가을 날씨 같았다.[16] 서늘한 기후는 5월 말까지도 이어졌고, 유성까지 출몰했다.[17] 사흘 내내 경상도 남부 지역에 서리가 내리더니 강원도, 영길도, 경상도 북부 지역 등에 서리도 내리고 진눈깨비와 우박도 내렸다.[18] 이전에도 간혹 4, 5월에 서리가 내린 적은 있었지만 이처럼 장기간에 걸쳐 여러 곳에 서리가 내리고 가을철같이 서늘한 적은 없었다. 엎친 데 덮친

격으로 가뭄도 심했다. 죄수를 석방하고 수라의 반찬을 줄이고 술을 물리며 금주령을 내리는 등 태종은 기후의 변고를 벗어나기 위해 갖은 노력을 다하였다.[19]

우리나라 기후상 음력 4·5월의 가뭄은 흔히 발생하곤 하지만, 유독 심한 때가 있다. 1411년(태종 11)이 그러했는데, 그해 풍운뢰우산천성황단의 기우 의례가 만들어졌다. 그리고 3년 후인 1414년, 이해 냉해와 가뭄이 계속되자 기존에 시도하지 않은 또 다른 방법이 절실해졌다. 이응李膺처럼 제천을 복구하자는 의견을 내는 이도 있었다.[20] 그러나 태종은 이것이 참례라고 하며 새로운 방법을 창안하였다. 그것이 우사단雩祀壇이었다.

원래 우사雩祀는 한여름에 비를 청하는 제사, 즉 기우제를 뜻하는 것으로, 상제에게 지내는 제사다. 우雩는 비를 갈구하며 하늘에 부르짖는 소리라고도 하고, 깃털을 가지고 춤추는 모습을 형상화한 음이 같은 다른 글자로 해석하기도 한다. 이로 볼 때 우사는 무당이 주재하는 의례에서 유래한 것으로 추정한다.[21] 상제에게 지내는 제사인 만큼, 중국에서는 원구단 혹은 남교에서 여름 제사로 행하거나 그 옆에 우단雩壇을 따로 조성하여 지내곤 하였다.[22] 고려에서는 우사단을 따로 두지 않고 원구단에서 맹하孟夏에 우사를 지냈으며, 조선 건국 후의 우사 역시 이 원단에서 거행했다. 그런데 태종이 이 우사만을 위한 별도의 단을 조성하기로 마음먹은 것이다. 이 아이디어를 준 것은 《주례》와 《예기》 월령편이었다.

비로소 우사단을 흥인문興仁門 밖에 세웠다. 처음에 임금이 가뭄을 근심하여 친히 《주례》, 월령 등의 책을 보니, '제후가 상공에 우사한다'는 글이 있으므로 예조에 명하여 상고하여 아뢰게 하였다.[23]

"제후가 상공에 우사한다"는 문구는 "천자는 상제에 우사하고 제후는 상공에 우사한다"는 말로 월령편에 달린 정현의 주석이다.[24] 이에 예조에서는 다음과 같이 아뢰었다.

삼가 《예기》 월령편을 살펴보니, '중하의 달에 여러 현縣에 명하여 우사하는데, 백벽百辟과 경사卿士 중에 백성에게 이익이 있는 자에게 제사를 지내어 곡식이 익기를 기원한다'고 하였습니다. 《주례》에 '사직과 오사五祀를 제사 지냈다'고 했는데, 《가어家語》에 말하기를, '옛날 소호少暭의 아들이 네 사람으로 중重, 해該, 수脩, 희熙라 하였는데, 중은 구망句芒이 되게 하고, 해는 욕수蓐收가 되게 하고, 수와 희는 현명玄冥이 되게 하였다. 전욱顓頊의 아들 여黎로 축융祝融을 삼고, 공공씨共工氏 아들 구룡句龍을 후토后土로 삼아, 이 다섯 사람이 각기 그 능한 일을 가지고 관직을 주었으니, 살아서는 상공上公이 되고 죽어서는 귀귀貴鬼가 되었으므로 따로 오사라 일컫는다'고 하였습니다. 《춘추좌씨전》에 말하기를, '열산씨烈山氏의 아들을 주柱라 하는데 직稷으로 삼아서 하나라 이전부터 제사 지냈고, 주나라의 기棄 또한 직稷으로 삼아서 상나라 이후부터 제사 지낸다'고 하였고, 오정五正은 《가어》와 같았습니다.
《문헌통고》에서 말하기를, '천자는 상제에 우사하고, 제후는 상공에 우사한다'고 하였습니다. 위 항목의 오정과, 후직后稷이 또 백성에게

130

공덕이 있으므로 예부터 항상 제사를 지냈습니다. ㉠ 고전에 의하여 동교에 단을 설치하되 6위를 한 단으로 하고, 중하의 달마다 날짜를 골라 제사를 행하며, 제품은 산천단의 예에 의하소서.[25](밑줄: 필자)

《예기》 월령편에 따르면 중하의 달, 즉 5월에 "유사에게 명하여 백성들을 위해 산천과 백원百源에 제사를 지내고 상제에게 크게 우사를 지내며 성대한 음악을 쓴다"고 하며, "수도에 소속된 여러 현에 명하여 백벽, 경사 중에 백성에게 이익이 있는 자에게 제사를 지내어 곡식이 익기를 기원한다"고 하였다.[26] 이 구절은 바로 삼 년 전 가뭄 때 풍운뢰우산천성황단에서 기우를 할 수 있게 한 아이디어를 제공했다. 이때 다시금 이 구절이 인용이 된 것을 볼 때 풍운뢰우산천성황단의 기우의 역시 태종이 낸 아이디어였을 가능성이 크다.[27]

천자가 상제에게 우사를 지낸다면 제후는 누구에게 제사를 지낼 수 있는가? 《문헌통고》에 따르면 상공이라고 하고 있다. 그렇다면 이 상공에는 누가 들어갈 수 있는가? 예조에서는 《주례》와 《가어》 등에서 상공의 신격에 해당하는 구망, 욕수, 현명, 축융, 후토 등 오사의 신격을 찾고, 《춘추좌씨전》을 통해 후직까지 더하여 여섯의 신위를 찾았다. 구망, 축융, 욕수, 현명은 각각 춘하추동이자 오행 중 목, 화, 금, 수에 해당한다. 여기에 후토는 토지의 신이자 오행 중 토에 해당하며, 후직은 곡식의 신이다. 즉 춘하추동의 사계절에 토지와 곡식의 신을 더한 여섯 신격이다.

비록 앞의 상서는 예조의 고찰에 따른 것처럼 하고 있으나, 이러한 신격을 찾은 것, 거기에 오행의 다섯 신격에 그치지 않고 굳이 곡식의 신을 추가하여 여섯의 신격을 갖춘 것 등은 모두 태종의 아이디어였다. 이는 며칠 후 구체적으로 신주의 규격과 신위의 순서를 결정할 때 드러난다. 태종이 우사의 여섯 신위의 순서를 어떻게 할 것이냐고 물으니 성석인成石因이 상정소와 함께 여러 신의 위차를 정하였으나 후직의 자리만 정하지 못하였다고 답했다. 이에 기다렸다는 듯이 태종은, "《서경》에서, '수·화·금·목·토·곡穀이라' 하였으니, 곡은 토의 아래에 있다. 직稷은 비로소 온갖 곡식을 뿌렸으므로 후세에서 곡신穀神으로 제사 지내니, 직은 후토后土 아래에 두는 것이 마땅하다"라고 하며, 하륜·이직과 참작하여 시행하라고 명하였다.[28]

'수·화·금·목·토·곡'이라는 문구는 《서경》의 우서禹書 대우모大禹謨 편에 나온다. 우 임금이 순 임금에게 준 충고로 구성되어 있는 이 편은 백성을 기르는 방법[養民]으로 '수·화·금·목·토·곡'이라는 육부六府와 정덕正德·이용利用·후생厚生이라는 삼사三事를 다룬다.

의례상정소의 관료들이 오행의 위차는 쉽게 정할 수 있었으나 추가된 후직의 위차를 결정하지 못한 것은 그만큼 이 여섯 신격의 구성이 관습적이거나 전통적이지 않았다는 의미이며, 이를 관료들이 찾아낸 것이 아닐 것이라는 점을 시사한다. 그에 비해 《서경》을 인용하여 바로 신격들의 위차를 정리하는 태종의 태도는, 처음부터 《서경》의 육부를 염두에 둔 태종이 이 아이디어를 준 사람이라는 점을 보여준다.

특이한 단의 제도, 동교라는 위치

우사단은 신격뿐만 아니라 단의 위치와 제도도 흥미롭다. 우선 단의 위치를 남교가 아니라 동교에 잡은 점이 흥미롭다. ㉠ 인용문의 밑줄에서는 고전에 따라 동교에 두었다고 했지만, 정확히 출처를 밝히지 않았다. 《문헌통고》를 살펴보면, 일반적으로 우사는 원구단에서 지내어 우단雩壇이 없든지, 아니면 남교의 옆(일반적으로 남교 원구단의 동쪽), 혹은 국성의 남쪽에 만드는 경우가 많았다. 그러나 양陽으로 음陰, 즉 비를 구할 수 없다고 보아서 동쪽으로 우단을 옮긴 경우가 있었는데, 바로 양梁 무제武帝 때의 일이었다. 비는 음陰의 부류니 정양正陽이 아니라 생양生養의 시작인 동방에 있어야 한다고 본 양 무제의 주장에 따른 것인데, 이때만 이러했을 뿐, 수에서는 국성 남쪽에 단을 조성했고, 당에서는 원구단에서 우제를 지냈다.[29] 송에서도 우사는 남교 원구단 옆에 세운 단에서 행해졌다.[30]

남교 혹은 원구단과 우단이 공간적으로 깊은 관련을 맺고 있는 것은, 기본적으로 상제에 대한 기우제라는 점에서 비롯한다. 명에서는 1530년(가정 9)에야 우단을 별도로 건설했는데, 이 역시 원구단 옆에 위치했다.[31] 이러한 사례를 보면, 우사 자체는 고려에서도 행했고 꾸준한 전통이 있었으며, 우사단도 중국에서 역대 전례가 없는 일은 아니었으나, 조선에서 만든 시점을 기준으로 본다면 이미 잊힌 제도였다.[32] 더구나 동교에 설치하는 것은 몹시 드문 사례이기에, 매우 독특하다고 평가할 수 있다. 아마도 남교에 건설할 경우 제천의 혐의에서 벗어날 수 없기 때문에, 음양론에 근거해서 동교를 선택한 것이 아닐까. 그러면서도 단지 '고전'이라고만 칭하고 양 무제라는 분명한 사례를 언급하지 않은 것은 양 무제가 지나친 불교 숭배 때문에 왕위를 유지하지 못한 사례로 항상 언급되는 부정적인 인물이었기 때문인 듯하다.

우사단의 제도 역시 흥미롭다. 예조에서는 영조척을 사용하여 송末 황우皇祐 연간의 풍사단 제도에 따라 높이 3척, 둘레 33보로 건설하자고 건의하여 이를 따랐다.[33] 송에는 우단이 이미 있었고 풍사단도 여러 제도가 있는데, 하필이면 황우 연간의 풍사단 제도를 선택한 것이기 때문에 그 이유를 생각해볼 필요가 있다. 먼저 송의 우단과 풍사단 제도를 표로 비교하면 [표 7]과 같다.

송에는 1021년(천희 5)에 설치한 우단이 있었다. 당·송의 제도를 많이 참작한 조선인 만큼 당연히 송의 우단제도를 그대로 따랐을 법한데, 조선에서는 이를 따르지 않고 굳이 풍사단 제도를 따랐다. 또한 풍사단 제도 중에서도 황우 연간의 제도를 따랐는데, 앞장에서 서술했듯이 정화 연간의 풍사단 제도가 고려의 풍사단과 일치하기 때문에 이론적으로는 정화 연간의 제도가 훨씬 익숙했을 수 있는데도 굳이 황우 연간의

[표 7] 송의 풍사단과 우단제도

	풍사단			우단雩壇 (송 진종: 1021년(천희 5) 설치)
	구제舊制	황우 연간 (송 인종: 1049~1053)	정화 연간 (송 휘종: 1111~1115)	
높이	4척	3척	3척	1장
너비	동서 4보 3척 남북 감減 1척	주周 33보	광廣 23보 (주周의 오기로 추정함)	광륜廣輪 4장 주 12장

*《宋史》권100, 지53 예3 길례3 新穀: 권103, 지56, 예6 길례6 風伯雨師

풍사단 제도를 가져왔다는 점도 특기할 만하다.

왜 우단의 제도를 그대로 가져오지 않았을까? 일단 송의 우단은 원형이라는 점을 유의할 필요가 있다. 원구단은 하늘에 대한 제사이기에 원형의 단이며, 송의 우단 역시 원형이었다. 크기를 설명하는 광륜은 지름이고, 주周는 12장이라는 서술이 이를 잘 보여준다. 조선에서 원형인 송의 우단제도를 따르지 않은 것은, 조선의 우사단 자체가 제천에 대한 혐의를 피하기 위해 만들어졌다는 점에 기인한다. 또한 신격 자체가 상제가 아니라 인귀인 만큼 원형의 단이 개념적으로도 맞지 않는다.

그렇다면 방형의 제단인 풍사단의 제도 중에서도 왜 황우 연간의 제도를 가져왔을까? 앞장에서 서술했듯이 정화 연간의 '광 23보'는 과도하게 크고《대명집례》에서는 '주'라고 표기한 만큼 둘레일 가능성이 있다. 그렇다고 한다면 황우 연간의 33보가 가장 큰 규모의 풍사단이라고 할 수 있을 것이다. 거기에 영조척을 사용한다고 하면 주척보다 3분의 1 정도 더 커진다는 점을 상상해볼 수 있다. 황우 연간 기준 33보라면 척으로 계산했을 때 198척 정도 되므로, 한 변이 5장이 조금 안 되는 크기인데 이는 2장 5척인 사직단의 한 변 길이의 두 배에 달한다. 이처럼 같은 풍사단이라도 큰 크기를 선택한 것은 아무래도 여섯 개의 신위를 일렬로 병렬해야 하기 때문에 넉넉한 크기가 필요했던 것이 아닐까 싶다.

논의의 끝에 1414년(태종 14) 우사단을 쌓았다. 5월 13일에 논의가 표면화되고, 14일에 쌓기 시작해서 27일에 바로 제사를 지냈으니, 일사천리로 진행된 셈이다. 우사단은 사실상 이름만 경전과 역사상의 '우사단'과 같았을 뿐, 그 내용은 모두 조선, 좀 더 정확히 말하자면 태종이 창안한 단이었던. 우사만을 위한 단을 설치한 것, 제사 대상으로 상공의 급에 해당하는 6위의 신격을 창조한 것, 그것을 동교에 설치한 것, 단의 크기를 결정한 것 모두 전례가 없거나 이미 잊힌 전통이었다. 그런 점에서 조선의 우사단은 사실상 만들어낸 전통이다.

우사단의 그 후, 제천의 그림자

1414년(태종 14)에는 황우 연간의 제도에 따라 큰 규모로 짓기로 결정되어 급속도로 실행되었으나, 후대의 기록을 보면 이때의 제도와 다르게 기록되어 있다. 1430년(세종 12) 예조에서는 〈제사 의식諸祀儀式〉을 인용하여, 우사단은 중사단으로 너비 2장 3척, 높이 2척 7촌이라고 그 단제를 설명하였다.[34] 〈제사 의식〉은 태종 대 후반인 1415년(태종 15) 무렵에 정리된 〈제사서례諸祀序例〉, 〈제사의諸祀儀〉 등을 지칭하는 것으로 보인다.[35]

규정이 있더라도 반드시 그에 맞춰 축조되리라는 보장은 없다. 다른 절에서 설명하겠지만 선농단과 선잠단은 규정대로 축조하지 않아 계속 문제가 되곤 했기 때문이다. 그러나 우사단은 대체로 규정에 맞추어 신경 써서 지어진 것으로 추정된다. 문종 대 기록을 보면, 다른 단과 달리 우사단만은 돌로 쌓았다는 기록이 있고,[36] 성종 대에는 이 단의 작은 크기가 문제가 되고 있기 때문이다.

원래 예정했던 33보(너비 약 5장)에서 너비가 2장 3척으로 줄었다면, 행례에서 문제가 발생하지 않을 수 없다. 이를 지적한 것이 성종 대 예조의 청이었다. 1471년(성종 3) 예조에서는 오례의에서 문제가 되는 점을 보고하며 우사단에 대해 다음과 같이 청하였다.

> 길례의 이전 의주에서는 우사단의 여섯 신위를 한 단에 함께 모셨는데, 단의 너비가 2장 3척에 불과하므로 진찬할 때 불편합니다. 송나라의 제도에 의거하여 너비를 4장으로 고치소서.[37]

우사단은 여섯 신위나 모시고 있는 데다 단의 북쪽에 일렬로 남향하여 나열하게 되어 있는데, 2장 3척의 단에 여섯 신위를 나란히 차리려다 보니 너무 불편하다는 것이다. 단순 계산으로 황우 연간의 너비를 5장으로, 중사단의 너비를 2장 3척으로 잡고 영조척을 30.8센티미터로 계산하면, 각 신위가 차지할 수 있는 공간이 전자는 257센티미터, 후자는 118센티미터 정도가 나온다.[38] 신위 앞에 진설할 탁자의 크기, 진설을 위해 사람이 움직일 동선 등을 상상해보면 2장 3척은 분명 비좁은 감이 없지 않다. 성종 대 논의를 보면, 아마도 태종 15년 〈제사 의식〉을 정리하며 전년에 만든 우사단의 크기를 중사단의 기준에 맞춰 수정한 것으로 추정한다.

이렇게 만든 지 1년 만에 바로 중사단의 크기에 맞춰 다시 조성된 것이 맞다면, 이는 오히려 우사단이 꽤 중시됐다는 의미다. 앞서 언급한 문종 대 기록에서 다른 단들이 여전히 흙으로 단을 쌓았다고 한 점, 선농단이나 선잠단의 크기가 끝내 제도에 맞게 교정되지 않은 점에 비하면 우사단은 제도에 맞추기 위해 바로바로 조처가 취해졌다는 의미기 때문이다.

성종 대, 논의 끝에 우사단은 2장 3척에서 송나라 제도에 의거해 4장으로 맞추게 되었다. 송나라 제도의 무엇을 따랐는지를 정확히 밝히지 않았는데, 그 근거로는 두 가지를 찾을 수 있다. 우선, 송의 우단제도의 지름인 광륜 4장을 너비 4장으로 해석했을 경우다. 앞절에서 설명했듯이 송의 우단은 원형이었으나 이것을 방형으로 설치하면서 지름을 너비로 그대로 바꿨을 가능성을 생각해볼 수 있다는 것이다. 그러나 이보다 좀 더 확실하게 너비[廣] 4장으로 딱 일치하는 단이 있었다. 바로 감생제感生帝를 위한 제단이다.[39] 감생제란 오제 중 하나로, 해당 왕조가 내세우는 오행에 해당하는 상제를 의미한다. 앞서 태종 대 원단 제사 논란 때 호천상제가 아니라 청제라면 제사를 드릴 수 있다고 관료들이 본 점을 생각해본다면, 결국 성종 대 개수된 우사단은 이 청제에 대한 원단의 복설, 혹은 원단의 대체물인 셈이다. 그렇게 본다면, 앞의 기사에서 모호하게 '송나라 제도'라고만 칭한 것도 다시 유의하여 생각해볼 필요가 있다. 앞서 태종 대 동교로 위치를 정하면서 모호하게 "고전을 따랐다"고 한 것처럼 이때에도 감생제에 대한 제사를 따랐다는 점을 은폐하기 위해 모호하게 표현한 것으로 볼 수 있기 때문이다.

성종 대에는 우사단의 크기만 문제삼지 않았다. 그 위치가 동교라는 점도 문제라고 보았다. 1474년(성종 5) 예조에서는 다음과 같이 건의하였다.

> 주나라의 제도에는, 건사월建巳月에 오방상제에게 우제를 지내는데, 그 단 이름을 우영雩禜이라 하고 남쪽 교외에 있었으며, 수나라 제도에는, 도성 남쪽 13리에 있었다고 하는데, 지금 《오례의》에는 우사단

이 동교에 있다고 실려 있으므로 옛 제도에 어긋나니, 원구단 가까운 곳에 단을 설치하여 제사 지내는 것이 가합니다.[40]

태종 대 동교에 우사단을 건설한 것이 예제적 근거가 없다며, 우사단을 남교로 옮겨 개축한 것이다. 후에 영조가 우사단에서 기우제를 친행할 때 남단(산천단)을 지나서 가고,[41] 정조가 우사단의 위치를 묻자 남단에서 멀지 않다는 대답을 들은 것을 보면 우사단은 이때 원구단 근처, 즉 남교로 이축했음이 분명하다.[42]

몇 년 전 개축한 우사단을 굳이 남교로 다시 옮긴 것은 이 무렵 절기가 고르지 못해 여러 가지 기원 방법을 고민하던 것과도 무관하지는 않을 듯하다. 같은 달 초, 예조에서는 기후가 순조롭지 못하니 원구단 옆에 터를 닦아 일월성신을 위한 제사를 하자고 하면서, 그 의례는 우사의 雩祀儀를 참조하자고 한 바 있다.[43] 그런 건의를 한, 바로 그달에 우사단을 남교로 옮기자고 한 것은 제천의 대체물을 찾으려는 지속적 관심과 무관하지 않을 것이다.

흥미롭게도《국조오례서례》에서 동교에 있다고 한 우사단의 위치 기록은 실제 단이 남교로 옮겨졌음에도, 후대의 기록에서 수정되지 않았다.《신증동국여지승람》에서도, 정조 대 편찬된《춘관통고》에서도 그대로 동교에 두었다고 나온 것이다. 단순히 무심하게 반복된 실수였을까? 아니면 의도적인 은폐였을까? 위 건의에서 오방상제에게 올리는 우제를 원구단 가까운 곳에서 지냈다는 점을 언급한 것은 분명 조선 우사단의 신격이 하늘이 아니었음에도 그에 빗댈 만한 것으로 여겼다는 점을 시사한다. 더구나 단의 제도 역시 감생제의 제단을 따랐다면 말이다. 그러나 이 시대 국가의 행정력이 그렇게 치밀하거나 꼼꼼하지 못했던 점을 생각하면 무심한 실수의 반복이었을 가능성도 완전히 배제할 수는 없다.

성종 대 갑작스럽게 우사단의 제도를 교정한 이유는 무엇 때문이었을까? 이 시기에는 《국조오례의》가 편찬되며 최종적으로 원단의 제사가 빠졌다. 복설과 폐지를 거듭하다 세조 대 원구 친사까지 거행되며 유지된 원구제는 세조 대를 끝으로 더 이상 국왕이 제천한 사례가 확인되지 않는다.[44] 국왕의 친사는 물론 더 이상 원구단에서의 기우도 행해지지 않은 바로 그 무렵, 우사단의 단이 너무 작은 점이 문제가 된 것은 우연일까.

성종 3년 우사단의 제도를 송의 감생제 제단의 크기와 맞췄다는 점, 그리고 2년 후에는 그 장소까지도 동교에서 남교로 옮겼다는 점을 생각해보면, 이러한 변화가 우연한, 혹은 단순히 행례를 위한 실용적 차원에서 이루어진 것으로 보기는 힘들다. 그보다는 원단 제사를 포기한 그 시점에 우사단을 원단에 비견할 만한 단으로 만들었다고 하겠다. 《국조오례의》와 《국조오례서례》가 편찬된 것이 1474년(성종 5)이라는 점, 여기에 원단의 제사는 최종적으로 빠지며, 원단을 대체하여 기우를 행할 다른 제단의 필요성이 더해졌을 것이다. 그런 점에서 우사단은 성종 대에도 태종 대처럼 원단의 치폐와 밀접한 관련을 맺고 있었다.

우사단은 하늘에 대한 제례를 드리는 것을 포기한 시점에 창조되었으며, 개수되었다. 태종은 《예기》, 《주례》, 《서경》 등 여러 고전을 참작해 이 단을 창안했다. 그가 창조한 것은 비단 우사단만이 아니었다. 노인성단 역시 태종이 《문헌통고》를 보고 전례를 찾아서 예조에 명해 만든 것이었다.⁴⁵ 《국조오례의》를 편찬하며 최종적으로 하늘에 대한 제례를 포기한 성종 대, 이 단의 크기를 감생제의 제단에 맞춰 키우고 위치를 동교에서 남교로 옮긴 것 역시 이러한 흐름과 궤를 같이한다.

우사단은 다른 어떤 단보다도 조선의 창안이라는 점이 분명한 단이다. 우사만을 위한 단을 설치한다는 것은 당대 기준에서는 중국에서 이미 몇백 년 전의 전례였고 고려에서도 그런 전례가 없었다는 점에서 거의 새로 만든 것이나 진배없다. 신격, 단의 제도, 위치는 더욱더 그러하였다. 상공에 준하는 구망, 욕수, 현명, 축융, 후토 등 오행과 후직을 합한 6위의 신격도 창안이었기에 세종 대 박연은 이 단에서 어떠한 음악을 써야 할지 근거와 기준을 마련하기 힘들어했다.⁴⁶ 처음 황우 연간의 풍사단을 기준으로 한 단의 크기도, 그 후 중사단의 규격에 맞춘 크기도, 성종 대 다시 4장으로 맞춘 크기 모두 조선이 참작하여 결정한 것이다. 동교라는 처음의 위치, 송의 감생제 제단의 크기에 맞춘 4장이라는 단의 규모 역시 그러한 독창성을 보여준다.

이러한 창안은 하늘에 대한 제례를 포기한 데에서 비롯했다. 하늘에 대한 제례를 포기하는 것은 간단한 문제가 아니었다. 포기하는 형태와 방식이 정해져 있는 것도 아니었다. 제후가 제례를 드려서는 안 되는 '하늘'은 과연 무엇을 의미하는가? 호천상제인가, 동방청제도 포함하는가? 이를 명확히 가려내는 것이 필요할까, 아니면 짐짓 의뭉스럽게 그 경계를 모호하게 놔두는 것이 더 나은가? 사실상 유교 사전을 도입한 동아시아의 역대 어느 나라에서도 고민해본 적이 없는 문제였다.

조선의 군주는 '올바른 의례'를 통해 백성을 위해 절실히 기원하는 모범적 군주상을 구축하려고 했다. '올바른 의례'여야 신이 흠향할 뿐만 아니라, '올바른 의례'여야 그것을 행하는 군주의 권위까지 확보된다. 그런 측면에서 볼 때 올바르지 않은, 하늘에 대한 제사를 지속하는 것은 도리어 군주의 권위를 확보할 수 없게 한다. 그러나 한편으로는 절박한 상황에서 백성을 위해 기도를 대리하는 군주의 상을 만들어야 하기도 했다. 호천상제라는 최고의 존재를 포기한 순간, 그럼에도 백성을 위한 기원을 실천하는 군주가 되기 위해 태종은 새로운 '올바른 의례'의 장소를 창안하였고, 성종은 그곳을 개수하고 위치를 옮겼다.

  단의 독창성이나 창의성이 그 신앙적 성공을 부르지는 않는다. 원래 의례에서는 의도적이고 계산된 발명이 큰 성공을 거두지 못하는 경향이 있다. '자연화'되지 못한 의례들은 자주 인위적이거나 허위로 간주되기 때문이다. 그렇기에 의례의 발명자들은 흔히 새로운 의례가 아니라 고쳐 쓴 것이라고 하곤 한다.[47] 태종이 제후국의 우사단만을 위한 신격의 조합을 창안하면서도 새로운 것을 발명했다고 하지 않고 고전에 근거했다고 한 것은 의례의 이러한 속성에 기인한다. 그러한 노력에도 조선 말까지 우사단은 제천의 장소로도, 기우의 영험함이라는 측면에서도 딱히 큰 애착을 받지 못한 채 어정쩡한 위상을 벗어나지 못했다. 우사단은 제천과 '올바른 의례'에 대한 열망과 동시에 새로운 의례의 발명과 안착이 얼마나 힘든지를 보여준다.

大祭設饌圖

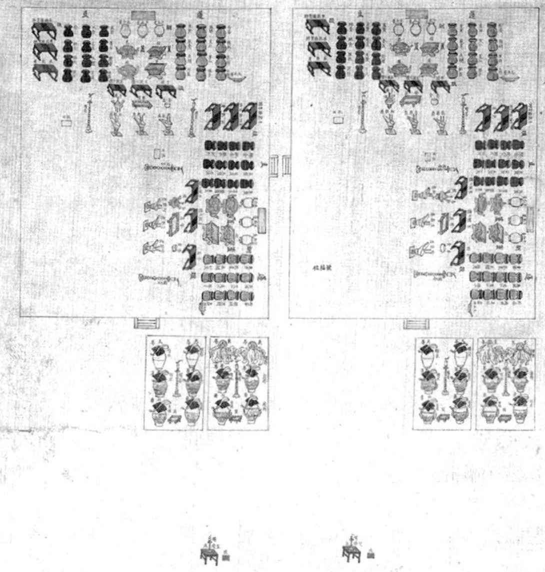

可濕故盛乾物豆可濕故盛濡物籩中雖有脯醢而主果實之類爲地產糗餌粉餈亦植物也豆中雖有諸菹而主魚肉之類爲天產
酏食糝食入狼膏三肉亦動物也神道以右爲尊籩之在左以其屬陰而在下也豆則在右屬陽而居尊也在左者右爲內在右者爲內食籩豆之設皆由內而達外籩在左故右爲上而豆左右則左爲上也凡祭品陳設皆以南爲前而社稷則在 神位北向故凡言
前者謂北也陳設以北爲上故以次而南擬周禮形鹽膴魚鱐爲朝事之籩故居前棗栗榛爲饋食之籩故次之菱芡脯爲加籩之實故次之糗餌粉餈爲羞籩之實又次之並一依周禮原第次但朝事之籩有白黑餅熬稻熬黍之謂而自唐以後爲餅類故移降在
餌粉餈之上欲其以類相從也籩豆元各有二餅而又以白黑爲餅故籩餅爲四也周禮籩豆之數各二十六開元禮定爲各十二 皇明從唐制而名目第次與今制同但魚鱐或稱薨魚**豆十二在右爲三行左上**第一行韭在前盤鹽
菹鹿醢次之第二行芹菹在前兔醢筍菹魚醢爲次之第三行脾析在前豚拍酏食糝食次之○說見上按周禮韭菹醓醢菁菹鹿臡臡也爲朝事之豆故居前芹菹兔醢筍菹魚醢爲加豆之實故次之脾析豚拍爲饋食之豆故又次之酏食糝食爲羞豆之實故又
之亦依周禮第次但先加豆而後饋食者以豆實皆菹醢相間故菁菹鹿醢之後卽繼以芹菹兔醢亦欲其類從也菹醢必相間者郊特牲菹水草之和氣也其醢陸產之物也少牢饋食禮祝取菹擩于醢詩行葦章疏醢所以攜菹有醢必有菹**俎三二**
籩前一在豆前○籩前俎一實牛腥一實羊腥七體兩髀兩肩兩脅並脊而髀在兩端肩脅次之脊在中豆前俎實豕腥七體其載如牲俎三以天產用奇數也三牲並用腥者禮有腥俎有熟俎禮運腥其俎熟其殽注腥法於太古熟法於中古也
羊在籩前豕在豆前上左也聘禮饪一牢在西腥一牢在東注熟在西腥在東象春秋也蓋春以東而物生秋以西而物熟也肩俎上左疑亦在東之義社稷則 神位北向左西右東東本屬左故猶以左爲東也牲用七體亦奇數也儀禮載牲體兩髀兩肩兩
並脊凡七體又儀禮注豚解前後脛脊脅而已是豚解七體也胉卽脅也前後脛卽髀與肩也髀先而肩次者祭統殷人貴髀此或殷禮也**豆右之俎三**一實牛熟腸胃肺一實羊熟腸胃肺一實豕熟豕在前羊牛次之九俎皆有牲匣○熟俎之在
右者右本爲西乃物熟之方也三亦用奇數也餘見上豕在前次羊次牛者少牢饋食禮陳鼎于東方皆西面北上膚爲下疏膚豕有俎爲下也蓋熟牲以社爲上也社稷則 神位北向前北後南故南本爲前故猶以前爲南而豕在下也熟俎用腸胃肺者禮運
合亨體其犬豕牛羊蓋古禮用腥體與爛肉而今無爛肉只有腥體則合亨者只腸胃肺也腸三胃三肺一亦用奇數也用肺者明堂周祭肺以肺爲重也聘禮註膚豕肉也豕必用膚者少儀君子不食圂腴註圂者謂犬豕之屬食米穀者也腴有似人穢疏腴腸也此
以不用腸胃而用肉也薦牲用匣自大明集禮始**簠簋各二在籩豆間簠在左簋在右**簠實以稻粱粱在稻前簋實以黍稷稷在黍前○簠簋各二亦以地用偶數也據公食大夫禮簠在南簋在北而黍稻在西稷粱在東今
宗廟祭享亦如是而獨 社稷大祭陳設則簠左簋右蓋簋圓象陽簠方象陰以陽居右者右尊也黍貴於稷稻貴於粱黍稻在後稷粱在前亦與熟俎之北上同義亦以後爲北也**鉶三在簠簋後**實以和羹加芼滑○鉶三亦用奇數牛羊豕也
三在簠簋前各有坫○特牲饋食禮祝洗酌奠于鉶南祭品爵爲貴故最居前俎次之簠簋鉶羹又次之**國社國稷各大尊二**一實明水一實醴齊○大尊太古之尊惟社稷用實醴齊用於初獻郊特牲明水沈齊貴新也醴齊
齊加以明水故明水在尊清酒用加以玄酒故玄酒亦在罍**著尊二**一實明水一實盎齊○實盎齊用於亞獻餘見上**山罍二**一實玄酒一實清酒○實清酒用於終獻餘見上**爲三行**第一行大尊第二行著尊第三行山罍**皆**
勺冪在各壇上西北隅今壇上窄狹在下○禮運玄酒在室醴醆在戶粢醍在堂澄酒在下坊記醴酒在室醍酒在堂澄酒在下古設尊自室內至堂下皆異所而今合尊罍同設一床故以北之近室者爲上 社壇則北向故尊罍之序皆
上在各壇西北隅者九祭尊所皆在 神位前之左故也**后土氏后稷氏各象尊二**一實明水一實醴齊○說見上**著尊二**一實明水一實盎齊○說見上**爲三行**第一行象尊第二行著尊第三行山罍○說見上**皆**
勺冪各在正位尊罍之西俱南向東上九尊罍實明水玄酒爲上○明水玄酒爲上者重古也郊特牲酒醴之美玄酒明水之尙貴五味之本也東上者以右爲尊也○**祈告**報祀同**每位左二籩**
在前鹿脯次之**右二豆**菁菹在前鹿醢次之**簠簋各二在籩豆間簠在左簋在右**簠實以稻粱粱在稻前簋實以黍稷稷在黍前**俎一在簠簋前**實以豕腥**爵一在俎前**有坫**國社國**
各大尊二一實明水一實醴齊**山罍二**一實玄酒一實清酒**爲二行**第一行大尊第二行山罍**皆加勺冪在各壇西北隅后土氏后稷氏各象尊二**一實明水一實醴齊**山罍二**

II부

땅

4. 적전 선농단
– 땅에서 농경으로, 화풍華風에서 전통으로

정월, 하늘과 땅의 의례가 여는 새해

《예기》 월령편에서는 정월에 천자가 다음과 같은 의례를 펼친다고 규정한다.

> 맹춘의 달……이달에 천자는 원일元日에 상제에 기곡祈穀하고 원신元辰을 택하여 천자는 친히 쟁기와 보습을 수레에 실어 보개保介와 어자御者 사이에 두고, 삼공, 구경九卿, 제후, 대부를 인솔하여 몸소 제적帝籍을 쟁기질한다. 천자는 세 번 쟁기를 밀고, 삼공은 다섯 번 밀고, 경과 제후는 아홉 번 밀고 돌아온다. 대침大寢에서 술잔을 잡고 삼공, 구경, 제후, 대부도 모두 모시는데 이를 노주勞酒라 한다.[1]

새해를 여는 달에 천자는 먼저 하늘의 상제에 곡식이 잘 되기를 기원한 후, 삼공·구경·제후·대부 등을 인솔하여 적전에서 친경, 즉 손수 쟁기질을 한다. 의례를 마친 후, 모두 대침에 모여 노주를 마신다. 이달, 연속하여 펼치는 임금의 의례는 하늘과 땅이라는 가장 궁극적인 존재에게 새해의 농사가 잘 되기를 기원하는 농경 군주의 모습을 표상한다.

적전은 도성 인근에 마련한 임금의 논밭이다. 임금은 이곳에서 신하들을 이끌고 친히 쟁기질을 하는 모습을 보임으로써 한 해 농사의 시작을 알리고 솔선수범하는 모습을 구현한다. 월령편에는 없지만, 후대에 이곳에는 농경과 관련한 신격을 모시는 선농단을 설치하게 되면서 적전과 선농단은 불가분의 관계를 맺게 되었다.

경전에 따르면 매해 적전에서 친경이 행해져야 하지만, 대부분의 의례가 그렇듯이 재정적인 부담을 비롯한 여러 번거로움 때문에 실제로는 매우 드물게 거행됐다. 선농단은 농경과 관련한 신격을 모신다는 점은 분명했으나 그 신격에 대해서는 논란이 있었다. 어떤 이는 이 단이 사직단과 다를 바가 없다고 보기도 했다. 당唐의 축흠명祝欽明이 대표적이다. 적전과 선농단의 결합 방식에 대해서도 모호한 부분이 있었다. 적전이 우선인가, 선농단이 우선인가?

더 큰 문제는 농경이 잘 되기를 기원하는 방법은 불교나 자연 신앙처럼 다양한 전통적 방법들이 있었으며, 많은 경우 낯설고 이질적인 외국의 신격보다는 관습적이며 전통적인 토속신이 더 영험해 보였다는 점이다. 이처럼 적전과 선농단은 그렇게 명쾌한 대상이 아니었고, 역사적으로 그 의미의 강조점이나 중요도가 유동하였다. 그렇다면 우리 역사에서 적전과 선농단을 처음으로 본격적으로 도입한 고려에서는 무엇을 위해 이를 도입했을까?

고려의 친경—화풍華風인가 유교례인가

고려 성종 대 최승로崔承老는 시무 28조를 올리며 정치 개혁을 추동하였다. 그는 의례의 측면에서 여러 조목에 걸쳐 광종 대 특히 확대된 불사佛事와 산악山嶽 제사, 성수초제星宿醮祭 등이 재정을 낭비하고 있어 문제가 많다고 비판했다. 대신 종묘·사직과 같은 유교 의례를 도입할 것을 건의했다. 불교의 필요성을 부정한 것은 아니었다. 그는 유교와 불교의 영역을 구분하여, 유교는 정치 현장에서, 불교는 수신의 방법으로 사용하자고 했는데, 이 양자를 균형 있게 유지할 수 있는 방법으로 제시한 것이 바로 《예기》 월령편이었다. 줄일 만한 의례들은 최대한 줄이고 나머지는 《예기》 월령편에 근거하여 행하는데, 그 기준이 되는 때가 5월과 11월이라고 보았다. 월령편에 따르면 이때는 음양이 다투는 시기로 일을 고요하게 해야 하는 데다, 계절적으로 제물祭物에 문제가 생기기 쉬운 때기 때문이다. 이러한 논리로 최승로는 다음과 같이 건의했다.

> 청컨대 1년 12월을 반으로 나누어 2월부터 4월까지와 8월부터 10월까지는 정사政事와 공덕功德을 반반씩 행하고, 5월부터 7월까지와 11월부터 정월까지는 공덕은 제외하고 오로지 정사만 닦아 날마다 정치를 보살펴 밤낮을 헤아리지 않고 다스리기를 도모하되 매일 오후에는 군자君子 사시四時의 예禮를 써서 영슘을 닦고 몸을 편안하게 하십시오.[2]

한여름과 한겨울에는 각종 불사를 중지하고 정사만을 보자고 건의한 것이다. 번다한 제례를 정리하고, 종묘·사직의 제례 같은 유교적 제례를 제대로 치러야 한다는 최승로의 건의는 성종 대 유교 사전祀典의 도입으로 이어졌다. 그 첫 의례가 983년(성종 2) 정월의 원구 기곡과 적전 친경이었다. 정월 신미일, 성종은 원구에서 태조를 배향으로 기곡하였고, 나흘 후인 을해일에 적전에서 친경하며 후직을 배향으로 하여 신농에게 제례를 올렸다.[3] 이처럼 첫 도입 때부터 적전 친경이 원구의 기곡과 하나의 쌍을 이룬 배경에는 최승로의 시무 28조에서 보이는《예기》월령편에 대한 이해가 자리하고 있었다.[4]

성종 대에는 원구 기곡 및 적전 친경만이 아니라 송으로부터 태묘당도와 사직단도, 문선왕묘도 등을 들여와 종묘·사직, 문묘 등을 건설하는 등 전체적인 기획 아래 유교 사전을 도입하였다.[5] 그렇다고 국가의 의례 전체를 유교 의례로 일원화하려는 것은 아니었다. 최승로는 삼교三敎가 각각의 영역과 역할이 있다고 구분하며 지나친 것만 축소하자고 주장했기에, 그 이전에 갖춰져 있지 않았던 유교 사전을 보충하여 삼교 의례의 균형을 맞추려고 한 것뿐이다.

그럼에도 성종 대 의례 개혁은 그다지 환영받지 못했다. 전통적인 의례나 불교 의례 등의 축소에 대한 공감대가 형성되지 못했고 유교 의례는 이질적이라고 인식됐기 때문이다. 993년(성종 12) 거란이 침입하여 전쟁 위기에 처하자 이지백李知白은 거란에게 영토를 떼어주어 화친하자는 주장을 비판하며, 선왕의 연등·팔관·선랑 등의 일을 다시 행하고 다른 지방의 이상한 법을 쓰지 말자고 주장했다. "당시에 성종이 화풍을 즐겨 하여 나라 사람들이 좋아하지 않았다"는 여론에 힘입은 건의였다.[6] 이러한 반발은 성종 대 도입한 유교 의례가 최승로가 희망했듯이 '유교'의 의례로 받아들여진 것이 아니라 '중국'의 의례로 여겨졌다는 점을 잘 보여준다. 사실 최승로는 상서문 곳곳에서 광종 대의 무분별한 중국 제도나 문화의 도입을 비판했다. 사방의 습속이 다르니 중국의 예악시서禮樂詩書의 가르침이나 군신·부자의 도리와 같은 윤리는 따르더라도 거마나 의복제도 같은 것은 토풍을 따라야 한다고 주장한 것이 대표적이다.[7] 그는 토풍을 존중하는 동시에 유교 의례는 도입할 만한 예악문물로 범주화했으나, 당대인의 정서에는 '다른 지방의 이상한 법'으로 여겨졌다.

고려에서처럼 중국의 의례들이 고유문화와 갈등을 일으킨 사례는 베트남에서도 관찰된다. 베트남 리 왕조를 개창한 타이또는 다이라성으로 천도하며 용이 하늘로 올라가는 광경을 보았다고 하여 이를 탕롱昇龍(지금의 하노이)으로 개명했다. 리 왕조는 용 신앙 같은 토착 신앙과 불교에 의존하고 있었으나, 그의 뒤를 이은 타이똥(재위 1028~1054)은 적전의 친경례와 사직단 등을 도입하며, 변화를 추구했다. 그러나 이에 대해 조정에서는 제왕의 권위와 의식에 어긋나는 행위라고 반대했다. 이처럼 이 시기의 중국식 예제들은 주변국에서 문화적 갈등을 일으키곤 했다.[8]

성종 대 잠시 폐지됐던 연등회, 팔관회 및 구정毬庭의 초제醮祭 등의 의례들은 결국 현종 대 초반 거란의 3차 침입을 거치며 부활했다. 그렇다고 유교 의례가 폐지되지는 않았다. 현종 대 이후 고려의 의례는 유교 의례와 토착 의례·불교 의례의 세 가지 계열을 병존시키는 다원적인 구조로 재정비됐다.[9] 유교 의례의 도입이라는 측면에서 고려 성종 대는 중요한 의미를 지니지만, 이때 도입된 의례가 고려의 의례 구조에서 바로 큰 비중을 차지하게 됐다고 보기는 어렵다. 성종 대 당대에는 거센 반감에 결국 위축됐으며, 현종 대 조정을 통해서도 여러 의례 중 하나로 자리 잡았을 뿐이기 때문이다. 고려 말까지 균형이 흔들린 시기는 있었지만 국가의례의 다원적 구조는 큰 틀에서 변하지 않았다. 고려의 유교 의례는 체계적인 기획 아래 도입되었다는 역사적 의미가 있으나 여전히 다원적 의례 구조에서 한 부분에 그쳤다는 점을 염두에 두어야 한다.

성종 2년 첫 시작 당시, 기곡과 함께 행해진 친경은 적어도 이때만큼은 상당한 의미를 부여하며 거행되었을 것이다. 그러나 고려 역사를 통틀어 친경은 이 사례를 포함해도 겨우 세 차례, 그것도 거의 50년이나 100년 정도의 사이를 두고 거행되었다. 이 정도로 간격을 두고 의례를 거행하면, 사실상 매번 새로이 의주와 의물을 만들며 새 의례를 창출하는 것이나 다름이 없다. 그렇다면 역으로 의문이 생긴다. 그 세 차례 때는 도대체 무슨 이유가 있어 이 낯선 의례를 굳이 거행했을까?

먼저 언제 친경례가 행해졌는지 살펴보자. 고려의 친경례는 983년(성종 2), 1031년(현종 22), 1144년(인종 22)의 세 차례 거행됐다([표 8] 참조).[10]

983년이 최초로 유교 의례를 도입한 때라는 점은 앞서 서술한 바다. 그다음인 1031년(현종 22) 친경은 이 시점이 1029년(현종 20) 약 20년에 걸친 개경 나성 건설 사업이 마무리된 때라는 점이 주목된다.[11] 개경은 거란 침입으로 큰 피해를 입은 후 1018년(현종 9) 복구에 들어가는데, 1027년(현종 18)에는 종묘를 복구하여 신주를 다시 안치하였고, 1029년에는 개경의 외연을 결정하는 성곽을 완성했다. 새롭게 23킬로미터에 달하는 거대한 규모의 나성을 건설하며 수도의 모습을 일신한 것이다.

이때 '원구방택승단집례원리'라는 표현이 나온 것으로 보면, 원구·방택의 제사가 행해졌음을 알 수 있는데, 여기에 친경까지 치렀다. 이는 수도의 장엄한 모습과 함께 새로운 시작을 알리는 의례가 되었을 것이다.[12] 성종 대 최초의 원구 기곡과 적전 친경으로부터 거의 50년 만에 거행된 장대한 의례였다.

인종 대에는 적전 관련 기사가 두 번 나온다. 이 중 1134년(인종 12)에는 친경을 행했다고 나오지는 않지만, 일반적으로 친경을 행하던 을해일에 적전에서 제례를 드렸다고 하고 있어 친경을 고려한 것으로 보인다. 친경을 행했으나 생략됐을 가능성도 있고 친경까지는 행하지 못했을 가능성도 있는데, 원구 기곡이 거행되었다는 기록이 없는 것을 보면, 친경까지는 행하지 못하고 적전의 제례로 대체했을 수 있다. 다만 여기서 유의할 부분은 적전에서 제례를 드리면서 송宋의 대성악大晟樂

[표 8] 고려의 친경 사례

번호	연도	원구 기곡	적전 친경	비고
1	983년 (성종 2)	정월 신미	정월 을해	처음 도입.
2	1031년 (현종 22)	-	정월 을해	원구 기곡 기사는 없지만 이날 원구방택승단집례원리圓丘方澤升壇執禮員吏 등에 대해 포상한 것으로 보아 원구 기곡도 행해진 것으로 추정. 유죄流罪 이하 대사.
3	1134년 (인종 12)	-	정월 을해	친경 여부는 확인할 수 없으나 적전에서 제례를 드리며 송宋 대성악大晟樂을 처음으로 사용함.
4	1144년 (인종 22)	정월 신유	정월 을해	

*《宋史》 권100, 지53 예3 길례3 祈穀; 권103, 지56, 예6 길례6 風伯雨師

을 처음으로 사용했다는 점이다.¹³

　대성악은 예종 대 송에서 보내준 음악으로 송의 예악, 즉 중국 문물의 상징이었다. 인종의 아버지인 예종은 재위 11년에 내린 제서制書에서 송의 문물과 태조의 유훈으로 대표되는 고유의 풍속 양자를 함께 추구하겠다고 선언했다. 이를 상징적으로 보여주는 행위가, 제서를 내린 그해 겨울, 태묘太廟에서 송에서 보낸 대성악과 태조가 훈요에서 후사 왕에게 순주하라고 한 서경西京의 옥玉을 결합시킨 의례를 펼친 것이었다.¹⁴ 거기에 새로이 작성한 구실등가를 연주하게 하였다. 이는 태묘에서 태조 이래 역대 국왕에 대한 찬미가를 다시 올림으로써 고려의 왕권을 현창하고, 태조의 유훈을 상징하는 서경의 옥과 타자를 상징하는 송의 음악을 나란히 올림으로써 자신의 지향을 확인하는 행위였다.¹⁵ 예종은 이러한 제서에서의 정치 기조를 유지하며, 아들인 인종에게 송의 문물과 태조의 유훈으로 대표되는 고유의 풍속을 균형 있게 추구하라는 유언을 남겼다.

　이러한 맥락에서 본다면, 인종 12년에 적전에서 처음으로 대성악을 썼다는 것은 중국 문물의 영향력이 확대됐다는 점을 의미한다. 이는 이 무렵 묘청 등의 움직임과 관련지어볼 때 의미심장한 지점이다. 인종 5년 이래 묘청 등이 주도하여 서경에 대화궁을 건설하고 여러 차례 이어하며 정치세력 간 갈등이 심화되는데, 인종 12년은 이를 둘러싼 갈등이 정점에 달한 시점이었다. 이런 시점에서 다음 달 서경 대화궐에 순주하기 직전에 바로 적전에서 제례를 드리며 대성악을 사용했다는 점은, 그동안 묘청을 중심으로 하는 서경파에 치우쳐 있던 정국의 중심추를 옮겨, 인종도 부왕인 예종처럼 화풍과 국풍을 조화시키겠다는 의지

표현이었을 것이다. 이는 서경파의 입장에서 볼 때 정국 장악력의 축소를 의미한다. 조급해진 서경파가 이듬해인 인종 13년 1월 난(묘청의 난)을 일으키기에 이르는 파국의 전조였던 셈이다.

정치적 지향과 기조를 둘러싼 첨예한 문화 갈등이 보인 인종 12년에 비해, 1144년(인종 22)은 국정이 안정화된 시기였다. 이때는 2년 전인 1142년(인종 20) 금金으로부터 책봉을 받고 금의 연호를 사용하기 시작했으며,[16] 김부식을 중심으로 하는 유신儒臣들을 중심으로 국정의 기조가 잡힌 시기였다. 즉 12세기 초반 금의 성장으로 인해 요동친 국제 질서, 반란이 연이은 고려의 국내 정국 등이 안정화되며 새로운 전기를 맞은 시점이다. 또한 이때 금에서는 구류관, 구장복, 옥규玉圭를 비롯해 상로象輅, 금인金印 등의 예복과 의물도 함께 보냈다.[17] 이때 받은 상로를 타고 10월에 태묘 제사를 지낸 것으로 볼 때, 이러한 예복과 의물이 유교 의례를 거행하도록 추동했을 것으로 보인다.

인종 22년의 적전 친경은 비교적 자세히 상황이 전해진다. 왕은 다섯 번 쟁기를 밀고, 제왕諸王과 삼공은 일곱 번, 상서 및 여러 경卿은 아홉 번 쟁기를 밀었다.[18]《예기》월령편에서는 천자는 세 번 쟁기질을 하고 삼공은 다섯 번, 경과 제후는 아홉 번 하도록 규정한다. 이 규정에 대입한다면, 인종이 다섯 번 쟁기질을 한 것은 천자가 아니라 삼공에 준하게 한 등급을 낮춘 것이다. 그러면서도 제왕과 삼공은 일곱 번 쟁기질을 하게 함으로써 경전에는 없는 횟수를 행했고, 상서와 경은 아홉 번 쟁기질하도록 함으로써 쟁기질 횟수의 하한은 동일하게 유지하였다. 이러한 변칙은 고려 나름의 경전 해석과 변용을 보여주는 것으로서, 원구의 제사 여부와 같은 몇 가지 지점만 가지고 천자-제후 체제 여부를 판단해서는 안 된다는 점을 보여준다. 이러한 쟁기질 횟수는 《고려사》 예지禮志 및 조선에까지 이어진다는 점에서 이후 적전 친경 의례의 원형이 됐다.

친경을 마친 후 대사大赦와 군신의 표하表賀가 거행되며, 이해 정월의 하늘과 땅에 대한 의례가 마무리됐다. 현종 대 이후 100년이 훨씬 지나서 거행된 이해의 원구 기곡과 적전 친경은 대사와 군신 표하를 통해 새로운 태평의 시대가 왔음을 화려하게 고했다. 1215년(고종 2) 태묘에서 친히 협제祫祭를 지내고 존호를 올릴 때 인종에게 올린 책문에서는 제적帝籍의 친경을 통해 백성들에게 농사를 권면하여 민생을 후하게 한 것을 대표적인 업적 중 하나로 꼽을 정도였다.

불교 도량이나 민간 신앙에 기반한 제사 행위들을 제어하기 위해 성종 대 도입된 적전 친경례는 의도와는 달리 유교 의례가 아니라 이질적인 중국의 문물로 규정되었다. 유교 의례는 현종~문종 대를 거치며 의례체계가 정비되며 다원적인 의례 구조 속의 하나로 자리 잡았으나, 인종 대 중반까지도 여전히 '화풍'의 의례라는 혐의에서 완전히 자유롭지 못했다. 묘청의 난이 진압되고 유교적인 문풍이 가장 고조된 인종 대 말, 금과의 사대관계가 안정된 속에서 정월에 거행된 적전 친경은 원구의 기곡과 함께 화려하게 새해의 시작을 알렸다. 그러나 의종 대 이후의 퇴행적 분위기 속에서 적전 친경이 거행되기까지는 다시 200여 년을 기다려야 했다.

고려 말, 화풍에서 전통으로

하늘에 대응하여 땅을 위해 기원하는 장소는 어디일까?《예기》월령편에서는 원구 기곡과 적전 친경을 연이어 행하긴 하지만, 변사의 체계에서 원구(남교) 교사는 방구(북교) 제사와 짝을 이루는 것이었고, 적전 선농단은 제도나 개념상 대체로 사직단과 관련이 깊었다.[19]《고려사》예지의 변사체계에서도 하늘에 대한 제례의 원구에 대응하는 지기地祇는 방택方澤이다. 기존 연구에서도 고려의 천지天地 제사체계는 원구와 방택이었으나, 방택은 조선 초기 사전 개혁 당시에도 논의되지 않았다는 점에서 적어도 조선 개국 이전에 폐지된 것으로 보았다.[20] 그러나 이에 대해서는 재검토해볼 필요가 있다.

《고려사》예지를 보면, 방택이 별도 항목으로 잡혀있다. 그러나 단제壇制나 의주 등이 전혀 나오지 않은 채로 친제를 거행한 연혁만 수록되어 있는데, 그나마 몇 차례 되지 않는다. 관련 기록을 제시하면 아래와 같다.[21]

> 1031년(현종 22) 정월 방택에 친제했다.
> 1036년(정종靖宗 2) 2월 경술일 초하루에 방택에 제사 지냈다.
> 1044년(정종 10) 10월 병신일에 신주지기神州地祇에 제사를 지냈다.
> 1127년(인종 5) 3월 무오일 제서를 내려 방택에서 지기地祇를 제사 지내고 사교四郊에서 영기迎氣하라고 했다.

먼저 1031년(현종 22) 정월은 앞절에서 언급한 적전 친경이 행해진 때로서, 원구 기곡도 행해졌을 것으로 추정한 바 있다. 원래 방택의 제사는 정월의 일이 아니기 때문에, 이달에 행해진 방택의 친제는 원구 기곡과 함께 행해졌을 가능성이 크다. 정종 대에는 두 차례에 걸쳐 지기에 대한 제사를 드린 것이 확인되는데, 1036년(정종 2) 2월에는 방택에, 1044년(정종 10) 10월에는 신주지기에 제사를 지냈다. 《예기》 곡례曲禮 편 주소에 따르면 지신은 두 종류가 있어 한 해에 두 차례 제사를 지낸다고 한다. 하지일夏至日에 방택에서 곤륜의 신에 제사를, 하정월夏正月(음력 1월) 혹은 건신지월建申之月(음력 7월)에 북교에 단을 만들고 신주지기에 제사를 지내라는 것이다. 정종 대는 방택과 신주지기에 대한 제사가 거행됐다는 점에서 《예기》 곡례편의 영향을 따져볼 수 있으나, 한 해에 치른 것도 아니고 치르는 달도 맞지 않아서 정확한 근거는 알 수 없다.[22]

한편 인종 5년의 기록은 실제로 친제를 했다는 것이 아니고, 향후에 방택에서는 지기의 제사를, 사교에서는 영기하라고 명한 내용이다. 이는 묘청의 건의로 서경에 순주하여 이자겸·척준경의 난이 처리됐음을 선포하고 새로운 정치를 표방하며 내린 유신 제서의 가장 첫머리의 내용이다. 유신 제서의 가장 첫머리에 천지에 대한 제사를 넣었다는 점은, 천지에 대한 제사를 통해 정치를 일신하겠다는 표방이었을 것이다.[23]

이 정도의 사례만 가지고서는 고려 방택의 실체를 파악하기는 힘들다. 하늘에 짝이 되는 땅에 대한 제례라는 엄중성에도 불구하고 이 정도의 자료밖에 없다는 점, 이 자료들 사이에서도 제례의 시기나 신격 등을 짐작해볼 만한 어떤 경향성을 확인할 수 없다는 점은 매우 수상쩍다 하지 않을 수 없다. 이로 볼 때, 고려 시대에 방택단이 존재하다가 폐지되었다기보다는 별도의 단으로 존재하지 않고 원구 등의 단에서 그때그때 합사되었을 가능성이 크지 않을까 한다.

방택의 존재 여부나 그 의미가 분명치 않은 것에 비해, 적전 친경은 원구 기곡과 함께 실행되었을 뿐만 아니라, 국가에서 관리해야 할 사전을 꼽을 때 다음과 같이 원구와 함께 나란히 꼽혔다.

① 1116년(예종 11): 하물며 원구, 태묘, 사직, 적전 및 여러 원릉園陵은 국가에서 공경하고 중히 여기는 장소이다.[24]

② 1308년(충선왕 재즉위): 원구, 적전, 사직은 국가에서 복을 구하는 장소이며……침원寢園과 조종의 분묘墳墓는 공경하고 받드는 데 힘써야 한다.[25]

③ 1325년(충숙왕 12): 원구, 적전, 사직, 침원, 불우, 도관은 고쳐 지어 제사를 지내도록 하라.[26]

④ 1371년(공민왕 20): 교사종묘郊社宗廟의 제사는 매우 중요한 일이니, 도평의사사가 그 일을 관장하게 하고, 태상시에서는 태묘서, 제릉서, 도제고, 태악서, 검찰을 총괄함을 법도에 맞게 하여 풍성하고 정결하게 하도록 하라. 원구·적전·사직단지기를 천거하고 여러 능지기를 선발하라.[27]

앞의 기사들은 예종, 충선왕, 충숙왕, 공민왕 대 중요한 개혁을 알리는 제서 혹은 교서 중 유교 사전에 해당하는 부분을 모은 것이다. 여기에서도 원구, 적전, 사직과 종묘 및 능원만 꼽히고 방택은 거론되지 않는다. 또한 ②, ③, ④에서는 원구와 적전이 나란히 언급되고 있다는 점을 볼 때, 적전이 원구에 대응하여 지기地祇로 인식됐을 가능성이 있다. 실제 창왕 대 전교령이 된 윤소종尹紹宗은 다음과 같이 의례의 등급을 나누면서 적전을 지기로 범주화했다.

⑤ 본조의 구제舊制에 원구, 종묘, 사직, 산릉, 진전, 신사神祠의 제향 때 쓰는 축문과 도전道殿, 불우의 사소詞疏는 본 관원 중 한 명이 달마다 돌아가며 청재淸齋하고 써서 올리면 목욕재계하고 친압하도록 하고 있는데, 천지종사天地宗社는 반드시 친사親祀하시고 불우, 도전, 신사는 간혹 대신에게 섭행하도록 하였습니다. 근래에 기양祈禳하는 일이 외람되게 많아져서 간혹 정자소신正字小臣에게 대압代押하게 하면서 그 물꼬가 한번 열리니, 지금은 오직 사시의 대향에만 친압하고 그 나머지는 모두 대압하면서 정성스럽게 공경하는 뜻에서 심하게 멀어졌습니다. 원컨대 조종의 구제를 따라 축문과 사소는 재계하고 목욕하여 친압하시고, 원구, 사직, 종묘, 적전의 대향은 반드시 친사하시며, 삭망의 전奠과 여러 기양은 대신을 택하여 섭행하게 하시되 정전에서 축문과 사소를 친히 받으십시오.[28] (밑줄: 필자)

구제에서 국왕이 친사를 한 대상은 '천지종사'였는데, 윤소종은 이 부분은 계속 친사라고 하면서 그 대상을 원구, 사직, 종묘, 적전이라고 지칭하였다. 이는 '천지종사'가 각각 원구, 적전, 종묘, 사직에 해당한다는 뜻으로서, 고려 시기에 적전이 원구에 대응되는 지기의 제례로 인식되었음을 보여준다.[29]

적전을 땅에 대한 제례로 이해하는 것은 고려 말 신흥 유신들이 유교례를 독점적인 지위로 격상할 것을 주장했을 때 중요한 개혁의 수단이 될 수 있었다. 앞서 1장의 첫 장면, 즉 공민왕이 명과 처음으로 통교할 무렵인 1370년(공민왕 19) 이미 공민왕이 원구에서 친사하고 적전에서 친경하려고 시도했다는 점을 언급한 바 있다. 비정례적으로 가뭄 때 기우祈雨한 것을 제외하고 참으로 오랜만에 행한 정월 원구 친사였다. 두 달 후인 3월에는 적전에서 친경도 행하려고 의주를 마련하게 했으나 의물이 갖추어지지 못하여 친경은 행하지 못하고 이인임李仁任이 섭행했다. 비록 섭행이라도 경적례를 거행했고,[30] 이해 9월에는 특별한 의례를 행하지는 못하였지만 공민왕이 적전에 행차하며[31] 전농시典農寺에 적전 관으로 영令 1인을 두는 등[32] 적전에 대해 특별한 관심을 표명하였다. 인종 22년에 원구 기곡과 적전 친경을 행한 지 226년 만의 일이었다.

적전 친경을 시도한 공민왕 19년 가을에는 신돈이 숙청됐다. 숙청되기 전인 1369년(공민왕 18) 신돈은 삼소三蘇에 순주하자는 전통적인 국왕의 순주론을 건의한 바 있으나[33] 공민왕이 이를 받아들이지 않은 바 있다. 공민왕은 전반기인 1361년(공민왕 10) 무렵까지 남경南京과 장단長湍 백악白岳에 신궁을 건설하고 순주하며 이를 태조 유훈의 실천임을 선언하였다.[34] 그러나 이 시기에는 그러한 순주론을 거부하는 대신 원구 친사와 적전 친경을 시도한 것이다. 그런 점에서 신돈의 숙청에 이은 원구 친사 및 적전 경적례의 시행은 공민왕이 정치이념의 전환을 시도했다는 것을 보여준다. 이는 인종 대 상황과도 차이가 있는데 인종 12년에는 태조의 유훈과 송의 문물 양자를 추진하겠다는 표현으로 적전에서 대성악을 연주하고 서경에 순주하였지만, 공민왕 대에는 태조 유훈에 기반한 순주를 거부하는 대신 원구 친사와 적전 친경을 시도한 것이다.

이러한 지향은 신돈 숙청을 비롯한 제반 정치 개혁을 마무리하는 태묘 친향 후에 공민왕 21년 내린 교서(159쪽, ④)에서 원구를 포함한 제반 유교 의례의 강화에 대한 조처를 명한 것으로 이어진다.

  이러한 정치적 선언에도 불구하고 당대 유교례를 확산시키는 것은 쉽지 않았다. 공양왕 대까지도 국왕의 순주나 거창한 도량, 연복사 중창 등의 복고적 행위들이 반복적으로 부활하였다. 이러한 상황에서 당대의 유자들은 유교례가 전통적인 예였음을 강조하였다. 이를 잘 보여주는 것이 앞서 인용한 ⑤의 윤소종 상소다. 그는 고려 역대 제향들이 친사와 대신 섭행의 대상으로 등급이 나누어져 있었는데 원구, 사직, 종묘, 적전은 친사에, 불우, 도전은 대신의 섭행이었다고 하였다. 이는 실제 고려의 행례 연혁을 왜곡한 언설이다. 《고려사》를 보면 불우와 도전에서의 제례가 친행된 경우는 많아도, 원구, 종묘, 사직, 적전 등은 친행된 적이 거의 없다. 그럼에도 윤소종은 원구, 종묘, 사직, 적전 제례를 친행하는 것이 원래의 전통이라고 함으로써, 유교적 의례에 전통이라는 권위를 부여하였다.

  윤소종은 공양왕 대에도 임금의 장단 행차를 비판하면서 대가가 움직이려 한다면 교천郊天, 배릉拜陵, 경적전耕籍田, 알문묘謁文廟가 우선시되어야 한다고 주장했다.[35] 국왕의 장단 행차는 좌소 장단 백악에 대한 순주로서 태조 유훈에 기반한 삼소론을 구현하는 행위였다. 국왕의 남경이나 서경 순주는 도성 밖으로 행차하는 국왕의 행렬로서 별도로 예전에 의위儀衛와 노부의장이 규정되어 있는 상례常禮였으며 장단 백악은 남경이나 서경에 비견되는 좌소의 성지였다.[36] 고려 사회에서 이전에도 국왕의 지나친 순주나 이를 위한 토목 행위에 대해서 관료들이 비판하긴 했어도, '순주'는 태조 왕건의 권위에 힘입어 행해지는 것이었기 때문에 그 자체에 대해 근본적으로 비판하거나 저지하지는 못했다. 그러나 윤소종 같은 이는 이제 그러한 전통적인 순주를 적절하지 않은 행행으로 평가절하하며 오로지 유교적인 원구 친사, 왕릉 배알, 적전 친경, 문묘 알현만이 국왕이 행차할 만한 전통이라고 주장했다.[37]

이 시기에는 원구나 적전 등이 중국의 의례라는 점이 더 이상 문제되지 않았다. 오히려 중국, 그중에서도 당唐·송宋의 예악 문물은 당연히 돌아가야 하는 모범으로 제시되었는데, 이는 원元의 유습 철폐와도 관련이 있었다. 조준은 다음과 같은 상소를 올렸다.

> 조종의 의관과 예악은 모두 당제唐制를 준수해왔는데 원나라에 이르러 시왕의 제도에 압박을 받아서 중화를 변화시켜 오랑캐를 따랐으니, 상하가 분별되지 못하고 백성들의 뜻이 안정되지 못하였습니다. 공민왕께서 상하가 등급이 없어짐을 분개하시어 혁연히 중화를 써서 오랑캐를 변화시켜서 조종의 성대함을 추복追復하려고 천조天朝에 표를 올려 호복胡服을 개혁하기를 청하였으나 얼마 되지 않아 돌아가셨습니다.[38]

원나라 제도의 영향을 받은 고려의 제도를 개혁하자는 주장을 하기 위해 고려의 의관과 예악이 원래 당제에 기반했다고 주장한 것이다.

이는 미묘하지만 큰 차이다. 10세기 최승로의 주장이 위치했던 담론장을 상기해보자. 그는 시무 28조에서 "화하華夏의 제도는 준수하지 않으면 안 되는 것으로서 예악시서의 가르침과 군신부자의 도리는 마땅히 중화를 본받아" 고쳐야 하지만, 거마·의복 등의 제도는 중국을 따를 필요가 없다고 한 바 있다.[39] 이러한 조심스런 주장에도 불구하고 그가 의례의 균형을 맞추기 위해 도입한 유교 의례는 과도한 '남의 나라의 이질적 법'으로 인식됐다. 그러나 고려 말에 이르면 예악은 물론 의관까지도 전통적으로 당제를 준수해왔다고 '주장되고' 있다. 원제元制의 총체적인 개혁, 국내 정치적 기조의 혁신이라는 당면 목표는 전통에 대한 새로운 규정의 필요성을 불러일으킨 것이다.

원제元制의 개혁이라는 목표 아래 유교 의례는 더 이상 고유문화와 다른, 이질적 문화로 인식되는 것이 아니라, 오히려 지향해야 할 '전통'으로 제시됐다. 그 속에서 유교 의례의 독점적 성립은 사회의 이념적 전환을 위해 반드시 필요한 것이며, 적전 선농단 제도는 땅에 대한 유교 의례라는 측면에서 의미를 부여받았다. 이들이 조선을 건국하며 불교 도량이나 재초, 순주 등에 대한 비판은 더욱 확대되었다. 이와 함께 국왕이 친행해야 할 의례로서 원구, 적전, 종묘, 사직을 제시하며, 새로운 의례체계를 기획하였다. 그러나 원구 제사의 딜레마는 이 기획을 다른 방향으로 이끌었다.

조선, 적전에서 선농으로

조선 건국 후 의례를 개혁하려 할 때, 적전은 유교례의 하나로 당연히 행해져야 하는 상전常典으로 꼽혔다. 1392년(태조 1) 8월 예조전서 조박 등은 종묘·적전·사직·산천·성황·문선왕석전제를 고금으로 통행된 국가의 상전이라고 하였다.⁴⁰ 적전은 상전일 뿐만 아니라 국왕이 친제해야 하는 대상이었다. 예조전서 이민도李敏道는 친제해야 할 제례로 종묘와 적전을 꼽으며, 국왕은 7일간 재계하고 몸소 작헌해야 하며 유고 시에는 세자에게라도 섭행하게 하라고 할 정도로 적전을 중시하였다.⁴¹ 1394년(태조 3) 정도전이 찬진한《조선경국전》〈예전〉의 길례에도 적전이 포함되었다. 종묘, 사직, 적전, 풍운뢰우, 문묘, 기타 신(산천과 옛 성현) 중 다른 편과는 달리 적전의 경우에는 적전을 갈고 제사 지내는 법을 자세히 편에 적었다고 밝히고 있어⁴² 조선 건국 후에도 친경을 실행해 옮기려는 의지가 지속됐다는 점을 알 수 있다. 이러한 흐름에 힘입어 한성 천도 후에 일찌감치 적전 선농단을 조성했다.⁴³

조선 건국 후에도 고려 시대처럼 정월의 원단 기곡과 적전 경적례를 하나의 세트로 구성하려고 했다. 1401년(태종 1) 정월 원단 친사를 행하며⁴⁴ 자신의 즉위를 화려하게 고한 태종은 이듬해인 1402년(태종 2) 정월에는 경적耕籍 의례를 행하려고 계획했으나 실행에 옮기지 못한 바 있다.⁴⁵ 이러한 기획과 실행 계획에도 불구하고 친경 의례는 거행되지 못했다. 이는 원구단의 폐지 논의 때문이었다.

고려 말부터 원구 제사는 천자의 예라는 점을 인지하고 있었으며, 조선 건국 직후부터 이를 파하자고 했다.《조선경국전》에도 원구가 포함되지 않았다. 비록 원구단은 원단으로 개칭되어 1394(태조 3)~1411년(태종 11)까지 존속되었지만, 이것이 천자례라는 거리낌이 해소된 것은 아니었다. 그 이후 치폐와 논란이 반복되는 속에서《예기》월령편에 기반한 원구-적전의 정월 의례는 분리될 수밖에 없었다.

정월에 원구 기곡을 행할 수 없다면, 굳이 적전 친경을 정월에 할 필요가 있을까? 1401년(태종 1) 예조전서 김첨金瞻은 고려에서 월령의 설에 근거해 친경 시기로 잡은 정월은 절기상 너무 일러서 땅이 얼어 밭갈이를 할 수 없다고 하며 경칩 이후로 친경 시기를 조정하자고 상소하였다.[46] 계절적 요인은 후대에 실제 친경을 행할 때에도 계속 문제가 되었다. 달을 옮겨도 여전히 땅이 얼어 있어 임시로 흙을 뿌려 쟁기질 흉내만 낸 적도 있다.

만약 적전이 원구-적전으로 천지 제사에 대응되며 신년의 정월을 여는 순차적 농경 의례가 아니라면, 국왕이 꼭 친경을 할 필요가 있을까? 만약 친경을 행하지 않는다면 적전은 어떠한 의미를 부여받을 수 있는 것일까? 이것이 과연 지기, 즉 땅을 위한 제례기는 한가? 이러한 의문이 제기될 법한 이 시기, 마침 적전보다는 '선농先農'에 대한 언급이 부상한다는 점이 눈에 띈다. 태조 대 이래 선농에 대해서는 언급한 바가 없었으나, 태종 11년 무렵부터 선농이 언급되기 시작한 것이다. 일반적인 신격으로의 선농이 아니라 조선의 선농단 혹은 선농 제례를 의미하는 것은 1413년(태종 13) 무렵부터다.[47] 이 무렵은 전반적으로 국가의례를 점검하며 갖추어가던 시기이기도 했다.[48]

원래 고려 시기까지 선농단의 정식 명칭은 선농적전단으로 기록되어 있었고 조선 초까지도 선농단에서의 제례는 대부분 적전으로 통칭됐다.[49] 그러나 태종 대 후반부터 적전은 순수하게 논밭을, 선농단은 이곳에 마련된 단으로 언급된다. 이는 경적례를 행하는 적전과 신농씨에 대해 제례를 올리는 선농단이 분리되어 인식되기 시작했다는 것을 의미한다. 그렇다면 조선에서 선농은 어떠한 신격으로 이해되었을까? 이를 볼 수 있는 것이 세종 대 박연의 언급이다.

① 원단·적전·선잠 등의 제례에는 본조에서 모두 대주大蔟를 써서 음악을 했습니다. 그러나 대주는 지기地祇에 제사를 드리는 음악이므로 사직이 사용합니다. 지금 원단은 하늘에 기고하는 제사이니 이를 사용하는 것은 미안한 듯합니다. 선농·선잠도 역대의 인귀일 뿐이니 사직에 제사 드리는 음악을 사용하는 것은 맞지 않습니다.[50]

② 선농·선잠의 음악은 이전에 당하나 당상이나 모두 대주궁을 사용하였지만 근거하는 바가 전혀 없었습니다. 이제 고제를 사용하여 아래에서는 고선姑洗를 연주하고 위에서는 남려南呂를 노래하여 석전의 음악처럼 한다면 이것은 진辰과 유酉의 합으로 옛날 사람들이 성현에 제사드리는 음악입니다.[51]

①을 보면, 먼저 박연은 선농을 사직과 확실히 구분하여 인귀로 이해했음을 알 수 있으며, ②를 보면 문선왕처럼 성현에 대한 제사의 범주로 이해했음을 알 수 있다. 즉, 선농은 신농씨라는 인귀로서 백성에게 농업을 처음으로 가르친 공덕이 있기에 보답을 받아야 하는 범주에 든다. 이는 인귀인지 지기인지 여부를 판단하지 않은 동시대 명明의 인식보다 훨씬 분명한 것이다. 또한 태종 14년에는 고전古典에 근거가 없다고 하여 신라 시기 이래 행해져오던 중농仲農과 후농後農에 대한 제례가 폐지되었다.[52] 국내에서 관습적으로 행례해오던 의례에 대해서도 그 근거를 찾아 점검한 것이다.

조선 시기의 사전은 공덕이 있는 신격에 대해 국가적으로 기원하고 보답하는 데 초점을 맞춰 형성되었다.[53] 적전 대신 '선농'이라는 분명한 신격의 부상은 그러한 의미에서 이루어진 것이었다. 성종 대 친경이 행해지기 전까지 적전은 새로운 농작물을 시험해보는 장소로 사용하기도 했다. 특히 세종 대에는 적전에서 검은 기장 종자를 개발하여 이를 전국에 나누어주거나[54] 전품田品을 시험해보는 장소로 사용하기도 하였다.[55] 국왕이 쟁기질하는 행위를 통해 권농의 의지를 표현하던 친경례와는 다른 형태이지만 농업을 장려하고 솔선한다는 측면에서는 그 의미가 상통한다.

친경례는, 그러나 건국 시기부터 중시하며 전례서에 의주를 수록했음에도 5대의 왕위계승을 거치면서도 실행되지 못했다. 책 속에만 남아있던 친경례는 1475년(성종 6)에서야 비로소 거행됐다.[56] 건국 83년 만이고, 고려 인종 대부터 따지자면 자그마치 331년 만이었다. 이때 원구 친사는 이미 폐지되었기에 《예기》 월령편의 개념에 기반한 것이 아니었다. 그렇다면 성종은 왜 적전 친경을 거행했을까? 이에 대해서는 선잠단에서 함께 살펴보겠다.

고려 말 이래 적전을 중시하는 분위기 속에서 건국된 조선에서는 바로 적전을 확보하고 선농단도 설치했다. 선농에 대한 확실한 인식을 지니고 있었고, 친경 의주를 만들고 권농을 위한 곳으로 적전을 적극적으로 활용했다. 그럼에도 그 단은 지속적으로 문제가 있다는 지적이 제기됐다. 선농단은 무엇이 문제였을까? 그 문제는 왜 해결되지 않았을까?

우선순위에서 밀리는 단

초기 기록에서 적전으로 등장하는 선농단은 늦어도 한성으로 재천도한 1406년(태종 6) 이전에 조성되었다.[57] 그런데 1413년(태종 13) 예조에서는, 아래와 같이 당시의 선농단이나 선잠단이 법식대로 조성되지 못하였다고 계문하였다.

> 여러 제사 단유 중에서는 사직단과 풍운뢰우단만 규정대로 축조되었고, 그 나머지 영성, 사한, 마조, 선목, 마사, 마보, 중농, 후농의 단유는 모두 축조되지 않았습니다. 선농, 선잠, 노인성, 북교, 여제의 단유는 비록 축조되기는 하였지만 규정대로 되지 않았습니다. 이 항목의 단유들은 고제를 참고하여 땅을 살펴 축조하게 하십시오.[58]

이를 보면 당시 단유 중 일부만이 축조되었고 선농단은 만들어지기는 하였으나 규정대로 조성되지 않은 단에 속했다. 이듬해 1414년(태종 14)에는 예조에서 다음과 같이 선잠단, 선농단의 제도를 조사해서 보고했다.

> 선잠단과 영성단은 높이가 3척, 둘레가 8보 4척이고 사방으로 계단을 낸다. 선농단도 같다. 양유가 있는데, 유는 각 25보이다. 마사, 마조, 선목, 마보단은 각각 너비가 9보로 높이는 3척이며 사방으로 계단을 낸다.[59]

앞의 글에서 언급한 선잠단, 영성단, 선농단의 크기와 제도는 해당 단유들의 당시 상태인지 아니면 이 방향으로 수정하려는 내용인지 문맥만으로는 분명치 않다. 그러나 《세종실록》 오례의 및 《국조오례서례》 등에 수록된 내용과는 매우 다른 것을 볼 때, 이 규정은 수정의 방향이라기보다는 현재의 상태를 조사한 것으로 보인다. 전례서에서 선잠단은 중사, 영성단은 마사단 등과 함께 소사이기 때문에 선잠단이 영성단보다 커야 한다.[60] 그런데 위 건의에서는 선잠단과 영성단이 동일한 크기를 가질 뿐더러 그 크기도 전례서 규정과 다르다. 한편 선농단의 크기나 형태 역시 이와 비슷했던 것으로 보인다. 이러한 사항들을 정리해 비교해보면 [표 9]와 같다.

이 표를 보면, 몇 가지 이상한 점이 있다. 우선 선잠단·영성단의 크기와 마조단 등의 크기 규정이 똑같이 보수를 제시하면서도 하나는 둘레고 하나는 너비로 제시되었다. 기록 그대로 크기를 환산해보면 선잠단과 영성단은 지나치게 작고 마조단 등은 지나치게 크다. 대사의 제단으로 국초부터 매우 중시된 사직단의 크기도 영조척으로 2장 5척이라는 점을 생각해보면 마조단 등의 수치는 상당히 이상하다. 둘레와 너비라는 표현 두 가지 중 하나는 오기일 가능성이 크다고 생각하는데, 선잠단과 영성단의 둘레[周]라는 표현이 너비를 잘못 쓴 것이라면 이들이 사직단보다도 커지기 때문에 자연스럽지 않다. 이보다는 마조단 등의 너비[廣]가 둘레[周]일 경우 선잠단 및 영성단과 엇비슷한 크기가 되기 때문에 이쪽의 너비라는 표현이 오기일 가능성이 크다.

두 가지 표현 중 어느 것이건 후대 전례서의 규정과는 차이가 있다. 두 가지 보수를 모두 둘레라고 볼 경우 전례서 규정보다 상당히 작은 크기이며, 규칙성을 찾기도 힘들다. 이는 조선의 단묘제도가 처음부터 완성된 형태로 갖추어진 것이 아니라 태조~세종 대를 거치며 상당히 변화했다는 점을 의미한다. 어떤 방향의 변화였을까? 기존 연구들에서처럼 조선 초의 예제가 단계적으로 이해 수준을 제고했다거나, 적어도 세종 대 예제 연구를 통해 무언가 상당히 변화했던 것처럼 이해할 수도

[표 9] 태종 14년 조사와 전례서 규정 비교

단 종류	태종 14년 조사	전례서 규정 *모두 영조척을 사용함
선잠단	■둘레 8보 4척 (1보=6척 → 총 둘레=52척 → 너비=52÷4=13척(1장 3척)) - 주척 기준 13척=267.8센티미터 - 영조척 기준 13척=400.4센티미터 ■높이 3척 - 주척=61.8센티미터 - 영조척=92.4센티미터	■너비 2장 3척 - 708.4센티미터 ■높이 2척 7촌 - 83.16센티미터
선농단	선잠단 및 영성단과 비슷함	선잠단과 동일
영성단	■둘레 8보 4척 (1보=6척 → 총 둘레=52척 → 너비=52÷4=13척(1장 3척)) - 주척 기준 13척=267.8센티미터 - 영조척 기준 13척=400.4센티미터 ■높이 3척 - 주척=61.8센티미터 - 영조척=92.4센티미터	■너비 2장 1척 - 646.8센티미터 ■높이 2척5촌 - 77센티미터
마조, 선목, 마보, 마제단	■너비 9보 (1보=6척 → 너비=54척(5장 4척)) - 주척 기준 54척=1,112.4센티미터 - 영조척 기준 54척=1,663.2센티미터 둘레로 해석할 경우, 한 변 너비 약 13.5척=415.8센티미터 ■높이 3척 - 주척=61.8센티미터 - 영조척=92.4센티미터	영성단과 동일

* 주척 1척 = 20.6센티미터, 영조척 1척 = 30.8센티미터로 계산함

있다. 과연 그럴까?

　일단《세종실록》오례의 중 길례의 단묘 및 의주 규정 대부분은 이미 태종 대 후반에 완성된 〈제사 의식〉에서 기원했다. 우사단에서 설명했듯이 〈제사 의식〉은 태종 대 후반인 1415년(태종 15) 무렵에 정리된 〈제사서례〉, 〈제사의〉 등을 지칭하는데, 여기에 담긴 단유제도에 대한 아래 내용을 보면 큰 줄거리는《세종실록》오례의와 차이가 없다.

예조에서 계하기를 "각도의 단유 체제가 장광고저長廣高低가 한결같지 않을 뿐만 아니라, 원장垣墻이 없기도 하여 사람들과 짐승들이 밟고 다녀 훼손되고 더럽혀집니다. 삼가 본조의 〈제사 의식〉을 살펴보면 '대사인 사직단은 사방 2장 5척에 높이가 3척이며 사방으로 계단을 내고 계단은 각 3급으로 양유를 두며 영조척을 쓴다. 중사인 풍운뢰우·선농·선잠·우사단은 모두 사방 2장 3척에 높이가 2척 7촌으로 양유다. 소사인 영성·마조·선목·마사·마보단은 모두 너비가 2장 1척에 높이가 2척 5촌이며 일유다. 무릇 예감은 모두 묘단廟壇의 북쪽 임壬방의 땅에 두는데, 남쪽으로 계단을 내고 너비와 깊이는 물건을 담을 만하게 한다. 전석을 사용하여 섬돌처럼 하여 작은 천정天井을 만들고 깊이와 너비는 3, 4척 정도로 한다. 그 남쪽에 답도를 만들어 오르내린다. 한가할 때에는 흙으로 채워놓았다가 제사 때에 임하여 흙을 걷어내고 정결하게 청소한다. 제사를 마치면 폐백과 축판 등을 가지고 답도를 따라 내려와서 구덩이 속에 넣고 흙을 덮어 채우며 예에 따라 사람을 정해 지키도록 한다'고 하였으니……" 이를 따랐다.[61]

태종 대 후반 완성한 〈제사 의식〉에서 이미 대·중·소사의 단에 따라 단유의 크기를 일정하게 정한 만큼, 선농단, 선잠단은 세종 즉위 이전에 이러한 등급에 맞추어 건설했어야 했을 것이다. 위 〈제사 의식〉과 아래 《국조오례서례》의 규정 중에서 차이가 나는 부분은 대사인 사직단의 유壝뿐이다. 〈제사 의식〉에서는 사직단의 유를 양유로 규정하고 있으나 《국조오례서례》에는 일유로 규정되어 있을 뿐, 이 외에 다른 지점들은 차이가 없다. 단유의 제도는 《세종실록》 오례의를 거쳐 《국조오례서례》까지 거의 그대로 유지되었으므로 조선 시기 단유제도의 큰 틀은 태종 대 이미 마련됐다고 하겠다.

여기에 더하여 1416년(태종 16)에는 재실齋室을 건설하도록 하였으며,[62] 1424년(세종 6)에는 주변에 소나무를 식재하도록 하여[63] 제단의 설치와 구성은 거의 전례서의 규정대로 대체로 태종 대 말에는 완비된 것으로 보인다. 그러나 실제 상황은 그렇지 못하였다.

1430년(세종 12)에 박연은 선농단 제사에 사용하는 여러 음악을 비롯하여 당시 제단의 여러 문제점을 상세히 지적했다. 그중에서도 선농단에 대해서는 유가 원래 두 개여야 했는데, 하나라고 지적했다.[64] 박연의 상서에 예조에서는 이를 그대로 따르자고 했으나 실제로는 제대로 공역이 진행되지 못하였다. 1438년(세종 20) 박연은 8년 전 상소에 따라 제단감조색祭壇監造色까지 설치했으나 실제 공사는 종묘·사직에만 집중되고 나머지는 수리하지 못했다며 다시금 상소했다. 그중에서도 그나마 선잠단과 산천단은 잡석으로라도 단을 쌓아서 봉토가 무너지지 않게는 하였으나 나머지 단은 봉토만 해둔 상태였다.[65]

단을 쌓을 때 흙으로만 쌓느냐, 돌로 사방을 쌓아 흙을 채우느냐 하는 것은 이후에도 문제가 되었다. 흙으로만 쌓으면 무너질 것이므로 이를 돌로 개축해야 한다는 것이 박연의 의견이었다. 그러나 4년 후인 1442년(세종 24) 의정부에서 예조의 정계에 의거하여, 고제에 근거가 없다는 이유로 흙으로만 단을 쌓자고 건의하였다.[66] 이 때문에 돌을 사용하여 개축하는 것은 다시금 중단되었는데, 표면적 이유는 고제였으나 실제로는 물력 조달의 문제가 컸던 것으로 보인다.[67]

이상을 종합해보면 세종 대 박연이 여러 차례 주장한 바에 따라 제단들의 개축이 준비되었으나 실제로 중사단 이하는 거의 개축되지 못하였고, 세종 24년에 재개되었을 때에도 결국 돌로 고쳐 쌓지도 않았다. 문종 대에는 박연의 상서에 대해 대신들이 점차로 고쳐 쌓도록 하자고 결론을 내리고 이후에는 별 논의가 없었다. 일제 시기 선농단이나 선잠단의 사진에서 돌로 쌓은 것이 확인되는 것으로 보아 아마도 순차적으로 고쳐 쌓은 것으로 추정된다.

그렇다면 실제 선농단은 어떠한 모습이었을까? 이상의 과정을 보면, 돌로 쌓는 여부, 양유인지 일유인지 여부를 제외하면 단 자체는 전례서의 규정과 크게 다르지 않은 것 같은데, 과연 그럴까?

단제가 보여주는 예치禮治의 이상과 현실

먼저 《국조오례서례》 단묘도설의 선농단에 대한 설명을 보자.

  풍운뢰우산천성황단(선농, 선잠, 우사, 악해독도 이에 근거한다).

풍운뢰우산천성황단은 남교에 있다. 너비는 2장 3척이고, 높이는 2척 7촌이며 사방으로 계단을 낸다. 양유를 두는데 25보다. 풍운뢰우의 신좌는 가운데 위치하고 산천은 왼쪽에 성황은 오른쪽에 위치한다.
○선농단은 동교에 있다. 제도는 풍운뢰우와 동일하나, 신좌가 북쪽에 있으면서 남향하고 후직씨를 배향하는데 동쪽에 있으면서 서향한다.[68]

[그림 1](102쪽)을 보면 일단 양유는 실질적으로는 상·하단 같은 구성임을 볼 수 있다. 이에 대해 《고려사》에는 내유라는 표현이 나오는데, 《국조오례의》나 《춘관통고》에는 내유가 아니라 북유北壝라는 표현이 등장한다.[69] 혹은 상·하단의 구성이므로 상유·하유라고 나오는 경우도 있는데, 이 글에서는 전례서를 따라 일단 북유와 남유로 지칭한다. 유는 박연의 상언에 여러 차례 나오듯이 행례 때 악기들을 배열하고 악공들이 늘어서는 공간이 된다. 이를 위해 박연은 상하의 구분이 있어야 한다는 점을 여러 차례 강조했다. 유의 사방에는 홍살문 형태의 문이 있으며, 전석 담장을 쌓아 유의 벽을 만든다. 북유에서 남유로 내려오는 부분에도 낮은 담장이 존재한다. 한편 단의 사방으로는 계단을 냈다. 유의 너비, 단의 너비와 높이 등은 모두 영조척을 기준으로 하였다.[70] 선농단에 대한 기록은 《세종실록》부터 《국조오례서례》는 물론 《춘관통고》, 《대한예전》에 이르러서도 변함이 없다.

선농단은 일제강점기 촬영된 사진이 몇 컷 남아 있어서 그 실물을 확인하는 데 도움이 된다. 국사편찬위원회에 소장된 사진유리필름 〈선농단지先農壇址〉(GF 3176[24-229-13])([그림 3])[71]와 1936년의 《동아일보》

사진([그림 2])이 그것이다. 전자는 조선사편수회에서 1927~1935년 사이에 촬영한 사진이며,[72] 후자는 경성의 영역이 확대되었을 때, 새로이 포함된 지역들을 소개하며 나온 기사다.

선농단 일대에는 1908년 동양척식회사가, 1916년 원잠종제조소原蠶種製造所, 1917년 경기도 농업시험장 등이 들어섰으나 이때까지는 모두 선농단 남쪽에 건설되었기 때문에 단은 훼손되지 않은 상태였다. 이후 1939년 경성여자사범학교 교사를 건설할 때 단 위치가 변경되고 외랑이 철폐되었다. 이러한 연혁을 염두에 둘 때, 국사편찬위원회 소장 선농단지 사진은 그것이 포함된 전체 유리필름이 1927년에서 1935년 사이에 촬영됐고, 사진 속에 1939년에 이전한 잠령공양탑(그림 속의 흰색 원)이 보이고 있기 때문에 선농단의 원형을 반영한다. 1936년의 《동아일보》 사진 역시 1939년 이전에 해당하므로 선농단의 원형을 보여준다. 이에 비해 현재의 선농단은 발굴 결과 단기 4292년(1959) 명문이 있는 10환 동전이 제단 상단의 하부에서 수습되어 현대에 다시 조성된 것으로 판단된다.[73]

이제 이상의 사진들이 원형을 담고 있다고 보고 국사편찬위원회 소장 선농단지 사진을 자세히 살펴보면, 우선 이 사진에서는 북유와 남유의 구분이 확연히 보인다. 《국조오례서례》 도설 상으로는 동서남북에 4개의 유문이 있어야 하나, 이 사진에서는 북문은 존재하지 않으며 동서남쪽의 유문만이 확인되는데, 《경성부사》에서 단을 옮길 당시의 기록을 보아도 문터 3개소라고 하고 있어 원래 축조 당시부터 북유문은 존재하지 않았던 것으로 보인다.[74] 아마도 행례할 때에는 북유문이 사용되는 경우가 없어서 조성하지 않은 듯하다([그림 5]).

[그림 2] 1936년 선농단
* 《동아일보》 1936년 1월 1일 자 47면

[그림 3] 국사편찬위원회 소장
유리필름사진 선농단지
* 1927~1935년 조선사편수회 촬영

[그림 4] 현재 잠령공양탑
* 인천시립박물관

한편 시점 때문에 단의 사방 계단이 확인되지는 않지만 남쪽과 서쪽의 계단은 확인이 된다. 전례서에는 없지만, 북유에서 남유로 내려가는 부분에 석축이 되어 있고 3개소에 계단이 존재한다. 이는 선잠단의 사례에서도 확인되고 있어서, 양유로 구성된 중사단의 경우 북유에서 남유로 내려가는 부분에 계단이 조성되었던 것으로 추정된다. 앞서 단을 조성할 때 돌을 사용하느냐 마느냐가 논란이 되었다는 점을 서술한 바 있는데, [그림 6]을 보면 단 부분에 돌을 쌓아 봉토한 것이 확인된다. 이로 볼 때 문종 대 이후 선농단은 어느 시점에서 석축이 되었음을 확인할 수 있다. 한편 단의 서북쪽 부분에 있는 작은 돌판은 예감으로 추정된다.

사직단의 유는 전석으로 축조되어 기와지붕을 얹은 것에 비해 선농단은 토담이었다. 중앙 단의 경우 사직단은 3단으로 축조하고 3급의 계단을 둔 것에 비해 선농단은 2단으로 축조하고 2급의 계단을 두었다. 원래 3단으로 축조하였다가 파묻혔을 가능성도 있지만, [그림 6]에서 볼 수 있듯이 계단 앞으로 바로 길이 난 것으로 보아 원래부터 2단으로 축조된 것으로 추정된다.

그렇다면 단과 유의 크기 및 높이는 전례서의 기준을 충족시키고 있을까? 현재 사진만으로는 기준으로 삼을 길이가 없기 때문에 정확한 크기는 알 수 없다. 다만 국사편찬위원회 소장 선농단지 사진을 통해서 단 너비의 절대 수치는 몰라도, 기준 수치가 있으면 비율로 부분 치수를 추정할 수 있다. [그림 7]은 단 너비를 전례서 규정의 2장 3척(영조척: 306밀리미터 계산)으로 가정하고 이에 맞추어 유의 너비 등을 추정해 본 것이다.

[그림 5] 선농단지 사진 분석도

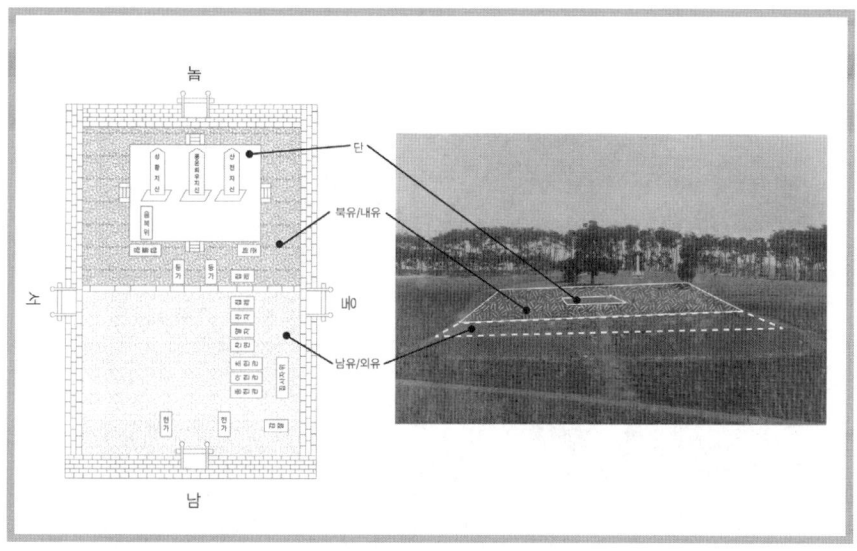

[그림 6] 선농단지 사진 중심부 확대

[그림 7] 선농단지 사진을 통해 본 수치 추정
《국조오례서례》중사단 기준으로 단의 너비를 잡을 경우

[그림 8] 선농단지 사진을 통해 본 수치 추정
마쓰무로의 선잠단 측정치에 따라 단의 너비를 잡을 경우

이를 바탕으로 본다면, 단의 너비를 전례서에 맞출 때 유의 너비는 31미터 정도로, 단의 높이는 52센티미터 정도로 전례서 규정보다 크기도 작고 높이도 낮다. 그런데 실제로는 좀 더 작았던 것으로 보인다. 1930년 선잠단을 실측한 마쓰무로 시게마사松室重正는 다음과 같이 선농단의 단이 선잠단과 동일한 크기라고 하였다.

현재 경기도 원잠종제조소 구내에 있는 선농단과 비교하면, 선잠단은 선농단에 비할 때 그 면적이, 상단은 동일하고 하단은 큰 차이는 없으나 조금 좁고 중단은 심하게 좁다. 그리고 길이는 어느 쪽도 8척(1칸)을 단위로 삼는 것과 같다.[75]

마쓰무로는 단을 상단으로, 북유를 중단으로, 남유를 하단으로 표현했으므로, 위 기록을 볼 때 선농단의 단 크기는 선잠단과 동일하지만 나머지는 선잠단보다 크다는 사실을 알 수 있다. 마쓰무로가 측정한 선잠단 크기를 기준으로 선농단의 크기를 역 추산하여, 단의 너비를 선잠단과 동일하게 485센티미터(4,848mm 반올림)로 기준하자, 유의 너비는 21미터 정도, 단의 높이는 36센티미터, 유의 높이는 50센티미터 정도의 수치로 파악된다([그림 8] 참조). 이러한 사항을 정리하면 [표 10]과 같다.

마쓰무로가 선농단과 선잠단의 단 크기가 비슷하다고 한 것을 보면, 태종 14년 조사 당시부터 이 두 단의 크기는 별로 변화하지 않은 것으로 보인다. 종합해보면, 선농단은 전례서의 규정보다 작게 조성된 데다, 북쪽의 유문도 조성되지 않았다. 태종 대 첫 조사 때부터 문제가 지적되고 세종 대 이후 논의와 박연의 끈질긴 문제 제기에도 불구하고 석축으로 바꾸는 것 외에는 결국 전례서 규정대로 수정되지 못했다. 이는 단의 관리와 수축을 위해 인력과 물력, 재정 등을 운용하는 데 현실적으로 많은 어려움이 있었음을 시사한다. 전례서 속 예치의 이념이 아무리 정연하더라도 현실에서 구현되는 데에는 한계가 있었다. 그러나 전례서에는 언급되지 않았으나 북유와 남유를 오르내리려면 필수적이었을 계단은 조성되었다는 점 역시 간과할 수 없다. 이는 이념에서는 고려하지 않았으나 실제 행례에서 긴요했을 것들은 지침 없이도 만들어졌음을 보여준다. 이와 같은 전례서의 정연함과 현실이 보여주는 간극은 예치에 대한 조선의 국가적 실천력의 정도를 보여주는 하나의 바로미터일 것이다.

[표 10] 《국조오례서례》 기준 수치와 사진 측정 수치

	《국조오례서례》 기준 수치 (영조척 1척=30.8센티미터)	사진 수치	
		① 단 너비 = 전례서 기준 [그림 7]	② 단 너비 = 마쓰무로 기준 [그림 8]
단 너비	2장3척=708.4센티미터	708.4센티미터	485센티미터
단 높이	2척7촌=83.16센티미터	52.4센티미터	36센티미터
유 너비	25보=4,620센티미터	3,133센티미터	2,144센티미터
유 높이	단 높이와 동일	72.3센티미터	50센티미터

[그림 9] 선농단 추정도(CAD 도면)

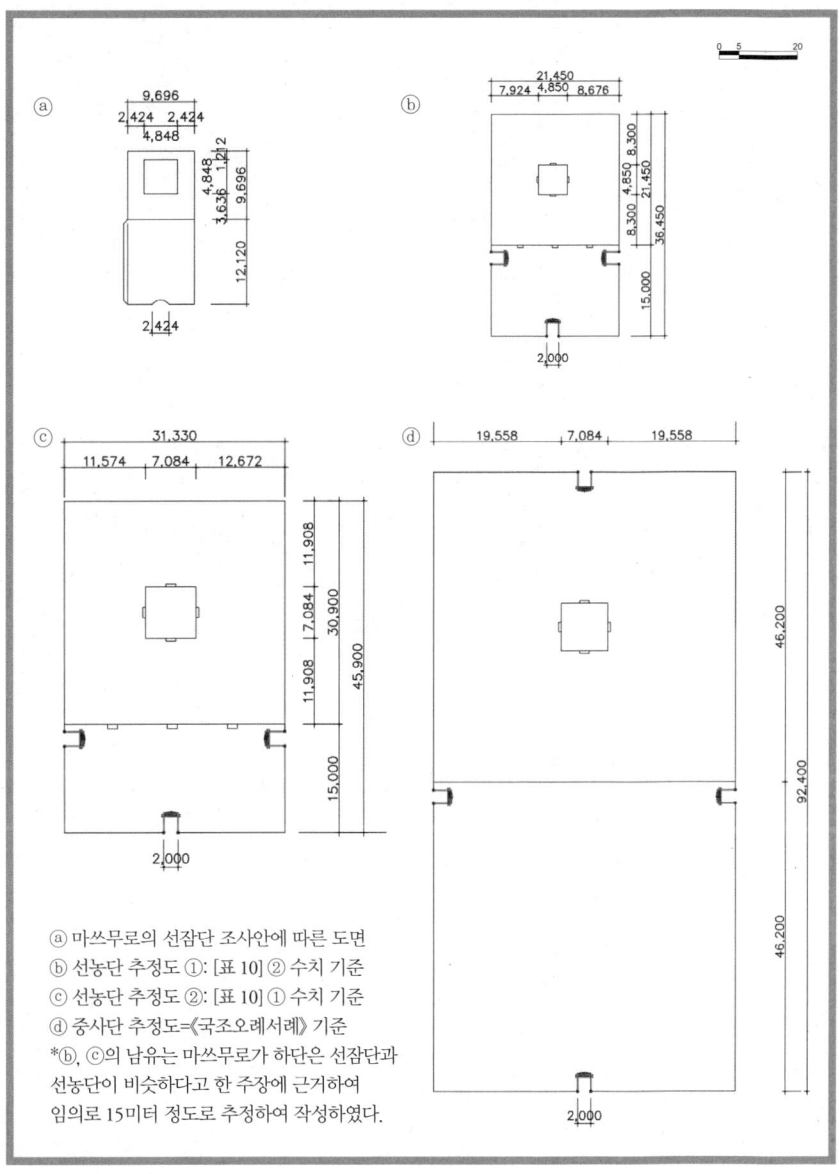

ⓐ 마쓰무로의 선잠단 조사안에 따른 도면
ⓑ 선농단 추정도 ①: [표 10] ② 수치 기준
ⓒ 선농단 추정도 ②: [표 10] ① 수치 기준
ⓓ 중사단 추정도=《국조오례서례》 기준
*ⓑ, ⓒ의 남유는 마쓰무로가 하단은 선잠단과 선농단이 비슷하다고 한 주장에 근거하여 임의로 15미터 정도로 추정하여 작성하였다.

5. 사직단
— 만들어낸 '제후'의 의례와 일원화의 이상

단壇, 유壝, 주원周垣, 외장外墻

4장에서 단의 제도와 형식에 대해 언급하긴 했지만, 관련 용어를 명확히 정리하진 않았다. 이제 사직단에 들어가기에 앞서 단과 유, 주원 등의 개념을 짚고 넘어가자. 이 개념들을 명확히 해두는 것은 사직단의 제도를 둘러싼 논의를 이해하는 데 필수적이다.

《국조오례서례》의 사직단에 대한 설명을 보자.

사직. 사社는 토신土神이며, 직稷은 곡신穀神이다. ① 단은 도성 안 서쪽에 있는데, 사가 동쪽에 있고, 직이 서쪽에 있다. 양 ② 단은 각각 사방 2장 5척이며 높이는 3척, 사방으로 계단을 내는데 각각 3급級이다. 단은 방색方色을 따라서 꾸미고 황토로 덮는다. 사에는 석주가 있는데, 길이는 2척 5촌이며 너비는 1척으로 그 위는 뾰족하게 깎고, 그 아래 반은 흙으로 북돋워서, 단의 남쪽 계단 위에 둔다. 네 개의 문이 하나의 ③ 유壝에 함께 있으며, 사방이 25보다.【장丈으로 계산하면 6척이 1보니, 15장이다. 영조척을 사용한다. 주현은 성의 서쪽에 두고,

사직이 함께 하나의 단에 두며 석주가 없다.】 ④ 주원周垣으로 둘러싼다. 국사國社·국직國稷의 신좌는 함께 남쪽에 있으면서 북향한다. 후토씨는 국사에 배향하고, 후직씨는 국직에 배향하는데, 각각 정위正位의 왼쪽에 북쪽 가까이에 동향하게 둔다.【주현은 사社는 단 위에 동쪽 가까이에, 직稷은 단 위에 서쪽 가까이에 두며, 배위가 없다.】[1](밑줄: 필자)

단에는 두 가지 뜻이 있다. 광의로는 ①의 용례처럼 사직단, 선농단 등 해당 단의 구성 요소를 모두 포함한 전체를 일컫는다. 협의로는 ②의 용례에서처럼 제사 때 제물과 신위가 올라가는 단 부분만을 의미하는 것으로 실록에서는 '정단正壇'이라고 표현하기도 했다(아래 기사 참조). ③ 유는 단을 둘러싸고 있으면서, 등가登歌가 그 안에 배치되고 제례 때 헌관이 움직이는 공간이며, ④의 주원은 그 밖을 둘러싸고 있는 담장으로 그 안에는 헌현軒懸과 제례를 위해 대기하는 헌관의 자리가 배치된다.

단과 주원에 대해서는 논란이 될 것이 별로 없는 데 비해 유는 기존 연구에서 잘못 이해한 경우가 많았다. 이를 '낮은 담' 정도로 번역하며 이해했기 때문인데,[2] 유는 단순히 낮은 담으로 봐서는 안 된다. 사실 유에 대해서는 조선 시대 사람들도 의문이 있었던 듯하다. 실록에서 다음과 같이 특별히 세주까지 달아 설명한 데서 당대인의 의문을 엿볼 수 있다.

그 단 아래는, 음악을 쓰는 장소로 모두 양유兩壝를 설치한다.【유는 미랄단壝墶壇이다. 정단 아래에 미단壝壇을 만든다.】[3]

186

'미랄단', '미단'이란 무엇인가? 문자 그대로의 뜻을 찾으면 미는 담장, 랄은 낮은 담을 의미한다. 이 세주는 《주례》 지관地官 봉인封人의 역할에 대한 정현鄭玄의 주에 근거하였다.

> 봉인은 왕의 사유社壝를 설치하는 것을 관장하는데, 왕기王畿의 경계를 (흙으로) 봉하여 세운다. 【유는 단壇과 미랄壝埒이다. 왕기에 봉토가 있으니 지금 경계 같은 것이다. 직稷을 말하지 않은 것은 직은 사社의 작은 것이기 때문이다.】[4]

봉인封人은 주대에 사직을 담당한 관부다. 여기에서 '유는 단과 낮은 담[壝埒]이다'라는 기계적 번역이 가능하지만, 그 해석은 복합적일 수 있다. '유는 단 형태인 동시에 낮은 담이다' 라는 해석이 그 한 가지라면, 또 한 가지는 '유는 낮은 담으로서 단에는 특별한 의미가 있지 않다'라는 해석이 한 가지다.

전자가 바로 실록의 세주의 해석으로서, 유는 미랄단, 즉 낮은 담이 있는 단으로 정단 아래에 낮은 단[壝壇]을 만든다고 한 것이다. 후자의 해석을 취하고 있는 것도 있다. 청 대淸代 편찬된 《주례주소周禮注疏》에서는 본문에 단에 대한 설명이 없어 정현이 첨가하여 해설한 것이라고 하였다.[5] 이러한 해석에 따르면 정현의 주석에서 '단'이라는 표현은 그다지 의미가 없게 되기 때문에, 유를 '낮은 담'이라고 번역해도 무방하다.

원래 경전에 등장하는 많은 건축물의 원 의미나 형태는 파악하기 힘들고 후대의 다양한 해석을 통해 구현되는 것이기에, 유의 경전상 원형을 고증하는 것은 사실상 불가능하기도 할 뿐더러 무의미하다. 그러나 실록의 세주를 통해 적어도 조선 초기의 유에 대한 인식은 알 수 있다. 바로 '낮은 담이 있는 단'이 이 시기에 생각한 유의 형태였다는 점이다. 다만 실록에 세주까지 달았다는 것은 당대인들도 이 개념에 대해 혼란스러워했다는 점을 보여준다.

주원은 유 바깥의 담을 말하는 것으로, 환장圜墻, 장원牆垣, 단외장壇外墻 등으로도 불렸다.[6] 행례에서 헌현과 헌관이 대기하는 이 공간은 사실상 유 바깥의 공간이므로, 외유라고도 할 법하지만, 《국조오례서례》에서는 주원이라 하였다. 《세종실록》 오례의에서 양유, 즉 두 개의 유로 표현한 것은 이러한 기능상의 유사성에서 비롯한 것으로 보인다. 그러나 주원은 유와는 달리 단이 조성되지 않았다는 특징을 지니고 있으므로 《국조오례서례》에서는 주원이라고 구분한 것으로 추정한다. 그렇다면 왜 단 바로 주변에는 단이 있는 담인 유를 조성하고 그 바깥은 단이 없이 담장만 있는 주원을 구성했을까? 이 점은 행례의 위계와 관련되는데, 이는 뒤에서 세종 대 박연의 상소를 통해 좀 더 분석하겠다.

외장은 사직단의 영역 전체, 즉 광의의 사직단 영역을 둘러싸는 담장이다. 《국조오례서례》의 단묘도설에는 외장이 반영되어 있지 않다. 행례에 사용되는 공간은 아니지만, 국왕이 친제를 할 경우 수행 인원과 필요한 물품들이 머물 공간이 된다. 후술하겠지만 이는 태종 대 건설되었는데, 대체로 방형에 가깝지만 지형에 따라 불규칙하다.

이와 같은 단, 유, 주원, 외장은 20세기 초반 사직단 사진과 지도를 통해서도 확인할 수 있다. 1921년 〈조선지형도집성〉 중 사직단 부분을 보면, 유와 주원이 구분되어 있는데, 안쪽 유의 영역은 돌이 깔린 상태로 표시되어 있지만, 그 바깥의 주원 영역은 아무것도 깔리지 않았다

[그림 10] 1921년 〈조선지형도집성〉 중 사직단 부분
유의 내부는 포방석이 깔린 모습으로, 그 바깥의 주원으로 둘러싸인 공간은
아무것도 깔리지 않은 것으로 표기되어 있다. 지형에 따라 건설된 외장의 모습을 통해
태종 대 건설된 외장의 범위를 추정해볼 수 있다.

[그림 11] 《조선고적도보》 권11, 경성 사직단
유 부분에 박석이 깔려있는 것을 확인할 수 있다.

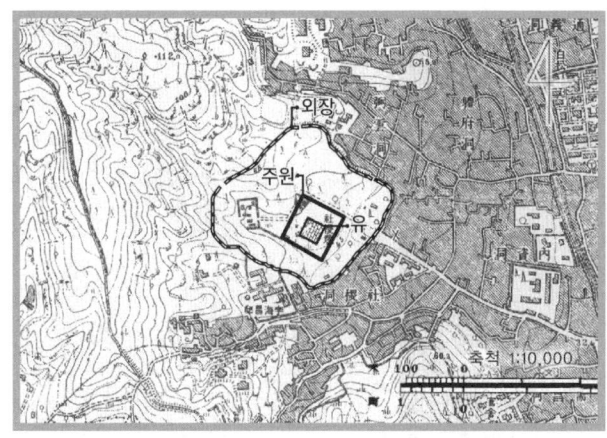

사직단 – 만들어낸 '제후'의 의례와 일원화의 이상

([그림 10]). 1910년대 《조선고적도보》의 사진에서는 유 안에 박석이 실제 깔려있었음을 볼 수 있다([그림 11]). 유 안에 깔린 박석은 유가 단이라는 성격도 지녔음을 보여준 것이다.

이상과 같은 단, 유, 주원의 형태적 구성과 개념을 염두에 두고, 사직단의 유래와 제도적 변천에 대해 살펴보자.

사직단의 기원, 그 형식의 변천

유교의 제사는 크게 대상에 따라 천신, 지기, 인귀로 나뉘는데, 사직은 이 중에서 지기에 해당한다. 유교 제례에서 지기에 해당하는 신격으로는 황지기皇地祇(후토后土)도 들 수 있는데, 이는 북교 혹은 방택에서 지내는 제례로서 보편적인 지기를 의미한다. 이것이 천자만이 제례를 드릴 수 있는 대상이라면, 사직, 특히 사는 국가가 관할하는 영토의 신을 의미하기에 천자만이 제례를 올릴 수 있는 보편적 땅을 의미하는 황지기보다 하위 개념이었다. 그러나 역사적으로는 사직이 황지기보다 먼저 탄생한 개념이다. 사는 《예기》에서도 언급될 정도로 땅에 대한 제례로 일찍부터 출현한 데 비해, 후토는 한 대漢代 천天을 제사하는 남교에 대응하여 설정되면서 탄생하였다. 원래 경전상으로는 황지기와 사신社神이 엄밀히 구별되지 않았으나, 국가의례가 복잡해지고 정리되면서 전자는 지신으로, 후자는 영토신으로 분화했다.[7]

사는 관할 영역의 토지 신에 대한 기원이기 때문에 천자부터 사士까지 각각 제례를 드릴 수 있는 대상이라는 특징도 지니고 있다. 천자부터 그 아래까지 사단社壇을 설치할 수 있다는 근거는 《예기》 제법祭法편에 드러난다.

> 왕이 군성羣姓을 위하여 사를 세우니 태사大社라 하고, 왕이 스스로를 위해서 사를 세우니 왕사王社라 한다. 제후가 백성을 위하여 사를 세우니 국사國社라 하고, 제후가 스스로를 위하여 사를 세우니 후사侯社라 한다. 대부 이하는 무리를 이루어 사를 세우는데 치사置社라 한다.[8]

이 내용에 따르면, 사단의 종류는 왕-제후-대부의 계서적인 질서를 반영하고 자기 지역민을 위한 단과 통치자를 위한 단으로 구별된다. 이를 도식화하면 [표 11]과 같다.

이처럼 사단은 왕-제후-대부의 계서적 질서 속에서 자신의 영역과 영역민을 위해 제례를 치르는 지역 신앙적인 특색이 강했으나 한 대漢代 이후 변화한다.[9] 한 대에 군현제가 정비되면서 사단은 지역 신앙이 아니라, 중앙과 지방이라는 계서적 관계에 따라 설치되기 시작했다. 그러나 《예기》 제법편의 조문을 비롯하여 경전별로 산재된 사단 관련 내용은 신분별로 각각 사단을 둔다는 근거만 있을 뿐, 그것이 구체적으로 어떠한 형태로 구현되는지를 담고 있지는 않았다. 사단과 직단의 결합 여부, 단의 규모나 제례 방식 등에 대한 구체적인 경전적 근거란 존재하지 않는 만큼 이는 후대에 시기별로 다양한 편차를 보이게 마련이었다.

이러한 차이점들이 종합되어 후대에 큰 영향을 미친 사직단 제도의 원형이 형성된 것은, 대부분의 유교 사전이 그러하듯이 수·당 대였다. 당 대唐代 국가 사전에서는 천자의 태사태직단太社太稷壇과 제후의 국사

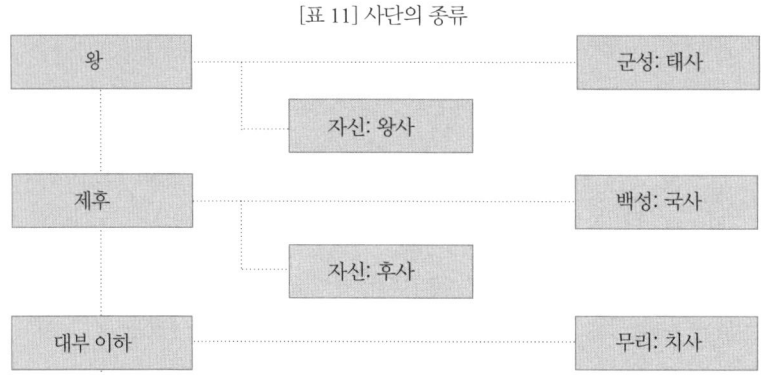

[표 11] 사단의 종류

국직단國社國稷壇 등의 규모나 제도 등을 정하였는데, 두우杜佑의 《통전通典》에 따르면 다음과 같다.

> 천자의 사社는 오색의 흙으로써 하는데 각각 그 방위의 색깔로 단을 만들며, 너비가 5장이다. 【춘추대의春秋大義에 이르기를, "천자의 사단은 5장이고, 제후는 반으로 줄인다."】 천자의 태사는 동방 청색, 남방 적색, 서방 백색, 북방 흑색에 황토로 덮는다. 제후는 다만 자기에 해당하는 방위의 색을 사용하여 단을 만든다.[10]

이를 보면, 천자의 태사단과 태직단은 각각 단을 설치하고 너비가 5장에 오색토를 사용하지만, 제후의 경우는 단의 크기가 그 절반이며 자기 방위에 해당하는 흙만을 사용하는 것으로 해석하였음을 알 수 있다.[11] 태사태직단을 각각 너비 5장으로 설정하기는 하였지만, 뚜렷한 경전적 근거가 있는 것은 아니었다.[12] 그런데 여기서 유의할 점은 천자의 태사태직단으로부터 반감한 제후의 국사국직단 규모가 당 대唐代 주·현 사직단에 적용됐다는 점이다. 즉 주·현의 사단을 제후의 국사단 규모로 건설하며, 이후 송·원 대는 물론 명·청 대까지 제후의 국사국 직단에 대한 규정은 주·현(혹은 군·현, 부·주·현) 같은 지방 읍치에 적용했다.[13]

사직단 제도의 이러한 특징은 현실의 질서를 추수하여 제도로 정비했기 때문이다. 하은夏殷 시대 황하 상류 중심의 좁은 영역의 천자-제후-대부의 봉건제적 질서를 바탕으로 한 《예기》의 규정은 지리적으로 확장하고 제도적으로 변화한 현실에 그대로 적용될 수 없었다. 당 대 이후 중국 사회에서는 제후 사직단의 규모를 주·현 사직단에 적용하면서, 관련 행례 절차, 참여 인원, 제물의 숫자 등도 모두 주·현급 사직단 제례의 규모로 간소화해 맞추었다. 그나마도 이에 대한 자세한 경전적 근거가 없어 신주를 만들거나 폐백을 정하는 등의 세부적인 문제로 들어가면 논란의 여지가 많았다.

현실 질서를 추수하며 새로운 예제를 만든 과정은 명 대明代의 왕국사직단王國社稷壇을 통해서도 볼 수 있다. 명 대에는 왕자들을 분봉한 왕부王府를 설치했다. 이에 따라 부·주·현의 사직과 별도로 왕국사직단을 설치했는데, 그 제도적 근거가 없다는 것이 문제였다. 태사태직단과 부·주·현의 사직단은 1368년(홍무 1)에 이미 설치되었는데, 1371년(홍무 4)에 왕국사직단을 설치하려고 보니,[14] 그 제도와 규모를 어떻게 해야 하는가라는 문제가 발생할 수밖에 없었다.

개념적으로는 왕부의 제왕들은 제후의 개념에 해당하고 실제 사직단의 명칭도 국사국직단이었으니 제후국의 제도를 택해야 할 것이다.

그러나 전통적으로 중국 역대 왕조에서 제후의 제도는 부·주·현의 사직단에 적용되어왔으며, 명에서도 이미 부·주·현의 사직단을 설치한 상태였다. 따라서 왕국사직단은 태사태직단보다는 작되 부·주·현의 사직단과 같은 크기여서는 안 된다는 문제가 발생했다. 이를 해결하는 방법으로는 두 가지가 있을 것이다. 왕국사직단의 규모를 제후국 제도에 맞추어 반감하고 부·주·현 사직단의 크기를 더 줄이는 것, 아니면 부·주·현 사직단의 크기를 그대로 두고 왕국사직단의 크기를 키우는 것이다. 명에서는 후자의 방법을 택하였는데, 태사태직단의 절반 크기인 주·현 사직단보다 왕국의 사직단 규모를 키워서 태사태직단의 크기에서 30퍼센트를 감한 너비 3장 5척, 높이 3척 5촌의 규모로 건립하였다.[15] 이는 사실 어떠한 경전적 근거나 선례도 없었다.[16]

  당 대 사직단 크기를 정하면서 5장을 기준으로 삼은 것도 경전적 근거는 없다. 《통전》에서는 음양오행설에 근거하여 토의 숫자를 따르기 위해 사직단의 크기에 5의 배수를 사용했다고 하였다. 5장의 태사태직단, 2장 5척의 제후 사직단이라는 규모는 여기에 근거했다. 5의 배수에 따라 사직단의 크기를 정한다는 것은 한 대 이후 음양오행설에 근거한 발상이었지만, 이는 수·당 대 이후 원 대까지 천여 년이 넘게 유지됐다. 이러한 맥락에서 본다면 왕국사직단도 5의 배수인 35를 사용했다고 볼 수는 있으나, 여하간 전통적으로는 사용된 바가 없는 수치였다.

  이처럼 현실 질서의 위계에 따라 차별적으로 사직단을 설치한다는 개념은 이른 시기부터 찾을 수 있지만, 그 구현은 현실 질서를 추수하면서 이루어졌다.[17] 사직단 제도가 중국에서도 당대의 문제의식과 상황에 따라 형성되었으며 여러 가지 변칙이 있었다는 점을 이해하는 것은 조선의 사직단을 이해하는 데 중요한 지점이 된다. 조선이 설정한 국가적 위상에 걸맞으며, 개념적으로도 '옳은' 사직단의 제도는 그 어느 책에도, 과거의 경험에도 존재하지 않았기 때문이다. 조선의 사직단 제도는 조선인이 만들 수밖에 없었다.[18]

조선, 단의 크기를 반으로 줄이다

조선 건국 후 반포한 즉위 교서에서는 다음과 같이 종묘와 사직의 제도를 문제삼았다.

> 천자는 칠묘廟를 세우고 제후는 오묘를 세우며, 왼쪽에는 종묘를 세우고 오른쪽에는 사직을 세우는 것은 옛날의 제도이다. 그것(종묘)이 고려 왕조에서는 소목昭穆의 순서와 당침堂寢의 제도가 법도에 합하지 아니하고 또 성 밖에 있었다. 사직은 비록 오른쪽에 있었으나 그 제도는 옛날의 것에 어긋남이 있었다. 예조에서 상세히 연구, 논의하여 일정한 제도로 삼을 것이다.[19] (괄호: 필자)

종묘는 위치, 묘제廟制, 건물의 제도 등이 고제古制에 맞지 않으며, 사직은 위치는 맞지만 단의 제도에 문제가 있다고 지적했다. 그렇다면 사직단의 단제 중 무엇이 문제였을까?

고려의 사직단은 천자의 태사태직단 제도를 따랐다. 이를 좀 더 자세히 보면 다음과 같다.

사직단. 사는 동쪽에 있고, 직은 서쪽에 있다. 각각 너비는 5장, 높이는 3척 6촌이며 사방으로 계단을 낸다. 오색의 흙으로 덮는다. 예감은 둘인데, 각각 양 단의 자子방의 계단 북쪽에 있다. 남쪽으로 계단을 내며 너비와 깊이는 물품을 용납할 정도를 취한다.[20]

앞서 당 대를 거치며 천자의 태사태직단의 너비는 5장으로, 국사국직단은 반감하여 2장 5척으로 정했는데, 이 국사국직단은 부·주·현에 건설되었다고 하였다. 이에 비추어보면, 고려의 사직단은 너비 5장의 태사태직단 제도를 따랐으며, 신위도 이에 걸맞게 '태사'와 '태직'을 사용하였다.[21] 조선에서는 바로 이 규모를 문제삼았다. 제후의 사직은 반감한다는 원칙에 부합하지 않기 때문이다.

즉위 교서 반포 이후 국가 사전에 대한 점검과 상서가 이어졌으나, 태조 대에는 단묘제도에 대한 심도 있는 논의가 이루어지지 못했다. 약 2년간은 수도를 옮기는 문제로 논란이 분분했고 개경의 성곽 건설을 비롯한 여러 공역이 진행된 데다 1394년 한양 천도가 확정되고 나서도 천도가 먼저 실행되고 궁궐과 단묘가 건설되는 등 제반 공사가 급하게 진행되었다. 또한 곧 이어진 왕자의 난과 개경 재천도 등으로 태조 대 단묘제도는 불완전할 수밖에 없었다.[22]

이 때문인지 태조 대 1년 여에 걸친 공사 끝에 1395년 완공된 사직단은 기본적으로 고려 시기의 제도를 많이 따르면서도 단의 크기만을 반감하고 사단과 직단을 별단으로 건설했던 것으로 보인다. 태조 대 기록에는 없으나 세종 대 논의에서 간접적으로 이를 엿볼 수 있다.

맹사성은 말하기를, "처음에 주자朱子의 설에 의거하여 주척 25척을 단의 너비로 하고, 주척 25보로써 유내壝內의 상거相去로 하니, 진설할 때에 단상壇上이 좁아서 찬기를 용납할 수가 없으므로, 부득이하게 《홍무예제》에 의거하여 영조척 25척으로써 단의 너비를 삼은 후에야 겨우 찬기의 수효를 용납할 수가 있었습니다."[23]

맹사성의 회고에 따르면, 처음에는 주척을 기준으로 25척으로 단의 너비를 정하고, 유를 25보로 건설하려고 하였으나 단이 너무 작아서 찬기 진설이 힘들었기 때문에, 결국 영조척으로 단을 건설했다고 한다. 이때의 주척은 허조許稠가 1393년(태조 2) 고증한 후 나라에 진상하여 사용하고 있던 척도를 가리킨다. 허조는 부친상을 당하자 《주자가례》에 입각하여 주척을 고증하여 신주를 제작하고자 했는데, 진우량陳友亮의 아들 진리陳理의 가묘에서 얻은 신주식神主式을 통해 만든 척본과 강천주姜天霔의 집에서 얻은, 종이에 그려진 주척을 기반으로 했다. 강천주의 집에 있던 본은 그의 숙부이자 원에서 원사院使를 지낸 강금강姜金剛이 지니고 있던 상아 척본에서 전해진 것이다.[24]

그렇다면 이때 참고했다고 한 주희의 설은 무엇이었을까? 세종 대 논의과정에서는 '주자주현사직단설朱子州縣社稷壇說'이 언급되는데, 이는 《문헌통고》에 수록되어 있다. 이에 따르면, 주현의 사단의 너비는 2장 5척, 유는 25보, 높이는 3척으로 직단 역시 마찬가지라고 하고 있으며, 단유 건설에는 고척古尺을 써야지, 대척大尺을 써서는 안 된다고 규정하고 있다.[25] 조선 사직단의 기본 크기, 특히 높이까지 일치한다는 점, 별단으로 구성됐다는 점 등을 볼 때 조선의 사직단 형태를 결정하는 데에는 주희의 설이 중요한 참조 대상이었음을 확인할 수 있다.

문제는 주희의 설에 따라 주척으로 건설한 단이 행례하기에 너무 비좁았다는 점이다. 원단을 제외하고 조선의 사직은 가장 급이 높은 제례에 속했기에 진설해야 하는 찬기가 많았기 때문이다. 그렇다면 어떻게 해결할 것인가? 2장 5척이 너무 부족하다면 5장으로 회복하는 방법도 있을 것이다. 그러나 조선에서는 그 대신 척도를 바꾸는 것을 선택했다. 바로 영조척이다. 약 30.8센티미터인 영조척은 대체로 주척(약 20.6센티미터)보다 3분의 1 정도 길기 때문에, 이에 따라 사직단을 건설한다면 실제로는 주척 기준으로 3장 7척 정도 너비의 단을 건설하게 된다. 척을 변경한다는 것은 나름의 변통이긴 하지만, 주희가 세주에서 대척을 써서는 안 된다고 명기까지 했을 정도로 아무렇게나 해서는 안 되는 일이었다. 이때 이 한계를 뛰어넘게 해준 것이《홍무예제》의 영조척 규정이었다. '시왕의 제도'를 담고 있는《홍무예제》에서 단을 건설하는 데 영조척을 사용하라고 하지 않았는가? 원래도 예에서는 시의에 따른 참작과 권도를 인정하는 터, 시왕지제에서 영조척을 기준으로 한다면 이 정도는 변형 가능한 일이 될 것이다.

이처럼 태조 대 건설과정을 보면, 이때에도 이미 주희의 설에 근거하려 했다는 점을 알 수 있다. 이는 주희의 예설에 대한 이해나 관심이 세종 대 고제에 대한 연구가 진행되면서 깊어진 것이 아니라, 이미 이때부터 충분히 이해하고 있었다는 것을 의미한다.《홍무예제》는 '부득이하게' 선택했다는 언급에서 이미 볼 수 있는 것처럼, '시왕지제'의 권위가 강했기 때문에 선택한 것도 아니었다. '시왕지제'는 당위적 기준이 아니라, 고제로는 구현할 수 없는 문제를 해결하기 위한 우회로였다. 조선의 예제에 대한 이해가 단계적으로 심화되어 세종 대 절정을 이루었다는 오래된 관점은 이제 재고되어야 한다. '시왕지제'를 '고제'와 동급으로 비교하는 것 역시 그다지 유용한 분석 틀은 되지 못할 것이다.

주희의 설에 따라 태조 대부터 사단과 직단은 동단同壇, 즉 하나의 단으로 건설하지 않고 각각 별도로 건설하였다. 기존 연구에서는 초기에 건설된 사직단제가 동단이었으나 태종 대 혹은 세종 대에 바뀌었다고 보았다.[26] 그러나 태조 대 기록에는 직접적으로 나오지 않더라도, 세종 대 정초가 "지금 우리 조정의 사직단은 이미 고례古禮에 의거하여 사와 직을 각각 하나의 단으로 만들어 그 존귀함을 오로지하게 하였습니다"[27]라고 한 상서를 통해 태조 대부터 별단이었음으로 알 수 있다.

명의 태사태직단과 부·주·현의 사직단은 동단으로 건설되었다. 처음부터 동단으로 건설된 것은 아니었다. 명초 예제 정비에 깊이 관여한 인물은 개국공신이자 초기 승상이었던 이선장李善長이었다.[28] 이선장의 주도로 초기 건설된 태사태직단은 '고제에 의거한' 별단別壇 형식이었다. 그러나 홍무제가 교사郊祀에서의 천지天地 분사分祀를 반대하며 1377년(홍무 10) 이를 합사 형식으로 바꾸면서, 국초에 이선장 등이 주도한 사전체계를 대대적으로 바꾸었다. 명의 사직단 제도 역시 이 시기에 동단으로 바뀌었다. 이때 동단으로 바꾼 핵심적인 이유는 사직제에 후토, 후직이 아니라 홍무제의 아버지인 인조仁祖를 배향으로 삼으려고 했기 때문이다.[29] 인조를 배향하며 원래 중사였던 사직제는 상사上祀로 격상되는데, 이는 홍무제의 황권 강화와 전반적으로 궤를 같이하는 것이었다. 이후 홍무제는 1380년 중서성, 승상제를 폐지하고 호유용胡惟

庸의 옥을 시작으로 공신들을 대대적으로 숙청하며 전제적인 시스템을 갖추었다. 이와 같은 예제 개혁과정은 학자 관료들과 황제의 사상 및 사전祀典에 대한 시각차를 보여주는 동시에, 황제권에 의해 관료들의 의견이 묵살되었다는 점을 의미한다.[30] 1377년 변경된 사직단 제도는 명말은 물론 청 대까지도 그대로 유지되었다.[31]

태사태직단과는 달리 왕국사직단은 동단이었다가 분명치 않은 이유로 1380년 다시 별단으로 바뀌었다.[32] 1385년 고려 우왕 대 주탁, 장부 등 명 사신이 고려의 사직단을 답사했을 때는, 명에서 태사태직단이 동단으로 바뀐 지 8년이 된 시점이었으며, 왕국사직단이 다시 별단으로 바뀐 지는 5년쯤 된 시점이었다. 당시의 명 사신들은 재려가 없다는 점만을 지적했을 뿐 별단 구조의 사직단이나 크기에 대해 언급했다는 기록이 없다. 이를 보면, 그들이 동단 구조를 강요하지는 않은 듯하다. 다만 이것이 그들이 고려의 사직단을 왕국사직단에 비견했기 때문에 그러한 것으로 보기는 힘든데, 왕국사직단은 잦은 제도 개정으로 명 관료들도 그 내용을 명확하게 파악하기 힘들었던 것으로 보이기 때문이다.[33] 고려·조선에서도 왕국사직단의 제도를 인지하며 모델로 삼았다는 증거가 없다는 점을 볼 때, 왕국사직단이 조선의 사직단 단제에 영향을 주었을 가능성은 희박하다.

단 자체는 태조 대부터 영조척으로 사단과 직단의 별단으로 건설되었으나, 아직 유는 건설되지 않고, 사면에 문과 담만 있었다. 세종 대 논의 당시 허조는 이렇게 말했다.

> 고려의 사직단도 유가 없는데, 신이 일찍이 직접 보았으며, 그 터가

[그림 12] 《대명집례大明集禮》 중 태사태직도
* 《대명집례》 권9, 사직단도; 1692년(숙종 18) 간인본(한국학중앙연구원 소장)
1370년 당시 명의 사직단을 보여준다.

[그림 13] 《대명회전大明會典》 중 태사태직도
* 《대명회전》 권85, 社稷等祀 太社稷(上海古籍出版社, 《續修四庫全書》 789, 507쪽)
《대명회전》은 1511년(정덕正德 6)에 간행되었는데,
이 그림은 만력 연간 개수된 《중수대명회전》이다.

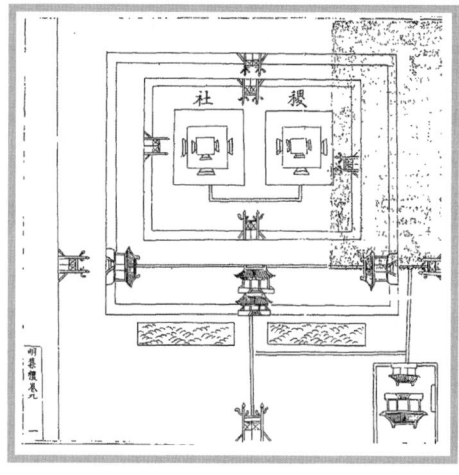

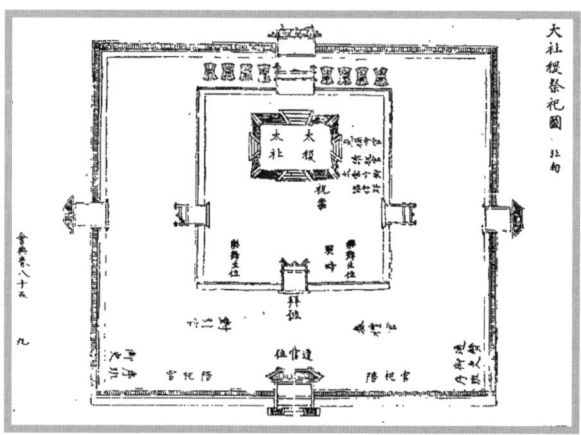

사직단 - 만들어낸 '제후'의 의례와 일원화의 이상

아직도 남아있습니다. 국초에 건립한 사직단 역시 유를 만들지 않고 사면에 문과 담만 있으니 오히려 당·송의 태사의 남은 제도와 같습니다.[34]

태조 대의 사직단이 유가 없었다고 한 데서 이를 알 수 있다.[35] 태조 대 사직단 제도는 국가 사전 중 가장 먼저 개혁해야 하는 중요 과제였다. 이미 이때부터 주희의 설에 입각한 고제에 따라 이를 구현하려 했다. 그러나 실제 행례에서 문제가 발생하자 《홍무예제》라는 권도를 통해 척도를 바꾸어 크기를 키웠다. 이런 사항들을 종합해볼 때, 태조 대의 사직단은 사단과 직단 아래에 유가 존재하지 않은 채로 영역을 구분하는 문과 담장만 두었고, 단은 각각 영조척 기준으로 2장 5척으로 만들어졌음을 알 수 있다. 또한 신위도 '태사지신太社之神', '태직지신太稷之神'이라는 천자의 사직단 신위도 그대로 사용하고 있었다.[36] 요약하자면 태조 대 사직단은 대체로 고려의 제도는 그대로 따르는 대신, 규모를 반으로 줄이는 데만 주의했다고 하겠다. 아직 제도는 미비했으며, 단의 구성과 부속 시설 역시 엉성했다. 이는 태종 대의 개축으로 이어진다.

태종, 유와 주원, 외장을 건설하다

1장에서 다뤘듯이 1412년(태종 12) 의례는 본속을 따르라는 지침을 얻어내고, 이듬해부터 본격적으로 사전 체제 정비에 돌입했다. 우선 1413년(태종 13) 1월, 기존의 사직제 때 소와 돼지만을 쓰던 것에 양을 추가하였는데,[37] 이는 종묘와 동급인 태뢰太牢의 제물에 해당하는 것으로 사직제를 대사의 급으로 설정하겠다는 것을 의미한다.

1414년(태종 14)에는 유를 비롯하여 담장을 건설하기 위해 예조에서는 다음과 같이 그 제도에 대해 계문하였다.[38]

> 주장周墻은 송나라 때 의례국儀禮局의 《오례신의五禮新義》의 '4개의 문에 하나의 유를 함께하는 25보의 제도'에 의거하여 1유를 만들고, 소흥 13년(1143) 양존중楊存中 등이 상언한 '환장圜墻은 유 밖에 40보'로 하는 제도에 의거하여 하며, (한성 사직단의) 남쪽·서쪽·북쪽은 산등성이로 한계를 삼고, 동쪽은 140보에 한하여 수축하여, 대차大次의 의장과 금위를 배열하는 장소로 삼겠습니다.[39] (괄호: 필자)

위 기사에서는 몇 가지가 주목된다. 우선 유, 주원, 외장 등의 구분이 없이 '주장', 즉 둘레 담장이라고 범칭하고 있다. 유의 형식이나 다른 담장과의 차이점 등을 고려하지 않았음을 알 수 있다. 이 계문에 따르면 송의 《정화오례신의》에 따라 유는 25보 크기로 하나만 두고, 그 바깥에 환장, 즉 주원을 두르는데 이는 40보 규모라고 하고 있다.[40] 양존중의 건의는 남송에서 임안부 행궁 밖에 원단을 건설할 때의 건의를 말한다.[41] 이때의 논의가 유의 규모에 대한 규정이 처음으로 등장한 것으로, 이는 후에 다른 단유의 크기 기준이 된다. 이에 비해 40보 규모의 주원은 다른 중사단이나 소사단에서는 찾아볼 수 없다.

유의 너비를 25보(150척)로 한다는 것은 《오례신의》, 그리고 이에 근거해 주석을 단 주희의 주현사직단설에서 찾을 수 있다. 당 이전에는 유를 조성하였다는 기록이 없고, 원, 명의 유는 모두 30장, 즉 300척 규모였다.[42] 양존중 등이 이때 원단의 중유中壝를 25보, 외유外壝를 40보로 규모를 잡은 것은 원단을 설치할 공터가 그다지 넓지 않았기 때문으로 그 형편에 따른 것이지, 특별한 경전적 근거가 있는 것이 아니었다. 이 정도 규모면 병부의 수레나 의장, 금위 등이 배열될 만하다는 공간감에서 도출한 수치였다.[43] 의장, 금위의 배열을 거론한 점은 이때 조선의 문제의식과 상통하고 있어서, 아마도 조선에서도 협소한 공간 상황을 고려하여 유와 주원(환장)의 규모를 정하되, 근거 있는 수치를 찾기 위해 송의 사례를 참작한 것으로 추정된다.

한편, 사직단의 외장 역시 이때 처음 건설되었음을 주목할 필요가 있다. [그림 10](189쪽)의 사직단의 지형에서도 확인할 수 있듯이, 사직단은 남·서·북쪽은 산등성이가 자연적인 경계가 되지만 동쪽만이 트여 있다. 따라서 위 계문에서 이야기한 대로 동쪽의 경우 140보 거리로 외장을 수축한 것이다. 외장의 범위를 크게 설정한 이유는 바로 국왕의 친제親祭를 염두에 두었기 때문으로, 대차의 의장과 금위 배열 장소를 운운하는 데서 이를 알 수 있다. 태조 대까지만 하더라도 사직제는 아직 친제 대상에 포함되지 않았으나, 이때의 논의를 보면 태종 대에는 친제도 염두에 두었던 듯하다.[44]

이러한 유의 보수는 그 기준이 영조척이 아니라 주척이었다. 태종 14년 유와 외장을 설치할 때 기록에는 어떤 척에 의한 것인지 분명히 나와 있지 않으나, '보'의 계산이 기본적으로 주척에 근거하며, 세종 대 논의 당시 기록을 보면 단과 유의 기준 척이 다르다는 얘기가 나오고 있어 이때의 유와 외장의 건설은 주척에 근거했을 것으로 보인다. 주희의 설에서 이미 대척이 아니라 고척을 쓸 것을 강조한 만큼, 진설의 문제가 직접적으로 발생하지 않는 유의 경우는 주척으로 건설했던 것으로 보인다. 이러한 불일치는 세종 대 문제시된다.

이처럼 태종 14년 4월에 유와 주원, 외장을 설치한 데 이어, 5월에는 사직단의 신주를 두는 장소가 없다는 점이 지적되어 태종 16년에 재실을 건설했다.[45] 단유 인근에 이러한 부속 시설이 필요하다는 것은 이전부터 문제시되어왔다. 1413년(태종 13) 각 제단에 신주, 제기고祭器庫와 제관의 재소齋所 등을 건립하게 한 바가 있으나, 이것이 제대로 실행되지 않은 듯하다.[46] 1416년(태종 16) 사직단에는 재실이 건설됐으나, 세종 대 박연의 상서를 보면 사직단 외 도성 주변의 삼각산단이나 목멱산단 같은 단에는 여전히 신주나 재려 등이 제대로 갖추어지지 않았다고 한다.[47] 이러한 상황은 국초의 의례 정비가 그 이상에 대한 열정과 진지한 고민에도 불구하고 현실에서는 우선순위에서 쉽게 밀리곤 했다는 것을 보여준다. 그나마 사직단은 가장 격이 높은 대사에 속하며 도성 안에 있는 유일한 단이었기에 계획에 따라 충실히 건설한 편이었다.

태조·태종 대 시행착오를 거치며 차근차근 제도를 수정하고 개축하였다. 그러나 사직단 제도는 근본적인 문제가 여전히 해결되지 않았다. 사직단은 대사大祀 중에서도 종묘보다 수위를 차지하는 가장 성대한 예로 규정되었으면서도, 단의 제도는 중국의 주·현급에 해당하는 2장 5척의 단이어야 했다. 영조척이라는 우회로를 통해 크기를 키웠으나 가로세로 7.7미터 남짓한 크기에 머물렀다. 유와 주원을 건설하긴 했으나, 진설과 행례에서 그 쓰임새는 여전히 모호한 부분이 많았다. 단에는 신주, 제물과 헌관만이 오르내리는가? 등가와 헌가는 어떻게 배치되어야 하는가? 국왕의 친제가 행해진다면, 그에 대비할 만한 공간과 동선이 마련될 수 있는가? 세종 대, 사직단은 원점에서 재검토된다.

세종 대 박연과 정초가 지적한 모순[48]

사직단에 대해 가장 먼저 구체적인 문제를 제기한 인물은 이번에도 박연이었다. 박연은 1427년(세종 9)에 이미 단제에 대해 논의한 바 있는데, 당시 사직단 개축 논의가 있었던 듯하나 실제 개축이 진행되지는 못한 듯하다.[49] 3년 후 1430년(세종 12) 박연은 다시 다음과 같이 문제점을 지적한다.[50]

> 제단의 제도는 그 단 위에는 신위와 전찬奠饌만 배설할 뿐입니다. 종묘와 비교하면 (단은) 실실의 가운데와 같아서 사방이 2장 남짓이어야 하니 덜거나 더할 수 없습니다. 그 단 아래는, 용악用樂의 장소로서 모두 양유를 설치하는데, 【유는 낮은 담이 있는 단이다. 정단 아래에 낮은 단을 만든다.】 당상과 당하의 구분을 분별하여, 등가·준소樽所의 위치와 헌가軒架·무일舞佾의 장소를 참작하여 경계를 지어서 조금이라도 착오가 있어서는 안 됩니다.
>
> 신이 사직단의 제도를 보건대, 고제에 '사방이 2장 5척이며, 높이가 3척이고 단 아래에 양유를 설치하니 모두 25보를 경계로 삼는다'고 하였습니다. 우리 사직단은 단 아래에 1유만을 만드니 상하의 분별이 없어서, 제례를 드릴 때에 등가금슬登歌琴瑟의 장소와 당상집례堂上執

禮의 자리가 놓일 장소가 없습니다. 집례 및 공인이 모두 제단의 신위 앞에 오르고, 준소도 단상에 마련되니, 예를 행할 즈음에 진퇴하는 것이 모두 의절을 잃고 땅이 너무 협착해서 공인들이 다 올라갈 수도 없어서 반은 단상에 앉고 반은 단하에 서니, 앉은 자들은 연주를 할 수 있으나, 서 있는 자들은 할 수가 없으니 심히 고제에 어긋나고 예악이 모두 그 바름을 잃습니다(밑줄 및 괄호: 필자).

박연의 설명에 따르면, 같은 대사급인 종묘의 예로 볼 때 신위와 제기를 배설하는 데만 해도 사방 약 2장 정도의 공간이 필요한데, 사직단은 너비가 2장 5척이기 때문에 신위와 제기만으로도 단 위가 가득 찬다. 이 때문에 헌관들이 제례를 드릴 때면 신위에 바짝 붙는 문제점이 발생한다. 또한 25보 너비의 유가 하나뿐이기 때문에 상하의 구분이 없어서 등가와 당상 집례의 자리가 없어 집례 및 공인이 모두 제단 위에 올라 있고 준소도 단상에 마련되어 있다. 그러다 보니 의례가 제대로 진행될 수가 없다는 것이다. 후술하겠지만 이러한 배치는 《국조오례서례》와 큰 차이가 있다.

박연의 상서 이후 1432년(세종 14) 1월부터 사직단을 개축하기 시작했다.[51] 그런데 얼마 되지 않아 다음과 같이 대사헌 정초가 악공의 배치뿐만 아니라 신위를 비롯한 전반적인 배치에 문제가 있다는 점을 상세히 지적하는 글을 올렸다. 정초는 《홍무예제》에서는 사단과 직단을 동단으로 만들어 석주를 가운데 설치하고 그 좌우에 사와 직의 신위를 설치했는데, 이는 옛 법도[古法]는 아니지만 사와 직을 함께 높이기 때문에 잘못 높이는 폐단은 없어서 옛 뜻[古意]에는 부합한다고 하였다. 그러나 조선에서는 사단과 직단을 별도로 설치하면서 문제가 생겼다고 보았다.

> 지금 우리 조정의 사직단은 이미 옛날의 예제를 모방하여 사와 직을 각각 한 단씩 만들어 하나씩만 오로지 높이고 석주를 사직의 가운데 두었으니, 옛날의 예제에 따라 석주에 제사를 지내야 합니다. 그런데 지금 사의 신위를 동쪽으로 치우치게 옮겨 신패神牌를 두고, 후토씨의 신패를 서쪽으로 치우치게 두었으며, 직단 역시 그렇게 두고서 말하기를 '이는 《홍무예제》에 따른 것이다'라고 합니다.
> 신은 《홍무예제》가 이미 옛날의 법에 맞지 않고, 지금 그렇게 둔 것은 또 《홍무예제》의 의도마저 잃은 것이라고 생각합니다. 《홍무예제》에서는 사와 직을 하나의 단에 두었기에 석주를 그 가운데 두었습니다. 나란히 높여야 할 사와 직의 신위를 한쪽은 치우치고 한쪽은 바르게 할 수 없었기 때문에 석주를 중심으로 좌우에 신패를 둔 것이니 이는 도리어 괜찮습니다. 그러나 지금 사단은 사와 그 배위配位인 후토를 석주 중심으로 동서 양편으로 나누어 두었고, 직단은 직과 그 배위인 후직을 동서 양편으로 나누어 두었습니다. 이는 정위가 배위에 눌려 그 가운데 중심의 높은 자리를 얻지 못하게 된 것이니, 어찌 《홍무예제》의 의도에 맞겠습니까.52

일반적으로 주·현의 사직단은 동단으로 건설이 됐는데, 조선에서는 사단과 직단을 별단으로 건설하자 신위의 배치가 애매해진 것이다. 사단은 석주를 중심으로 동서 양편으로 정위인 사와 배위인 후토가 배치되고, 직단은 직과 후직이 동서 양편으로 나뉘자 배위가 정위와 나란해 지는 셈이 됐다. 이는 더 높은 위치에 처해야 하는 정위의 위상을 해치는 꼴이 된다. 이어 이러한 신위 배치와 관련하여 다음과 같은 세 가지 문제가 있다고 지적했다.

> 지금 사의 신위를 석주에 두지 않고 직의 신위를 가운데 두지 못하게 하는 데에는 세 가지 설이 있습니다. 첫째는 배위를 서계西階의 북쪽에 두는 것이 타당하지 않다는 것이고, 둘째는 주준酒尊을 당나라와 송나라의 예제에 따라 단 위에 둔다는 것이며, 셋째는 공계控揭와 가공歌工이 당나라의 예제에 따라 단에 올라 있다는 점입니다. 그러나 신은 이 설들이 다 옳지 않다고 생각합니다.[53]

정초는 먼저 첫 번째 문제인 배위가 서계의 북쪽에 위치하는 것을 피하기 위해, 동·서계를 약간 북쪽으로 3척 정도 옮겨 배위를 서계의 남쪽에 배치하자는 의견을 제시했다. 두 번째 주준의 위치에 대해서는 다음과 같이 언급했다.

> 주준을 진설하는 문제는 지형의 형편을 따르면 될 뿐이니, 한번 정해져서 고칠 수 없는 의리가 있는 것이 아닙니다. 당나라와 송나라의 예제는 천자의 제도인지라 단의 너비가 50자이니 주준을 단 위에 놓으면 됩니다. 그러나 《홍무예제》는 주·현의 제도라서 단의 너비가 25자인지라 주준을 단 아래 둔 것이니, 그 뜻을 알 만합니다. 그런데 지금 25자의 단을 가지고 50자 단의 제도를 본뜨고자 하니, 둥근 구멍에

모난 자루를 끼우는 것과 무엇이 다르겠습니까. 게다가 집준자執樽者가 있는 곳이 배위에서 겨우 한 발짝 남짓 떨어져 있을 뿐이라 선 채로 내려다보게 되는 것도 불경한 듯한데, 이로 말미암아 정위가 그 높음을 잃게 해서야 되겠습니까.[54]

정초는 원래 주준은 형편에 따라 배치하면 되는데, 단이 현저히 큰 당·송의 예처럼 굳이 단상에 준을 진설하는 바람에 단 위 공간이 더욱 좁아지고 신위에 불경한 꼴이 되었다는 점을 지적하였다. 이를 보면, 주희의 주현사직단설이 조선의 사직단을 만들기 위한 기본 개념을 제공하긴 했으나 진설 등에서는 이를 따르지 않고 당·송의 예제를 참작하여 만들었다는 점을 알 수 있다.

주준보다도 더 큰 문제가 되는 것은 세 번째로 언급한 악공의 배치 문제였다.

가공이 단 위에 있는 것은 해서는 안 되는 일일 뿐만 아니라, 진실로 그들을 수용할 공간도 없습니다. 당나라 예제에서 절고節鼓, 가종歌鍾, 가경歌磬, 공게, 금슬, 가공은 단 위에 올라가고, 포죽匏竹을 잡은 자는 단 아래에 서게 하여 1부 악공 중 반은 단 위에 있게 하고 반은 단 아래에 있도록 한 것은 50척 너비의 단으로도 다 수용할 수 없기 때문입니다. 송나라 예제에는 음악을 쓰지 않았고, 고려의 《상정고금례》에는 가공을 모두 단 아래에 두었습니다.
지금의 사직단은 너비가 25척에 불과합니다. 신위와 전물을 진설하는 공간이 10척 남짓이고 헌관이 작헌하는 자리와 집사가 왕래하며 예를 행하는 공간이 10척 남짓이니, 겨우 5척의 공간만 남습니다. 등가의 진설은 절고 2인이 1줄(行)이 되고, 가종·가경·공계가 1줄이 되고, 금琴 6인이 1줄이 되고, 슬瑟 6인이 1줄이 되고, 가공 24인이 2줄이 되니, 줄의 수로 계산하면 총 6줄이고, 사람 수로 계산하면 총 42인입니다. 아무리 벌집이나 개미 떼처럼 무릎을 맞댄다고 해도 어떻게 다 수용할 수 있겠습니까. 설사 다 수용한다고 하더라도 신위에 너무 가까이 바싹 붙게 되는데, 공인 중에는 의복이 깨끗한 사람이 적으니 지저분한 때에서 더럽고 나쁜 기운이 피어올라 신도 그 음악을 듣기 싫어할까 염려됩니다. 또 이로 말미암아 정위가 그 높음을 잃게 해서야 되겠습니까. 심지어 집례도 당나라와 송나라의 예제에서는 모두 단 아래에 두어서 단 위에 있는 사람이 없었는데, 지금 그들을 단 위에 있게 한 것은 어느 책이나 기록에서 나온 것인지 모르겠습니다.[55]

정초는 기본적으로 악공은 단상에 있으면 안 될 뿐만 아니라, 그럴 공간도 없다고 했다. 악공이 단 위에 올라간 것은 당에서만 그런 것이었고, 송에서는 음악을 쓰지 않았으며 고려는 모두 단 아래에 두었다는 것이다. 단 위에 악공을 배치한 당에서는 50척 크기의 단으로도 악공 모두를 단 위에 올리는 것은 불가능했기 때문에 단상과 단하로 나눴다는 점을 지적하며, 25척밖에 안 되는 단에 신위와 전물, 6줄의 악기와 42인의 악공을 배치하니 가능할 리가 없다는 것이다. 더구나 집례가 단 위에 있는 것은 당·송의 예제에도 근거가 없다고 하였다([그림 15] ①번 참조).

박연과 정초의 지적을 보면, 태종 대까지의 사직단의 행례 현실을 간접적으로 짐작할 수 있다. 단은 영조척을 기준으로 2장 5척으로 크기를 키웠으나, 유는 주척으로 25보였다. 40보 너비의 주원은 활용되지 않은 채, 단과 유만이 활용되었다. 그러다 보니 단과 유를 상하로 해석해 단상에 집례, 주준과 등가가 배치된 상태였다. 전물의 진설과 헌관의 행례만으로도 빠듯한 크기의 단에 집례, 집준자, 42인의 악공과 크기도 큰 악기까지 배설해야 하는 상황이 된 것이다. 행례의 불편함만이 문제가 아니었다. 별단 형식으로 사단과 직단을 건설하면서 신위의 배치에서도 문제가 발생했다. 배위가 정위와 나란히 동서로 벌여 진설되는 바람에 정위의 위상이 유지되지 못한 것이다.

박연과 정초의 상소는 사직단 단제에 대해 근본적으로 다시 고찰해야 할 필요성을 환기했다. 이를 해결하려면, 사직단 현황 역시 제대로 다시 조사해야 할 필요가 있다. 집현전이 이 조사를 담당했고, 이 조사 내용을 바탕으로 몇 달 후 광범위하게 관료들과 논의에 들어간다.

집현전 조사의 허점과 개축 방향

정초의 상소 이후 집현전에서 먼저 사직단을 실사하여 초안을 만들고, 관료들이 이를 검토하였다. 1432년(세종 14) 9월, 예조에서는 이를 수합하여 정리했는데, 집현전에서 논점을 제기하고 논점별로 대신들의 의견을 달아놓았으며, 마지막에 소수 의견으로 허조의 의견을 통으로 옮겨놓았다. 이를 정리하면 다음 [표 12]와 같다.[56]

우선 집현전의 주장을 정리하면 다음과 같다.

① 유의 너비: 현재 유의 너비가 10장인데 이를 15장으로 확대할 것.

② 유의 높이: 현재 단의 높이는 3척인데 유의 높이가 2척 반이므로 유의 높이도 단의 높이처럼 3척으로 할 것.

③ 유의 재료: 뚜렷한 경전적 근거가 없으므로 이전처럼 벽돌을 쌓되 석회로 틈을 메우지 말 것.

④ 단의 급수: 현재 1급의 단으로 되어 있는 것을, 3급으로 만들어 전체 크기를 2장 9척으로 확대할 것.

⑤ 두 단 사이의 거리: 현재 5척이 너무 가까운데, 《원사》를 보면 단의 너비와 단 사이의 거리가 동일하니, 단의 너비에 맞추어 단 사이 거리를 25척으로 할 것.

⑥ 유문의 너비: 현재 유문의 너비가 6척 남짓인데 10척 가까이 되도록 바꿀 것.

⑦ 주원 확대 여부: 유를 넓힐 경우 주원의 자리가 좁아지니, 주원의 북쪽도 넓힐 것.

⑧ 주원의 문: 외원에는 네 개의 문이 아니라 북문 하나만 두고, 홍살문이 아니라 주자설에 근거하여 기와를 덮을 것.

⑨ 재청 개설 여부: 북쪽 주원 안에 7칸 정도의 재청을 지을 것.

[표 12] 1432년(세종 14) 집현전의 사직단 개혁안과 대신의 의견

	집현전의 조사 및 주장	대신의 의견
1	《원사元史》에 '단의 너비는 5장, 유의 너비는 30장이다'라 하였고, 주자의 주·현사직단설에 '단은 사방 25척, 유는 사방 25보다'라 하였는데, 장으로 계산하면 6척이 1보이니 15장이 됩니다. 그런데 지금 유의 동서남북이 모두 10장에 불과하여 그 규모가 협소하니, 바라건대 고제에 따라 5장 더 넓게 만들어 15장이 되도록 하는 것이 어떻겠습니까?	㉠ 맹사성: 처음에 주자의 설에 의거하여 주척 25척으로 단의 너비로 하고, 주척 25보로써 유내의 상거로 하니, 그 진설할 때에 단상이 좁아서 찬기를 용납할 수가 없으므로, 부득이하게 《홍무예제》에 의거하여 영조척 25척으로써 단의 너비를 삼은 후에야 겨우 찬기의 수효를 용납할 수가 있었습니다. 유의 상거도 25보로 하면 서로 맞을 듯합니다. 만약 주척 외에 영조척에는 보를 쓰는 법이 없다고 한다면 그 양전量田하는 3등척은 모두 보수로 계산하니 그런 일이 없다고는 할 수 없을 것입니다. 그러하니 유의 상거를 영조척 25보로 한들 무슨 해가 있겠습니까. 유의 높이도 영조척으로 하소서.
2	《원사》에 '단의 높이는 5장, 유의 높이는 5장이다'라 하였고, 주자는 '단의 높이는 3척, 유의 높이는 3척이다'라고 하였으니, 유의 높이가 모두 단의 높이와 같았습니다. 그런데 지금 단의 높이는 3척이고 유의 높이는 2척 반이니 단과 유의 높이가 같지 않습니다. 이 또한 옛 제도에 따라 단의 높이를 3척으로 삼는 것이 어떻겠습니까?	㉡ 권진 등: 본래 주척을 사용하여 높이를 3척으로 만든 것인데, 지금 집현전 관원들은 영조척을 사용하여 측량했기 때문에 3척이 아니라고 하는 것입니다.
3	《문헌통고》의 사유社壝에 대한 주註에 '사면 가장자리에 흙을 쌓아 유를 만든다'라 하였고 주자는 '네 모서리에 흙을 쌓아 유를 만들되 기와를 덮지 않으며, 다만 벽돌을 양면에 쌓아 물이 흐르게 하면 더욱 견고하다'라고 하였는데, 지금 사유는 모두 벽돌을 쓰고 있으니 옛 법이 아닌 듯합니다. 그런데 《원사》에서 단의 담장을 벽돌로 만들었고, 주자도 말하기를 '단을 꾸미는 데 벽돌을 쌓지 않는다는 말은 상고할 곳이 없다. 남방의 흙은 거칠기 때문에 돌로 쌓지 않으면 쉽게 무너질 것이다'라 하였습니다. 지금 이 설을 본떠서 그대로 만들되 백색 석회를 틈에 바르지 않도록 하는 것이 어떻겠습니까?	㉢ 모두: 고제에서 유의 색깔과 모양에 대해 거론하지 않았으니 그대로 두어야 합니다.
4	주자가 말하기를 '단이 높이는 3척이고(단 높이를 3척이라 하고 또 단을 3급으로 나눈다고 했으니 이것은 1척을 1급으로 한 것이다) 사방으로 계단을 낸다(이 계단의 급이 곧 단의 급이다. 다만 사방 계단의 양쪽에 각각 돌을 쌓아 경사로를 만들어 사이를 띄우고 그 중간은 계단의 급이 되고 그 바깥은 단의 급이 되게 해야 한다). 단의 면이 2장 5척이라는 것은 곧 제일 위 1급의 수치이고 그 아래에 다시 2급을 두되 급마다 1척씩 넓혀야 하니, 단의 하부(단각)는 너비가 2장 9척이 되어야 한다'라 하였습니다. 그런데 지금 단의 높이는 곧장 아래로 3척이 될 뿐이	㉣ 긴진: 당의 제도인 제주제사직의諸州祭社稷儀와 송의 정화신의政和新儀 진씨에서 陳氏禮書(진상도의 예서)에 모두 3급이 없으니 그대로 두어야 합니다.

214

	집현전의 조사 및 주장	대신의 의견
	니 3층의 구분이 없어서 예제에 맞지 않습니다. 주자의 설에 의거하여 최상단은 25척으로 1급은 높이 1척으로 하고, 또 1척을 2급으로 하며 높이는 1척으로 하고 또 1척을 3급으로 하여 높이는 1척으로 하며, 가운데는 계단으로 삼고 밖은 단의 층급이 되게 하는 것이 어떻겠습니까?	
5	《원사》에 '태사와 태직의 두 단의 너비는 5장이고 사는 동쪽에 있고 직은 서쪽에 있으며 서로의 거리가 5장이다'라 하였는데, 지금은 단의 너비가 25척이고 두 단의 거리가 5척이니 너무 가까운 듯합니다. 원나라 제도에 따라 두 단 사이의 거리를 또한 단의 너비와 같은 25척으로 하는 것이 어떻겠습니까?	⑩ 모두: 원나라 제도는 단의 높이가 5장이기 때문에 거리도 5장으로 하는 것이 마땅했으나, 지금 단은 높이가 3척이니 거리를 8척으로 하면 거의 맞을 것입니다.
6	주자가 말하기를 '네 개의 문이 하나의 유를 같이하고 한가운데 문을 내는데, 문을 1장 남짓으로 넓게 만들어야 예를 행할 때 집사하는 사람이 여유롭게 왕래하면서 서로 방해받지 않을 것이다. 문 양쪽에는 높이 1장 남짓의 화표를 각각 하나씩 세우고, 상단에 나무를 가로질러 문의 형상과 같게 한다(에서에는 화표에 대한 글이 없고, 다만 주·현에 이와 같은 것이 있는 것을 보았다. 혹 쉽게 훼손될 수 있으니 만들지 않아도 무방하다)'라 하였습니다. 지금 유의 문이 6척 남짓으로 협애한 듯하니, 바라건대 주자의 설에 따라 화표와 문은 만들지 말되, 혹 문을 만든다면 2, 3척 정도 조금 넓히는 것이 어떻겠습니까?	⑪ 권진 등: 문의 너비는 이미 주척을 사용하여 법식대로 만들어 놓은 것인데, 지금 영조척을 사용하여 측량했기 때문에 맞지 않다고 하는 것입니다.
7	주자가 말하기를 '북문의 유 외부 공터를 조금 넓게 마련해두어야 헌관의 자리를 둘 수 있다'라 하였는데, 지금 유의 너비를 넓히면 유의 바깥이 다소 좁아지니, 북쪽 바깥 담장 역시 그에 맞게 확장하는 것이 어떻겠습니까?	Ⓐ 신상: 유의 너비는 이미 고제에 따라 만들어 놓은 것이니 어떻게 확장하겠습니까?
8	장도章圖에는 유의 담장에 네 개의 문이 있고, 외원外垣에는 북문만 있는데 기와를 덮었습니다. 지금 유의 외원 사방에 모두 창을 벌여 놓은 듯한 홍문紅門이 있으니, 또한 주자의 설에 따라 외원의 가운데 북쪽 문만 기와로 덮는 것이 어떻겠습니까?	Ⓞ 모두: 당나라 제도 및 《홍무예제》의 부·주·현의 사직에 대한 그림에는 모두 네 개의 문이 있습니다.
9	원나라 제도에 '바깥 유 안 북쪽 담장 아래 7칸의 건물을 남쪽으로 두 단을 바라보게 지어 두고 비바람을 대비한다'라 하였고, 주자가 말하기를 '유 바깥 공터의 북쪽에 재청齋廳을 지어 비바람을 대비하며 헌관의 자리를 마련한다(헌관은 남쪽을 향해 예를 행한다)'고 하였습니다. 지금 재청이 없으니, 바라건대 옛 제도에 따라 유 바깥 북쪽 문 안에 재청을 지어 비나 눈이 내리는 날 예를 행하는 장소로 삼는 것이 어떻겠습니까?	Ⓩ 맹사성 등: 비나 눈이 내리는 날에는 장막을 설치하거나 우산을 쓰고 예를 행하면 될 것이니 하필 건물을 지을 필요가 있겠습니까?

이 내용을 보면, 주로 유와 관련된 문제들이다. 유의 너비를 확대하고 높이도 높이고 유문의 너비도 확대하며 유를 쌓는 재료도 바꿀 것을 주장했다(①, ②, ③, ⑥). 주원에 대한 문제 역시 유와 관련되는데 유가 확대되면 유와 주원 사이의 공간이 좁아지니 주원도 넓히고, 주원의 문은 북문 하나만 두자고 하였다(⑦, ⑧). 단의 크기에 대해서는 논란이 별로 없는 대신, 3급으로 계단식으로 모습을 만들고 두 단 사이의 거리를 넓히자는 정도만 얘기하고 있어서(④, ⑤), 영조척으로 조성한 2장 5척의 단 너비에 대해서는 논란이 없었다는 점을 알 수 있다.

유의 규모가 주로 문제가 된 것은 단과 유에서 서로 다른 척도를 사용했는데, 집현전에서는 이를 일괄하여 영조척으로 측정했기 때문이다. ㉠ 맹사성과 ㉡ 권진 등이 지적했듯이 영조척에 근거하여 지은 단과는 달리 유는 주척에 근거하여 건설했는데 집현전에서는 이를 모두 영조척으로 측정했다. 그러다보니 25보의 크기, 3척의 높이 등에 미치지 못한 것으로 나오고, 유문의 너비 역시 좁은 것으로 측정된 것이다. 이에 ㉠ 맹사성은 이왕 단을 영조척으로 건설했으니 유 역시 영조척으로 계산하여 다시 건설하자는 의견을 냈다. 양전척의 3등척도 보로 환산하는 만큼, 영조척이라고 보수步數로 환산하지 못할 이유가 없다는 것이 근거였다. 그러나 최종적으로 권진 등의 의견에 따르면서 맹사성의 의견은 받아들여지지 않았다.

집현전의 건의에서 특이한 부분은 단의 급수에 대한 부분(④)이다. 집현전은 주희의 주현 사직단설에 근거하여 3층의 급을 가진 단을 건의하였는데, 이는 《대명집례》의 태사태직단도와도 비슷하다[그림 12]. 그러나 이 역시 결국 대신들에 의해 근거가 빈약하다 하여 거부되었다.

집현전의 건의는 모두 기각되었다. 주척에 근거한 기존의 유가 그대로 유지되고, 유의 크기가 변하지 않으니 그 바깥의 주원 역시 변화하지 않았다. 비나 눈이 올 때를 대비한 재청 역시 대신들의 반대에 부딪히면서, 결국 기존에 건설된 유의 형태를 그대로 유지하는 방향으로 결정된 것이다([그림 14] 참조).

이날의 기사에는 마지막에 허조의 주장만 별도로 기록되어 있다. 이는 허조가 낸 의견이 가장 과격한 변화를 요구하는 소수 의견이었기 때문이다. 그는 문제의 근원이 되는 유 자체를 없애자는 의견이었다. 유에 대한 논란이 빚어지는 것은, 주희의 주현 사직단설과 당·송의 태사·태직의 예제가 서로 달랐기 때문으로, 주희의 설에서는 유를 규정하고 있었으나, 당·송의 예제에는 유가 없었다는 것이다. 또한 고려의 사직단에도 유가 없었으며, 이는 자신이 직접 봤으며 그 옛터도 남아있을 뿐만 아니라 지금 중국 주·현의 사직에도 유를 설치하지 않았다고 지적했다. 그러면서 다음과 같이 유가 불필요하다고 주장했다.[57]

신은 유가 있고 없고는 제사 지내는 일과 관계가 없다고 생각합니다. 이는 배위는 반드시 함께 제사 지내고 사와 직의 단은 반드시 따로 지어야 하는 문제와는 다르니, 《홍무예제》에 따라 다시 유를 설치하지 않더라도 제사를 지내는 데에는 아무 문제가 없습니다. 그 제도는 따르지 않고 유만 설치하는 것은 불가하지 않겠습니까. 건국 초에 세운 사직단에 유를 설치하지 않고 사방에 문과 담장만 있었던 것은 당나라와 송나라의 태사의 남은 제도와 같은데, 지금 다시 유를 만든다면 왕후의 사와 다르고 주·현에 가까워지는 일이 아니겠습니까. 그리고

[그림 14] 세종 대 논의안 비교 CAD 도면

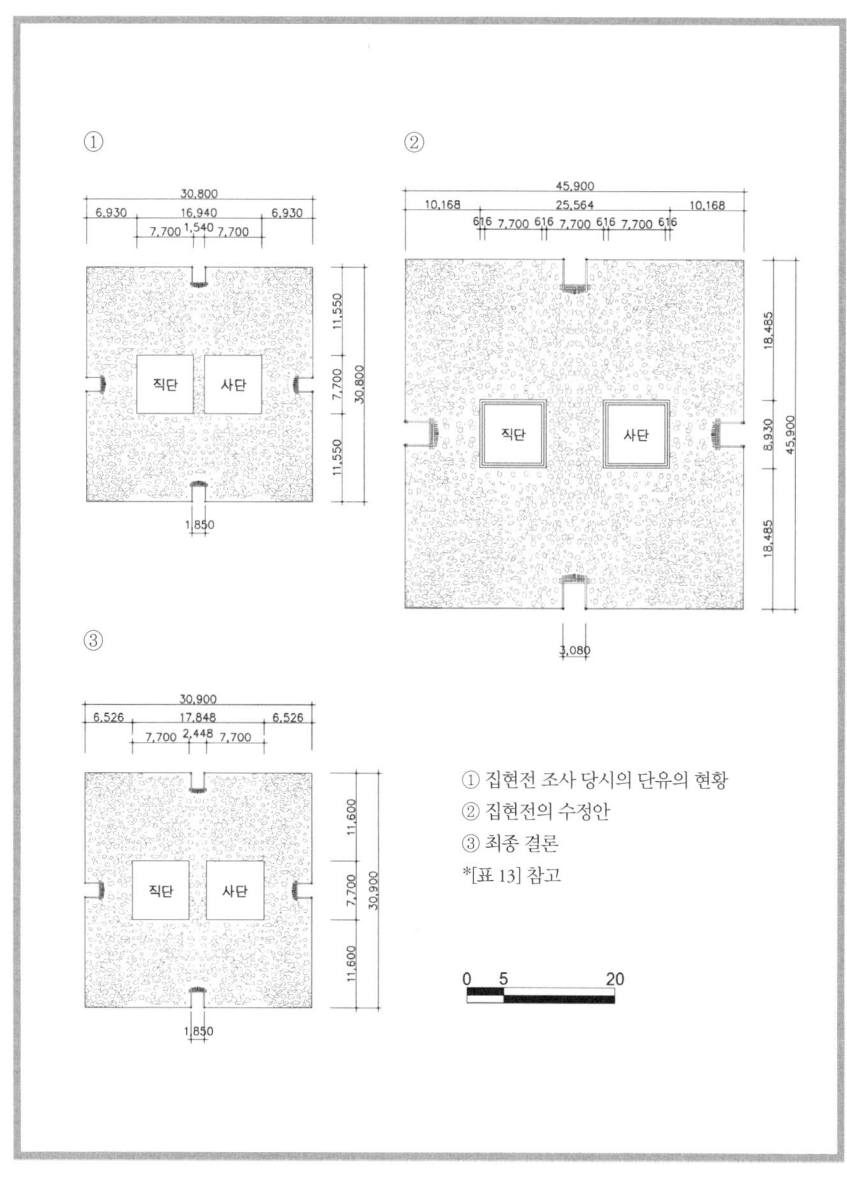

① 집현전 조사 당시의 단유의 현황
② 집현전의 수정안
③ 최종 결론
*[표 13] 참고

단의 상단은 영조척을 쓰고 하단은 주척을 쓰니, 같은 단의 위아래에 각기 다른 척을 쓰는 것은 더욱 온당치 못합니다.

유가 없다면 당·송의 태사·태직과 비슷해질 수 있으나, 유를 만든다면 도리어 지방 주·현급으로 떨어질 뿐더러 단은 영조척을 쓰고 하단인 유는 주척을 써서 건설해서는 안 된다는 주장이다. 이런 문제를 안고 그대로 사직단을 완공한 후 국왕이 친제를 드린다면 의주에서도 여러 가지 문제가 제기될 것이라고 보았다.

사직단이 완공되면 전하께서 친히 제사를 지내실 것입니다. 그런데 예관들이 의주를 찬술할 때 장차 당나라와 송나라의 태사의 의식을 따르려는 것인지, 주자의 주현 사직단에 대한 설을 따르려는 것인지, 전하의 위판을 유 안쪽에 설치하려는 것인지 바깥쪽에 설치하려는 것인지, 헌가를 유 안쪽에 설치하려는 것인지 바깥쪽에 설치하려는 것인지, 어떤 것을 근거로 제도를 정하려는 것인지 신은 알지 못하겠습니다.

근본적으로 조선의 사직단제가 당·송의 사직단제를 지향할 것인지 주희의 주현 사직단설을 따르려는 것인지 기준이 모호하다는 것이다. 그러면서 그는 기존의 여러 학설을 다 모아서 국왕이 직접 비교한 후, 유는 없애고 사방의 문과 담장만 남기자고 건의했다. 박연이 악현의 배치 등에서 상하 구분을 중시했기에 유의 존재에 큰 의미를 둔 것에 비해, 허조는 행례에서의 상하 위계는 그다지 중시하지 않은 대신, 주희의 주현 사직단설을 그대로 따를 경우 지방 주·현급으로 떨어질 것을 우려했다.

　허조의 의견을 포함하여 집현전과 기타 대신들의 논의를 보면, 조선의 사직단 단제가 단순히 한두 가지 예제를 따라 만든 것이 아님을 알 수 있다. 주희의 주현 사직단설은 단의 크기와 유의 존재를 결정하는 데 큰 영향을 주긴 했으나, 단의 크기는 결국《홍무예제》에 따라 영조척으로 건설되었다. 단을 3급으로 만들자는 주희의 주장은 당·송의 예제 등에 근거가 없다는 이유로 채택되지 않았다. 유의 모습에 대해서도 주희의 주장을 집착하지 않고 당·송을 따르는 등, 조선의 사직단제는 주희의 주현 사직단설뿐만 아니라 당·송의 예제,《홍무예제》등을 참작하여 결정했다. 집현전에서는《원사》를 거론하곤 했는데, 단 사이의 너비의 경우에는 대신들이《원사》와 조선은 단의 높이가 다르다고 하며 조선의 단 높이인 3척을 참작하여 8척 정도면 적당하다고 보았다. 단의 높이가 3척일 경우 단 사이 너비를 8척으로 두는 것은 어떤 예제에 근거한 것이 아니라 관습적인 공간감에 근거한 것이었다.

　결국 사직단은 원 모습 그대로 두는 것으로 결정되었다. [표 13]에서 볼 수 있듯이 현재 복원 수리된 사직단의 단유 관련 기본 수치도 집현전에서 조사했을 당시의 단유와 거의 비슷하다. 유의 너비도 주척 기준의 25보에 해당하며, 유문의 너비도 원래의 수치에 가깝다. 단과 단 사이의 거리만이 약간 의문인데, 실록을 보면 대신들의 의견에 따라 영조척을 기준하여 8척으로 수정되었어야 했는데, 여전히 영조척 5척 정도에 불과하기 때문이다. 더 이상한 점은 이런 실제 모습에도 불구하고《세종실록》오례의는 물론《국조오례서례》에서는 단과 유의 설명 후에

척수는 모두 영조척을 사용한다고 명기했다는 점이다. 이 역시 책 속에만 존재한, 정연한 이념형이었다.

 마지막으로 집현전의 조사와 주장이 어느 정도의 수준이었는지도 짚어볼 필요가 있다. 지금까지 세종 대 예제 성립에서 집현전의 고제 탐구를 높이 평가하는 경향이 있었다. 그러나 적어도 사직단을 통해 본 집현전의 문제 제기 수준은 그다지 심도가 있다고 보기 힘들다. 단제가 성립되어온 역사적 맥락을 파악하지 못해서 영조척과 주척이 다르게 적용된 단유의 원 상태를 이해하지 못한 데다, 사직단 단제에 관련된 기존 예제들의 차이점을 관통하는 어떤 핵심적 논리를 개발하지도 못

[표 13] 세종 대 사직단제 논의 비교

방안 구분	① 집현전 조사 당시 현황 (척: 영조척)	박연 주장안	② 집현전 수정안 (척: 영조척)	③ 최종 결론	1985년 발굴조사
단 너비	2장 5척 (770센티미터)	〃	2장5척+3층 =2장 9척 (893센티미터)	2장 5척 층급 없음	710~782 센티미터
단 사이 간격	5척 남짓 (154센티미터)	〃	25척 (770센티미터)	8척 영조척: (245센티미터)	155센티미터
유 너비	10장 (308센티미터)	양유 주척 25보씩 (309센티미터)	15장 (459센티미터)	원래대로 둘 것	306.6~313 센티미터
유 높이	2.5척 (약 77센티미터)	〃	3척 (92센티미터)	원래대로 둘 것	모름
유문 너비	6척 남짓 (약 184.8센티미터)	〃	10척 (308센티미터)	원래대로 둘 것	내폭 175~187 센티미터 주초석 외단까지 하면 310센티미터

* 《세종실록》 / 서울특별시, 1985, 《서울사직단 고증조사 및 복원기본계획 보고서》 참조
* 영조척은 1척=30.8센티미터, 주척=20.6센티미터로 일괄 계산하였다.

했다. 그렇기에 행례상의 문제점을 해결할 뚜렷한 방법을 제시하지도 못했고, 그 수정안은 대신들에 의해 하나하나 논파되었다.

단유에 대한 전면 조사에도 불구하고 그 원래의 모습을 거의 그대로 두는 것으로 결정되었다. 그렇다면 처음 이 모든 논의를 촉발시킨 행례상의 여러 문제는 어떻게 되었을까?

행례 문제는 어떻게 해결되었는가

박연과 정초의 문제 제기를 다시 떠올려보자. 박연은 행례를 위해서는 당상에 위치할 등가·준소와 당하에 위치할 헌가·무일의 위치가 구별되는 것이 필요하다고 하였다. 그런데 사직단은 단 아래 유가 하나밖에 없어서, 등가와 당상집례, 준소 등이 모두 단 위에 올라가는 문제가 있다고 하였다. 그나마 등가가 다 올라갈 자리가 없어 악공의 절반은 단상에 앉고 절반은 단 아래에 서는 바람에 서 있는 사람들은 음악을 연주할 수 없다고 지적했다. 이러한 문제를 해결하기 위해서는 양유가 있어야 한다는 것이 박연의 주장이었다. 정초는 박연이 지적한 문제에 더하여 신위의 배치에서 정위와 배위가 동서로 놓이는 바람에 정위의 위상이 제대로 확보되지 않는 문제가 있다는 점을 지적하였다. 이후 집현전에서 사직단 단제를 전면적으로 조사하며 유의 크기 등을 수정할 것을 제안했으나, 대신들의 반대로 결론적으로는 거의 형태를 바꾸지 않았다는 점은 앞절에서 정리한 바다.

그런데 박연이 처음 유의 문제를 제기한 실록의 기사에 유가 무엇인지에 대한 주석이 붙어있음을 상기해보자. 즉 이때 유라는 것이 단순한 담이 아니라 낮은 단이 있는 담장이어야 한다는 확실한 해석을 붙였다는 점이다. 당상과 당하에 구분하여 배치하기 위해서 박연이 구상한 양 유는 아마도 중사단에서처럼 북유의 남쪽에 남유가 있는 형태였을 것이다. 그러나 집현전의 조사 때에도 기존 유의 크기만을 문제삼았을 뿐, 이러한 형태의 유는 논의되지 않았다. 그렇다면 박연이나 정초가 제기한 문제는 해결되지 않은 것일까?

결론부터 말하자면, 사직단에서는 기존의 유를 상유로, 주원의 공간을 하유로 활용함으로써 이 문제를 해결했다. 《국조오례서례》의 사직 헌가에 대한 설명을 보면 "헌가는 단 아래 있다"라는 본문 아래에 "지금 북문 안쪽이다"라는 주석이 달려있다. 등가의 경우에는 "단 위 북쪽 가까이에 있다"라는 본문 아래 "지금은 단 위가 좁기 때문에 북유문 안에 있다"라는 주석이 달려있다.[58] 원래 본문의 '단하壇下'와 '단상壇上'이라는 표현은 고치지 않은 대신, 그 해석으로 헌가는 주원의 북문 안쪽에, 등가는 단 위가 좁기 때문에 북유문 안쪽에 둔다고 하며 이를 해결했다.

[그림 15]와 [그림 16]을 보면, 북유문 안쪽에 등가, 주원의 북문 안쪽에 헌현, 즉 헌가가 배치되어 있음을 알 수 있다. 또한 단상에 있는 것이 문제가 되었던 주준의 위치도 단 아래에, 협률랑은 단 아래, 집례는 북유문 안쪽에 있다. 단상에 올라가는 것이 문제였던 악공과 주준, 집례 등의 위치가 일제히 단 아래 유 안에 위치하는 것으로 배치가 바뀐 대신, 유 안에 있었을 헌현을 주원 쪽에 배치함으로써 상하의 위계 문제를 해결한 것이다.

신위의 위치 역시 유의할 필요가 있다. 정초는 정위와 배위가 동서로 벌여있음으로써 정위의 위상이 제대로 구현되지 않는다는 점을 지적하면서 동·서계를 북쪽으로 3척 정도 옮겨서 배위를 서계의 남쪽에 두게 하자고 건의했다. [그림 16]을 보면 정위는 남편의 중앙에서 단독으로 북면하게, 배위는 동편에서 서향하게 배치했다. 정초의 의견처럼 계단을 옮겨 해결한 것이 아니라 배위의 위치와 향을 바꿔서 정위와 배위를 ㄱ자형으로 배치한 것이다. 이 역시 기존 구조물은 거의 건드리지 않은 채 신위의 위치를 조정함으로써 해결했다.

세종 대 내내 기존의 유를 상유처럼, 주원을 하유처럼 인식하는 등 개념상의 혼동이 있었던 것으로 보인다. 박연의 상서부터 《세종실록》 오례의에 사직단 제도가 모두 '양유'라고 기록된 것은 이러한 혼란을 반영한다.[59] 주원의 영역은 단이 없이 담만 있었는데, 《세종실록》 오례의까지는 '단이 있는 낮은 담'이라는 유의 개념에 맞지 않아도 주원을 하유로 인식한 것이다. 그러나 《국조오례서례》에서는 일유一墻라고 하고 유 밖의 담은 주원이라고 함으로써 이러한 혼동을 정리하였다.[60] 단의 크기를 반감하는 데에서 비롯한 행례상의 여러 문제는 이렇게 태종 대 모습에서 구조물은 크게 고치지 않는 대신 신위, 악현, 행례자 등의 배치를 바꾸어 해결하였다. 전례서의 문장 또한 직접 원문을 수정하기보다는 주석을 통해 변화를 설명하는 데 그쳤다. 《조선경국전》에 있었을 법한 태조 대 제도는 남아있지 않으나, 태종 대 〈제사 의식〉은 세종 대를 거쳐 성종 대 《국조오례의》까지 유지됐다. 조선의 길례는 태종 대에 형성됐다.

[그림 15] 사직단 악공 및 진설 배치 개념도

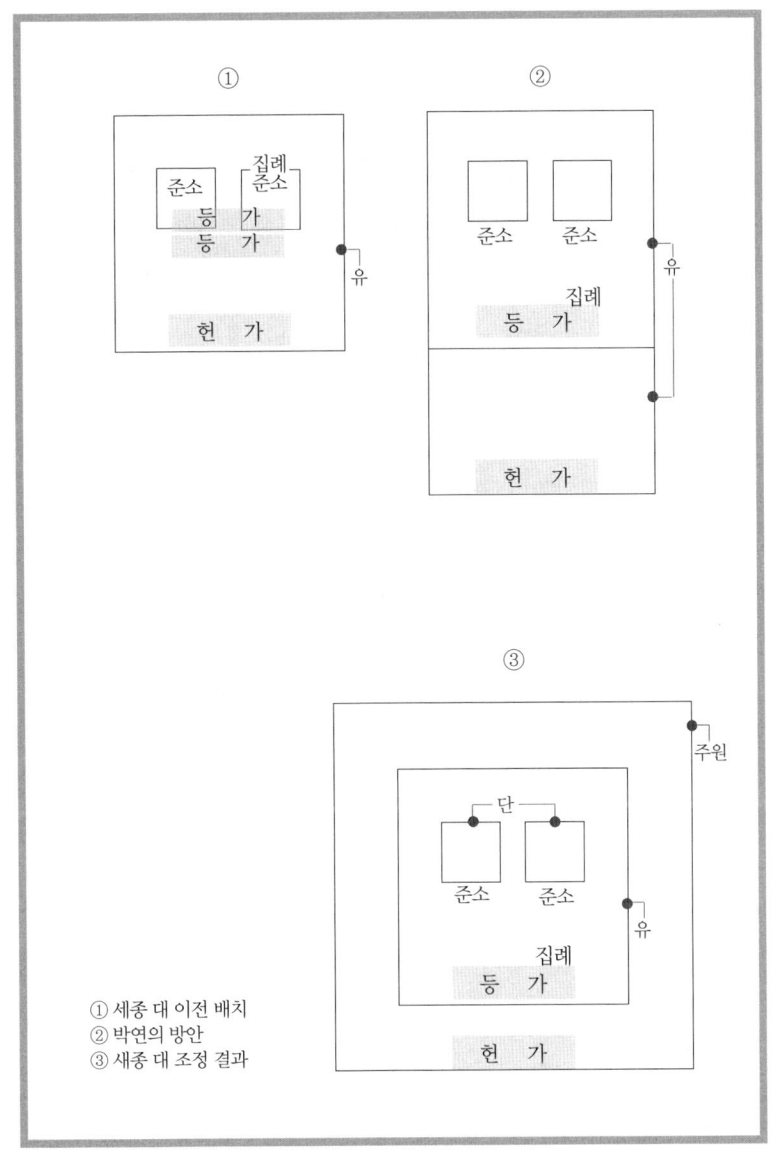

조선이 만들어낸 '제후'의 사직단

즉위 교서에서부터 사직단 제도를 문제삼으며 이를 교정하겠다는 의지를 천명했으나 이를 실현하는 데에는 여러 가지 장애가 존재했다. '제후의 사직단은 반감한다'는 경전 속의 원칙은 분명했으나, 중국에서도 당나라 이후로는 지방 사직단에 이를 적용했을 뿐 외번外藩의 나라가 이 원칙에 따라 사직단을 건설해본 적이 없었다. 중국의 지방 사직단은 단의 크기를 줄이는 만큼, 사단과 직단을 동단으로 설치하며 신위와 진설을 간소화하곤 했다.

　태조 대 별단 형식으로 건설된 사직단은 당시 유를 갖추지 않고 문과 담장만을 가지고 있었다. 명은 이미 동단으로 바꿨음에도 조선은 별단으로 건설한다는 원칙이 분명했다. '고제'에서는 항상 별단으로 나왔기 때문이다. 이 지점에서 조선이 반감한 크기의 사직단을 건설했으나 중국 주·현의 사직단 제도에 맞추려고 하지는 않았을 뿐만 아니라 당대 명의 태사·태직단을 따르려고 하지도 않았다는 점을 알 수 있다.

　문제는 별단 형식으로 단을 건설한 것으로 끝나지 않았다. 조선은 천지에 대한 제사가 없는 만큼 사직단을 대사로 설정했기에 가장 많은 제기를 진설한다. 이는 반감한 단의 규모로는 소화할 수 없었다. 이에《홍무예제》의 조항을 원용하여 주척 대신 영조척을 사용함으로써 간신히 해결할 수 있었다.

　태종 14년 유와 주원, 외장을 건설하며 전체적인 단의 체계를 갖추었다. 25보의 유, 3척이라는 단의 높이 등 조선의 사직단은 주희의 주현 사직단설과 일치하는 부분이 많다. 특히 단을 이미 영조척으로 건설

[그림 16] 《국조오례서례》 중 사직단 도설

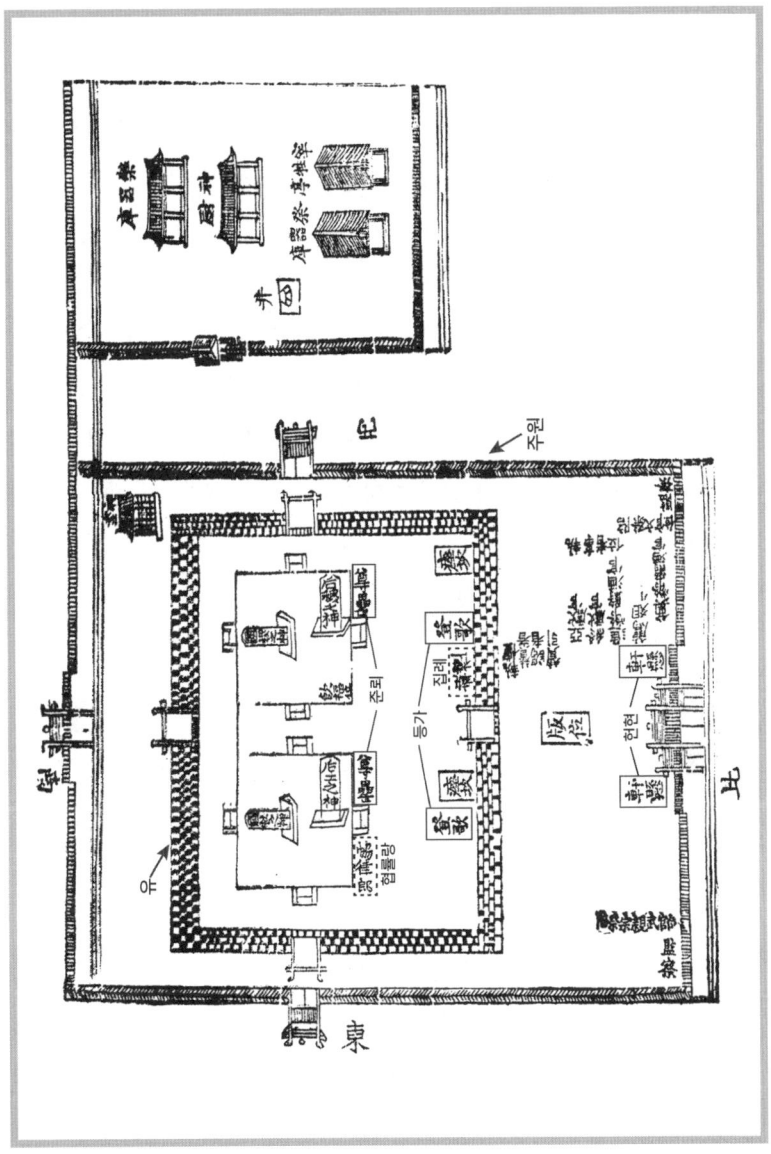

했음에도 이때 유는 주척 기준으로 건설했는데, 이는 단의 크기는 어쩔 수 없더라도 유는 주희의 주현 사직단설에서 '고척을 써야 한다'고 한 지침을 가능한 한 실천하려 한 것으로 보인다.[61] 그러나 이것만으로는 악현와 일무 등의 배설 문제는 해결할 수 없었다. 중국의 송에서는 사직단 제사에 굳이 음악과 춤을 사용하지 않았다. 천지에 대한 제사가 별도로 있는 상황에서 사직단의 제사가 그렇게 위계가 높지 않았기 때문일 것이다. 그러나 조선에서는 사직단이 가장 수위에 있는 단유가 되면서, 악현과 일무 역시 가장 큰 규모로 배설해야 할 필요가 있었다. 마침 당의 예제가 음악을 사용하고 있었는데, 여기에는 유가 없고 단 위와 단 아래에 나누어 악현과 집례자 등을 배치했다. 당의 예제에 따라 악현과 집례자를 배치하자 여러 가지 문제가 발생했다. 기껏 마련한 단 아래의 유라는 공간의 의의가 사라진 데다 안 그래도 넓지 않은 단 위에 악현과 준뢰, 행례자 등이 배치되니, 행례에서 여러 가지 문제를 일으킬 수밖에 없었던 것이다.

세종 대 박연과 정초의 상소, 그 뒤에 이어진 집현전의 조사와 대신들의 논의는 이러한 문제들에 대한 현실적 고민에서 비롯했다. 단 위에 올라가는 악공 등으로 인한 번잡함과 행례상의 문제점을 어떻게 할 것인지, 유의 공간을 행례에서 어떻게 활용할 것인지, 하나의 단유에 영조척과 주척이라는 다른 척도가 동시에 사용되고 있는 것은 문제가 없는 것인지 등이 그 주요 이슈였다.

이슈가 제기된 후 집현전이 전반적으로 사직단을 조사하며 그 수정 방향을 제시했으나, 그 논의 수준이 그다지 깊이가 있는 것은 아니었다. 단제가 형성된 맥락을 이해하지 못했기에 피상적인 제안밖에 할 수 없었다. 이에 대한 대신들의 답변과 논의과정을 보면, 고제에 대한 탐구는 세종 대 집현전에서야 가능해진 것이 아니었음을 알 수 있다. 이때의 논의에서 제기된 문제들은 태종 대 이전에 이미 모두 고민한 결과였으며, 집현전에서 언급하는 자료 역시 모두 태종 대까지 다 검토가 된 자료들이었다. 결과적으로 사직단은 원래의 형태는 바꾸지 않고 행례자의 배치 등을 조정하는 것으로 문제를 해결하였다.

세종 대에는 사직단만이 아니라 박연의 끈질긴 상소를 통해 길례의 여러 단제를 재검토하곤 했다. 그러나 대부분 결과적으로는 태종 대 만든 단제를 거의 그대로 수정하지 않은 대신 진설과 배치를 바꿈으로써 행례상의 문제를 해결하되, 음악만 박연의 의견에 따라 수정하는 편이었다. 토목 건설을 해야 할 부분은 최소화하는 방향으로 문제를 해결한 것이다.

세종 대의 길례에 대한 교정이 생각보다 그 범위가 크지 않았던 이유는 무엇일까? 토목공사라는 것이 기본적으로 물력의 문제가 있기 때문이기는 하겠으나, 건축물을 짓는 것에 비한다면 단의 공사는 그렇게 힘들다고는 할 수 없다. 그럼에도 단을 개축하지 않은 것은, 기본적으로 세종이 길례보다는 가례嘉禮를 비롯한 다른 분야의 예제 정비에 좀 더 관심을 두고 있었기 때문으로 보인다. 그는 예제를 개혁하려고 한 시도에 대해 이렇게 회상한 적이 있다.

우리 조종께서 초창한 처음에 모든 예제에 있어서 고려를 많이 따랐기 때문에, 고제에 어긋남이 많았다. 내가 왕위를 계승하기에 미쳐 허조와 정초에게 그 연혁을 다시 정하고 다 개원례開元禮를 모방하게 하였는데, 허조는 학문이 박흡博洽하지도 못한데 성질은 또 고집이 있어 잘못된 일이 꽤 많았다. 왕비나 세자를 책봉하는 것 같은 유는 예서禮書의 글 뜻을 알지도 못하고 대개 억측으로 찬정하였으므로, 그 뒤에 그 잘못된 것을 알게 되어 한때의 웃음거리가 되었다. 이제 문신 한두 사람을 택하여 종묘·조회朝會의 예악과 왕비·세자의 의장儀仗을 정하게 하라.[62]

세종이 고제에 어긋나는 것이 많아 고치려고 한 의례는 왕비나 세자의 책봉, 조회, 의장 같은 가례와 관련한 것이 대부분이다. 여러 단의 개축이 항상 물력 등을 이유로 후순위로 밀린 것은 이러한 관심의 온도차에서 비롯했을 것이다. 박연의 끈질긴 예제 개혁론 중 음악에 대한 부분은 별 반대 없이 그대로 시행된 것에 비해, 토목건축은 물력 준비를 마치고 개축하기 직전에도 중단되는 일이 허다했다.

사직단 단제를 정할 때 참고한 예제는 한두 가지가 아니었다. 주희의 주현 사직단설은 저자의 명망과 함께 단의 크기를 반감한 것을 비롯하며 비교적 자세히 단의 제도를 담고 있어서 주요한 참고자료 중 하나였다. 그러나 아무리 주희의 설이라 하더라도 단에 층급을 두는 것은 고제에 보이지 않는 것이라 하며 단박에 논외가 되었다. 시왕지제인 명에서 층급을 둔 것은 아예 고려의 대상도 아니었다. 행례를 위한 악현과 집례의 배치 등은 주희의 학설로는 해결할 수 없었다. 당·송의 태사·태직단 제도는 그런 점에서 또 하나의 주요 참고자료였다. 이에 비해 《홍무예제》는 이러한 자료에 나와 있지 않은 빈틈을 메우거나 권도가 필요할 때 참고한 자료였다. 이러한 예제를 두루 참조한다 해도 알 수 없는, 이를 테면 단과 단 사이의 거리 같은 것은 조선인의 공간감과 참작에 의해 결정되었다.

흥미로운 점은 이러한 여러 가지 참작과 조정을 통해 만든 실제의 단유와 전례서에 수록한 내용은 또 차이가 있다는 점이다. 단과 유에서 서로 다른 척도를 사용했음에도 《국조오례서례》에는 모두 영조척을 쓴다고 수록하였다. 단상과 단하로 구분한 악현은 유와 주원으로 그 배치를 바꿨음에도 《국조오례서례》에는 단상과 단하라는 표현을 그대로 살려두고 주석에서 그 배치를 설명하는 것으로 두었다. 태종 대의 의례 정비가 가지는 전통적 권위를 존중한 것이다. 세종이 길례보다 가례에 좀 더 관심을 기울인 것은 전 대의 작업을 존중했기 때문이기도 하다. 또한 전례서의 기술은 그 자체로 역사적·예제적 전거와 완결성이 있어야 하기에 서술의 정연함을 추구한 것이다. 책 속의 서술과 책 밖의 현실은 차이가 있었으나 이를 일치시키는 데 굳이 큰 공을 들이지는 않았다.

결과적으로 조선의 사직단은 그 자체로 매우 독특한 단이 되었다. 중국 역대 어느 왕조에도, 우리나 주변국의 역사에서도 찾을 수 없는 형태의 단이다. 제후국의 사직단은 반감한다는 원칙을 지키면서도 중국의 지방 사직단과는 다른, 외번 제후국의 중앙 사직단은 이렇게 정도와 권도의 조율 속에서 독특한 모습으로 탄생하였다. 이는 단순히 머릿속 이념에 따라 명분만 따라 만든 것이 아니라, 실제로 인간이 구체적인 공간 속에서 몸으로 의례를 행하면서 시행착오를 거듭하여 만든 것이다. 의례는 결코 어떤 추상적인 표상에 그치지 않는다. 그것은 한정된 공간에서 부피와 질량을 지닌 물건들이 배열되고, 맥이 뛰는 사람이 온몸을 움직이면서 완성한다.

중앙과 지방을 연결하는 새로운 고리

조선은 건국 당시부터 음사를 금지하고 국가적 유교 제례를 지방까지 확산하기 위해 노력했다. 새 나라의 새로운 문화는 서울만이 아니라 지방 곳곳까지 미쳐야 했다. 음사, 즉 민간 신앙의 제례는 국가의 문화적 지향에 거스르는 것이기도 했지만, 집단적으로는 지역 단위의 제례로서 해당 지역을 결속시키고 토착세력의 권위에 이바지하는 것이기도 하였다. 그런 점에서 음사 금지는 국가의 지방 통제력을 강화하려는 노력과 밀접하게 관련되어 있다.

즉위 교서에서부터 종묘와 사직을 거론하며 중앙에 여러 단묘들을 건설한 것처럼 조선에서는 지방 역시 종류와 형태는 다르지만 단묘들을 설치하고자 했다. 그러나 초기에는 중앙과 지방 모두 행해져야 할 통사通祀의 범주에 사직이나 여단厲壇이 포함되어 있지 않았다. 1392년 태조 즉위 후 몇 달 안 된 9월에 도평의사사의 배극렴裵克廉·조준趙浚 등은 지방 행정과 관련하여 22가지 조목을 상언하였는데, 그중 일부를 보면 다음과 같다.

① 학교는 풍화風化의 근원이고, 농상農桑은 의식衣食의 근본이니, 학교를 일으켜서 인재를 양성하고, 농상을 권장하여 백성을 잘 살게 할 것.
② 수령은 전야가 황폐되고 개간되는 것과, 호구가 증가되고 감손되는 것 등의 일로써 출척할 것.……
③ 문선왕의 석전제와 여러 주의 성황의 제사는 관찰사와 수령이 제물을 풍성히 하고 깨끗하게 하여 때에 따라 거행하게 할 것이며, 공경

公卿으로부터 하사下士에 이르기까지 모두 가묘家廟를 세워서 선대를 제사하게 하고, 서인庶人은 그 정침正寢에서 제사 지내게 하고, 그 나머지 음사는 일체 모두 금단할 것.[63]

이를 보면, ②에서 농업과 인구에서 수령의 책임을 강조하고 있으며, ①에서 지방마다 학교를 흥성하게 해야 한다는 점을 들고 있는데 특히 이 두 조항은 22조목 중에서도 가장 첫머리에 해당한다는 점에서 수령에게 유교적 교화와 지방 경영의 책임이 있다는 점을 적시하고 있다. 그중 풍속을 교화하기 위해 지방에서 행해야 할 제례를 거론하고 있는데(③), 수령은 문묘 석전제와 성황 제례를 책임져야 하며, 개인은 가묘나 정침에서 제사를 지내게 함으로써 음사를 금단하라고 하였다.

③에서 수령이 관심을 기울여야 하는 제례로 문묘와 성황만을 들고 있다는 점을 유념하자. 태조 즉위 초부터 지방에서도 유교적인 의례를 활용하고 그 주체가 관찰사와 수령이 되어야 한다는 인식은 이미 있었지만, 아직 그 방법으로 지방 사직단을 고려하지는 않았음을 보여준다. 1392년(태조 1) 8월 조박 등의 상서에서 언급한 지방 주군의 제례에서도 여러 신묘와 여러 주군의 성황만을 거론되었다.[64] 태조 대에는 지방에 사직단이나 여단 같은 새로운 단묘제도를 창설하는 것에 대해서는 아직 고려하지 않은 대신, 기존의 제례체계를 정비하고 제례 주관자가 관찰사나 수령이어야 한다는 정도였다고 하겠다. 흔히 조선의 지방 읍치 구성 요소로 꼽는 1묘 3단 체제(향교, 사직단, 여단, 성황단)는 태조 대에는 아직 생각하지 못한 개념이었다.

지방 사직단 제도가 고려되기 시작한 것은 태종 즉위 연간부터였다.

1400년, 태종은 경연에서 천변을 당했을 때 기양하는 방법에 대해 토론하였다. 이때 기양 그 자체는 폐할 수 없으나 아무나 산천에 가서 기원하는 음사는 제거해야 한다는 신료들의 주장에 대해, 태종은 백성들이 모두 신神을 숭상하는데 금령을 내리면 백성들이 원망할 것이라 걱정하였다. 이에 대해 응교 김첨이 답하였다.

> 고제古制에 따라 이사里社의 법을 세우면, 백성들이 모두 거기에 제사 지낼 수 있으니, 그렇게 하면 백성들이 모두 기쁘게 따를 것이며, 음사 역시 장차 근절될 것입니다.[65]

지방의 사직단 설치가 거론된 첫 기사다. 산천신에 대한 음사를 대체하기 위한 방법으로 지방의 사직단이 고려되기 시작한 것이다.

태종 즉위 무렵부터 논의되기 시작한 지방 사직단제가 실제로 실시된 것은 1406년(태종 6) 6월, 한성 재천도가 단행된 직후였다.[66] 이때 한성의 단묘들을 정비하는 동시에,[67] 지방 체제를 정비하기 시작했다는 점에서 새 수도의 건설과 지방 체제의 조성은 서로 연동되어 있었다. 예조에서는 신도新都, 즉 한성의 성황신을 예전 터에 옮겨 당堂을 세우고서 제사하기를 청하면서, 다음과 같이 지방에는 사직단을 설치할 것을 주장했다.

> 《홍무예제》를 상고하건대, '부·주·군·현에 모두 사직단을 세워서 봄·가을에 제사를 행하고, 서민에 이르기까지도 또한 이사里社에 제사를 지낸다'고 하였습니다. 원하건대, 이 제도에 의하여 개성유후사

開城留後司 이하 각 도 각 고을에 모두 사직단을 세워 제사를 행하게 하소서.68

태종 즉위 무렵 김첨은 고제에 의거해 이사를 세울 것을 건의했으나, 6년이 지난 후 예조의 건의에서는 《홍무예제》를 근거로 이사를 세울 것을 주장했다는 변화가 있다. 1401년(태종 1) 권근 역시 《홍무예제》에 근거해 여제厲祭를 시행하자고 주장한 바가 있다.69 그런 점에서 볼 때 지방에 사직단이나 여단을 일률적으로 설치하자고 하는 발상에는 《홍무예제》가 어느 정도 영향을 미쳤음을 알 수 있지만, 김첨이 고제를 언급한 것처럼 단지 《홍무예제》만이 그러한 발상을 준 것은 아니라는 점도 알 수 있다. 《홍무예제》에 실린 풍운뢰우산천성황단은 서울에만 설치됐을 뿐, 지방에는 성황사를 설치하는 것으로 변용했다는 점도 간과해선 안 된다. 《홍무예제》의 영향력으로 조선에서 지방 예제를 변경해야겠다기보다는, 조선과 명, 모두 지방의 음사를 통제하려는 의지를 지니고 있었기에 참고한 것으로 볼 수 있다.

지방에 일률적인 단묘를 설치하는 것은 지방 곳곳의 불사佛寺와 신사神社를 혁폐하거나 통제하는 것에 영향을 주었다. 실질적으로 불사나 신사에 있었던 경제적 기반을 이동시키고 이념적 지향을 전환하는 과정과 결부되어 있다는 것이다. 예를 들어 사직단을 설립하던 1406년(태종 6) 6월에는 향교의 생도 수와 제전祭田, 늠전廩田 등도 정했다.70 두 달 후인 윤7월에는 이때 정한 액수가 적다고 하여 군자속전軍資屬田에서 덜어서 부관의 늠전 15결에 15결을 더하여 30결을 지급하도록 하는 등, 향교의 기반을 마련하는 조처를 취했다.71

향교의 토지 기반은 어떻게 확보될 수 있었을까? 이는 태종 즉위 이래 전국의 양전이 추진되어온 데다 태종 6년을 전후하여 불사와 신사, 특히 불사를 재편하면서 노비와 전지를 속공하면서 가능했다.

불교 교단은 1405년(태종 5) 한성 천도 직후 본격적으로 재편되었다. 고려 말 이래 사원을 정리하는 기준은 몇 차례 변화가 있었으나 고려 말부터 조선 초까지는 대체로 《도선밀기道詵密記》와 외방 《답산기踏山記》에 등록된 비보사사裨補寺社를 기준으로 교단을 정비하고자 하였다. 이는 고려 말 잔폐한 비보사사를 복구하도록 한 조처나, 조선 초 서운관과 의정부의 초기 건의 등에서 잔폐한 비보사사의 경우에는 전지와 노비를 붙여서 복구하도록 한 데에서도 잘 드러난다. 이는 태종 대의 원안, 1차 수정안까지도 관통한 원칙이었다. 그러나 최종적인 방안에서 아예 새롭게 그 기준이 변화하여 산수가 수려한 곳의 대가람을 선택하자는 의견이 제시됨으로써 1407년(태종 7) 최종적으로 제주諸州 자복사資福寺들은 각처의 명찰로 대체되었다.72

이러한 기준의 변화는 개경에서 한성으로 천도하며 가능했다. 1406년(태종 6) 의정부에서는 전국 각처의 비보사사를 혁파하자고 주장하며, "전 왕조의 밀기(필자: 《도선밀기》)에 붙은 각사라면 그 명목이 구도舊都(개성)의 명당을 비보하는 것이니, 신도(한성)의 명당에는 실로 손익이 없습니다"73라고 하였다. 비보사사가 개경을 풍수적으로 비보한다는 관념을 통해 지방에 설치되고 유지되었는데, 한성으로 천도했으니 기존의 비보사사 체계는 의미가 없다는 이야기다. 비보라는 개념에서 알 수 있듯이 풍수적이면서도, 사사라는 점에서 불교적인, 복합적인 신앙체계 속에서 수도 개경에 정점의 위상을 부여하고 지방이 하위로서 조응하는 고려의 전통적인 구조가 깨질 수 있는 단서가 마련된 것이다. 고려 시기 비보사사의 설치는 실제 지방 통치와도 밀접한 관련을 맺고 있으며, 각 사원의 관리에는 지방관들이 깊숙이 관여하는 등, 지방 행정조직은 불교계와 밀접하였다.[74]

이러한 비보사사 체계를 한성 천도 후에 해체하며, 불사나 신사를 정비하였다. 정리된 불사나 신사의 소속 노비와 전지는 속공되어, 전지는 군자시에, 노비는 전농시에 소속시키되 원래의 거주지에 머물도록 하고 관리는 관찰사와 수령관이 맡도록 하였다.[75] 그런데 앞서 향교의 늠전이 바로 군자속전에서 나왔다는 점을 유의할 필요가 있다. 즉 사사寺社로부터 속공된 전지가 군자속전으로 편재되었다가 그 일부가 향교의 늠전으로 전환되었다는 점이다. 노비의 경우에도 혁파된 불사의 노비들은 일단 전농시에 소속되었지만 그 신공은 소재지의 재정에 사용되거나[76] 각 지방 관아의 부족한 노비 수를 채우고[77] 또 일부는 향교의 노비로 전환된 것으로 보인다.[78] 불사와 신사의 정비를 통해 그 소속의 경제적 기반을 국가의 재정 기반으로 전환한 데다, 향교를 설치하고 지방 관아를 확충하는 등 국가가 지방을 지배할 수 있는 물리적 기반으로 활용했다. 이로써 고려의 중앙과 지방이 맺고 있었던 불교-풍수적 관념의 연계고리와 물리적 연계 방식이 해체되었다.

신神을 위한 음사를 대체하여 사직단을 건설하고, 지방 교화를 펼치는 장소로 향교를 설립하고 강화하면서 이 두 가지는 서로 밀접히 연동한다. 예를 들어, 주현 사직단의 제례 의주를 보면, 제례를 집행할 재관齋官이 필요한데, 헌관은 소재 수령이 담당하고 축祝·장찬자掌饌者·집사자執事者·찬자贊者·알자謁者 등은 본읍의 학생으로 충당한다.[79] 이는 지방 사회의 향교에서 유학을 교육받은 학생층을 안정적으로 재생산하고, 이들이 수령과 함께 국가 주도의 '정사'를 치르도록 추동할 것이었다.[80] 새로운 제례 방식을 제안했다고 해서 지방세력이 바로 규제된다거나 지방 문화가 바뀌지는 않을 것이다. 중앙 정부가 바뀌었다고 해서 지방의 인적 구성이 하루아침에 바뀌지는 않는다. 또한 성황사와 영험한 산천에서 무당을 불러 굿을 하던 이들에게 이를 중단하고—실제로는 중단되지도 않았으며—유교 제례를 하게 한다고 해서 그들의 세력이 바로 꺾이지도 않을 것이다. 이러한 문화적 규제는 지방세력의 권력을 직접적으로 제어하거나 한순간에 문화를 개혁한다기보다는, 그들의 행동양태를 한계지음으로써 이제 중앙에서 규정한 유교적인 그 무엇으로 점진적으로 전환시킨다는 데 의의가 있다. 이제 지방의 유력자들은 유학을 공부하는 사람이라는 표상을 하지 않으면 지방의 주요 제의에 참여할 기회를 얻을 수 없게 되었다는 점이 바로 그것이다. 이는 미래 그들의 변화와 지방의 이념적 전환을 촉구할 것이다. 지방의 공식 의례로 자리 잡은 문묘와 사직제는 중앙과 같은 날 동시에 거행되었다. 《세종실록》 오례의에서 주·현의 제례로 규정하고 있는 것은 '주현제사직州縣祭社稷'과 '주현석전문선왕州縣釋奠文宣王'이다.[81] 이들 제례는 중앙과 동일한 시일에 함께 거행되었으며 그 축판에는 국왕의 대리인으로서 지방관의 성명이 기록되었다.[82] 사직제의 경우 중앙 사직제는 납일臘日에 한 번 더 거행된다는 차이는 있었으나 춘추 중월仲月의 상무일上戊日에 중앙과 주·현에서 함께 거행되었다. 문묘 석전도 춘추 중월의 상정일上丁日에 중앙과 지방에서 일제히 거행되었고, 제례의 등급도 아예 중사로 동일하게 맞추었다.[83] 주·현의 제례는 중앙과 지방의 차등적 질서를 염두에 두기보다는, 중앙부터 지방까지 공동의 이념에 따라 공동의 제의를 거행하고 있으며, 제례 대상이 동일하다면 같은 등급으로 거행되어야 한다고 보는 관념에 기초한다.[84] 한성이 새로운 수도로 정립되고 지방의 사사들이 혁거되며 중앙과 지방의 여러 체계가 공고화되던 시기인 1406년(태종 6)에, 국왕은 직접 한성의 문묘에 시학視學하고 알성謁聖하였다.[85] 조선에서 최초로 행한 문묘 의례였다. 특별히 곤면 차림에 평천관을 함으로써 공자에 대한 파격적인 예를 행하며, 국가 이념체계의 전환을 상징적으로 선언했다.[86] 조선 정부가 새로이 마련한 국가 의례 체계를 지탱하는 토지와 노비들은, 설사 왕실에서 치르는 불교적인 의례를 위해서라 할지라도 그 명목이 변경될 수 없었다.[87] 한성 천도가 단행된 1406년 무렵 전국에 퍼져있던 불사와 신사를 혁거하면서 동시에 새로운 이념체계를 실천할 수 있는 향교와 사직단 등의 제례 장소를 만들려고 한 것은 공간의 전환, 새로운 의례 공간의 마련이 이념의 전환과 연동했음을 보여준다.

지방은 얼마나 일원화되었는가

지방의 읍치를 구성하는 기본 사묘는 사직단, 여단, 성황사(성황단)의 3단과 문묘(향교)의 1묘로 꼽힌다. 이는 《신증동국여지승람》의 사묘조에서 수록하고 있는 기본 항목들에 근거한다. 이러한 체계는 조선이 구성한 지방 통치의 현장이 매우 정연하다는 인상을 준다. 그런데 《승람》이 큰 틀에서 이 기준에 따라 기록하고 있기는 해도, 세부적으로 들어가면 이렇게 정연하다고 보기는 힘들다.

일단 《승람》에는 한성에 설치된 풍운뢰우산천성황단을 제외하고는 지방에 성황'단'이 설치된 사례가 없다. 지방에 설치되어 있는 것은 '성황사'로서 사와 단은 건축 형태가 다르기 때문에 이를 여단, 사직단과 함께 3단으로 포괄하여 지칭하는 것은 무리가 있다.[88]

또한 지역별로 수록 양태도 약간씩 차이가 있다. 성황사가 아니라 구체적인 명칭을 가지고 있는 산사山祠나 신사神祠가 대신 기록된 경우도 있으며, 기본 사묘 외에도 국가적으로 인정받은 산천 신사나 역대 시조묘 등이 있는 경우에는 이들 사묘도 함께 수록되어 있다. 예를 들어 적성의 경우에는 성황사가 수록되지 않은 대신 감악사紺岳祠가 수록되어 있고,[89] 개성의 경우엔 다른 군현과는 달리 사묘 항목에 문묘, 사직단, 성황사 등이 아예 없고 대신 송악신사松嶽神祠, 팔선궁八仙宮, 용수산사龍首山祠만 수록되어 있다.[90] 이는 성황사와 산천 신사 중에 국가적으로 추인한, 유서가 깊은 사묘는 지방의 공식 사묘로 인정한 데에서 비롯했다. 그런 점에서 읍치의 구성 요소로 '1묘 3단'을 꼽는 것은 조선 시대의 관념이라기보다는 현대 연구자들의 구성물이다.

중앙의 단제에 대해서는 《세종실록》 오례의와 《국조오례서례》 등에 그 기준이 마련되어 있는데, 의외로 지방의 단에 대해서는 그 기준이 분명히 보이지 않는다. 앞서 설명했듯이 조선의 중앙 사직단은 제후의 단은 반감한다는 원칙을 엄수하기 위해 여러 가지 장애를 극복해야 했다. 그런데 만약 조선의 중앙 사직단이 크기를 반감해 2장 5척이 된다면, 지방 주·현의 사직단은 거기에서 또 반감을 해야 하는가? 아니면 그대로 2장 5척을 취해도 되는가? 이는 이전에 어디에서도 제기된 적이 없는 문제였다. 고려 시대까지는 지방 읍치마다 사직단을 세우지도 않았고, 중앙 사직단은 5장의 규모였기 때문이다.

태종 대 전국 읍치에 사직단을 건설하기로 결정했다는 것은 주현 사직단의 단제에 대한 새로운 문제가 제기될 가능성을 여는 일이었다. 그런데 의외로 당대에는 이에 대해 논의한 내용이나 명확한 기록이 없다. 《세종실록》 오례의에는 관련 언급이 없고 《국조오례서례》에는 지방 사직단의 크기에 대해서는 언급이 없다.

> 사직……○주현은 성의 서쪽에 있는데 사와 직이 한 단을 함께 쓰며 석주가 없다.]……【주현은 사는 단 위 약간 동쪽에, 직은 단 위 약간 서쪽에 두며 배위가 없다.】[91]

일단 중앙 사직단과는 달리 주현 사직단은 사와 직의 동단으로 구성되며 석주가 없고 제례 때 배위를 두지 않는다고 규정했다. 그러나 크기에 대해서는 전혀 언급되지 않았다.

《국조오례서례》에는 그 원칙이 보이지 않지만 일단 아래 두 기록을 보면 주현 사직단은 중앙의 소사단小祀壇에 맞추려고 했을 가능성도 있다.

㉠ 예조에서 "각도 단유의 체제는 길이와 너비 높낮이가 일치하지 않을 뿐만 아니라 담장이 없어서 사람들과 가축이 밟고 다녀 훼손되고 더럽혀집니다. 삼가 본조 〈제사 의식〉을 보건대……소사 명산대천단 및 소재관이 제례를 행하는 단은 영성단靈星壇 제도에 의거하여 사방

2장 1척, 높이 2척 5촌에 1유를 두게 하고 사방에 계단을 내되 3급으로 만들어 쌓고 예감도 상항의 예감 체제에 따라 만드십시오"라고 계문하니 이를 따랐다.[92]

ⓛ 예조에서 제도순심별감諸道巡審別監의 계본에 의거하여 악해독, 산천단묘 및 신패神牌제도 등을 상정하기를, "……1. 단유의 제도는 선덕 6년 본조에서 상정한……소사인 명산대천단 및 소재관이 제례를 올리는 단은 영성단 제도에 의거하여 사방 2장 1척, 높이 2척 5촌에 1유를 두게 하고 사방에 계단을 내되 3급을 만들게 하십시오. 지금 각 관의 제단은 높낮이와 너비가 일치하지 않으니 본조의 수교규식受敎規式에 따라 개축하게 하십시오"라고 하였다.[93]

㉠은 1430년(세종 12) 논의된 것이며 ⓛ은 7년 후인 1437년(세종 19)에 이를 재확인한 내용으로 여기에서는 지방의 명산대천단이나 소재관이 제례를 행하는 단은 소사 영성단에 맞추라고 하고 있다. 이 소재관이 제사를 행하는 단에 사직단이 포함되는 것으로 볼 수도 있다. 그러나 위 기록은 동시에, 이렇게 원칙을 세우고 싶어 했음에도 불구하고 실제로는 어떤 단이건간에 크기가 일정하지 않았다는 점도 보여준다.

세종 대 논의나《국조오례서례》에도 제대로 된 크기나 제도에 대한 규정이 없는 만큼, 이는 후대에도 계속 논란이 되었다. 예를 들어 현종 대에는 제후의 국사국직단이 천자의 태사태직단의 절반이므로 조선의 주현 사직단은 한성 중앙 사직단의 절반 크기로 줄여야 한다는 의견이 제시된 적이 있으나 제대로 논의가 진행되지는 않았던 것으로 보인다.[94]

지방 사직단만이 아니라 전반적으로 지방의 단유를 통일되게 만들고 관리하는 것은 쉽지 않았다. 세종 대 전국 산천의 단묘를 조사한 기록에 따르면 신위를 설치하고 거기에 산천의 이름에 '~지신之神'이라고 쓰자고 하는 간단한 규칙도 준수되지 못했다. 이런 간단한 규칙도 준수되지 못하는 마당에 다른 규칙이 지켜질 리가 없다. 신위판의 재질, 너비나 길이, 두께 등도 제각각이었고 어떤 곳은 지방紙榜을 쓰기도 했다. 위판을 평소에 관리할 곳이 없어 음사 타파의 의지에 무색하게 주변 사찰에서 관리하기도 했고, 단유에는 담장이 없어서 사람과 가축들이 무심히 짓밟고 다니는 형편이었다.[95]

조선 후기에도 여전히 지방 단유의 통일적 조성과 관리는 쉽지 않았다. 정조 대 인물인 안의현감 김재순金在淳은 1790년(정조 14)에 사직단 옆에 위판 등을 보관할 신우와 전사청, 집사방 등을 세운 바 있었다. 2년 후 중앙에서 단우의壇宇儀를 반포하며 단묘 관리를 엄격히 하라고 하자 주변 여러 고을에서 다투어 아전을 보내어 안의현의 신단과 신우를 본뜨려고 했다.[96] 18세기 말까지도 많은 주현에서 어떻게 단을 짓고 관리해야 하는지를 숙지하지 못하고 있었다는 사례가 될 것이다.

관리들도 주현 사직단에 대한 통일된 제도를 공유하지 않았던 듯하다. 허목許穆은 1661년(현종 2) 삼척에서 사직단을 보수한 바 있는데, 이때 그 단의 규모를 다음과 같이 하였다.

ⓐ 단은 사방 2장 5척, 높이는 3척이다. 단각은 2장 9척이니, 한 급에 1척씩 줄였다. 단은 3급이고, 1급이 1척이다. 사면에 계단을 내고 각각 섬돌을 놓아 만도漫道를 만들었다. 4개의 문이 있으며, 하나의 유

를 같이하였다. 문의 너비는 1장이고, 유는 25보이다. 단의 북쪽에 예감을 설치했는데, 남쪽에 계단을 내고, 네모나게 하되 깊이는 물건이 충분히 들어갈 수 있게 하였다. 단 위의 남쪽 계단 위에 석주를 놓았다. 석주는 높이가 2척 5촌이고, 폭이 1척이며, 위는 뾰족하게 하고, 아래의 반은 북돋워 덮었다.[97]

허목이 삼척에 새로 조성한 이 사직단의 제도는 주희의 주현 사직단설과 동일하다. 아마도 그가 삼척의 사직단을 새로 짓기로 결정하고, 그 제도적 근거를 찾기 힘들자 주희의 주현 사직단설에서 갖고 온 것으로 보인다. 이렇게 지을 경우 한성의 사직단과 중첩하는 문제가 생기지는 않을까? 허목이 지은 《척주지陟州誌》는 이 부분에 혼란을 일으킬 수 있게 기술되어 있다.

ⓑ 순치 9년, 상이 재위한 지 2년인 신축년에 열읍의 사단장祀壇場을 수리하라는 교서가 있었다. <u>사는 동쪽에 있고 직은 서쪽에 있으며</u> 단은 사방 2장 5척, 높이는 3척이며 사방으로 계단을 냈다. 4개의 문이 있고 하나의 유를 같이하였으니, 25보다. 예감은 단의 북쪽 임지任地에 있으며, 남쪽으로 계단을 내고 네모나게 하되 깊이는 물건을 충분히 들어갈 만하게 하였다. 단은 3급으로 1급이 1척이므로 높이는 3척이다. 계단 옆에는 각각 섬돌을 놓아 만도를 만들었다. 단각은 2장 9척이니 1급에 1척씩을 줄여서 단은 2장 5척이다. 문의 너비는 1장이다. 석주는 단 위 남쪽 계단 위에 두는데, 높이는 2척 5촌으로, 폭은 1척이며 그 위는 뾰족하게 하고, 아래의 반은 북돋워 덮었다.[98] (밑줄: 필자)

나머지 내용은 조금 구절의 순서가 다르기는 하지만 ⓐ와 ⓑ가 동일하다. 그러나 ⓑ에는 '사는 동쪽에 있고 직은 서쪽에 있다'는 설명이 추가되었다. 이는 동단 형식이어야 하는 지방 사직단에는 전혀 맞지 않는 설명이다. ⓐ를 좀 더 정제하여 서술하였으며, 실제 삼척 사직단 발굴 결과를 보아도([그림 17]) 동단 형식이라는 점을 볼 때, ⓑ의 밑줄 친 구절은 옮겨 적는 과정에서 실수로 들어간 듯하다.

주희의 주현 사직단제에서 가장 특징적인 모습은 단의 형태가 3단의 층차를 지닌 계단식 형상이라는 것이다. 단각 2장 9척에서 1층에 사방 1척씩 줄여서 단을 2장 5척으로 만든다는 설명은 이를 의미한다. 이는 세종 대 집현전 학사들도 주장한 바 있으나 대신들이 고제에 근거가 없다는 이유로 각하된 부분이었다. 그러나 허목에게는 이런 부분에 대한 예민한 고민이 존재하지 않았다.

이런 무심함은 이 시기에 조선 초 사직단 제도의 성립과정에 대한 이해가 전승되지 못한 증거가 될 것이다. 사실 조선 초 중앙의 사직단제가 주희의 주현 사직단설을 비롯한 여러 설의 절충을 통해 마련한 것이라는 점은 당장 세종 대 집현전 학사들도 이해하지 못한 것이기도 했다.

이러한 몰이해의 결과, 삼척의 사직단은 비록 동단이기는 해도 한성의 사직단보다 훨씬 큰 크기로 건설됐다. 단과 유에 모두 영조척을 적용한 것으로 보이기 때문이다. 삼척의 사직단지 발굴 내용을 보면, 단각(단의 가장 하층, 2장 9척)은 760~770센티미터, 최상단의 너비는 730~740센티미터이며, 단 외곽의 담장은 한 변의 길이가 약 38~40미터라고 한다.[99] 발굴보고서에서 언급한 담장은 유를 가리키는 것으로 보이는 바, 이는 영조척 기준으로 계산할 때의 규모인 46미터에 가까운 것으로 한성 사직단의 30미터 정도의 유보다 훨씬 크다. 그러면서 단의 크기는 한성 사직단과 유사하다. 한성 사직단에서 영조척에 따라 넓히는 것을 결국 포기한 유가 삼척의 사직단에는 반영된 것이다.

신을 모시는 음사를 대체하기 위해 모든 지방에 사직단을 설치하며 하나의 규칙이 통용되는 세계를 만들겠다는 애초의 포부는 정작 구체적인 구현 단계에서는 적당히 얼버무려졌다. 그 포부가 보여주는 이상

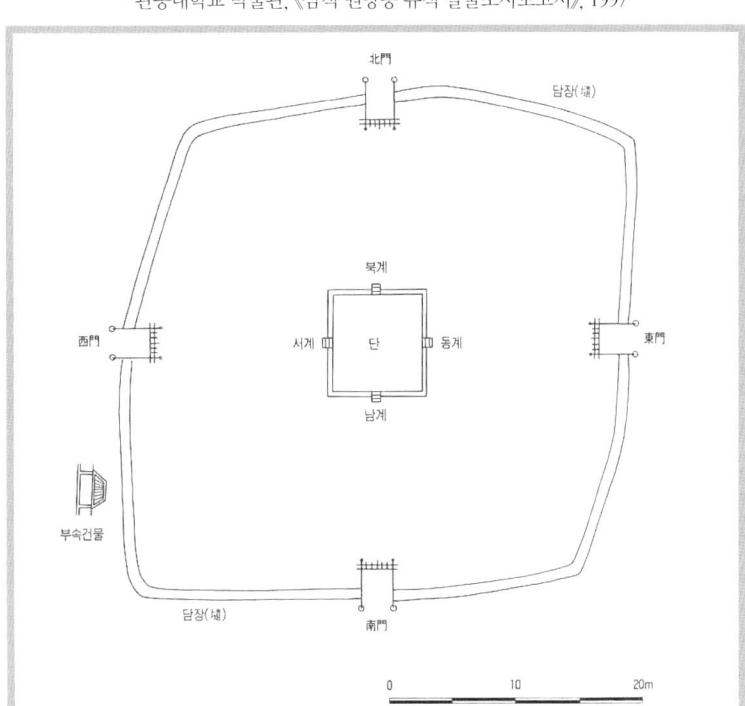

[그림 17] 삼척 사직단지 추정도
*관동대학교 박물관, 《삼척 원당동 유적 발굴조사보고서》, 1997

은 모든 읍치에 사직단을 설치하는 데까지는 관통하였다. 설치 시기에 차이가 있었어도 어쨌거나 전국의 각 읍치에 모두 설치되었다는 점, 이것이 조선 후기까지도 각 지방 지도에서는 빠짐없이 표기되는 장소로 관리되고 있었다는 점에서는 전국의 문화를 유교로 일원화하여 통치하겠다는 조선 정부의 야심찬 기획이 꾸준히 실천되었다고 평가할 수 있다. 그러나 지방마다 제각각인 단의 형태와 규모, 한 번씩 중앙의 단속이 내려오지 않으면 무성의하게 방치되곤 하던 상태, 18세기 말이 될 때까지도 단과 신우를 어떻게 지어야할지 모르고 당황하는 지방 아전과 수령의 모습은 그 야심찬 기획이 가진 실천력의 한계를 보여준다. 민간의 이야기에서 사직단이 신앙적 중심으로 표현되는 것이 매우 제한적이라는 점도 유의할 필요가 있다. 음사를 대체하겠다는 기획에도 불구하고 심상 속에서 사직단이 큰 위치를 차지하는 데에는 이르지 못했다. 조선이라는 국가가 표방한 이상과 실제 구현된 현실의 차이는 그 통치력의 심도와 강도를 가늠할 수 있는 하나의 지표가 될 것이다.

젠더

6. 악해독단
— 공간과 젠더의 이항대조

별기은別祈恩이라는 산천 제사

1411년(태종 11) 여름, 기은을 혁파했다. 기은이 무엇인가? 별기은, 반행半行이라고도 하는 이 의례는 산천에서 행하는 기도 행사를 의미한다. 고려 시대에는 불교, 도교, 무속 등의 산천 기도 등을 두루 지칭했으나 고려 말 이후로는 주로 무속의 산천 의례에 국한되어 사용되었다.[1] 형식의 변화는 있었지만 고려 시대 내내 중시한, 오랜 전통이 있는 제사였다. 바로 이 제사를, 태종이 재위한 지 11년이 되는 해 여름, 혁파한 것이다. 엄밀히 말하자면 기은을 완전히 중단한 것은 아니다. 무격을 동원하며 여악을 베푸는 방식의 제례가 아니라 내시별감이 향을 받들고 가는 형태로, 즉 의례의 형식을 개혁했다.

별기은의 무엇이 문제였을까? 태종 즉위 무렵, 경연관들은 별기은의 참람함을 지적했다. 산천에 대한 제사는 제후여야 가능한데 국속에서는 서인도 모두 산천에 제사하니 이를 금지해야 한다고 했다. 태종은 반대했다. 풍속에서 신을 숭상하므로 금령을 내리면 도리어 원망할 것이라고 했다.[2] 그만큼 인기 있는 신앙 행위였다.

며칠 후 예조에서는 서울과 지방의 절에서 베푸는 도량, 법석 등을 혁파하고 명산대천에 대해서도 《홍무예제》에 의해 제사 지내자고 하면서, 국무당國巫堂과 감악紺嶽·덕적德積 등지에 무녀와 사약司鑰을 보내서 때가 아닐 때 제사 지내는 것을 모두 금지하자고 건의했다.[3] 태종이 즉위한 지 한 달 만에 올린 예조의 상언이라는 점에서, 이는 태조 즉위 직후 예조에서 올린 의례 개혁안에 비견할 만하다. 이때 예조에서 문제삼은 것은 불사와 무격의 제사 두 가지 모두였다. 그러나 이때에도 태종은 불사만 혁파하게 했다. 백고좌도량이나 장경도량 등의 혁파를 주저한 태조에 비해 태종은 불사에 대해서는 상당히 단호한 태도를 지니고 있었으나, 무격의 제사를 금지하는 것에 대해서는 주저했다.

그런데 이러한 입장은 단 몇 달 만에 바뀐다. 이듬해 4월, 태종은 무격의 음사도 줄이도록 명했다. 무격의 음사가 너무 번잡하니 춘추 양절에 한하여 《황명예제》, 즉 《홍무예제》에 의하여 제사를 행하라고 한 것이다.[4] 몇 달 전만 해도 민간에서 소란이 일 수 있으니 놔두자고 한 태종은 어떻게 입장을 바꾸게 되었을까?

이 무렵 태종은 드디어 명으로부터 왕위계승을 인정받았다. 처음 명에서는 정종의 왕위계승을 허락하는 인신과 고명을 내린 터에, 갑작스레 정종이 태종에게 양위했다는 소식이 전해지자 그 배경을 상당히 의심하였다.[5] 이 때문에 사위嗣位를 인정받지 못하자 정월에 종묘에 즉위를 고하는 예를 치르지도 못하고 다음 후보일을 맹월인 4월로 잡은 상황에서,[6] 3월에 드디어 명으로부터 왕위계승을 허락하는 자문을 받은 것이다. 경사가 아닐 수 없었다. 태종은 바로 즉위를 알리는 종묘 고묘례告廟禮를 맹월인 4월, 그것도 초하루에 치렀다. 사실상 어찌 될지 몰라 일단 연기해둔 의례를, 그래도 두 번째 예정일에는 맞춰 거행함으로써 체면을 챙겼다.

이때의 의례는 한껏 화려했다. 한성의 종묘에 자신의 사위를 고한 태종은 사흘 후 산붕, 결채, 나례, 백희가 베풀어지고 성균관 생도와 교방 창기까지 가요를 올리는 속에 화려하게 개성으로 환궁했다.[7] 사위를 인정받은 만큼, 곧 책봉을 위한 인신과 고명도 명에서부터 이를 것이었다. 아버지 태조도 끝끝내 받지 못한 책봉을 이뤄냈다는 점에서 태종은 한껏 자신감을 얻을 수 있었다. 즉위 무렵만 해도 여론을 자극할까 봐 건드리지 못한 무격의 음사를, 이때에 이르러 드디어 줄이라고 명을 내릴 수 있던 데에는 이런 자신감이 자리했다.

이러한 흐름은 불사와 산천 제사에 대한 대중적 공감대의 차이를 보여준다. 불사의 혁파가 무격에 근거한 산천 제사에 대한 혁파보다 쉬웠다는 점은 산천 제사의 관성과 대중성이 훨씬 컸다는 점을 반영한다. 그러한 분위기를 증명하듯, 이때의 조처에도 불구하고 무격의 음사는 줄지 않았다. 10년 후 이 문제는 본격적으로 도마에 오르게 되는데, 이번에는 예조가 아니라 태종이 먼저 문제를 제기했다. 다만 논점은 기은 자체가 아니라 그 방식이었다. 그는 왜 이 시점에 이 문제를 제기했을까?

태종이 문제를 제기한 것은 재위 11년 5월이었다. 바로 2장에서 언급한 풍운뢰우산천성황단에 기우의를 만든 때다. 기상이변과 가뭄으로 절실하게 갖가지 방식의 기우를 하던 차, 전날 마침 큰비가 내려 해갈이 됐다. 예조에서는 기우에 응해준 것에 보답하는 보사報祀를 지낼 필요가 있다며 그 제도를 올렸다. 기우제를 지낸 종묘, 사직, 북교, 목멱, 양진楊津, 한강, 백악에 소뢰의 격에 맞춘 보사를 지내자는 건의였다.

이때 예조에서는 기은에 대해 전혀 언급하지 않았다. 그런데 태종이 갑자기 다음과 같이 기은 문제를 제기했다.

> 송악·덕적·감악 등 명산의 신에게도 축문을 쓰고, 신하를 보내어 분향하게 하는 것이 예이다. 전 왕조 이래로 '내행기은內行祈恩'이라 하면서 사계절 때마다 양전兩殿이 내신內臣·사약과 무녀로 하여금 몰래 이름도 없는 제사를 행해왔는데, 오늘날까지도 그만두지 아니하니 예법에 맞지 않는다. 너희들은 전 왕조의 사전祀典에 실린 것을 상고하여 시종과 본말을 모두 써서 아뢰라. 내 마땅히 예로써 행하겠다.[8]

예조의 보사제도 건의에는 들어있지 않은 송악, 덕적, 감악 등의 기은을 문제삼은 것을 보면, 아마도 기록에는 남아있지 않지만 이때 종묘 등지뿐만 아니라 이들 장소에서도 기은을 통한 기우제를 지낸 듯하다. 그런데 예조에서 유교적 제례를 드린 장소만을 대상으로 보사의 제도를 올리자, 송악, 덕적 등 기은의 장소는 보사 대상이 될 수 없다는 점이 태종으로서는 거슬렸던 것으로 보인다.

마침 이때는 보사만이 아니라 기우와 관련한 제반 의주와 절차를 만들던 시점이었다. 우선 풍운뢰우산천성황단의 기우의를 만들었다. 《홍무예제》를 원용하여 산천단의 기우제를 풍운뢰우산천성황단의 제사로 확장하여 기우의를 만들었다는 점을 2장에서 설명한 바 있다. 또한 우한사의, 즉 가뭄에 대처하여 제례를 드리는 절차를 마련하기도 했다. 산천단에서 기우제를 지내고 전체적인 우한사의를 만드는 상황에서 태종은 명산대천의 제사 방식에 대해 문제를 제기했다. 이때 태종은 명산대천의 신에게도 축문을 쓰고 신하를 보내는 것처럼 유교적 의례를 펼쳐야 한다는 방향을 제시하면서, 일단 각종 기은처의 내력을 조사하게 했다.

5월에 잠깐 해갈이 된 듯한 가뭄은 두 달 후인 7월에도 계속됐다. 다시금 절실해진 상황에서 태종은 예조에 명하여 산천의 여러 산신에게 비를 빌고, 무당을 백악에, 맹인을 명통사에 모아 기우했다. 또 창덕궁 광연루에서는 석척蜥蜴으로 비를 빌고, 흥천사 사리전의 승도 제사, 토룡 제사 등 갖가지 방법을 동원했다.[9] 그러면서도 덕적·감악·개성 대정에서 벌어지던 무격 방식의 기은은 금지했다.

> 예조에 명하여 덕적·감악과 개성 대정大井의 제례를 정하였다. 이보다 앞서 국가에서 전 왕조의 잘못을 이어받아 덕적·백악·송악·목멱·감악·개성 대정·삼성三聖·주작朱雀 등지에 춘추로 기은하였는데, 매양 환시·무녀·사악으로 제사하고, 또 여악을 베풀게 하였다. 이때에 이르러 임금이, "신은 예가 아닌 것을 흠향하지 않는다" 하고, 널리 고전을 상고하여 모두 파하고, 내시별감으로 하여금 향을 받들어 제사 지내게 하였다.[10]

감악, 덕적 등에서 무격을 동원하여 지내던 기은은 폐지하는 대신, 내시별감이 향을 받들어 제사 지내게 하는 방식으로 별기은의 방식을 바꾼 것이다. 같은 날 기사에는 주작, 삼성에 대해서는 내력을 고찰한 후 제사를 지내기로 결정한 반면, 의궤에 수록되어 있지 않다는 이유로 대국제大國祭는 혁파했다고 전한다.[11]

예조에서 언급한 장소인 덕적·백악·송악·목멱·감악·개성 대정·삼성·주작 중 백악, 목멱을 제외하고는 모두 개성 혹은 그 주변에 있던 장소들이다. 덕적과 감악은 경기에 있지만, 개성으로 가는 길에 있던 장소다. 하필 개성 주변의 기은처가 문제가 된 것이 우연이었을까?

즉위년에 예조에서 기은을 혁파하자고 했으나 거부했을 때 태종은 개성에 있었다. 이때는 한성 천도에 대해서는 논란만 분분할 뿐 개성에 머무는 것이 대세였다. 그러나 1411년(태종 11)에는 한성에 있었을 뿐만 아니라, 본격적으로 한성을 개조해가던 시점이었다. 태조 사후 태종은 1409년(태종 9), 1410년(태종 10) 연거푸 개성에 갔다. 특히 태종 10년에는 3월에 개성에 가서 1년 가까이 체류하다 돌아올 정도로 오래 머물렀다.[12] 체류하는 동안 태종은 저화 통행법을 복구하며 개성의 상인들을 압박했고, 한성으로 돌아온 후에는 본격적으로 한성을 개조했다.[13] 1411년 개천을 준천하고 창덕궁을 개수했으며, 1412년에는 경복궁에 경회루를 건설하고 행랑 공사를 시작해 1414년까지 3차에 걸쳐 행랑 공사를 완료했다. 한성 주변 각종 단묘를 건설하고 정비한 것도 이 무렵이다. 아버지의 삼년상을 마치고, 태종은 수도 곳곳에 새로운 건조물을 만들고 수리함으로써 한성을 자신의 도시로 재탄생시켰다.[14] 바로 이 무렵, 개성 중심의 기은처를 모두 손보기로 한 것이 단순한 우연은 아니었을 것이다.

이때의 조처는 기은의 완전한 혁파는 아니었다. 환관, 무녀, 사약 등을 보내 여악까지 베풀면서 하던 방식을 혁파한 것이지, 기은처의 제사 자체를 중단시킨 것은 아니기 때문이다. 여전히 내시별감이 향을 받들고 가는 방식으로 어정쩡하게 기은이 지속되었다. 그러다 보니 문제도

생겼다. 백악 같은 곳은 이미 관원을 보내 춘추로 제사를 지내고 있었는데, 내시별감이 향을 받들고 가는 별기은을 또 하게 하니 비슷한 방식의 제사가 중복된 것이다. 차라리 무격이 주도하고 여악이 베풀어지는 별기은을 그대로 행했다면 적어도 중복의 혐의는 없었을 것이나 봉향으로 방식을 바꾸니 도리어 어정쩡해져버렸다. 예조에서는 이러한 중복 문제를 거론하며 백악의 별기은을 폐지하자고 건의하기도 했다. 그러나 태종은 이를 받아들이지 않았다.[15]

태종이 별기은 자체의 혁파에는 여전히 미온적이며 그 방식만을 바꾸려고 한 데 비해, 사간원은 꾸준히 그 제사 자체를 혁파해야 한다고 주장했다. 참람한 제사였기 때문이다. 천자라야 천지에 제사하고 제후라야 산천에 제사하는 법인데, 관료는 물론 일반 서인들도 거리낌 없이 산천 제사를 행한다는 점이 바로 문제였다. 즉위년 무렵에도 제기됐던 이 문제는 1412년(태종 12)에도 다시금 사간원의 상소로 거론된다. 즉위년의 경연관뿐만 아니라 이때 사간원의 상소도 모두 "천자가 된 다음에야 천지에 제사하고, 제후가 된 다음에야 산천에 제사한다"는 구절로 시작했다.

> 천자가 된 다음에야 천지에 제사하고, 제후가 된 다음에야 산천에 제사하는 것이니, 존비와 상하는 각각 분한分限이 있어 절대로 범할 수 없는 것입니다.……이것은 신이 예가 아닌 것은 흠향하지 않음을 이름입니다. 그러므로 그 귀신이 아닌 것을 제사하는 것은 심히 무익합니다. 우리 전하께서는 밝게 이 뜻을 아셔서 원단의 제사를 정파하고, 단지 산천의 신만을 제사하고 있습니다.[16]

이해 여름에 태종이 원단을 폐지한 것에 대해서는 3장 우사단에서 살펴본 바 있다. 그 결과 제후를 대표하는 제례는 산천 제사가 되었다. 이는 조선만의 생각이 아니라 홍무제 이래 산천 제사를 중시한 명의 입장이기도 했다. 1405년(태종 5) 조선에서 악기를 무역하고자 한다는 주문을 올렸을 때, 영락제는 상당히 불쾌해하며 제사는 국왕(황제)이 하는 것으로 거기에 사용되는 악기는 민간에서 구할 수 있는 것이 아닌데 어떻게 무역하겠다고 하느냐고 질타한 바가 있다. 이때 제사는 국왕이 하는 것이라는 답변을 끌어내기 위해 사신단에 던진 질문이 "너희 나라 산천의 제사는 누가 주관하는가?"였다.[17] 산천 제사를 지내는 존재가 제후왕으로 정의되는 것을 이때의 대화를 통해 볼 수 있다. 조선과 명 사이에서 '천자는 천지에, 제후는 산천에 제사 지낸다'는 원칙을 상호주관적intersubjective으로 수용하고 있음을 알 수 있다.

그렇다면 이렇게 중요한 위상의 산천 제사를 국왕이 아닌 일반 관료나 서인이 하면 안 되는 것 아닌가? 사간원의 상소는 바로 이 지점에 착목하여 일반인의 산천 제사를 비판한다.

> 무릇 산천의 신은 경·대부·사·서인이 제사할 바 아닙니다. 저들이 비록 아첨하여 제사한다고 하더라도 신이 어찌 이를 흠향하겠습니까? 지금 나라 사람들이 귀신을 속일 수 없음을 알지 못하고 산천을 제사할 수 없음을 알지 못하며, 어리석게 분분하여 바람에 풀이 쓰러지듯 풍속을 이루어, 나라의 진산鎭山으로부터 군현의 명산대천에 이르기까지 문란하게 제사하지 아니함이 없으니, 그것이 예에 지나치고 분수를 넘음이 심합니다. 또 남녀가 서로 이끌고 끊임없이 왕래하면

서 귀신에게 아양 부리며 곡식을 허비하는 폐단 또한 적지 아니하니, 원컨대, 이제부터는 중외의 대소 신하들이 함부로 산천에 제사 지낼 수 없게 하며 존비의 분수를 밝히소서. 만일 어기는 자가 있으면 통렬히 법으로 다스리시고, 인귀人鬼의 음사에 이르러서도 모두 엄격히 금하여 풍속을 바르게 하소서.[18]

별기은이라는 산천 제사에는 두 가지 논점이 교차했다. 제사 형식이 무격을 동원하는 형태라는 점이 한 가지로, 태종은 이를 내시별감의 봉향으로 바꾸었다. 그러자 기존 사전의 제례 방식과 중복되는 문제가 발생했다. 다른 한 가지 논점은 산천 제사야말로 제후가 행해야 할 가장 궁극적인 제사로 격상됐음에도 일반인들이 이전의 관성대로 참람하게 산천 제사를 하고 있다는 문제였다. 이런 문제는 한두 가지 수정이나 일부 제사처의 혁파로는 해결될 수 없었다. 새로운 체계를 마련하는 것이 필요해졌다.

산천 봉작의 폐지, 새로운 제사체계

고려에서 산천 제사는 매우 중요했다. 신라는 통일 후 대사에는 3산, 중사에는 5악·4진·4해·4독, 소사에는 여타의 작은 산을 편입시켰으나 고려는 등급의 구분 없이 치제했고 신라보다 훨씬 많은 산천을 대상으로 삼았다. 지역 세력들은 자신들의 선조나 관련 인물을 산천의 신으로 추앙하여 권위를 수식하고 있었기에, 이를 국가적으로 관리하는 것이 필요했기 때문이다.

산천 제사는 990년(성종 9) 9월 처음으로 산정됐다. 이는 그다음 달 서경 행차의 주 목적 중 하나로, '지맥의 근본'으로 인식되어온 서경에서 전국 산천의 체계를 정비하겠다는 선언이었다.[19] 목종 대부터는 국내의 신기에 훈호勳號를 더하기 시작했다. 이런 과정을 거쳐 정비된 고려의 산천 제사는 다양한 형식으로 치러졌는데, 고려 말에는 환관, 무격 등을 동원한 무속적 형식이 주류로 자리 잡게 된다. 고려 시대 내내, 특히 고려 말에 여러 비판이 있었다. 그러나 대체로 그 '지나침'과 '맹신'이 문제가 되었지, 산천 제사체계와 형식을 전면적으로 바꿔야 한다는 주장은 아니었다. 이에 대한 본격적인 문제 제기는 명에서 먼저 시작했다.

1370년(홍무 3) 명은 악진해독을 설정하며 역대 사여된 미명의 봉호를 모두 삭제하고 산수의 본명으로 신을 칭하게 하며 성황의 신호 등도 개정하였다.[20] 당 무측천 때부터 관습적으로 해오던 봉호를 삭제했다는 점에서 당대 기준으로 매우 생경한 조처였으나, 신격을 비의인화했다는 점에서 유교적 원리에 매우 충실한 형태로 평가된다.[21] 명에서는 자신들의 이러한 조처를 이듬해 고려에도 알려왔다.

> 황제가 비서감직장 하상봉夏祥鳳을 파견하여 조서를 내려 이르기를, "……통치를 하는 도리는 반드시 예에 근본을 두어야 한다고 오랫동안 생각해왔다. 여러 사전祀典을 상고해보니, 오악五嶽·오진五鎭·사해四海·사독四瀆을 책봉하는 것은 당나라 때부터 시작되었는데, 숭상하는 아름다운 칭호를 역대 왕조가 더해주었다. (그러나) 짐이 생각하기에는 합당하지 않은 부분이 있다. 무릇 악진해독은 모두 높은 산이

나 넓은 물이므로, 천지가 개벽한 뒤부터 지금에 이르기까지 영령한 기운이 모여 신령한 존재가 된 것이다. 필시 모두 상제로부터 천명을 받아 그 심오함을 헤아릴 수 없는데, 어찌 국가가 봉호를 더할 수 있겠는가? 예를 더럽히는 불경스러운 것으로는 이것보다 심한 것이 없었다.……무릇 예라는 것은 신과 사람을 구별하여 드러내고 명분을 바르게 함으로써 참람한 일이 없도록 하는 것이다. 지금 옛 제도에 의하여 제도를 정하라고 명령하였으니, 무릇 악진해독은 모두 전대에 봉한 명호를 제거하고 단지 산과 물의 본래 칭호로써 그 신을 부르도록 한다. 군현 성황신의 칭호도 모두 봉호를 고치며, 역대의 충신과 열사도 또한 처음 봉해질 당시의 칭호에 따라 실제 칭호로 삼으며 뒤 시대에 붙여진, 정도를 뛰어넘는 아름다운 칭호는 모두 제거한다."22

이 조서에서는 신령한 산천에 대해 인간의 봉호를 덧붙이는 것이 불경하다고 하며 산과 물의 원래 칭호로써 그 신을 부르도록 하겠다고 했다. 천하의 산천에 대해 직접 제사를 드리는 것으로 천하일통을 표방한 홍무제는 자국 내의 산천 제사도 개혁하고, 이를 주변국에 알림으로써 변화를 추동하려 하였다.

그러나 고려에서는 홍무제의 저 야심만만한 조서에 호응하지 않았다. 고명과 새서를 내려준 것, 의주와 악기를 내려준 것 등을 모두 사례하고 명의 친왕 책봉을 축하하는 표문도 올렸으며, 심지어 거부감이 심했던 서사호의 제례에 대해서도 언급했음에도 불구하고, 산천 제사에 대한 이 조서에 대한 답은 보이지 않는다. 1장에서 설명했듯이 이 무렵 공민왕은 홍무제가 보낸 새서를 이용하여 유교적 사전을 강화해가고 있었음에도 홍무제가 특별히 별도의 조서로 알린 산천이나 성황 봉작 문제에 대해서는 별 반응을 보이지 않았다. 도리어 신돈을 숙청한 1371년(공민왕 20), 공민왕은 교서를 내리며 사전에 등재된 명산대천에 덕호德號를 더해주기까지 했다.[23] 서사호의 산천단 제사에 대한 고려의 반응과 이 점을 연관시켜본다면, 산천 제사에 대해서는 고려가 전통을 고수하려는 경향이 더 컸다고 하겠다.

조선 건국 후 사전 개혁을 요청한 최초의 상서를 올린 조박은 성황의 작호를 제거하자고 요청한 바 있다.[24] 그러나 성황의 작호만을 거론했을 뿐 산천의 봉작은 거론하지 않았다.[25] 조선에서도 역시 고려의 전통을 이어 전국의 명산대천, 성황, 해도의 신을 봉작하였고,[26] 한양 천도가 거행된 후에는 백악을 진국백鎭國伯, 남산을 목멱대왕木覓大王으로 봉작하고 경대부와 사서인은 제사를 올릴 수 없게 했다.[27] 태종 대 한양으로 재천도한 후에는 송악 성황신의 예에 의거해서 백악의 성황신에게도 녹을 주었다.[28] 이른 시기부터 변화가 보이는 다른 제사나 불사와 관련한 제한 조처에 비할 때 산천 제사에 대해서는 고려의 체계가 그대로 이어졌다.

산천 제사에 대한 관성은 대중이 산천신의 영험함을 신앙하고 있었기 때문이다. 정종은 경연에서 부처를 신이라 해서는 안 된다고 하며, 양자를 구별했다. 그러면서 다음과 같이 자신의 경험을 이야기했다.

귀신의 도는 허탄하다고 할 수 없다. 과인이 옛날에 위조僞朝에 벼슬하여 대언代言이 되어, 위주(우왕)를 따라 장단長湍에 머물렀는데, 기생 대여섯 명이 한꺼번에 복통이 났었다. 바로 술과 고기를 가지고 감

악산에 제향하여 기도하자 조금 있다가 신神이 한 기생에게 내려, 엎
어졌다 넘어졌다 하고 펄떡펄떡 뛰면서도 부끄러운 것을 알지 못하였
으니, 이런 것은 허탄하다고 말할 수 없다.[29]

정종은 기생에게 빙의한 감악 산신과 같은 존재를 신으로 보고 있으
며, 그런 현상을 일으키는 신은 허탄하다고 볼 수 없다는 인식을 가지
고 있었다. 하륜은 불교적 세계관이나 부처에 대해서는 허탄하다고 강
하게 비판하면서도, 정종이 거론한 감악 산신 사례에 대해서는 언급을
회피했다. 임금이 산신의 영험함을 경탄하는 앞에서 대놓고 산신에 대
해 비판하기 힘들어서였을 수도 있으나 그 역시 그런 인식에 동조했을
가능성이 크다. 다른 기사들을 보면, 관료들도 열성적으로 산천에 제사
를 지냈으며, 사간원의 비판 역시 제사의 참람함에 대한 문제였지, 산
천신의 영험함에 대해서는 부정하지 않은 것을 볼 수 있기 때문이다.
태종 즉위년 예조에서 올린 상언에서도 무격에 의한 산천 제사를 제거
하자는 것이지, 산천 제사 자체를 문제삼지는 않았다는 점, 그마저도
태종의 반대로 실행되지 않은 것 등은 이러한 분위기에서 가능했다.

1411년 별기은의 개혁으로 추동이 된 산천 제사의 개혁은 1413년(태
종 13), 고려 시대에 산천에 붙인 봉작들을 폐지하는 것에서부터 시작
했다. 당시 예조에서는 다음과 같이 봉작을 폐지하자고 하였다.

삼가 《문헌통고》를 살펴보건대, 산천을 봉작한 것은 측천무후로부터
시작하였고, 송나라 진종 때에 이르러 오악을 모두 봉하여 제帝로 삼
았으며, 또 각기 후后를 봉했습니다. 진무陳武가 말하기를, '제는 단지

하나의 상제가 있을 뿐인데, 어찌 산을 제라 이를 수 있겠는가? 또 후전后殿을 그 뒤에다 세운다고 하는데, 모르겠다. 어느 산이 그 배필로서 부부가 되겠는가?'라고 하였습니다. 《홍무예제》에서는 악진해독을 제사하는데, 모두 모악某岳·모해某海의 신神이라 일컬었고, 작爵을 봉한 호는 없었습니다. 전 왕조에 경내의 산천에 대하여 각기 봉작을 하며 혹은 처첩·자녀·생질의 상을 설치하여 모두 함께 제사하였으니 진실로 미편하였습니다. 우리 태조가 즉위하자 본조에서 건의하기를, '각 관의 성황지신城隍之神 작호를 혁거하고, 단지 모주某州의 성황지신이라 부르게 하소서' 하여, 즉시 허락을 받아 이미 뚜렷한 법령으로 되었으나, 유사에서 지금까지 그대로 따라 이를 행하지 않아 작호와 상설像設이 아직도 그 전대로여서 음사를 행합니다. 엎드려 바라건대, 태조가 이미 내린 교지를 거듭 밝혀 단지 '모주성황지신某州城隍之神'이라 부르게 하고, 신주 1위만 남겨두되 그 처첩 등의 신은 모두 다 제거하소서. 산천·해도의 신 역시 주신 1위만을 남겨두고 모두 목주에 쓰기를, '모해·모산천지신'이라 하고, 그 신상神像은 모두 다 철거하여 사전을 바로잡으소서.[30]

산천 봉호를 삭제한다는 점에서 홍무제와 태종의 개혁은 일견 비슷해 보인다. 그러나 그 논리가 다르다는 점을 유의할 필요가 있다. 홍무제는 산천이 그 자체로 영험한 기운을 가지고 있는 신적 존재이기 때문에 인간이 주는 봉작으로 신의 영역을 더럽힐 수 없다고 했다. 그러나 태종 대 예조의 논리는 제는 상제 하나뿐이어야 하는데, 산에도 제와 같은 참람하고 과도한 칭호를 쓴다는 것을 문제로 삼았다. 예조에서 인용한 진무의 발언은 송 진종 때 산천에 대한 봉호가 과도해지던 상황을 비판하면서 나온 것이다. 홍무제와 태종 대의 개혁은 산천의 봉작을 제거한다는 결론은 같지만, 다른 논리에 기반했다. 조선에서는 자연신을 부정하고 원리적 존재는 호천상제로 단일화해야 한다는 의식이 강했으며, 산천의 봉작이 불러일으킬 수 있는 '참람함'을 더 문제시한 것이다.

한편 태종 대 명산대천의 봉호 삭제가 영락제로부터 의제는 본속을 따르라는 방침을 받은 후라는 점도 유의할 필요가 있다. 처음엔 무시했던 홍무제의 산천 봉작 제거 조처를, 더더욱 적용할 필요가 없는 시점에서 산천 의례 개혁에 나선 것이다. 개혁의 실천 방향에서는 조선이 표면적으로는 명과 비슷한 방향으로 봉호를 삭제하고《홍무예제》의 신주 쓰는 법을 활용하였으나, 양자는 개혁의 논리가 달랐다. 그런 점에서 산천 제사의 산정은 일차적으로 조선의 자체적 논리와 필요성에서 비롯했다.

산천 봉작의 혁거와 함께 예조에서는 당과 송의 제도에서 악진해독을 중사로 삼고 있는 점, 당제에서 산림천택은 소사로 편제하고 있는 점 등을 들며, 경내 명산대천과 여러 산천의 등급을 나누자고 건의하였다.[31] 이에 기반해 1414년(태종 14) 8월에 드디어 진鎭을 제외한 악해독을 설정하여 중사로, 명산대천을 소사로 설정하였다. 2장에서 전해인 1413년(태종 13) 4월에 변사체계를 결정하고, 6월에 각처의 단유를 조사했다는 점을 설명한 바 있는데, 악해독과 명산대천은 그때 문제를 제기하여 1년 후에 선정했다는 점에서 다른 단묘보다 뒤늦게 마련한 개혁안이었다. 이때 예조에서 올린 산천 제사 방안을 정리하면 [표 14]와 같다.[32]

[표 14] 태종 14년 예조의 산천 제사 방안

변사	지역	장소
중사	경성	삼각산, 한강
	경기	송악산, 덕진
	충청도	웅진
	경상도	가야진
	전라도	지리산, 남해
	강원도	동해
	풍해도	서해
	영길도	비백산
	평안도	압록강, 평양강
소사 (이전에는 소재관에서 제사 지냈음)	경성	목멱
	경기	오관산, 감악산, 양진
	충청도	계룡산, 죽령산, 양진명소
	경상도	우불산, 주흘산
	전라도	전주 성황, 금성산
	강원도	치악산, 의관령, 덕진명소
	풍해도	우이산, 장산곶, 아사진송곶
	영길도	영흥 성황, 함흥성, 비류수
	평안도	청천강, 구진익수
소재관	경기	용호산, 화악 개성 대정 우봉 박연
	경상도	진주 성황
	영길도	현덕진, 백두산
혁거 대상	경기	영안성, 정주목감, 구룡산, 인달암

이를 보면 아직 성황과 산천이 분리되지 않았다. 개성의 대정과 우봉의 박연은 예조의 첫 상언에 들어있던 것이 아니라 뒤에 덧붙인 내용으로, 아마도 어디에 속하게 할 것인지 여부를 두고 고민했던 것 같다. 이 두 곳은 결국 소사에서는 제외하고 소재관에서 제사 지내는 것으로 대체했다.

이 기사에서 혁거했다고 분명히 밝힌 것은 영안성·정주목감·구룡산·인달암에 불과할 정도로, 고려 시대 이래 유력한 제사처는 거의 혁거되지 않았다. 그러나 다음 절에서 좀 더 설명하겠지만, 영안성·정주목감·구룡산·인달암 말고도 이때 혁거된 지방 각처의 제사처는 많았던 것으로 보인다. 이 기사의 혁거된 대상들은 아마도 개성과 한성 주변 제사처 중 해당하는 곳들만을 언급한 것으로 보인다.

그렇다면 혁거된 네 곳—영안성, 정주목감, 구룡산, 인달암—은 어떠한 장소들일까? 우선 영안성, 구룡산은 모두 고려 왕실의 선대와 관련이 깊다. 영안성은 작제건이 서해의 용녀에게 장가를 든 후 거주한 곳으로, 후에 왕건의 아버지인 용건의 창릉을 이곳에 조성했다. 구룡산은 왕건의 조상인 호경이 산신이 된 곳으로, 산 이름도 그 설화에서 따왔다. 이곳에서는 산신이 된 호경을 대왕으로 삼아 제사를 지냈다. 인달암은 성거산 북쪽에 있는데, 박연의 원류가 되는 것으로 보인다.[33] 아마도 박연과 중복이 된다고 보아 혁파한 듯하다. 정주목감은 정주에 있던 말을 기르던 관서로 추정되는데, 말에 대한 제사를 사복시나 살곶이목장으로 옮겨오면서 혁파한 것으로 보인다. 고려 왕실과 직접적으로 연결된 제사처 두 곳과 중복의 혐의가 있는 제사처 두 곳을 혁파한 셈이다.

고려 왕실과 관련이 있는 곳으로는 송악산, 오관산, 개성 대정, 박연도 들 수 있다. 특히 개성 대정은 용녀가 드나든 우물이라는 전설을 지니고 있다는 점에서 용손을 자처한 고려 왕실의 건국설화와 떼려야 뗄 수 없는 곳이다. 때문에 혁거 여부를 두고 고심한 듯하나 박연과 함께 워낙 기우 등에 영험하다는 권위가 강했기에 소재관의 제사처로라도 살아남은 것으로 보인다.

세종 대에는 태종 대 정한 악해독과 명산대천에 큰 변화는 없이 두만강 하나만 추가하였다. 결과적으로 태종 대의 산천 제사 산정은 새롭게 등급을 나누어 사전에 편제하기는 했으나 장소의 연속성이라는 측면에서는 고려의 유제가 여전했다. 이는 세조 대 양성지가 비판하는 지점이 된다.[34]

조선의 산천제는 고려 산천 제사의 장소적 연속성을 유지한 채 편제만 새롭게 하다 보니, 그다지 정연하지 않은 모양새가 되었다. 명 홍무제 단계에서 정한 악진해독은 5악, 4진, 4해, 4독 체제로서, 방위와 산천, 바다 등의 개수가 일치한다. 중악이 있는 악만이 하나 더 많을 뿐이다. 그러나 조선의 경우는 진이 없고, 악과 해는 각각 1개씩 줄어들었으나 독은 세종 대 기준으로 하면 7개로 중국의 4독보다도 훨씬 많았다. 다만 공식적으로는 이들을 4개의 방위에 분속시켜 웅진·가야진은 남방, 한강은 중앙, 덕진·평양강·압록강은 서방, 두만강은 북방의 독으로 각각 규정함으로써 4독의 체제를 벗어나지 않았을 뿐이다.

《세종실록》 오례의부터 《국조오례의》, 《대한예전》의 악해독을 정리하면 [표 15]와 같다.[35] 태종 대 예조의 건의 때부터 《세종실록》 오례의를 거쳐 《국조오례의》까지는 변화 없이 두만강 하나만 추가가 되었다

[표 15] 중사 악해독의 변천

방위	악			
	태종 14년	《세종실록》 오례의(4악)	《국조오례의》 (4악)	《대한예전》 (5악)
동		-	-	금강산
서	송악산	송악산	송악산	묘향산
중	삼각산	삼각산(부 백악)	삼각산	삼각산
남	지리산	지리산	지리산	지리산
북	비백산	비백산	비백산	백두산

방위	해			
	태종 14년	《세종실록》 오례의(3해)	《국조오례의》 (3해)	《대한예전》 (4해)
동	동해	동해(양주襄州)	동해(양양)	동해(양양)
서	서해	서해(풍천豊川)	서해(풍천)	서해(풍천)
중		-	-	-
남	남해	남해(나주羅州)	남해(나주)	남해(나주)
북		-	-	북해(경성鏡城)

방위	독			
	태종 14년	《세종실록》 오례의(7독)	《국조오례의》 (7독)	《대한예전》 (4독)
동	-	-	-	낙동강
서	덕진·평양강· 압록강	덕진·평양강· 압록강	덕진·평양강· 압록강	패강
중	한강	한강	한강	-
남	웅진·가야진	웅진·가야진	웅진·가야진	한강
북		두만강	두만강	용흥강

가《대한예전》에서 대폭 변화했음을 볼 수 있다.

이에 비해 소사에서는 명산에 태종 14년과《세종실록》오례의에는 전주 성황과 영흥 성황 등 성황이 여전히 남아있다가《국조오례의》에서는 빠진 것 외에는 태종 14년의 방안에서부터《대한예전》까지 똑같이 기록된다.[36]

[표 16] 소사 명산·대천의 변천

방위	명산			
	태종 14년	《세종실록》 오례의	《국조오례의》	《대한예전》
동	치악산	치악산	치악산	치악산
서	오관산·우이산	오관산·우이산	오관산·우이산	오관산·우이산
중	목멱	목멱	목멱	목멱
남	계룡산·죽령산· 우불산·주흘산· 금성산·전주 성황	계룡산·죽령산· 우불산·주흘산· 금성산·전주 성황	계룡산·죽령산· 우불산·주흘산· 금성산	계룡산·죽령산· 우불산·주흘산· 금성산
북	감악산·의관령· 영흥 성황	감악산·의관령· 영흥 성황	감악산·의관령	감악산·의관령
방위	대천			
	태종 14년	《세종실록》 오례의	《국조오례의》	《대한예전》
동				
서	장산곶· 아사진송곶· 청천강·구진익수	장산곶· 아사진송곶· 청천강·구진익수	장산곶· 아사진송곶· 청천강·진익수	장산곶· 아사진송곶· 청천강·구진익수
중				
남	양진명소·양진	양진명소·양진	양진명소·양진	양진명소·양진
북	덕진명소·비류수	덕진명소·비류수	덕진명소·비류수	덕진명소·비류수

고려의 유제가 많이 남기는 했으나, 태종 대 산천의 봉작을 제거하며 중사 악해독과 소사 명산대천으로 등급을 나누고 봄·가을로 향을 내리는 것으로 제사의 체계를 갖추었다. 제례의 형식을 유교적인 방식으로 바꾸고 주체도 바꿨다. 각처 악해독의 헌관은 관찰사가 기본적으로 담당하되 여러 곳일 경우엔 수령이 나누어 담당했고, 명산대천의 헌관은 소재 주·현의 수령이 담당했다.

고려 시대 내내 제사를 드리던 수많은 산천을 간추리고 악해독과 명

[그림 18] 《신증동국여지승람》 동람도 중 팔도총도
팔도총도에 표현된 산천은 백두산만 예외일 뿐 나머지는 모두
중사 악해독과 소사 명산대천에 등재된 장소들이다.

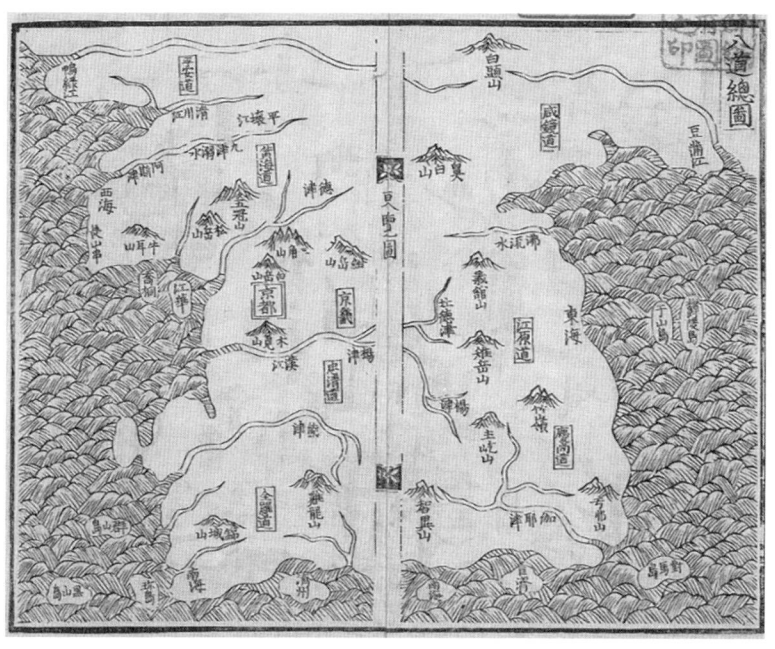

산대천으로 등급을 나눠 정연해 보이는 체계를 갖췄다. 그러나 400년 가까이 산천을 인격신처럼 여기며 봉작과 녹봉을 주고 그 영험함을 신앙해오지 않았던가? 저 얼마 안 되는 국가 제사의 체계에 포섭되지 못하고 지역마다 산재한, 수많은 영험한 산천은 어떻게 할 것인가? 세종 대 산천 제사는 다시금 조정에 들어간다.

제사 대상의 확대, 혁파되지 않은 신상神像

봉작을 제거하고 국가가 주도하는 유교적인 제례만 행하는 것은 이후에도 제대로 수행되지 않았다. 1424년(세종 6) 세종은 각처의 성황과 산신이 여전히 태왕이니 태후니 하는 호칭으로 불리고 산 정상에는 이러한 신상을 모시는 신사에서 민간인들이 함부로 제사를 지낸다고 지적하며, 산 밑에 단을 설치하고 신판을 두어 국가에서만 제사하고 민간의 지나친 제사를 금지하려고 하였다. 그러나 의례상정소 제조인 이직, 대제학 변계량, 이조판서 허조, 예조판서 신상 등이 반대했다.

> 산신에 봉작하는 것은 당·송 때에 시작되었고, 본국에서도 산신에 봉작하고 산 위에 묘廟를 세워서 윗사람이나 아랫사람이 다 제사하는 역사는 이미 오래되었습니다. 또 귀신에게 배필이 있는지 없는지도 억측하기 어려우니 신 등은 예전대로 하는 것이 낫다고 생각합니다.

당시 이들 사이에서도 의견이 일치되지 않았다. 허조와 신상은 세종처럼 산천의 봉작을 혁파하자고 했으나 이직과 변계량은 그대로 두자는 입장이었다고 한다. 그러나 내부 논의 끝에 이직과 변계량의 의견에 따라 신사는 물론 봉작까지도 그대로 두는 것으로 의견을 통일해 계문했다고 전한다.37 아예 태종 대 폐지된 봉작까지도 복구하자고 하는 것을 통해 산천 제사 전통의 관성이 얼마나 강했는지 짐작할 수 있다.

4년 후에는 이미 혁파한 산천 제사를 다시 살펴보자는 논의도 나왔다. 1428년(세종 10) 예조판서 신상은 고전古典에 실려 있는 산천의 신 중 도태돼버린 것이 많은데, 그 이유를 고증하기 어렵다며 이를 어떻게 해야 할지 난감하다고 계문했다. 변계량은 사전에 기재되지 않은 것도 제사 지냈다는 《서경》 낙고洛誥편과 산천 제사를 언급한 우서禹書 순전舜典을 인용하면서 도태된 산천 제사를 복구하자는 뜻을 내비쳤다. 세종 역시 한나라 때 유향劉向이 음사 제거를 어렵게 여겼다는 점을 인용하며, 우선 사전에서 제거된 산천 제사의 이유를 상고해오라고 하였다.38

이듬해 예조에서는 다음과 같은 방안을 계문했다.

지난 기축년(1409, 태종 9)에 다시 상정할 때에 사전祀典에서 없앤 것을, 뒤에 수교에 따라 소재관으로 하여금 아울러 봄·가을로 치제하게 하였습니다. 그 제향의 물자로 위전位田을 주기도 하고, 국고의 미곡을 쓰기도 하며, 혹은 그 고을에서 자비自備하기도 하였으며, 제품祭品에 있어서는 어떤 것은 중사의 예例에 따라 변·두 각각 10개를, 어떤 것은 소사의 예에 따라 변·두 각각 8개나 각각 2개를 쓰기도 하니, 너무 고르지 않습니다. 청컨대, 그 영험 여부를 분별하지 말고, 영구히 혁파했거나 제사드리는 장소를 모르는 곳을 제외하고는 모두 국가에서 행하는 악독산천의 제품의 예에 따라 국고의 미곡으로 치제하게 하고, 제사 뒤에 감사가 본조에 이문하는 것을 항식으로 삼으소서.[39] (괄호: 필자)

이를 보면 이미 태종 대 혁거한 산천이 어느 시점에서 복구됐으나, 그 제도가 통일성이 없는 상황이었던 듯하다.[40] 그러므로 영원히 혁거한 곳이나 제사처를 일실한 곳을 빼고 복구한 산천들을 중사인 악해독이나 소사인 명산대천의 예에 따라 국고의 미곡으로 소재관에서 제사를 지내게 하자는 것이다. 이 계문 뒤로는 복구할 산천과 성황의 목록을 수록했다.

세종 11년의 방안은 이듬해인 1430년(세종 12)과 1437년(세종 19) 예조에서 각도 산천단묘순심별감山川壇廟巡審別監을 보내 조사한 내용을 바탕으로 보완·수정을 한다. 세종 12년에는 단유의 현황과 위판, 제품과 제기 등을 조사해서 문제가 되는 부분에 대한 수정 방안을 제시했다. 여기에서 특히 주목되는 부분은 신상의 유무와 이에 대한 처리 방법이다. 이때 산천단묘순심별감의 조사에 따르면, 영흥 성황, 전주 성황, 감악산, 의관령, 송악산 성황, 대황당, 국사당에 모두 신상이 있었으며, 함흥에는 성황사묘 3칸이 있었다. 예조에서는 이 8개 항목에 대해 모두 사묘를 헐고 신상을 철거하자고 했으나, 받아들여지지 않았다. 감악산, 의관령, 송악산은 신상을 철거하지 않고 근처에 국가가 제사 지내는 사당을 별도로 세우고 위판을 설치하게 했으며, 개성 대정의 신상 역시 철거하지 않게 했다.[41] 그만큼 신상의 관성이 강했다.

세종 19년에는 7년 전의 조항을 좀 더 정밀하게 보완하여 중사, 소사의 단묘와 소재관에서 제사 지낼 곳들을 정리하고 위판의 형식 등을 규정하였다. 또한 세종 11년에 거론한 여러 제사처 중 소재처를 알 수 없는 것을 골라냈는데, 주로 경기 및 함길도의 섬과 의천군宜川郡의 성이었다.[42]

세종 대 이러한 과정을 거쳐 산천 제사가 다시 조정되었다. 태종 대 혁거한 지방 곳곳의 여러 제사처들은 다시 복구되어 소재관에서 제사를 드리는 것으로 변경되었으며, 통일성이 없던 제도를 정비하여 악해독과 명산대천의 격에 맞추어 제사를 드리도록 했다. 여기에는 두 가지 논점이 교차했다. 우선 이전에 혁거해버렸음에도 영험함을 보이고 있는 산천 제사를 아예 중지하는 것을 여전히 난감해했다는 점이다. 다른 한 가지 지점은 산천 제사를 혁거해버릴 경우 민간에서 음사를 행하는 것을 통제할 방법이 없다는 점이다.

여기에서 세종 6년 당시 논의에서 예조판서 신상은 산천의 민간 음사와 봉작을 제거하자는 입장이었음을, 변계량은 이를 그대로 유지하자는 입장이었다는 점을 상기해보자. 이렇듯 입장이 갈렸던 두 인물이 5년 후에는 혁거한 산천 제사를 복구하자는 데 의견을 같이했다. 세종 12년, 19년 두 차례의 조정을 통해 산천 제사 대부분을 복구할 뿐만 아니라, 이전의 신묘나 사묘는 그대로 두고, 따로 사묘나 단을 만들고 위판을 두어 유교적으로 제례를 드리는 것으로 결정했다. 원래 기존의 신상과 사묘를 다 철거하자는 것이 예조의 입장이었다는 점을 생각해보면, 신상申商은 혁거한 산천 제사의 통제를 위해 이를 다시 국가 제사 체계로 편입시키고 신상이나 사묘도 개혁하려고 했던 것으로 보인다. 변계량은 산천 제사를 복구해야 한다고 봤을 뿐만 아니라 신상과 기존 사묘의 철거에 대해 보수적이었는데, 이 부분에는 변계량 등의 의견이 관철된 것으로 보인다. 대신 별도의 위판과 단이나 묘를 만들어 유교적인 제례를 드리는 것을 병치함으로써 신상과 변계량의 의견을 절충한 것이다.

세종 대 산천 제사는 태종 대 만든 악해독과 명산대천 체계는 거의 손대지 않고 그대로 유지하였다. 여기에 이미 혁거한 산천 제사를 다시금 국가의 제사체계로 끌어들였다는 것은 산천 제사의 혁거가 현실에서 생각만큼 쉽지 않았기에 차라리 제사체계로 다시 끌어들임으로써 통제를 시도했다고 평가할 수 있다. 산천 제사의 통제라는 원 개혁의 취지를 유지·발전시켰다고도 할 수 있으나, 현실적인 한계와 개혁에 대한 확신의 부족으로 개혁이 퇴보했다고도 평할 수 있다. 신상神像과 사묘를 철거하지도 않고 그대로 유지한 채 국가 제사처를 병렬하여 설치했다는 것은 개혁의 의지는 견지하나 실행에서의 현실적 한계를 감안한 절충이다.

세종 대를 거치며 악해독과 명산대천이라는 기존 체계에 말단의 영험한 산천까지 국가 제사 체계망에 포섭을 했다. 기존의 신상과 사묘를 철거하지는 못했으나 유교적인 제사의 장소를 마련하기도 했다. 그렇다면 이제 산천 제사가 갖고 있던 기존의 문제는 해결되었을까? 감악 산신의 빙의를 믿어 의심치 않던 심상이 일반적이던 시대, 불사의 혁파보다 더 어렵게 여기던, 오랜 전통을 지닌 무격의 산천 제사는 어떻게 되었을까? 보편적인 인간의 간절한 갈구는 어떻게 해결할 것인가?

전통의 수호를 자임한 왕실 여성

태종 12년 사간원에서 중외 신료들과 서인들이 참람하게 산천 제사를 지내는 것을 금지하자고 상소했다. 한 달쯤 후, 태종은 이 상소를 의정부에 내렸다. 천자는 천지에 제사 지내고 제후는 산천에 제사 지내는 것이거늘 대신들이 송악이나 감악에 제사를 지내겠다고 휴가를 청하는 것은 예가 아니라며 현직과 산직散職의 대소 신료들 모두 논의하게 했다. 이에 이직李稷만이 고전을 참고하자며 유보적인 태도를 보였을 뿐, 대부분이 혁파하자는 데 동의하는 듯했으나 '무관武官 5, 6인'이 산천 제사를 갑자기 혁파할 수 없다고 하자 결국 그만두었다.[43]

겨우 무관 대여섯 명이 반대했다고 산천 제사 혁파를 그만두었을까? 이때의 기사만 보면 대부분이 혁파하는 데 동의한 듯하지만, 실상은 달랐다. 이런 논의가 열린 달포 후, 세밑을 맞아 송악의 성황에 기복한다며 왕래하는 관료들이 끊이지 않았다.[44] 앞에서 올리는 '바른 의견'과 뒤에서 하는 '실제 행위'는 달랐다.

대소 관원들의 참람한 산천 제사를 규제하겠다던 태종 자신도 후에 자신의 조처를 철회했다. 1418년(태종 18) 그는 다음과 같이 예조에 명했다.

> 잡인들이 송악·감악에 치제하는 습속이 이미 오래되었으니, 갑자기 변경하기가 어려울 것이다. 만약 무지한 서인들이 어쩌다가 시령時令이 고르지 못한 때를 만나 병이라도 나게 되면 반드시 송악·감악의 제사 때문이라고 구실을 삼을 것이니, 일단 금하지 말고 점차 바꾸기

를 기다리도록 하라.⁴⁵

태종은 왜 이때 잡인들의 산천 제사에 너그러워졌을까. 마침 이 무렵 아끼는 성녕대군이 완두창으로 목숨이 위태로웠다. 흥덕사에서 정근精勤을 하고, 절령의 나한전까지 구병원장救病願狀을 보내며, 맹인을 불러 점을 치고《주역》풀이를 하는 등 온갖 방법을 동원하던 중이었다.⁴⁶ 아마 송악이나 감악에도 할 수 있는 모든 기원을 이미 했을 것이다. 송악·감악에 대한 일반인의 제사를 허용하는 저 발언은 그러한 자신의 절실함에 대한 변명이었을 수도 있고 다른 이들의 절실함에 대한 이해가 새로워졌다는 솔직한 토로일 수도 있다. 어느 쪽이건 산천 제사는 당대인들의 절실한 바람과 밀착하여 혁거하기 힘들었음을 여실히 보여준다.

2년 후 태종비이자 세종의 어머니인 원경왕후가 앓기 시작하자 다시금 동원할 수 있는 모든 기원의 방법이 동원됐다. 환관을 비롯하여 부마 이백강李伯剛 및 권규權跬를 개경사開慶寺와 소격전에 보내어 치유를 빌고, 사알·사약을 보내 송악, 백악, 감악, 양주 성황의 신에 기도했다. 승려를 모아 정근을 베풀거나 피병을 위해 여기저기를 떠돌기도 했다.⁴⁷ 이때 상왕이던 태종은 세종비 공비恭妃에게도 백악·목멱·송악·감악 및 양주 성황신에게 기도하라고 명하여 공비가 바로 환관을 보내 기도도 했다.⁴⁸ 여기에서 눈에 띄는 점이 있는데, 치병을 위한 기도에 동원되는 사람들이 왕실의 인척이거나 환관이나 사알·사약처럼 궁중에서 일하는 관리였다는 점이다. 즉 왕실 구성원의 건강을 위해 불사나 기은 같은 비유교적인 의례를 행할 때는 관서 기구가 아니라 왕실 구성원의 명령이나 왕실 조직을 통해 행해졌다는 점이다. 또 한 가지 주목 되는 점은 상왕 태종이 공비에게 따로이 명을 내려 기은을 하도록 했다 는 점이다. 고려 시대 양전兩殿, 즉 국왕과 왕비가 각각 행하던 별기은 의 전통에 따라, 그 며칠 전 세종이 사약과 사알을 보내 별기은을 했으 므로 왕비인 공비도 행하라고 명한 것으로 보인다. 공비 자신이 먼저 나서지 않은 것은 아버지인 심온沈溫이 숙청된 터에 어떤 행위건 주도 적으로 나서기 어려웠기 때문이었을 것이다.

세종 대 초반만 하더라도 고려 시대처럼 국왕과 왕비가 모두 별기은 을 행하는 전통은 계속됐다. 가뭄이 심하면 관서에서 이를 건의하기도 했다. 1425년(세종 7) 예조에서는 다음과 같이 건의했다.

> 삼가 《문헌통고》를 상고하오니, '소종백小宗伯이 대재大災에 집사가 되어 상하신기上下神祇에게 기도한다' 하였고, 그 주석에 '집사는 대 축大祝과 남무男巫·여무女巫라' 하였습니다. 지금이 한창 농사철인데 가뭄이 너무 심하오니, 고제에 의하여 서울과 기내畿內 각처에 봄·가 을 별기은의 관례에 따라 날을 가려 무당과 내시를 보내고 향을 내려 기우하기를 청합니다.[49]

예조에서 인용한 《문헌통고》는 기양祈禳에 대해 다룬 부분이다.[50] 가 뭄이 심하자 무당을 동원하는 별기은이라도 하려고 보니, 그 명분을 찾 을 필요가 있었는데, 마침 《문헌통고》에서 남무와 여무가 집사가 될 수 있다는 조목을 찾아낸 것이다. 이것은 1416년(태종 16) 가뭄이 심했을 때 이미 전개했던 논리기도 했다.[51] 이해도 가뭄이 극심하여 흥인문 밖에 88장의 크기에 달하는 토룡단을 만들고, 원단 기우제도 할 정도였는데, 《문헌통고》의 이 논리에 따라 국무당과 감악산·덕적산·목멱산·삼성에 기양제를 행한 바 있었다.[52] 바로 그 5년 전에 별기은의 문제점을 지적하며 그 제사 방법을 개혁했으나, 심한 가뭄 앞에, 또 왕실 구성원의 질병 앞에서 이러한 개혁은 쉽사리 무화되곤 했다.

이렇게 가뭄에 별기은이 다시 활용되기 시작하자 사간원을 중심으로 이에 대한 비판도 다시 일었다. 1426년(세종 8) 사간원에서는 일반인의 산천 제사가 참람하다는 지적과 함께 가산을 탕진하는 문제, 부녀자들까지 데리고 제사를 드려 남녀 분별이 없어진다는 문제 등을 지적했다. 이를 금지하기 위해 나라에서 먼저 국무당을 혁파함으로써 모범을 보이자고 주장했다.[53] 이러한 사간원의 논리는 1429년(세종 11) 좌사간 유맹문柳孟聞이 올린 상소에서 반복되며 좀 더 자세히 보인다. 그는 다음과 같이 무속과 기은의 풍속을 강력하게 비판했다.

> 지금의 세속은 오히려 옛 관습을 따라 무격의 요사하고 허탄한 말에 미혹되고 있어, 이를 높이고 신앙하여 어떤 때는 집에서, 어떤 때는 들에서, 행하지 않는 데가 없습니다. 그리하여 분수를 넘고 예를 지나쳐 명산의 신에게도 다 제사할 수 있게 되었습니다. 함부로 음탕한 짓을 행하고 주색에 빠져 가산을 탕진하며, 정욕을 제멋대로 한껏 다하여 남녀의 분별을 혼란되게 합니다. 서민만이 그런 것이 아니고 경대부의 집안에서도 습속이 되어 떳떳이 행하면서 혹은 기은이라고 일컫고 혹은 반행半行이라고 일컬어 항상 춤추고 노래하면서 잇달아 왕래합니다. 심한 자는 그의 부녀를 거느리고 몸소 기도를 행하고도 부끄

러워하지 않습니다.……신 등은 위에 좋아하는 이가 있으면 그 아래
에는 반드시 더욱 심한 자가 있다고 생각합니다. 엎드려 바라건대, 전
하께서는 하루빨리 국무당을 폐지하고, 만약 기도할 일이 있으면 조
신朝臣을 보내어 예로써 제사하소서.[54]

세종 대 사간원과 유맹문의 상소는 기존의 무격에 의한 산천 제사 비
판과 맥을 같이하면서도 새로운 지점도 있다. 분수와 예에 맞지 않게
아무나 명산의 신에게 제사 지낸다는 부분은 태종 대부터 반복적으로
등장하던 익숙한 논리임에 비해, 남녀가 어지러이 얽힌다는 문제를 자
세히 언급한 것은 새로운 논리다. 이를 막기 위해 일반인의 풍속을 단
속하는 것뿐만 아니라 국무당을 폐지하자고 하는 것 역시 새로운 지점
이다. 국가에서 선도하여 무속에 근거한 기은의 제도를 폐지할 것을 주
장한 것이다.

이러한 비판적 분위기 속에서 왕비가 행하는 중궁 별기은의 관리 주
체가 예조에서 승정원으로 바뀐다. 1434년(세종 16) 예조에서는 중궁
별기은이 사전祀典에 오른 정례正禮가 아니므로 승정원에서 관장하게
하자고 하여 허락을 받았다.[55] 국행 기은의 범주에서 중궁 별기은이 분
리된 것이다.[56] 2년 후 세종은 송악·백악 등 각처의 중궁 별기은과 사
복시의 마제馬祭를 중지시키며, 다음과 같이 그 이유를 설명했다.

무격의 일은 심히 괴이하니 마땅히 금지해야 한다. 그러나 오래전부
터 시작되어 조종에서도 다 금지시키지 못하였으니, 어찌 갑자기 오
늘날 혁파할 수 있겠는가? 내가 조금이나마 바로잡는 단서를 열어서

점차 없앨 것이다.[57]

무격과 관련한 의례를 갑자기 다 혁파할 수는 없기에 점진적으로 없애야겠다고 한다면, 무엇을 먼저 없애야 할까? 세종은 여기에서 국무당으로 대표되는 국행 별기은은 유지하되 중궁 별기은을 중단시킴으로써 점진적인 혁파의 의지를 드러낸 것이다.

세종 대까지 중궁 별기은이 지속되거나 중단되는 상황에서 왕실 여성의 역할은 그다지 돋보이지 않는다. 처음 송악에 기은하게 한 것도 태종이 공비에게 명해서 행해졌으며, 세종 대 후반에는 왕명으로 중단되기도 했다. 그러나 성종 대를 지나며 중궁 별기은의 복구와 국행 별기은의 지속에서 왕실 여성의 역할이 두드러지게 된다.

1477년(성종 8) 9월 무렵 성수청星宿廳을 수리하기 시작했다. 국무당이 소속되어 있으며, 기은이나 무풍과 관련이 깊은 곳이었다. 주계부정朱溪副正 이심원李深源이 성수청의 수리를 문제삼자 성종은 자신이 이를 창시한 것이 아니라 조종조 때부터 시작한 것이라고 답했다. 이심원이 성수청과 함께 축수재祝壽齋를 문제삼은 것을 보면 아마도 이때의 성수청 수리는 임금의 무병장수를 기원하는 축수재와 연관된 것으로 보인다. 내행 별기은의 시행을 염두에 둔 수리였다.[58]

이때만 하더라도 성수청의 수리를 명한 이가 누구였는지는 불분명하였으나, 두 달 후 이심원이 상서한 다음 글을 보면, 그 주체가 소혜왕후昭惠王后(성종의 어머니) 혹은 정희왕후貞熹王后(세조비) 등 왕실 여성이었음을 알 수 있다.

법이 행해지지 않는 것은 위에서부터 이를 범하기 때문이니, 성수청을 짓는 것은 전일 명령한 바에 반하는 듯합니다. 지난번에 전하께서 신에게 하교하시기를, '이것은 내가 한 것이 아니다'라고 하셨으니, 신은 전하의 뜻이 아닌 줄 알지 못하는 바가 아닙니다. 그러나 한 나라의 주인이 되어서 항상 한 나라의 책임을 지고 계신데, 명령이 궁중의 내전內殿에서 나갔는데도 전하께서 하신 일이 아니라고 어찌 말하겠습니까? 신은 천 년 뒤에 반드시 이를 의논하는 자가 있을까 두렵습니다. 원컨대 전하께서 《주역》 고괘蠱卦의 구이九二조를 본받아서 오로지 지성으로 감동시키면, 아마도 불교에 속아서 은혜를 상하게 하는 데에 이르지 아니하고, 궁내의 다스림이 저절로 엄하게 될 것입니다.[59]

이심원은 성수청을 수리하라는 명령이 내전에서 나갔다고 하며, 어머니의 잘못을 자식이 맡아 바로잡음을 의미하는 《주역》 고괘까지 인용한다. 《주역》 고괘 구이조는 '어머니의 잘못을 맡아서 바로잡는다[幹母之蠱]'를 의미한다. 이를 볼 때, 이 무렵 성종의 축수재를 위해 성수청을 수리하게 한 것이 소혜왕후 혹은 정희왕후 등의 왕실 여성이었음이 분명하다. 이듬해에는 이심원만이 아니라 남효온南孝溫, 성현成俔 등도 성수청 수리와 국무당, 별기은에 대한 비판을 더했다. 그들은 민간의 무속과 기은 풍속을 비판하며 성수청과 국무당을 폐지할 것을 거듭 상소하였으나 받아들여지지 않았다.[60]

왕실 여성은 어떠한 논리를 통해 이러한 기은을 유지할 수 있었을까? 다음 사례는 간접적이나마 기은을 유지한 이들의 논리를 엿볼 수 있게 한다. 성수청을 수리하던 바로 그즈음, 1477년(성종 8) 소혜왕후가 봉선사奉先寺에서 사경寫經을 하는 것에 대한 대간의 비판이 거셌다. 그러자 소혜왕후는 자신이 죽은 남편을 위해 사경하는 이유를 설명하기 위해 다음과 같이 자신의 심정을 표현했다.

> 내 나이 열일곱에 동궁을 모셨는데, 그 4년 동안 아침에는 양전을 모시고 저물어서야 궁에 돌아오니 하루도 온전하게 우리 왕을 모신 적이 없다. 때마침 우리 왕이 편치 않아 다른 곳으로 거처를 옮기셨는데, 내가 간호하고 싶었으나 주상을 회임하였으므로 동과 서에 따로 떨어져 있었다. 이로부터 영원히 이별을 하였으니, 슬픔을 어이 다 말할 수 있으랴! 천지도 반드시 그 심정을 알 것이다. 명복을 구하는 것은 나만이 하는 것이 아니라 예부터 있었다. 이러므로 위로는 선왕을 위하고 다음은 우리 왕을 위하는 것이 잠깐이라도 마음에 잊힌 적이 없다. 세조께서도 내가 슬피 우는 것을 차마 보지 못해서 나로 하여금 매년 봄·가을로 능에 참배하여 나의 하늘을 부르짖는 고통을 다하게 했는데, 지금은 내가 임금의 어미가 되었으므로 항상 조정의 의논을 두려워하여 한 가지 일도 내 뜻대로 하지 못했다.[61]

자신이 젊은 나이에 성종의 아버지인 덕종과 함께할 수 없었고 병간호까지 할 수 없던 상황을 묘사하며 그 절절한 한을 토로했다. 이를 통해 인간적 공감대를 끌어내며, 자신의 행위가 잘못되지 않았음을 주장하였다.

대저 예부터 유자儒者가 부처를 배척함은 다른 뜻이 아니라, 오로지 인군이 지나치게 석씨를 숭상하게 되면 반드시 국정에 어둡게 되고, 절을 세움으로써 백성을 괴롭게 하고 중을 대접하느라 재물을 없애기 때문이다.……나는 사재私財로 경經을 만들고 사곡私穀으로 사람들을 먹여서 조금도 국가에 관계되지 않는데도 대간에서 논란하는 것이 이같이 심하니, 내가 할 수가 없다.……만일 불도가 허망하다고 하면 어찌하여 선왕과 선후를 위해서 수륙재水陸齋를 베풀었으며 국가를 위해서 명산과 대천에 제사 지냈겠는가? 내 뜻이 이와 같은데 누구와 잘잘못을 따지겠는가?[62]

자신의 행위는 사적인 행위로서 비용도 모두 사재로 부담하기에 국정에 영향을 주지 않는다는 점, 또한 국가적으로 수륙재도 하고 명산대천에 제사도 지내는데 자신의 행위가 특별하게 문제될 만한 것이 아니라고 주장한다. 국왕의 '어머니'라는 위상을 십분 활용하여 공사의 구분, 전통과 국가의 사전祀典, 가족애 등을 적절히 이용하며 논리를 전개하는 것을 볼 수 있다.

후에 안암사安巖寺 중창이 문제가 됐을 때에도 소혜왕후 등은 언문으로 내린 답에서 비슷한 논리를 펼친다. 《경국대전》의 규정을 통해 법적으로도 문제가 없으며 중창을 위한 재목은 사적으로 내려준 것이라는 점을 분명히 하고, 인간적 애정과 불교의 오랜 전통, 선왕의 법 등을 거론하며 이를 정당화했다. 특히 안암사가 예전에도 절터였다는 점, 중에게 도첩을 주고 절을 창건하는 것은 선왕의 만세의 법이라는 등 전통을 강조하는 논리를 펼쳤다는 점을 주목할 필요가 있다.[63] 이심원이 성수청에 대해 처음 비판했을 때 성종이 '이는 자신이 창시한 것이 아니라 조종조 때부터 시작한 것'이라고 한 것은 성종 자신의 논리가 아니라 소혜왕후의 논리였을 것임을 짐작게 한다. 조종조의 전통을 계승해야 한다는 것, 그리고 그 전통에 대한 인식이 기억으로 전달되는 등 비슷한 논리가 성수청과 안암사 등 비유교적 의례의 중창에서 확인된다.

이러한 사례들만을 가지고 당대 왕실 여성들이 비유교적 의례에만 경도돼 있었다고 평가해서는 안 된다. 사경과 성수청 중수 등을 명한 소혜왕후는 유교적인 남녀분별론을 바탕으로 여성의 역할을 규정한 《내훈內訓》을 저술한 인물이기도 하다. 이들은 왕실 여성의 역할과 모범을 구축해가면서, 비유교적 의례와 유교적 명분론 모두를 활용했다. 그 과정에서 불사와 기은 행위 등은 지극한 가족애라는 인정人情을 바탕으로 가족을 위하는 여성상으로 연결을 시켰다. 가부장적 사회에서 상당한 위상을 갖게 마련인 '아들을 둔 어머니'라는 정체성을 적극적으로 활용한 것이다. 또한 공적 기구인 국가와 사적 기구인 왕실을 구분함으로써 문제가 될 싹을 자르며, 조종 이래의 전통을 계승한다는 명분을 통해 정당성을 얻었다. 국가와 왕실의 구분, 그 속에서 왕실 기구 운영의 확실한 주체로 선 것이다.

왕실 여성의 이러한 역할은 한편으로는 국왕이 이용할 수 있는 부분이기도 했다. 1522년(중종 17) 중종이 건강이 좋지 않은 대비에게 분부할 일이 없느냐고 여쭈니 대비는 다음과 같이 소격서를 복구해달라고 부탁하였다.

소격서가 비록 정도正道는 아니지만, 오늘 창시한 것도 아니고 또 전

왕조의 옛일만도 아닙니다. 조종이 개국한 이후 열성列聖들이 이어받아 오는 것으로서, 아래 있는 현명한 신하들이 혁파하려 했지만 갑자기 혁파하기는 어렵게 여기던 것인데, 주상이 지난날에 신진들의 말을 써주어 하루아침에 갑자기 혁파하게 된 것입니다. 이것이 비록 좌도左道에 관한 것이기는 하지만 부처와 같이 사람들의 마음을 현혹하고 혼란하게 하는 것은 아닙니다. 더구나 사람이 천지 사이에 살면서 일월이나 성신에 대한 제사를 경홀히 할 수 있겠습니까. 소격서의 유무가 나의 몸에 관계 있는 것도 아니고, 내가 복구하고 싶어 하는 것 역시 국정을 간섭하려는 것이 아닙니다. 다만 조종께서 혁파하기를 어렵게 여긴 본의가 어찌 없어서야 되겠습니까. 조종께서 중하게 여긴 뜻을 자손들이 생각지 않아서야 되겠습니까?[64]

대비는 조종의 전통을 계승하고 기억하는 존재로 자신을 위치 지운다. 그리고 건강이 좋지 않은 어머니의 마지막 당부라는 형식으로 소격서의 복구를 국왕에게 촉구했다. 대비의 청이 소격서의 복구를 원하던 중종의 마음에 마침 부합한 것이 과연 우연이었을까?
이러한 모습이 가장 극대화, 전면화된 것은 명종 대 문정왕후라고 할 수 있을 것이다. 승과와 도첩제를 복구하고 거창한 불사를 자주 일으키며, 개성 지역의 기은처에 성대하게 기은을 한 문정왕후의 치세는 거센 반발을 불러일으켰다. 문정왕후 사후, 그녀의 지우를 받은 보우普雨는 결국 유배지에서 죽음을 맞이했으며, 개성 일대의 성황당, 월정당, 개성당, 대국당 등 여러 기은처도 개성 지역의 유생들에 의해 파괴되고 소각됐다.[65]

명종 대의 거센 반격에도 불구하고 왕실 여성의 이러한 역할은 중단되지 않았다. 송악의 사묘들은 얼마 가지 않아 모두 복구되었다.[66] 궁중과 민간의 기은 행위도 여전했다. 조선 말에도 이곳에 기은을 위해 보낸 발기가 장서각에 여러 건 남아있는 것은 왕실 여성들이 주체가 된 여러 의례가 여전히 비공식적 부문에서 행해졌음을 보여주는 증거다.[67]

이러한 과정을 통해 조선에서는 유교적 산천 제사가 국가(밖/공公), 남성, 기록, 혁신으로, 별기은이라는 비유교적 의례는 왕실(안/사私), 여성, 기억, 전통과 연결되어 편제됐다. 고려의 의례가 안팎과 남녀의 구분이 없었다면 조선에 들어서며 의례가 이렇게 이원화된 것이다. 이는 처음부터 예정된 길은 아니었다. 세종 대까지도 이러한 구분은 뚜렷하지 않으며, 도리어 중궁 별기은이 먼저 혁파 대상에 오를 정도로 여성이 주도하는 의례의 내용이나 위상은 확실하지 않았다. 그러나 성종 대 이후 왕실 여성들은 조종 법제라는 전통을 기억하고 수호하는 임무를 자임했다. 유교 사전들이 문서화된 기록에 기반했다면, 비유교적인 의례는 구술의 기억과 관습에 기반했다. 폐단에 대한 비판에는 가족애라는 인정人情과 공사公私 담론을 적극적으로 활용하며 대응했다. 이러한 부분들을 가지고 왕실 여성들이 비유교적인 의례에만 경도된 것으로 볼 수는 없다. 이들은 유교적인 남녀 성역할론도 적극적으로 수용하며 조선 왕실의 여성이 해야 할 역할과 공간을 만들었다. 남녀의 이원적 의례 양상은 민간에서도 비슷하게 재현된다는 점도 주목할 만한 지점이다. 비유교적 의례를 활용하는 여성을 통해 젠더별로 이원화한 의례체계는 유학을 신념하는 사대부 남성에게도 비공식적으로 관습적인 신앙적 위로를 줄 수 있었다.[68]

이제 왕실의 별기은과 국가의 산천 제사라는 공사公私의 이원화를 통해 조선의 산천 제사체계가 완성됐다. 그런데 이는 또 하나의 이원화와도 관련됐다. 바로 옛 수도와 새 수도의 이원성이었다.

옛 수도 개성의 관성

앞서 태종 대 중사 악해독과 소사 명산대천으로 산천 제사체계를 잡았으나 고려 시대의 영험한 산천이 대부분 이어져 장소의 연속성이 강했음을 짚었다. 세조 대 양성지는 이를 비판하고 새로이 산천과 바다를 정할 것을 주장했다. 특히 양양(동해)·나주(남해)·풍천(서해)의 신사가 모두 개성을 기준으로 정했기 때문에 방위가 어긋난다는 점을 지적하며, 이를 각각 강릉(동해)·순천(남해)·인천(서해)으로 옮기고, 북해를 신설하여 갑산에 신사를 두자고 했다.[69] 지도를 놓고 보면 기존의 동해·남해·서해의 신사는 개성과 비슷한 위도와 경도에 위치하는 걸 볼 수 있어서, 양성지의 주장대로 한성 기준으로는 분명히 치우쳐 있다. 그러나 양성지의 주장은 받아들여지지 않았다.

중사 악해독 중 서악에 송악산을 설정한 것, 소사 명산대천 중 서쪽에 오관산과 우이산을 함께 넣은 것도 고려 시대의 유제다. 송악산은 사실 서악이라고 하기에는 그다지 서쪽에 치우쳐 있지 않으나, 워낙 중요한 곳이기에 제외하지 못했을 뿐만 아니라 중사로 설정했다. 송악은 모든 신령의 대표 격이기도 했는데, 1393년(태조 1) 개국공신들과 왕세자 및 여러 왕자들이 왕륜동에서 맹약을 할 때 그 맹약문의 서두가 "황천후토와 송악 성황 등 모든 신령에게 고합니다"로 시작하는 데에서 이를 볼 수 있다.[70] 태조 대 개성을 아직 수도로 삼고 있을 때 경내의 명산대천과 성황·해도의 신을 봉한 바 있는데, 이때 송악 성황만이 진국공鎭國公이라 하여 '공'의 서열이었고, 화령·안변·완산 등 왕실의 선조와 관련이 있는 곳의 성황은 계국백啓國伯, 지리산·무등산·금성산·계룡산·감악산·삼각산·백악 등 전통적인 명산은 호국백護國伯이라 하여 '백'의 서열로 봉작했다. 이때는 아직 천도 논의가 본격적으로 일기 전이기에 송악과 기타 명산대천의 차등은 당연하다. 그러나 1395년(태조 4) 한성으로 천도하여 백악과 남산을 새롭게 봉할 때도 송악의 등급은 변화하지 않았다. 백악은 진국백鎭國伯으로, 남산은 목멱대왕木覓大王으로 봉작했을 뿐이다.[71] 진국공을 송악에서 백악으로 대체한 것이 아니라 이는 그대로 두고 새 수도의 주산인 백악을 진국백으로 설정함으로써 송악의 위상은 흔들리지 않았다.

명산대천의 서쪽 명산에 개성의 오관산이 해주의 우이산과 함께 들어가 있는 것도 주목할 필요가 있다. 방위로 볼 때 우이산 하나만 들어가도 되었을 것이나 오관산을 혁거하기 어려워하며 굳이 같이 넣은 것이기 때문이다. 송악이 고려 왕실의 대표적인 상징이자 수도 개경의 상징인 것만큼 오관산 역시 고려 왕실의 설화와 밀착된 성소였다. 이곳은 강충康忠이 살던 곳으로 그 손녀인 진의가 우연히 표류해온 당 숙종 사이에서 작제건을 낳은 장소다. 특히 당 숙종이 찾아올 것이라는 예언적인 꿈의 내용이 진의가 오관산 꼭대기에 올라가 소변을 보았는데, 천하에 흘러넘쳤다는 것이기도 할 만큼 상징적 의미가 있었다.[72] 이곳은 또 오관산곡五冠山曲이라는 노래와 《삼강행실도》에도 실린 효자 문충文忠

의 이야기가 살아있는 장소기도 했다.

악해독과 명산대천에는 오르지 못한 기은의 장소에도 개성 중심의 장소들이 많았다. 예를 들어 개성 대정은 서해 용왕의 딸인 용녀가 작제건과 혼인하여 개성에 와 처음 은그릇으로 땅을 파고 물을 길어 쓴 곳이다. 이곳은 우봉의 박연, 장단의 덕진德津과 함께 '세 곳의 용왕'이라 일컬어지며, 가뭄에 아주 용한 기우처로 여겨졌다.[73] 세 곳의 용왕 중 장단의 덕진은 중사 서독西瀆이었다. 덕진은 임진강 변의 나루였기에 독에 올릴 수 있었으나 박연 같은 연못, 대정 같은 우물은 악해독이나 명산대천의 체계로는 포섭할 수가 없다. 태종 11년 산천 제사체계를 만들면서 고민할 때 이 두 장소에 대해 따로 소재관에서 제사드리는 것으로 결정한 데에는 이러한 이유도 있었다.

유력한 기은의 장소인 덕적과 감악도 개성과의 관계 및 고려 시대의 내력을 뗄 수는 없다. 이 두 장소 모두 개성에서 남쪽으로 오가는 길목에 위치한다. 감악산은 신라 시대부터 소사로 편재됐을 정도로 중시된 곳이자 당나라 장수 설인귀薛仁貴가 산신이라는 전설이 내려왔는데, 고려 시대 거란과의 전쟁에서 영검을 보인 곳으로 유명했다.[74] 덕적산은 문종이 그 남쪽에 흥왕사를 건설하며 왕업의 연장을 꿈꿨을 정도로 명산의 위상을 지닌 곳이다.[75] 모두 고려 시대의 역사적 서사를 통해 영험함을 인정받은 장소인 것이다.

왜 조선은 고려의 성소로부터 완전히 벗어나지 못했을까? 조선은 건국 후 한성으로 천도했지만, 한성과 개성은 도보로 이틀 일정에 불과할 정도로 너무 가까웠다. 이는 경주 중심의 신라에서 개성 중심의 고려로의 교체와는 완전히 다른 상황일 수밖에 없다. 경주와 개성은 거리가 너무 멀었으며, 고려의 건국자들은 신라와는 다른 지역적 배경에서 성장한 이들이었다. 고려 건국 후 경주의 수많은 성소는 중앙으로 계승되지 못하고 지역 내의 성소로 남았다.[76] 그러나 조선 건국 후에도 고려의 성소는 한성-개성의 가까운 지리로 인해 쉽게 오갈 수 있다. 또한 새 왕조의 건국자들이 결국은 고려, 그것도 대부분 개성 출신이었다. 475년의 역사와 그 속에서 빚어진 서사가 층층이 쌓인 장소들을 벗어나기에는 물리적인 거리가 너무 근접했으며, 인적으로 연속되었다. 성종 대 홍문관에서는 다음과 같이 기은사祈恩使 행렬을 묘사했다.

> 경도에서 개성까지, 개성에서 적성·양주의 경계에 이르기까지 말을 탄 사람은 수십 명은 족히 되고, 그 동복僮僕과 짐바리는 배가 되는데, 가다 머물다 하며 머뭇거리고 떠나지 않으면 수령들이 굽신대며 숨을 죽이고 정성스럽게 맞이합니다. 음식물을 후하게 주기도 하고 뇌물을 주기도 하면서 만에 하나라도 견책을 당할까 하여 함께 춤추거나 꿇었다 일어났다 하는 것도 거절할 수 없게 되었으니, 이보다 큰 폐단이 없습니다.[77]

경도에서 개성까지, 개성에서 적성·양주까지 이 일대를 가득 메운 기은사 행렬은 옛 수도와 새 수도의 연속성을 단적으로 보여준다.[78]

조선 건국 후에도 지속된 신앙 행위들은 고려 개성의 성소들이 지닌 옛 모습을 지키는 것에 머물지 않았다. 세종 12년의 개혁을 통해 기존의 신상은 그대로 두고 주변에 위판을 만든 단이나 사당을 새로 건설하는 것으로 절충했다는 점에 대해 앞서 설명한 바 있다. 음사를 제거한다고는 하였으나, 결과적으로는 제사 공간을 확충한 셈이었다.

이에 더해 기존의 신상이나 사당 역시도 확장되곤 했다. 예를 들어 1430년(세종 12) 산천단묘순심별감이 보고한 조건에 따르면 송악산에는 성황당과 대황당大皇堂(대왕당의 오기로 보임), 국사당이 있었는데, 성황당과 대황당에는 각각 이상泥像 4위가 있었으며, 국사당에는 법사존자法師尊者라고 불리는 상이 있었던 것으로 보인다.[79] 이 정보는 《세종실록》 지리지에 그대로 반영되어, 진산인 송악에는 사우가 셋 있는데, 성황당, 대왕당大王堂, 국사당이라고 수록되었다.[80] 그러나 약 50년 후인 1476년(성종 7) 유호인俞好仁이 찾았을 때는 상황이 조금 달랐다.

> 남북 봉우리에 각각 사당이 있어 북은 대왕당인데, 신상 여섯이 다 높은 관을 쓰고 큰 홀笏을 가졌고 남쪽은 성모당聖母堂인데, 신상이 역시 여섯이며 여관女冠을 쓰고 연지분을 발랐다.[81]

여기에서 주목되는 점은 성모당이라는 새로운 사당이 등장하는 데다 대왕당과 함께 각각 신상이 여섯이라고 하고 있다는 것이다.[82] 성모당이라는 사당이 무엇을 의미하는지 분명치 않지만, 이전의 《세종실록》에는 보이지 않는 사당이 늘어난 셈이고, 대왕당의 경우에는 50년이 안 되어 신상이 2개 더 늘었다.

비슷한 시기 편찬된 《신증동국여지승람》의 송악산사 항목에는 사당이 다섯이라고 하면서, 성황, 대왕, 국사라는 기존의 사당에 고녀姑女와 부녀府女라는 새로운 사당이 있다고 설명한다.[83] 이처럼 새로운 사당이 늘어난 것은 민간의 신앙 행위가 활발했기 때문이다. 명종 대에는 "송도의 진산에 옛날부터 음사가 있으므로 개성 사람 및 서울의 사녀士女들이 앞을 다투어 복을 빌고 노래를 부르며 한데 섞여 온 성곽을 메웠으므로, 그 말류의 화가 위로는 궁금宮禁으로부터 아래로는 종실·척리와 세가世家·거실巨室에 이르기까지 앞을 다투어 섬기고 본받았다"라고 비판이 거셌는데, 특히 "개성부 송악산의 신은 세속에서 영검하다고 일컬어졌으므로 국사國祠 외에도 민간에서 총사叢祠를 마구 세워 제사 지냈다"고 전한다.[84] 여기에서 나라에서 인정한 사당 외에도 민간에서 총사를 마구 세웠다는 점을 주목해보면, 이곳의 신앙적 인기 때문에 음사를 행하는 사당은 더욱 확대되었으리라고 짐작된다.

이는 음사 철폐의 역설적 결과였다. 송악산사의 신상과 기존 사당을 그대로 두고 별도의 단을 두어 치제하니, 국가의 관리는 새로 설치한 단에만 미치기 마련이고 기존의 사당과 신상은 도리어 민간의 영역에서 자유롭게 조정할 수 있게 된 것이다.

민간의 기은 행위가 이처럼 성행한 데에는 왕실의 기은 행위가 내행으로 자리 잡은 후 몹시 성대하게 거행됐기 때문이기도 하다. 이 때문에 성종 대부터 명종 대에 이르기까지 왕실에서 먼저 모범을 보여야 한다고 끊임없이 간언이 올라오기도 했다. 이러한 상황을 보여주는 또 하나의 자료가 있는데,《시용향악보時用鄕樂譜》가 바로 그것이다.《시용향악보》는 작자가 알려져 있지 않지만, 대체로 16세기경 편찬된 것으로 보고 있으며[85] 목판으로 판각했다는 점을 볼 때 국가나 왕실에서 편찬한 것으로 보고 있다.[86] 여기에 수록된 곡 중에는 다른 악보에는 수록되지 않은 노래들이 있는데, 기존 연구에서 무속적, 혹은 무불 습합적 성격을 지닌 것으로 꼽는다. 〈성황반城隍飯〉, 〈내당內堂〉, 〈대왕반大王飯〉, 〈삼성대왕三城大王〉, 〈대국大國〉, 〈군마대왕軍馬大王〉 등이 이에 해당한다. 그런데 이 노래들은 무격이 중심이 되는 별기은과 관련이 깊은 것으로 보인다.

우선 〈군마대왕〉은 마제馬祭에서 쓰인 것으로 보인다.[87] 세종 대 무격의 제사 중 사복시 마제를 혁파하라고 했음에도 이 곡이 여전히 수록되어 있다는 점을 보면, 다시금 음사 혁파 명령의 실행 한계를 짐작할 수 있다.

〈성황반〉과 〈대왕반〉은 송악신사에서 사용된 노래로 추정된다. 바로 송악신사의 성황당과 대왕당의 음악이었을 것으로 보인다. 《시용향악보》가 민간에서 편찬한 것이 아니라 왕실의 의례와 관련이 깊은 점을 염두에 둘 때, 이들이 일반적인 성황사 등에 두루 쓰인 곡이라고 보기는 힘들다. 〈삼성대왕〉과 〈대국〉은 각각 삼성당과 대국당에서 사용된 음악으로 보인다. 이들 제사에 대해서는 조선 초 태종 대에도 그 내력을 몰라 전례를 잘 아는 전 총제 김첨에게 문의하여 이런 답을 받았다.

주작은 전 왕조 때에 송도 본궐本闕 남훈문南薰門 밖에 설립하고, 주작 칠수七宿를 제사하였는데, 이제 한경漢京에 있으면서 옛 곳에 제사함은 적당하지 않으니, 다시 시좌궁 남쪽에 단을 베푸는 것이 가합니다. 삼성은 전 왕조 충렬왕이 세조 황제의 딸에게 장가들고 중국 남방에 있는 신을 청하여 제사하였는데, 대개 물길과 화복을 주장하는 것입니다. 대국은 중국 북방의 신인데, 충렬왕이 또한 청하여 제사한 것입니다. 옛적에 주공周公이 신읍을 짓고, 사전祀典에 없는 신도 모두 제

사하였으니, 위의 두 신이 비록 바른 신은 아니나, 사전에 실려 있으니 폐할 수 없습니다.[88]

김첨은 조선 건국 후에도 도교적인 의례를 정비하는 데 참여하여 소격서 제조 등을 맡았고, 1417년(태종 17)에도 소격전 보수 등에 참여하도록 명을 받기도 하는 등 도교적 의례에 전문성을 인정받은 인물이다. 때문에 실록에는 "불씨를 좋아하고 도교를 받들었다"고 비판적인 졸기가 달려있다.[89] 주작은 개성 본궐의 남문에서 주작 7수의 별자리에 대해 제사를 지내는 것이며, 삼성과 대국은 충렬왕 대 새롭게 들어온 신격으로 설명한다. 김첨의 자문을 바탕으로 주작은 새로운 시좌궁 남쪽에 단을 만들어 제사를 지내도록 하고 삼성의 경우도 무사 귀신에게 제사를 드리는 여제의 예에 의거해서 제사를 드리도록 하였다.[90] 이에 비해 대국제는 의궤에 없다는 이유로 폐지했으나[91] 명종 대 유생들이 파괴한 신당 중에 대국당이 있는 것을 보면, 장소는 그대로 유지된 것으로 보인다.[92] 17세기 인물인 임창택林昌澤이 송도부 서쪽에 대국이라는 음사가 있고 신상이 있다고 한 바,[93] 위치는 송도부 서쪽이었던 것으로 추정된다. 김첨은 대국이 북방의 신이라고 하였는데, 임창택은 '회회인이 명 황제에게 죄를 지어 동국으로 쫓겨난 것'이라고 들었다고 하고 있으며,[94] 조선 후기 간행된 《송도지》 및 《중경지》에서는 오정문 밖에 대국신당이 있는데 회회세자의 소상이 있었다고 하고 있어서,[95] 북방의 신 모습은 회회인 같은 신상이었을 것으로 보인다.

〈삼성대왕〉과 태종 대 논의한 '삼성三聖'은 한자가 다르긴 하지만 같은 신격을 가리키는 것으로 보인다. 이 삼성이 무엇을 의미하는지에 대해서 황해도의 삼성당(단군, 환웅, 환인) 등을 일컫는다고 보는 논자들도 있으나,[96] 당시 논의된 제장이 모두 개성 인근에 위치한다는 점, 또 김 첨이 중국 남방의 신이라고 한 점 등을 볼 때, 풍덕군의 삼성당산에 위치한 삼성당사가 해당 장소였을 것으로 보인다.[97]

《시용향악보》에 수록된 〈삼성대왕〉과 〈대국〉의 가사를 보면 모두 '장난㞳難'을 언급한다.[98] 연구자들은 이 장난이 대체로 역질과 같은 전염병을 의미하는 것으로 보고 있는데, 중국 북방과 남방의 신이라는 점을 연결해보면 타국에서 들어온 전염병에 대한 두려움과 퇴치, 삼성대왕은 그에 더해 바닷길의 안녕을 함께 기원하는 장소로 볼 수 있을 듯하다.

송악신사는 16세기 신흠申欽의 시대에도 무격의 대명사처럼 여겨졌다. 신흠은 국가에서 혁거하지 못한 불교와 무속의 사례를 다음과 같이 언급했다.

> 무당과 부처에게 비는 것은 아직도 오랑캐 풍속이 있으므로 조종조에서도 임금이 만일 병이 나면 중이나 무당이 경을 외우고 인정전仁政殿 위에서 빌며 또 송악신사를 더욱 숭봉하여 신사에서 예를 행한 뒤에는 무당이 자리를 만들어놓으면 개성 유수가 들어가 참여하며, 심지어 무당과 함께 노래하고 춤추는 것까지도 전혀 괴상하게 여기지 않았다.[99]

신흠이 불사의 대명사로 인정전에서의 강경을, 무격의 대명사로 송악신사의 제사를 언급하는 데에서 송악신사가 무속의 대표로 인식되었음을 알 수 있다.

당대의 유학자들은 예제의 개혁과정을 끊임없이 음사의 철폐와 풍속의 변화라는 승리의 서사로 구축하고 싶어했다. 신흠은 무당이 신사에 왕래하는 데 필요한 물건을 원래는 모두 관청에서 공급했으나 성종 대 이를 파했고 중종 대 조광조의 등용 이후 국가의 풍속이 크게 변했다고 했다.[100] 명종 때 경연특진관 최연崔演은 송악·목멱·백악 등의 기은제는 태종 대 혁파했으며, 연종환원은 세종 대, 축수재는 성종 대, 기신재는 중종이 혁파했으며 이런 것들이 조종조의 고사라며, 점진적인 음사 혁파의 서사에 역사적인 경로의 당위와 전통적인 권위까지 부여했다.[101] 명종 대 개성의 유생들이 송악신사를 파괴한 것에 대해서도 거기에 참여한 유생들에게 그 어떠한 귀신의 벌도 내리지 않았다는 영웅적인 서사가 구축되기도 했다. 그러나 실제 송악신사는 끝끝내 혁파되지 않았다. 파괴된 신사들 대부분은 결국 복구되어 조선 말까지 유지되었다. 이들의 서사는 조선의 의례 현실을 정직하게 반영하지 않는다.

다만 이들 '음사'가 늘 비공식적 부면으로 취급되었다는 점, 영웅적 행위를 통해 혁파되고 무시당하는 대상으로 그려지는 서사 속에 위치했다는 점 역시 간과할 수는 없을 것이다. 그런 의미에서 조선의 '음사'를 과거 전통의 지속으로만 설명해서는 안 된다. 물리적인 조건뿐만 아니라 주변의 환경이 달라지면서 '음사'가 위치한 화폭이 변했다. 그 화폭에 '음사'라는 붓을 잡고 그림을 그리는 주체 역시 바뀌었으며, 그에 대한 인식 역시 바뀌었다.

산천 제사가 성별로 이원화되며 별기은을 왕실 여성들이 주도하게 되자, 유교적 가부장제 구조에서 이는 손쉽게 여성 혐오와 결합됐다. 상보적 구조 속에서 여성들이 주도하는 무격 신앙에서 암묵적으로 심리적 안도감을 얻던 남성 유자들은 이러한 신앙 행위가 문제가 된다 싶을 때면, 이를 여성 주체 몇몇에게 모조리 책임지우는 것으로 그 사회적 책임과 여파를 축소했다.

　이는 지속적인 변화를 추동하여 '음사'의 반경을 좁혔다. 시대를 떠나 항상 적용되어야 할 모범이라는 의미를 갖는《악학궤범樂學軌範》과는 달리, '지금 (일시적으로) 사용하는 향악'이라는 의미를 지닌《시용향악보》, 지나가 버린 옛 수도 개성과 미래에도 지속될 현재의 수도 한성의 차이는 이러한 기울어진 운동장을 상징한다.

7. 친잠과 선잠단
– 국가가 제시하는 규범적 젠더상

남자는 농사짓고 여자는 길쌈하고

선잠단은 양잠을 시작했다고 전하는 잠신蠶神 서릉씨西陵氏에 대해 제향을 드리는 단으로, 왕후가 누에 치는 시범을 보이는 의례인 친잠과 밀접하다. 주나라의 제도를 담은 《주례》에서는 내재內宰가 조詔하여 왕후가 중춘에 외명부와 내명부를 거느리고 북교에서 누에를 쳐서 제복祭服을 만들게 한다고 하여, 누에치기가 여성의 직분임을 규정하였다.[1] 《예기》 제의祭義편에도 왕후의 친잠에 대한 내용이 자세히 전한다. 천자와 제후가 공상公桑과 잠실蠶室을 두고 건물을 지어 왕후와 후궁 등이 친히 누에를 치고 이를 가지고 군주의 제복을 짓는다. 이 편에는 처음 누에에 뽕잎을 먹이는 과정부터 다 자란 누에를 받은 후 실을 자아 천을 짜서 군주의 제복을 짓는 데 이르는 제반 과정과 그 속에서 왕후가 행하는 상징적이며 의례적인 행위들이 규정되어 있다는 점에서 후대 관련 의례를 창출하는 데 좋은 기초가 된다.[2]

《주례》나 《예기》에서는 양잠을 통해 의복을 만드는 행위를 여성의 직분으로, 왕실 여성은 선잠단과 친잠을 통해 이러한 직분의 모범을 보이는 역할을 하도록 규정한다. 여성의 일이 길쌈이라면 남성의 일은 농경이다. 왕후의 친잠 의례가 나온《예기》제의편에는 군주가 친경하는 의례 역시 실려 있다. 군주가 친경을 통해 거둔 곡식을 가지고 천지, 산천, 사직, 조상에 제사를 지내며, 왕후가 친잠하여 지은 옷은 이 제사 때의 제복이 된다.《문헌통고》에도 이러한 친경과 친잠의 대응은 이어져서, 친경에 대한 서술에 이어 친잠제선잠親蠶祭先蠶이 나온다.[3] 이처럼 왕과 왕후가 행하는 친경과 친잠은 남녀의 성별 분업의 모범을 표상한다. 이를 통해 마련한 곡식과 옷은 천지와 조상 제사 등에서 활용되는데, 이러한 체계는 남녀 성별 분업이 제례를 통해 응집시키는 가족, 친족, 마을, 왕실과 국가의 조직을 구성하는 기초 단위가 된다는 점을 드러낸다.

성별 분업 관념에 기초한 의례로서 황후의 친잠과 선잠단 제향은 한漢 대 이후로 송宋 대까지 꾸준히 마련되었다. 이 중에서 완결성이 높은 의주는 다른 많은 의주가 그렇듯, 당의 개원례다. '황후계춘길사향선잠의皇后季春吉巳享先蠶儀', 즉 황후가 계춘의 길한 사일에 선잠에게 제향하는 의주가 그것이다. 이 의주는 '황제길해향선농의皇帝吉亥享先農儀'— 황제가 길한 해일에 선농에게 제향하는 의주에 대응한다.[4] 황후의 친잠과 황제의 친경은 일정한 차별이 있다. 쉽게 눈에 띄는 몇 가지만 꼽아보면 재계하는 장소, 타고 가는 수레, 노부의 격 등이 다른데, 수레나 노부가 위계의 차이를 둔 것이라면, 재계 장소는 공간의 구별이라 할 것이다. 한편 양자의 의례는 대칭적으로 대응된다는 점이 흥미롭다. 황제 친경 의례의 참여자가 남성 관료로 구성이 되며 집례자 역시 남성 관료인 데 비해, 황후의 친잠 의례는 내·외명부가 참여하고 여성 궁인들이 집례자로 참여한다. 친경 의례에서 쟁기질 횟수가 황제 3퇴, 삼공·제왕 5퇴, 상서·경 9퇴로 변화한다면, 친잠 의례에서는 황후의 채상採桑은 3조條, 내·외명부 1품은 5조, 2품·3품은 9조로 숫자의 격차가 동일하게 벌어진다.《예기집설대전》의 여러 주석에서 황후가 실마리를 뽑기 위해 동이에 손을 담그는 것이 3회인 것을 친경의 3퇴에 비견한 것처럼,[5] 친잠 의례는 친경을 의식하고 그 대응의 의례로 만들어졌다. 이러한 특징은 남녀 성별 분업이 상호 참조적이며 대칭적이면서도 위계의 차이를 둠으로써 남녀의 성차 역시 분명히 하고 있음을 의미한다.

황후가 친잠하지 못할 때, 섭사는 누가 행할까? 당나라 때까지는 상궁을 비롯한 여관이 드리도록 하였으나, 송 진종 대에 관리를 보내 섭사하는 것으로 바뀐다. 송 대에도 황후 친잠의 전통은 계속되었으나, 실제 거행되는 것은 12세기 송 휘종 대였다. 당唐 대에는 황후 친잠이 비교적 활발하게 거행됐으나 송 대에는 그에 미치지 못했으며, 또한 선잠단의 섭사는 남성 관리가, 황후의 친잠은 궁원에서 행했다는 점에서 공간적 내외 관념이 강화되었다.[6] 이는 이후 조선의 친잠례를 구성할 때 좋은 참조의 대상이 된다.

오랜 친잠과 선잠단의 전통은 남송 대 이후 단절됐다. 원에서는 1310년(지대 3)에서야 선농단과 함께 선잠단을 건설했다. 그나마 선농단은 단은 이때서야 건설했어도 선농에 대한 제사는 1272년(지원 9)부터 지내왔다. 그러나 선잠에 대한 제례는 이전에도 지냈다는 기록이 없으며 단 설치 이후에도 특별한 내용이 알려지지 않았을 뿐만 아니라, 황후의 친잠도 행해지지 않았다.[7] 이러한 단절은 명 건국 후에도 변함이 없었다. 명에서 선잠단이 처음 만들어지고 황후의 친잠이 행해진 것은 1530년(가정 9)에 이르러서였다.[8] 청에서도 선잠단은 1744년(건륭 9)에서야 건설됐으며, 황후의 친잠은 그 몇 년 후 행해졌다.[9]

중국의 선잠단 역사는 우리의 선잠단 의례에 몇 가지 시사점을 준다. 당·송의 사례를 참조한 고려에서 유교 사전을 도입할 때 선잠단을 함께 들여온 것은 자연스럽다. 그러나 고려에서는 이를 왕후의 친잠과 연결시켜 도입하지 않았다. 군주의 친경은 행해진 적이 있으나 왕후의 친잠은 행해진 적이 없다. 그 이유로는 사전을 들여올 당시 송이 친잠 의례를 거행하지 않고 있었다는 점도 고려할 만하지만, 후대의 변화나 당唐 대의 사례를 고려하지 않았다는 점을 볼 때, 기본적으로 고려에서 왕후 친잠의 필요성을 그다지 느끼지 않았다고 보아야 할 것이다. 잠업을 권장한다는 측면에서 선잠단은 필요했으나 왕후의 친잠이라는 형식은 필요하지 않았다는 의미다. 조선의 경우에는 건국 무렵 명에서는 선잠단이 제례에 도입되지 않았기에 만약 이를 참조했다면 도입하지 않았을 것이나, 명의 사전체계와는 상관없이 선잠단을 설치했다. 조선 초에도 다양한 방법으로 잠업을 권장했던 것을 볼 때, 고려에서처럼 잠업을 권장하고자 하는 의도를 그대로 계승한 것으로 보인다. 이는 전반적인 조선의 사전 체제가 '시왕지제'인 명보다는 고려의 전통을 계승한 위에 당·송제를 참작했다는 점을 다시금 보여주는 지점이다. 조선에서도 여전히 왕후의 친잠은 고려한 바가 없었는데, 이는 건국 초부터 군주의 친경에 대해 강하게 의식하고 있었던 것과는 대조되는 지점이다. 이러한 상황은 성종 대 변화한다.

조선의 성종, 친경과 친잠을 시행하다

1477년(성종 8), 성종은 최초로 친잠례를 행하게 했다. 여기에서 '최초'란 조선의 최초일 뿐만 아니라, 우리 역사에서의 최초를 의미한다. 고려에서도 행한 적이 없을 뿐만 아니라 친잠례의 고향이라 할 중원 대륙에서도 남송 대 이후로는 단절된 의례였다. 동시대 중국의 명에서 친잠례를 설행하기까지는 아직 50여 년의 시간이 필요했다. 성종 대의 친잠례는 중원 대륙을 시야에 넣더라도 2세기 이상 단절된 전통의 재발견이자 재창출이었다.

누에에게 뽕잎을 먹이는 이 상징적인 의례를 실제로 거행한 사람은 왕후를 비롯한 내외명부의 여성이다. 남성 편향적인 유교 의례 속에서 왕실 여성이 실행한다는 친잠례는 그 독특성 때문에 그간 많은 관심이 기울어져왔다. 기존 연구에서는 여성의 의례로 친잠례를 주목하며 국왕과 왕비, 왕실의 위상을 정립하고 과시하려는 정치적 의미가 담겼다고 보았다.[10] 국가와 왕실에서 주도하여 거행하는 의례라는 점에서 친잠례는 일반적 차원에서 이러한 의미를 지니고 있었을 것이다. 그러나 왕후가 아니라 성종의 기획 아래 의례를 실행하였기에 여성 주도적 의례라고 평가하기에는 주저된다는 점, 친잠례 자체가 2세기 이상 단절된 의례였다는 점 등을 음미해본다면, 단지 당대 왕권의 문제만이 아니라 좀 더 심도 있는 고찰이 필요하다.

조선 초부터 궁원에 뽕나무를 심고 지방 각처에 뽕나무 심기와 잠실을 설치하게 하며 수령에게 관리 책임을 묻는 등 다방면으로 잠업을 권장해왔다. 그러나 잠업을 권장하는 것과 친잠례를 행하는 것은 다른 차원의 문제다. 단절된 의례의 복구란 사실상 창출이라 보아도 무방하며, 실행상 수많은 질문을 야기한다. 어디에서도 거행되거나 만들어진 적이 없는 제후국의 친잠례는 천자국의 친잠례와 달라야 하는가? 다르다면 무엇이 달라야 하는가? 왕후가 궁 밖으로 나와도 되는가? 어디에서 친잠례를 치를 것인가? 경전 속 왕후의 옷인 국의鞠衣는 도대체 어떻게 생긴, 무슨 색깔의 옷인가? 뽕잎을 따고 담고 먹이는 도구들은 어떤 재료로, 어떤 모양으로, 어떤 크기로 만들어야 하는가? 행례자는 어떠한 동선으로, 어떠한 동작으로 움직여야 하는가? 어떻게 해야 경전의 원뜻에 어긋나지 않는 제대로 된 의례를 만들 수 있는가?

프로토콜을 만드는 과정에서 발생할 수 있는 이 모든 문제를 해결해야만 의례의 실행이 가능하다. 이런 문제들을 무릅쓰고 거행한 친잠례의 의미가 단지 당대의 왕실 위상이나 국가의 의례 정비 정도로 국한될까? 한편 왕후가 치른다는 점만을 가지고 이를 여성의 주체성과 직결시키는 것에도 주저하게 되는 면이 있다. 의례의 논의 출발부터 중간의 그 모든 과정은 성종의 의사와 관료들의 논의 속에서 이루어졌기 때문이다. 어떤 면에서 여성은 이들이 만든 무대에서 주어진 역할을 수행한 배우에 가까웠다. 그렇다면 이러한 연극을 만든 '깊은 뜻'은 과연 무엇이었을까를 물어야 할 것이다.

먼저 성종 대 친잠례가 행해지던 무렵의 시간선을 한번 정리해보자. 친경례와 친잠례를 행한 시기는 성종의 친정親政과 밀접한 관련을 맺고 있었다. 성종은 1476년(성종 7) 1월부터 친정을 시작했다. 친정을 전후해서 성종은 친히 의례를 집전하는 데 적극적으로 나섰다. 성종 5년에는 개성에 행차했다. 왕조의 발상지를 찾아 세종과 세조가 행했듯이 태조 진전인 목청전을 참배했으며, 양로연을 열고 강무를 한 것은 물론, 개성 성균관에서 처음으로 알성을 행했다.[11] 이는 왕조의 발상지를 찾아 자기 왕권의 근원을 확인하며, 역대의 전례를 모두 종합하여 구현한 데다 개성 문묘의 알성까지 더함으로써 자신을 화려하게 드러내는 행행이었다.[12] 성종은 한양의 문묘에도 여러 차례 알성례를 행했다. 특히 친정 무렵 문묘 알성례와 향축香祝의 친전親傳이 집중되기도 했다.[13] 성종 8년의 알성례는 석전釋奠에 시학視學, 취사取士를 행한 데다 대사례大射禮까지 행했는데, 대사례가 문묘 의례와 함께 거행된 것은 이때가 처음이었다. 이때의 알성에서 뽑은 선비들은 방방放榜에 유가遊街까지 하게 해주었는데, 이를 구경하기 위해 모여든 인파가 수천 명에 달했다.[14]

친정 전후 이렇게 화려하게 동원한 의례들은 왕권을 화려하게 수식할 뿐만 아니라, 그 권위의 성격을 선언하는 것이다. 개성 행행, 종묘 및 왕릉 등의 친제는 자기 왕권의 시작을 추념함으로써 역대 전통의 계승자로 국왕을 자리매김하고자 하는 것이었으며, 문묘와 관련한 화려한 행사는 유교 이념의 담지자라는 선언이다. 그러한 분위기 속에서 특별하게 창출한 두 의례가 친경례와 친잠례였다.

친경례에 대한 발상은 경연에서 나왔다. 1474년(성종 5), 성종은 경연에서 《자치통감강목資治通鑑綱目》의 한 문제文帝 부분을 강독하고 있었다. 5월, 시강관 강희맹姜希孟이 적전籍田 관리 문제를 제기하며, 한 문제의 조서를 언급했다. '짐은 친경하여 제사 음식에 이바지하고, 왕후는 친잠하여 제복을 바친다'라는, 친경과 친잠을 대응시킨 문구가 들어가 있는 조서였다.[15] 석 달 후 성종은 석강에서 시강관 이맹현李孟賢과 한 문제 때 인물인 조조晁錯의 상서를 읽었다. 토지의 개간과 노는 백성의 문제를 언급한 이 글을 통해 농민 확보, 조세 경감 등의 문제를 논의한 끝에 이맹현은 다시금 한 문제의 친경과 친잠에 대한 조서를 언급했다. 그러면서 우리나라도 친경의 의주가 이미 갖춰져 있으나 실행하지 못하고 있다는 점을 상기시키며, 친경을 통해 제사를 중히 여기고 근본인 농사에 힘쓰는 뜻을 보이게 하자고 건의했다. 성종은 전향적으로 승지에게 바로 친경하는 의주를 조사해서 아뢰게 했다.[16]

논의의 시작을 살펴볼 때, 첫 발상은 권농의 측면에서 친경을 언급하는 것에서 비롯했다. 특히 친경례는 이미 사전에 의주가 마련되어 있었고 이 무렵 마침 《국조오례의》를 편찬했기에 친경을 실행하기로 결정하는 것은 그렇게 어색한 일은 아니었다. 그러나 친경 이야기가 나오는 경로가 한 문제의 조서에서부터 시작했다는 점에 유의할 필요가 있다. 국왕의 친경과 왕후의 친잠이 조응하는 이 조서는 친경이 친잠과 짝을 이루어 인지되게 한다. 이는 앞서 4장에서 본 것처럼 원구의 짝으로 적전을 인식하던 고려 말과는 인지의 경로가 달라진 것이다.

친잠은 의주가 없었기 때문에 친경보다 시행하기 쉽지 않았을 뿐만 아니라, 이해 4월 공혜왕후 한씨가 훙서하는 바람에[17] 이를 거행할 주체가 없었다. 이는 2년 후, 새로운 왕비가 선 이후에야 가능했다. 1476년(성종 7) 8월, 새 왕비(연산군의 어머니인 폐비 윤씨)를 책봉하였다. 8월 9일 인정전에서 연산군을 임신 중이던 숙의 윤씨를 중궁으로 책봉하고, 22일에는 이 책봉에 대한 주문을 지닌 사신을 보냈다. 바로 그날 성종은 승정원에 전교를 내려 예문관에서 후비의 친잠례를 상고하여 아뢰라는 명을 내렸다.[18] 이러한 시간선을 보면, 성종이 친잠을 준비하기 위해 새로운 중전을 세울 날을 얼마나 기다렸는지 알 수 있을 것이다.

이 무렵에는 국왕과 왕후의 지위와 역할을 새롭게 규정하기 위한 노력이 경주되고 있었다. 1470년(성종 1) 수렴청정을 한 정희왕후는 신료들에게 역대의 제왕과 후비들의 행실 가운데 본받을 만한 부분과 경계가 될 만한 내용을 경서와 사서에서 발췌하여 진상하도록 전교했는데, 이는 2년 후인 1472년(성종 3) 《후비명감后妃明鑑》과 《제왕명감帝王明鑑》으로 완성되었다. 두 책은 현재 남아있지 않지만 김종직金宗直이 지은 서문의 초고와 이를 수정한 최항崔恒의 서문이 남아있다.[19] 이 두 책 역시 국왕과 왕후가 하나의 짝으로 구성되어 있다는 점에서 친경과 친잠을 세트로 구성하던 발상과 상통한다.

《후비명감后妃明鑑》의 서문에서는 기본적으로 후비가 정도를 벗어나 정사에 개입하는 것을 경계하며 임금과 후비가 각자의 정해진 위치에서 조화를 이루는 것이 태평성대를 누릴 방법임을 강조한다. 그러면서 왕후의 덕이 없다면, '부도婦道가 어그러지고 여성들의 교화 역시 환히 드러나지 못할 것'이라고 하였다.[20] 왕실 여성은 아래로 풍화가 이루어지게 여성들의 교화를 이끌 단서이자 모범이었다.

한편 1475년(성종 6) 소혜왕후는 《내훈內訓》을 편찬했으며, 성종의 친정 이후인 1476년(성종 7)에는 현비병賢妃屛을 만들었다. 현비병 역시 《후비명감》이 《제왕명감》과 함께 편찬된 것처럼 명군병明君屛과 선명후암군병先明後暗君屛과 함께 만들어졌다.[21] 《후비명감》과 《제왕명감》 이래로 현비병과 제왕과 관련한 병풍이 함께 만들어진 것, 왕실 여성의 교육을 목적으로 한 《내훈》이 새로운 왕후를 세울 무렵 "옥 같은 며느리를 보고 싶다"는 소혜왕후의 바람을 담아 편찬된 것 등은 일관된 지향을 보여준다. 정치의 운영을 남녀 성별 분업의 방식으로 상상하고 있다는 것, 그를 위해 바람직한 임금과 왕후의 상, 모범적 상호 관계 사례 등을 제시하려 했다는 지점이 그것이다.[22] 이는 또한 상층의 정치만이 아니라 솔선을 통한 아래로의 교화를 염두에 둔 것이었다. 예를 들어 명군병의 제일 첫 그림은 농사를 시작한 신농도神農圖다. 여기에는 다음과 같은 표현이 나온다.

> (신농이) 영을 내리기를, "장부丈夫들이 장성하여 경작을 하지 않으면, 천하에 주리는 자가 있을 것이고, 부인婦人들이 많이 있으면서 길쌈을 아니하면 천하에 추위에 떠는 자가 있을 것이다" 하였다. 그래서 신농이 몸소 농사짓고 후비가 몸소 길쌈하여 천하에 솔선하였다.[23] (괄호: 필자)

신농이 농사를, 후비가 길쌈을 함으로써[24] 천하에 솔선했다는 설명이 명군병의 첫 장을 차지한다는 것은 농업과 길쌈의 중요성을 설파하는 동시에 그러한 노동이 남녀 성별 분업을 통해 이루어진다는 관념을 드러낸다. 신농과 후비의 솔선은 백성 역시 그러한 성별 분업에 입각하여 자기 직분과 생업을 다해야 한다는 의미다. 이러한 성별 분업에 기초한 농상農桑 생업의 중시야말로 태평성대를 이룩하는 핵심적 요소이며, 국왕과 왕후는 친경과 친잠으로 이를 솔선하는 모습을 보일 필요가 있었다. 이는 친잠 후 성종이 내린 하교에서도 그대로 확인된다.

> 옛일을 상고해보니, 임금된 자가 친경을 해서 먼저 농사를 힘쓰게 하고 후비가 친잠해서 여공女工을 권하였다. 그 적전籍田과 공상公桑의

제도는 경사經史에 실려 있어 밝게 상고할 수 있다. 대개 백성의 근본은 먹고 입는 것보다 더 큰 것이 없고 의식의 근원은 농상에 있다.……이에 성화 10년 맹춘 어느 날에 동교에 나아가 몸소 쟁기를 잡아 고전古典을 강구하였다. 농사는 식량을 넉넉히 하는 길이고 잠업은 옷을 넉넉히 하는 근본이다. 그래서 예관에게 명하여 옛 법도를 상고하고 지금의 형편에 맞도록 참작하여 그 의식을 만들게 하고, 왕비는 또 금년 3월 14일(신사)에 내·외명부를 거느리고 친잠의 예를 행했다.……지금 내가 즐겨 듣고 또 몸소 행하였으니, 백성이 보고 느낀 바가 있어서 일에 나아가기를 즐겨 하여 농상農桑에 그 힘을 다할 수 있으면, 나라에는 그 재물이 넉넉하고 사람들과 집안이 풍족하여 태평의 교화를 이룰 것이다. 그 일을 감사로 하여금 수령에게 반포하고 수령은 마을에 전하게 하여, 필부와 필부로 하여금 모두 자기 힘을 다하게 하라.[25]

임금과 왕비는 농경과 길쌈을 각각 맡아 의례를 통해 모범으로 보임으로써, 필부필부匹夫匹婦에게까지 농사와 길쌈에 충실하라는 메시지를 전했다. 모범이 전달되어야 할 마지막 대상이 백성으로 뭉뚱그려지지 않고 '필부필부'로 남녀의 짝으로 호출되고 있음을 보라. 먹는 것과 입는 것으로 구별되는 민생이 성별 분업과 밀접하게 관련되어 있음을 왕실의 의례를 통해 선포하여 규범적인 젠더상을 구현한 것이다. 모든 백성이 이러한 규범적 젠더상에 맞추어 열심히 생업에 임할 때 태평의 교화가 이룩될 것이다.

남녀 성별 분업을 염두에 둔 친잠례는 여성이 의례의 실천자로 나서기는 하지만, 여성의 주체성을 드러내는 의례였다기보다는 유교적 가부장제하에서 여성 주체의 본질을 한정하고 정형화하는 의례였다. 이런 점에서 볼 때, 성종 대 구성된 친잠례가 실질적으로는 밖으로 여성이 드러나지 않는 형식으로 의례가 마련된 점은 당연한 귀결이었다. 당나라 때까지의 친잠례는 여성이 선잠제를 행하고 친잠례를 펼치는 형태였으나 조선에서는 당의 의주가 아니라 송 대 사례를 참조했다. 철저하게 내외법에 의거해 선잠제는 관리를 보내 섭행하고 궁궐 후원의 제한적 공간에서 친잠례를 펼치는 방식으로 의주가 구성된 것이다. 비록 사용된 적은 없지만 이전 세대인 변계량이 구상한 〈선잠악장〉을 보면 왕후가 직접 선잠제를 지내는 것으로 설정되어 있다. 각 악장의 제목은 왕후입유王后入壝(왕후가 선잠단의 유에 들어갈 때), 왕후관세王后盥洗(왕후가 손을 씻을 때), 왕후승단王后升壇(왕후가 단에 오를 때), 왕후입소차王后入小次(왕후가 소차에 들어갈 때) 등등으로 구별되어 있고, 이에 따라 악장을 짓고 율을 규정한 것이다.[26] 성종 대 선잠례는 아예 그러한 가능성을 배제하였다. 성종 대 친경례와 친잠례는 국왕의 보수적인 여성관을 반영하는 것이기도 하였다. 신하들의 반대와 이미 완성된 《경국대전》을 수정한다는 부담을 감수하면서까지 재가녀자손금고법을 제정한 것이 바로 성종이다. 성종의 친정과 새 왕비의 책봉으로 국가적 차원에서 나라의 아버지와 어머니가 제 위치를 찾았다. 친경과 친잠, 두 의례는 바로 그 순간에 남성과 여성의 모범적인 성역할을 제시했다.[27]

성종 대 첫 친잠례는 국왕과 왕비가 정희왕후를 비롯한 세 명의 대비에게 진연을 올리는 것으로 마무리되었다.[28] 성별 분업의 모델에 입각하여 각자의 생업을 행하고 시어머니들에게 하례를 올림으로써, 유교적 산업관과 부계 가족이 완벽히 구성되는 듯했다. 그러나 친잠례가 끝난 지 얼마 되지 않아 윤씨가 폐비된 것은 이러한 모범에 구성원이 부응하지 못할 때의 파탄을 보여준다.

친경과 친잠 등을 통해 남녀 성별 분업의 모델을 현창한 것이 국왕 성종만의 의지였을까? 농업과 잠업의 양축을 중시하는 유교적 산업관, 부계제 가족상, 그 속에서 며느리의 역할을 구축하며, 국왕과 왕후는 친경과 친잠이라는 의례의 주 행위자로 역할했다. 그러나 《후비명감》, 《제왕명감》을 비롯하여 《내훈》 등이 정희왕후, 소혜왕후 등에 의해 주도되었음도 간과해선 안 될 것이다. 국왕 성종과 그 어머니 및 할머니는 유교적 명분론에 기반해 성별 규범과 모델, 분업을 위한 각 직무의 범주를 만드는 데 합작했다.

이후에 행해진 조선의 친잠례도 친경과 함께 연동했다. 조선 시기 통틀어 친경은 16차례 행해졌으나 친잠은 6차례만 행해졌다. 이 여섯 차례 중 친경이 없이 친잠만 거행한 일은 한 번도 없다는 점에서, 친잠례는 친경례와 함께 행해질 때만 의미를 지니고 있었다. 이러한 분위기는 영조 대 친잠에서도 드러난다. 1767년 영조의 마지막 친경 및 친잠에서는 경복궁에서 펼쳐진 친잠 의례 자리에 영조가 함께 행행하며 의례를 마친 후 임금은 근정전에서, 왕비는 근정전 안뜰에서 축하를 받았다. 대궐로 환궁하는 길, 친경 악장인 '천립天粒'의 노래가 불렸다. 왕비 친잠 의례의 마무리인 환궁 길을 친경 악장으로 끝맺었다는 점에서 이때의 친잠례는 친경례 안에 포함된 의식이었다.[29]

조선에서는 규범적인 성역할을 의례를 통해 적극적으로 환기하기 위해 친잠례를 마련했다. 조선 사회에서는 성을 남녀로 엄격하게 이원화하고 각 젠더에 고유의 역할과 일이 있다고 규정했는데, 친경례와 친잠례는 바로 그 성별 분업의 모범을 표상했다. 두 의례는 조선이 적극적으로 전파하고자 한 가부장제 이데올로기 속 젠더의 규범적 상을 만들려는 노력에서 기획되고 실천되었다.

언덕 위에 자리 잡고 작게 건설된 단

고려의 선잠단은 단의 제도에 대해서만 알려져 있을 뿐, 그 위치나 실제 행례 사례 등은 알려져 있지 않다. 《고려사》 예지의 기록에 따라 단의 크기를 추출하여 당·송의 선잠단과 비교하면 [표 17]과 같은데, 단의 크기만 놓고 보면 당보다는 송의 제도를 따른 것으로 추정된다.

[표 17] 고려의 선잠단과 당·송 제도의 비교

		선잠단
고려	변사	중사
	너비	2장
	높이	5척
당	너비	주회 30보(한 면 4장 5척)
	높이	4척
송	너비	2장
	높이	5척

*《문헌통고》 권87, 교사고20 籍田祭先農 *《송사》 권102, 지55 예5 길례5 先蠶

중국에서 역대 선잠단은 그 위치가 일정하지 않았다. 동교에 단을 두기도 하고 북교에 두기도 했는데, 동교에 둘 때는 '생生'이나 '천사성天駟星'의 의미를, 북교에 둘 때는 '순음純陰'의 의미에서 그렇게 한 것이었다. 송에서는 송 진종 대에는 뽕나무가 자라나는 뜻을 따라 동교에 두었다가 신종 연간에 북교로 옮겼다.[30] 고려가 송의 어떤 제도를 따랐을지는 분명치 않으나, 고려의 제도를 이어받은 조선에서 북교에 두었다는 점을 볼 때 고려에서도 북교에 있었을 가능성이 있다.

조선에서는 1400년(정종 2)부터 선잠제를 지냈으며,[31] 1401년(태종 1)에 악장을 마련하기로 하는 등[32] 건국 초기부터 선잠 제향에 대해 관심을 두었는데, 이는 고려 시기 전통을 계승한 것이었다. 원의 선잠제는 내용이 불분명하고 명은 아직 선잠단을 만들지도 않은 때였다. 한양이 아니라 개경에 있던 때였으므로 개경의 선잠단을 그대로 사용했다.

다른 의례와 마찬가지로 선잠단과 선잠제 역시 1411년(태종 11) 길례 제도를 만들어갈 때 함께 제도가 정비됐다. 1411년(태종 11)에는 폐백의 제도를,[33] 1413년(태종 13)에는 희생제도를 상정했으며,[34] 같은 해 4월에는 중사에 편제했다.[35] 그러나 이 무렵부터 바로 선잠단 제도에 문제가 있다는 지적이 나왔다.[36] 아마도 한양 천도 후 먼저 신축한 제단이, 태종 대 후반 여러 제사 단묘의 제도를 상정하며 정한 제도와 맞지 않게 된 듯하다. 1414년(태종 14) 예조에서 단유제도를 다음과 같이 아뢰었다.

> 선잠단과 영성단은 높이가 3척, 둘레가 8보 4척이고 사방으로 계단을 낸다. 선농단도 같다. 양유가 있는데, 유는 각 25보이다. 마사, 마조,

선목, 마보단은 각각 너비가 9보로 높이는 3척이며 사방으로 계단을 냈다.[37]

이는 《세종실록》 오례의 및 《국조오례서례》와는 차이가 많이 난다([표 9] 참조). 태종 14년의 선잠단 제도도, 《세종실록》 오례의 제도도 딱히 근거가 있는 제도는 아니었다. 너비 13척 정도의 제도 역시 중국에도 고려에도 사례가 없으며, 중사단의 크기인 너비 2장 3척 역시 중국의 역대 제단의 크기와는 무관하다. 이는 대사는 2장 5척, 중사와 소사는 2척씩 감하는 조선의 변사체계의 논리를 따른 것이기 때문이다.

다만, 여기서 고려해볼 수 있는 가능성이 하나 있다. 태종 14년의 조사는 영조척으로 행해졌으나 처음 단유 건축 때에는 주척을 사용했을 가능성이다. 영조척으로 너비 13척이라고 하면, 400.4센티미터 정도인데 주척으로는 약 20척(2장) 정도가 된다. 이는 고려의 선잠단과 비슷하다. 단의 높이 역시 비슷한 방법으로 계산해보면 얼추 5척 가까이 된다. 처음 태조 대 사직단 조성 때 주척으로 건설하려고 했다는 점을 미루어보면 선농단이나 선잠단이 주척으로 고려의 제도에 따라 건설했는데, 태종 14년 조사하며 재측정할 때는 영조척을 사용했을 가능성이 있다([표 17]과 [표 18] 참조).

이후 몇 차례 제도를 수정하여 단을 재조성하도록 하였으나, 실제로 제대로 준수되지는 않았다. 1430년(세종 12)에 봉상판관 박연은 제사에 사용하는 여러 음악을 비롯하여 당시 제단의 체제가 갖는 여러 문제점을 지적할 때 선잠단에 대해서도 다음과 같이 지적하였다.

선잠단은 지은 것이 매우 허술하고 치수가 제도에 맞지 않으며, 지면이 기울어지고 뭉우리돌로 쌓아 올려 만들어서 높낮이가 일정하지 않으니 고치지 않을 수 없습니다. 또한 토질이 척박하고 모래와 자갈이 쌓여서 뽕나무를 심어도 잘 자라지 않으니 제비帝妃의 영靈이 이곳에 오르내린다 어찌 말할 수 있겠습니까. 이제 개정하려면 반드시 이전 터를 그대로 쓰면 안 됩니다. 우사단과 선농단 근처에 고쳐 지으면, 세 단을 지키는 사람들이 한 구역에 모두 모여 살며 창고를 지어 기구를 보관하고 한마음으로 간수할 것이니 그렇게 하면 도둑이 가까이 오지 못하고 신과 인간이 모두 편안할 것입니다.[38]

이 상소문에 따르면 선잠단은 지은 것 자체가 허술할 뿐만 아니라 지세, 치수, 토질 등 입지와 제도에서 모두 문제가 있었다. 거기에 단이 떨어져 있어 관리도 힘드니 동교의 우사단·선농단 근처로 옮기면 좋겠다고 하였다. 박연의 상서 이후에 그 내용을 그대로 따랐다고 하고 있으나 실제로는 그렇지 않은 듯하다. 8년 후인 1438년(세종 20) 박연은 다시 상언하였다.

사향祀享은 나라의 대사입니다. 그러나 우리나라의 제단은 그 제도가 틀려서 이전에 신의 청으로 모두 개정하게 하고 별도로 제단감조색祭壇監造色을 세웠습니다.……그때 단지 종묘, 사직만 개정하고 나머지 중사·소사 총 10여 단은 모두 공역을 시작하지도 못하고 지금까지 8, 9년간 나라에 영선하는 일이 많아서 중지하고 하지 못하였습니다.……그중 선잠·산천의 2단은 잡석으로 영역만 만들어두어 간신히 무너지는 것만 면하였으며, 그 나머지 여러 단은 모두 흙무더기일 뿐입니다. 더구나 단소壇所에 난간이 없어서 가축들이 종횡으로 어지럽히는 데다 좁고 기울어진 데가 많으니 예를 행하고 음악을 쓰는 데 그 위의를 잃었습니다.[39]

이를 보면 8년 전 그의 상소에 따라 제단감조색까지 설치하였으나 실제 공사는 종묘·사직에만 집중됐고 나머지는 건드리지 못했음을 알 수 있다. 그중에서도 그나마 선잠단과 산천단은 잡석으로라도 단을 쌓아서 봉토가 무너지지 않게는 하였으나 나머지 단은 봉토만 해둔 상태였다.

단을 쌓을 때 흙으로만 쌓느냐, 돌로 사방을 쌓아 흙을 채우느냐 하는 것은 이후에도 문제가 되었다. 흙으로만 쌓으면 무너질 것이므로 돌로 개축해야 한다는 것이 박연의 의견이었다. 그러나 4년 후인 1442년(세종 24) 의정부에서는 예조의 정계에 의거하여, 고제에 근거가 없다는 이유로 흙으로만 단을 쌓자고 건의하였다.[40] 이에 따라 돌을 사용하여 개축하는 것은 중단되었는데, 사실 여기에는 예제적 근거보다도 물력 조달이 힘들었기 때문으로 보인다. 약 8년 후 박연은 적어도 중사단이라도 돌을 사용해 개축할 것을 주장하면서 다음과 같이 당시 개축이 중단된 과정을 선명하였다.

> 예전 세종 초에 종묘와 사직을 개정하려고 할 때 판서 허조가 "조종의 성헌과 향사享祀가 이미 오래되었으니 가벼이 고쳐서는 안 되고 더욱 삼가고 중히 여겨야 합니다"라고 의견을 올렸습니다. 신이 고제에

부합하지 않고 행사에 편안하지 않으므로 세 번 다시 아뢰니 세종께
서 바로 고치도록 하였습니다. 그 후 여러 제사 단도 한결같이 신이
청한 대로 하였는데, 선농과 우사는 돌 여러 장을 캐놓고서도 마침 영
선해야 하는 긴요한 일이 있어 공역을 멈추고 몇 년을 보내다가 신이
공역을 마칠 것을 청하였습니다.
그때 우의정 신개申槪가 "단의 고제에는 봉토가 맞고 돌을 쓰는 것은
편하지 않으니 다시 상세하게 살펴 시행해야 합니다"라고 하였습니
다. 이 때문에 중지되어 다시 공역을 시행하지 못하였고 이미 준비한
돌은 마침내 다른 용도로 써버렸으니 신이 항상 한으로 여깁니다.[41]

일단 영선해야 하는 우선순위에서 밀린 데다가 신개가 고제에 맞지
않는다는 의견을 제시했다는 것이다. 박연이 고제에서 석축을 쓴다는
얘기도 없지만 석축을 쓰지 않는다는 이야기가 없으며 상식적으로 돌
없이 쌓기 힘들다고 반박하자, 신개는 또다시 "우리나라 인력이 10년
을 기한으로 해도 마칠 수가 없을 것이다"라며 반대했다.[42]
이상을 종합해보면 선잠단은 이른 시기부터 제도에 맞지 않는다는
비판이 있었고, 세종 대 박연이 여러 차례 제단을 개축하자고 하자 개
축 준비를 하기도 했으나, 실제로는 물력 등의 문제로 거의 개축하지
못했다. 문종 대 박연의 위 상서에 대해 대신들이 점차로 고쳐 쌓자고
결론을 내렸고 이후에는 이에 대해서는 문제가 제기되지 않는다. 이런
점을 볼 때, 적어도 선잠단을 비롯한 중사단은 돌로 개축된 것으로 보
인다.
단의 석축은 진행되었으나 논의대로 진행되지 않은 부분도 여전했

다. 문종 대 박연이 건의한 지 20여 년이나 지나 1473년(성종 4)에 예조에서 세종 대 선잠단을 옮기고 단유를 정비하자고 했음에도 여전히 이전하지도 않았고 단유가 정비되지도 않았다는 계문을 올렸다.[43] 이때는 이미《세종실록》오례의가 편찬된 지도 상당한 시일이 지났고,《국조오례의》도 완성 단계였다. 그럼에도 선잠단은 여전히 입지한 곳의 지형과 제단의 규모 같은 초기의 문제가 해결되지 않았고, 선농단 부근으로 개축되지도 못한 것이다.[44] 재실과 창고는 태종 대부터 설치하자고 했으나, 성종 대가 되도록 제단별로 관리하지 못하고 여전히 봉상시에서 일괄 보관하는 처지였다.

이때 예조의 계문에 선잠단의 위치를 선농단과 우사단 사이로 옮겨 개축하고 단유도《국조오례의》에 의거해 정비하기로 했으나, 이듬해 이는 다시 중단된다. 예조에서 선잠단은 도성 북쪽에 있는 것이 고제에 합한다고 하며 이전할 필요가 없다고 했기 때문이다.[45]

이상의 과정을 볼 때, 선잠단은 태종 대 한양 천도 후 건설되었으나, 이후 단유제도를 마련하고 정비를 해나갈 때부터 늘 그 제도와 입지에 문제가 있다는 지적을 받았다. 이후 성종 대에 이르기까지 장소를 옮겨 개축하거나 단을 다시 축조해야 한다는 등의 논의가 여러 차례 일었다. 그러나 번번이 개축하지 못하면서, 제단은 초창 당시의 문제를 거의 그대로 안고 있었던 것으로 보인다. 근대 시기 선잠단 사진에서도 이런 지형은 그대로 확인된다. [그림 19]를 보면, 박연의 지적에서처럼 선잠단은 지형이 기울어져 있다. 비록 단과 유의 경우 돌로 쌓은 것은 확인되지만 이 역시 잘 다듬은 장대석으로 마련했는지는 의심스럽다.《경성부사》에 수록된 [그림 20]은 단이나 북유의 담장은 장대석인 것으로

[그림 19] 근대 선잠단지 사진
* 국립중앙박물관 소장 유리건판사진

[그림 20] 파손되기 이전 선잠단
*《경성부사》

친잠과 선잠단 - 국가가 제시하는 규범적 젠더상

보이지만 적어도 유의 남쪽 담장은 뭉우리돌로 축조된 것을 볼 수 있기 때문이다.

선잠단의 입지에 문제가 생긴 이유는 단이 지형상 기울어진 구릉지에 위치했기 때문이다. 그러나 단의 위치로 북교를 선택한 이상, 백악과 응봉 자락에 위치한 한양의 지세에서 평탄지를 찾는 것은 힘들다. 이곳에 자리를 정하자 제단 관리에도 문제가 생길 수밖에 없었다. 이를 관리할 물력을 상시적으로 유지하는 것이 쉽지 않기 때문이다. 이 때문에 동교의 우사단과 선농단 사이로 옮겨 좀 더 용이하게 관리하자는 방안이 제기된 것이다. 그러나 결국 옮기지 않았다. 중국에서 동교에 선잠단을 둔 사례도 있었던 만큼, 그러한 사례를 취했다면 옮기지 못할 것은 없었다. 그러나 북교에 두는 것이 맞다고 선택했다는 것은 '순음'의 의미, 즉 여성의 의례로 음의 뜻을 따르는 것이 좀 더 적합하다고 판단한 것으로 보인다. 친잠이 친경과 대비하여 여성의 일로 규정하며 탄생한 것처럼, 성종 대 선잠단의 위치에 대한 판단 역시 여성과 관련한 장소라는 점을 더 중시한 것이다.[46]

그렇다면 입지와 함께 꾸준히 문제시된 선잠단의 규모와 제도는 어땠을까? 마침 선잠단은 1930년 마쓰무로 시게마사가 직접 조사하고 측량한 자료가 남아있어 단의 규모와 제도를 정확히 파악할 수 있다. 마쓰무로는 단을 상단으로, 북유를 중단으로, 남유를 하단으로 이해해서 도면을 그렸는데, 마쓰무로의 측량안에 따른다면 선잠단은 《국조오례서례》에 규정된 중사단 크기에 비할 때 현저하게 작다. 그런데 마쓰무로가 측량한 선잠단의 크기는 태종 14년의 선잠단 조사 내용 및 영조대 《친잠의궤》 및 《춘관통고》에 수록된 친잠단의 크기와 거의 일치한다. 이를 비교하면 [표 18]과 같다.

태종 14년 조사 내용은 《춘관통고》에 수록된 친잠단의 크기 및 마쓰무로의 조사안과 비교할 때 약간의 오차가 있기는 하지만 그래도 전례서 기준에 비할 때는 상당히 근접한다. 여기에 《춘관통고》에 수록된 경복궁에 조성한 친잠단 크기가 들어가는 이유는 경복궁에 친잠단을 조성할 당시 아래 기록과 같이 선잠단의 제도를 모방했다고 하고 있기 때문이다.

단을 경복궁 강녕전 옛터의 동쪽에 세워 서릉씨에게 작헌례를 시행한다. 제도는 대략 동교 선잠단을 모방하여, 사방 14척, 높이는 2척으로

[표 18] 선잠단의 단 크기 비교

구분	태종 14년 조사	《춘관통고》	마쓰무로 조사안
너비	둘레 8보4척 (1보 = 6척 → 총 둘레=52척 → 너비=52÷4=13척(1장3척)) 400.4센티미터	14척 431.2센티미터	16척 484.8센티미터
높이	3척 92.4센티미터	2척 61.6센티미터	-
유 남북	-	64척 1,971센티미터	72척 2,181센티미터
유 동서	-	35척 1,078센티미터	32척 969.6센티미터
상유 높이	-	9촌 27.7센티미터	-
토축 담장 너비	-	3척 92.4센티미터	-
토축 담장 높이	-	1척 30.8센티미터	-
문 너비	-	-	8척 242.4센티미터

* 영조척: 1척=30.8센티미터 | 일본척: 1척=30.3센티미터

하고 사출계에 각각 3급의 계단을 둔다. 사문이 있으며 양유가 있는데, 남북은 64척, 동서는 35척이다. 상유는 높이가 9촌으로 세 개의 계단이 각 1급이다.[47]

이러한 문헌의 기록을 나란히 놓고 보면,《국조오례서례》의 규정과는 무관하게 선잠단은 태종 14년의 조사 당시 상황에서 거의 변하지 않았다고 볼 수 있다. 18세기 영조 대 친잠 의례를 마련할 때는 이 선잠단

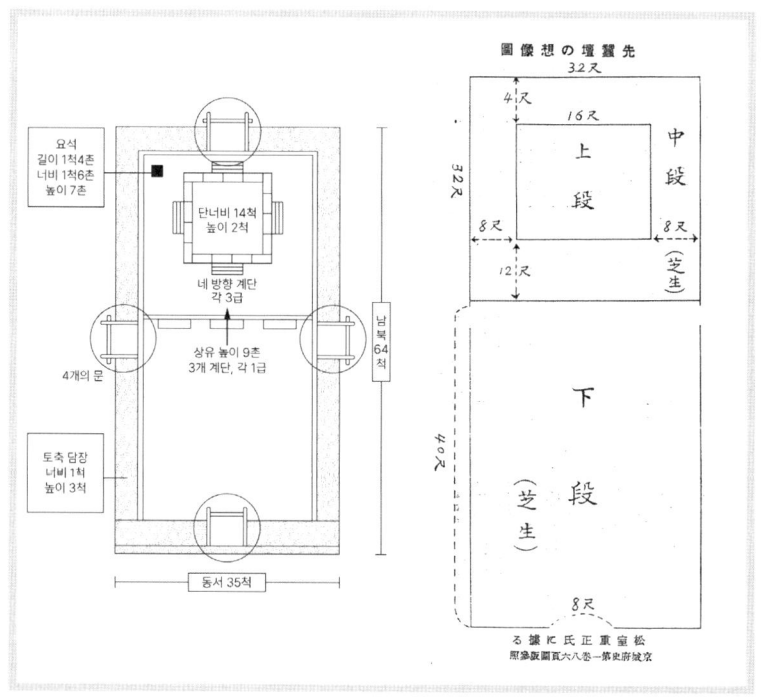

[그림 21]《춘관통고》친잠단 개념도와 마쓰무로 측정 도면
*《춘관통고》도판을 바탕으로 재작성함(좌).

을 참조하여 역으로 경복궁 안에 친잠단을 만들었기에 성북동 선잠단은 초창 때부터 일제 시기 조사했을 때까지도 이 크기에서 벗어나지 않았다고 볼 수 있다.[48]

이처럼 선잠단은 초창 당시부터 제도와 규모에 맞게 건설되지 못했다는 지적이 꾸준히 나왔으나 석축으로 단을 정비하는 것 정도밖에는 개수하지 못했다. 조선 선잠단의 크기나 제도에 문제가 많기는 하였으나 경전에 확실한 근거가 있었던 것도 아니기에, 예제적 구속력이 강하

[그림 22] 선잠단 추정도(CAD 도면)
① 《춘관통고》 친잠단 수치 도면, ② 마쓰무로의 선잠단 도면.

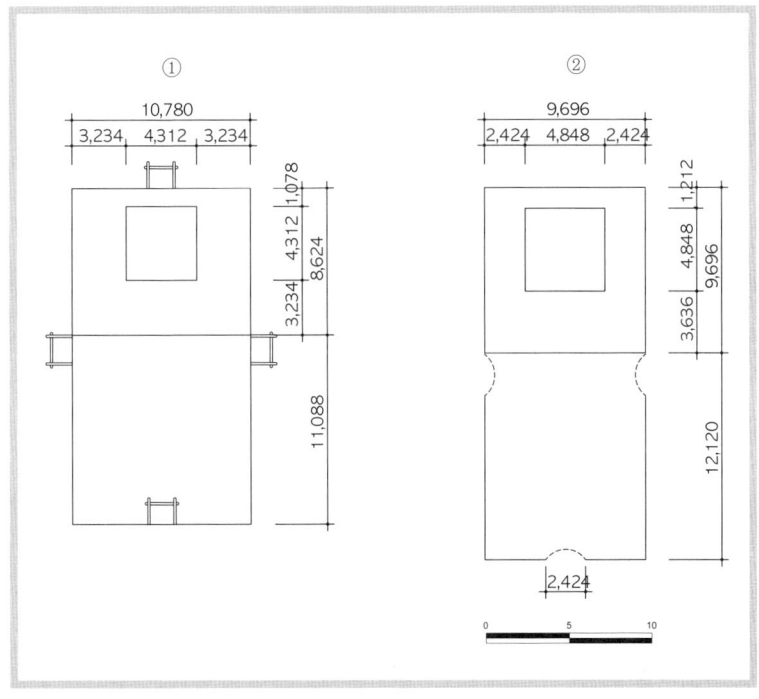

지 않았기 때문이다. 이는 사직단과 대별된다. 사직단처럼 크기와 제도에 대한 고제가 분명한 경우에는 그에 대한 논의도 훨씬 심도가 있었고 이를 해결하기 위해 다양한 노력이 경주되었다. 그러나 선잠단은 중국의 역대 사례를 보더라도 크기도 제각각이었으며 설치한 시기나 의례도 제각각이었다. 그런 상황에서는 조선의 전례서 규정조차도 그렇게 구속력을 지니지는 못했던 것으로 보인다. 실제로 2장 3척 너비의 중사단 규모에 맞춘 것은 풍운뢰우산천성황단 하나 정도에 불과했다.

선잠단이 이렇게 문제 많은 입지와 제도로 조성되고, 숱한 문제 제기에도 결국 바꾸지 못한 것은 입지 관습과 공간적 제약 때문이었다. 한성은 입지상 북쪽에 큰 산을 두고 있어 북교의 영역이 넓지 않기에, '북교'로 공간을 한정할 경우 선잠단 자리로 선정할 만한 곳이 많지 않다. 그런 상황에서 안암천을 앞에 두고 뒤에 북한산 자락을 끼고 있는 선잠단의 자리는 주변에 높은 건물이 없다고 할 때 꽤 도드라지는 경관을 지니면서도, 안암천에 너무 가깝거나 낮지는 않아 홍수 피해를 염려할 필요는 없는, 나름 최선의 장소다. 이런 이유로 얕은 구릉임에도 불구하고 이곳이 단의 장소로 정해지자, 전체적인 지형의 크기와 기울기에 맞춰 단의 크기와 영역도 작게 조성할 수밖에 없었을 것이다.

만약, 고려 선잠단의 제도를 따라 주척으로 건설하고 이를 수정하지 못한 것이라고 한다면, 고려 예제의 영향력을 재고할 필요가 있을 것이다. 초기 단유 건설 때 다른 단에 비해 대단한 개혁 논의가 일지 않고, 중국에서도 한동안 맥이 끊긴 단이 선잠단이었다는 점에서, 조선 초 선잠단의 설치는 고려 예제의 영향이 절대적이었다. 다만 후에 여러 문제가 제기됐음에도 수정되지 않은 것은 우선순위에서 밀리고 토목 공사의 부담이라는 현실적 한계가 컸기 때문이다.

그런 측면에서 선잠단은 조선에서 단을 조성하고 유지한, 또 하나의 얼굴을 보여준다. 그것은 '예제'의 초점이 그 구체적인 단의 크기나 제도에 있지 않을 때, 또 해당 단의 중요도가 상대적으로 떨어질 때, 관습적인 공간 조직 및 운영 방법이 유지됨으로써 현실이 이념을 압도했다는 점이다.

결어

조선의 건국은 대단한 이념적 전환과 함께 이루어졌으며, 국가의례는 이를 잘 드러낸다. 조선을 건국한 이들은 제후국의 체제에 맞추어 정연하게 의례를 구성했고, 국가와 사회를 유교화하기 위해 일사불란하게 움직였다. 태조-태종-세종 대 점진적이면서도 단계적으로 심화하며 이념과 예악 문물을 이해한 끝에 세종 대 예악이 완성되었다. 제후국의 지위에 맞춰 하늘에 대한 제사를 포기하는 것은 쉽지 않았으나, 이념의 압도 속에 포기하였다. 이렇게 완성된 조선의 국가의례는 완벽히 유교화되고 제후국의 체제에 맞춰진 것이었다. 그들은 왜 이렇게 사회를 유교화하고 제후국의 체제에 맞추려고 했을까? 그것은 그들이 몽골제국의 일원화된 세계를 경험한 성리학자, 혹은 신유학자, 혹은 주자학자였기 때문이다.

거칠게 단순화했으나, 지금까지 조선 초 건국과 이념적 전환은 대체로 이러한 구도로 설명이 된다.

이 글에서는 이러한 설명 구도에 대해 여러 방면에서 이의를 제기했다. 일단 모든 설명을 사상으로 환원하는 서술을 지양했다. 사상을 모든 선택과 결정의 원인으로 꼽는 것은 너무 관념적이기도 하지만, 왜 그 사상을 선택했는지를 설명하지 못한다. 어찌하여 그 사상에 몰입했는가라는 질문에 답하지 못한다는 뜻이다. 고려 말 조선 초 유신儒臣들이 신유학에 적극적으로 호응한 것은 이것이 그들의 문제의식에 부합했기 때문일 것이다. 마루야마 마사오의 말처럼 모든 영향은 주는 자의 것이 아니라 받는 자의 것이다. 그렇다면 그들이 어떠한 문제의식을, 왜 그렇게 갖게 되었는지를 우선 설명해야 하며, 그들이 본 눈높이에서 그들의 세계를 이해할 필요가 있다.

이 글에서는 당대인들이 제후국의 예제에 몰입한 것을 몽골제국 휘하 일원적 세계를 경험한 것으로 환원하는 데에도 거리를 두었다. 몽골제국 해체 후 동아시아 질서가 새롭게 재편되자 지역별로 대처하는 방법이 달랐다. 고려의 경우, 개혁가들은 몽골에서 유래했을 복식을 비롯한 여러 문화를 개혁하여 고례古禮, 고제로 회복하려는 경향을 보였다. 일원적 세계의 경험이 꼭 제후국의 예제에 대한 몰입으로 이어질 당위는 존재하지 않는다는 의미다. 새로운 질서 개편의 시점에, 고려인들은 적극적으로 책봉-조공 질서를 구축하고 그 속에서 동쪽 울타리의 제후국이라는 적당한 거리감을 회복하려고 했다. 몽골제국 안에서 고려의 왕권과 정치가 원 조정에 너무 밀착하면서 여러 가지 어려움을 겪었기 때문이다. 신유학은 바로 일시동인一視同仁에 기초한 책봉-조공 질서의 안정된 상을 담고 있는 사상이었으며, 이것이 이들이 몰입한 이유 중 하나였다.

공민왕 대 명과 첫 통교에서부터 고려는 왕이 통치하는 제후국이라는 언설을 적극적으로 개진하며, 이를 확정할 수 있는 예제를 적극적으로 받아내려 했다. 예제는 이 관계를 정식화하고 규범화하는 주요한 수단이었다. 이러한 기조는 예제를 통한 천하일통을 꿈꾼 홍무제와도 상통했기에 순조롭게 시작했다. 그러나 금세 양국의 눈높이가 같지 않다는 점이 드러나면서 조선 건국 후까지도 상당한 진통이 계속되었다. 조선 태종 대 영락제로부터 '의제는 본속을 따른다'는 지침을 얻어낸 것은 한 세대에 걸친 진통과 부침, 지난한 노력 끝에 얻은 성공이었다.

 조선 초 신유학과 고제에 대한 이해는 점진적 혹은 단계적으로 발전하지 않았다. 세종 대 사직단에 대한 논쟁에서 볼 수 있듯이, 논쟁 참여자 모두 《홍무예제》의 문제점과 한계에 대해서 이미 숙지하고 있었다. 태조 대 예제를 만들 때부터 참여한 대신들이 고제를 몰랐던 것도 아니며, 충분히 고제를 고려하였으나 어쩔 수 없는 부분에서 《홍무예제》를 우회의 수단으로 사용한 것뿐이었다. 고제 연구를 집중적으로 한 것으로 여겨진 집현전이나 악학樂學에 대해서 높은 식견을 보여준 박연은 정작 처음 예제를 구성한 문제의식을 알지 못한 채, 지엽적이고 피상적인 차원에서 문제를 제기했을 뿐이었다. 고제 연구를 통해 의례가 변경되지도 않았다. 사직단은 결국 대신들의 논박으로 그대로 유지되었으며, 제대로 제도를 갖추지 못한 다른 단도 개축되지 않았다. 기본적으로 태종 대 완성된 길례의 예제와 체계는 거의 그대로 《국조오례의》까지 이어졌다. 문구의 수정조차도 주석의 형태로 이루어졌을 정도로 태종 대의 정비는 그 전통적 권위를 존중받았다. 세종 대 가해진 부분적인 변화는 예제의 근본에 대한 고찰이나 이해 심도의 변화 때문이라기보다는 행례과정에서 드러난 문제점을 수정하기 위한 것이었다. 조선 초 고제에 대한 이해, 그 기반이 되는 이념에 대한 이해는 점진적·단계적으로 '발전', '심화'한 것이 아니라, 이를 적용하는 대상이 점진적으로 확대된 것이라고 보는 편이 나을 것이다.

조선의 분투는 기존의 고전 어디에도 완전한 형태로 구성된 적이 없는 '제후국의 예제'를 사실상 창출해야 한다는 점에 있었다. 하늘에 대한 제사를 포기하는 것은 쉽지 않았다. 유교 예전 중 가장 강력한 아우라를 지닌 신격을 포기해야 한다는 점에서 그러했다. 그러나 이를 단순히 원구 제사의 치폐만으로 설명할 것은 아니다. 명과 불안정한 관계, 기후의 재변 앞에서 원구 제사를 보완할 수 있는 다양한 방법들이 고안되었다. 《홍무예제》에서 만들어낸 지방의 단인 풍운뢰우산천성황단이 끝까지 살아남고, 세종 대 박연의 강한 비판 속에서도 도리어 중사단의 대표가 된 것은 이러한 위기를 극복할 수 있는 전유의 방편이었기 때문이다. 그것으로도 부족하다 여길 때 만들어낸 우사단은 태종이 고전을 어떻게 재해석하며 전유했는지를 잘 보여준다. 성종 대 《국조오례의》에서 최종적으로 원구 제사가 빠졌다고 하여 제천의 문제가 종결되지도 않았다. 우사단의 위치를 옮기고 크기를 확대한 것은 이러한 상황을 잘 보여준다. 또한 유교 예전으로 제천의 문제가 충분히 해결된다고 여기지 않자, 다른 방식의 제천 의례 비중이 커졌다. 성수청, 소격서 등이 중종 대 집중적인 비판 대상이 된 것은 원구단의 대체물로 도교적인 제천 의례가 부상했기 때문이기도 했다. 요컨대 의례가 하나의 체계를 일단 구성하면 조립식처럼 한 가지를 깔끔하게 빼내거나 첨가하는 방식으로 문제가 해결되지는 않는다는 점이다.

제후국의 사직단은 천자의 사직단 크기에서 절반으로 줄인다는 단순 명료한 명제조차도 현실에 구현했을 때 수많은 행례상의 문제점을 수반

했다. 선농단과 선잠단의 크기나 구성 같은 것은 아예 천자-제후의 차별점이 분명하지도 않았다. 대사인 사직단의 크기를 기준으로, 중사와 소사의 단 크기를 일정하게 감쇄하며 맞춘 것은 완전히 조선의 창안이었다. 하늘에 대한 제사를 포기하며 원구 기곡과 적전 친경의 짝이 해체되자, 적전 선농단의 의미가 애매해지기도 했다. 성종은 선농단과 선잠단으로 새로운 쌍을 구성하며 친경과 친잠을 실시했는데, 천자와 제후의 친경과 친잠에서의 행례 횟수 차별 역시 고려 및 조선의 참작에 근거했다. 조선은 고제에 대한 숙고, 시왕지제 등을 참작하는 등의 전유를 통해 제후국의 예제를 '발명'해냈다. 그들이 제후국의 예제를 구성하기 위해 이토록 고민한 것은, '올바른 의례'여야 이들이 몰두한 천하 질서를 규범화할 수 있으며, 그래야만 정당한 권위가 확보되기 때문이다.

한편 유교적인 문화로 개변하는 일 역시 복잡한 경로를 거쳤다. 조선 건국 후 사회가 유교화되었다는 명제는 확연히 참인 것 같으면서도, 구체적인 연구와 세부 시대로 들어가면 단언하기 어려운 복잡한 양상을 드러낸다. 조선 전기는 물론 조선 후기까지도 여전히 불교나 무속적인 문화가 탄탄히 자리 잡고 있었음이 드러나는 반면, 그럼에도 사회 조직과 문화 전반에서 간취되는 유교화된 경향과 변화, 그 분위기 역시 무시할 수 없기 때문이다. 이를 어떻게 해석해야 할 것인가?

조선의 문화 개변은 제로섬 게임처럼 하나가 사라지고 다른 하나가 그 자리를 메우는 방식으로 이루어지지도 않았으며, 문화지체처럼 불교나 무속적인 문화가 사라지지 않고 그대로 지속된 것이라고 보기도 힘들다. 이 글에서는 악해독단과 별기은을 통해 조선에서는 초기의 의례 개혁과정을 통해 유교 의례가 공公과 기록, 개혁과 남성의 분야로,

불교나 무속적 의례가 사私와 기억, 전통과 여성으로 편제되었다고 보았다. 불교나 무속적 의례가 차지하는 부면이 바뀜으로써 역설적으로 더 번성하게 되기도 하는 한편, 그 위상이 달라질 수밖에 없다는 점을 지적했다. 이러한 국면에서 왕실 여성은 적극적으로 자신들의 장소를 구축했다. 단순히 불교나 무속적 의례를 담지하는 주체로만 자리매김한 것은 아니었다. 성종이 친경과 친잠을 실시하며 유교적인 산업과 성별 분업의 모델을 제시할 때에도 적극적으로 참여하여, 유교적 가부장제를 구축하는 데 협력했다. 이러한 협력은 행위자로서 여성의 주체성을 보여주는 한편, 가부장제의 성립이 여성 주체의 일정한 협력에 의해 이루어진다는 점을 보여준다. 왕실 여성은 유교적이면서도 불교와 무속을 포용하는 존재였으나 유교적 가부장제에서 불교와 무속을 행하는 여성 주체는 손쉽게 여성 혐오의 대상이 되었다. 이는 평소에는 남성 주체가 이를 묵인함으로써 심리적으로 이익을 얻으며 협력하고 있었다는 현실을 은폐한다.

조선의 국가의례는 세계 속에서 자신의 위치와 상대와의 거리를 규정하며, 문화를 개변하고 산업 구조와 성별 분업의 모델을 구축하였다. 그러나 사실 현실의 여러 한계 속에서 국가의례의 모든 부분이 그렇게 정연하고 철저하게 관리되거나 실천된 것은 아니었다. 가장 단순한 건축물일 수 있는 단은, 그렇기에 도리어 소홀하게 다루어진 편이었다. 인격성이 거의 탈각되고 타국의 신화에 근거한 신격은 심리적 애착을 이끌어내지도 못했다. 조선 후기 도성도에서 도성 안팎 단묘의 표시 비율이 그다지 높지 않은 것은 이러한 상황을 잘 보여준다.[49] 사직단과 풍운뢰우산천성황단처럼 처음에 공들여 지은 단을 제외하고는 중사에 속하는 선농단, 선잠단조차도 책 속의 제도에 맞춰 짓지 못했다. 거듭되는 개축 요구에도 현실적 한계에 부딪쳐 고식적인 보수에만 그칠 뿐이었다. 지방의 사직단은 더하였다. 제각각의 크기와 형태를 지닌 지방 사직단은 때로는 중앙의 사직단보다도 더 크게 지어지기도 할 정도였으며, 지방 관리는 물론 중앙의 최고위 관료도 정확히 어떻게 지어야 하는지를 숙지하지 못했다. 이러한 존재 양태는 조선의 국가의례가 지닌 현실적인 권력의 강도와 심도를 보여주는 지표가 된다.

그렇다면 이러한 의례의 구축은 아무 의미가 없던 것일까? 의례는 해야 하는 일, 정당한 질서, 권위를 창출한다. 책 속의 의례는 설령 그것이 실천되지 못한 때조차도 '언젠가 해야 하는 일'의 영역에 들어간다. 라파포트는 의례가 도덕적 당위를 만들어낸다는 점에 주목했다. 평화 의례에 참여한 집단이 전쟁을 일으킨다면, 우리는 의례가 거짓이라고 말하는 것이 아니라 사태에 문제가 있다고 말하는 것이 바로 그 좋은 예시라는 것이다. 의례는 관습을 확립하며 도덕적 기준을 제시하기 때문에, 행위들의 '상태is'를 평가할 수 있는 '그래야 함ought'의 영역을 확립한다.[50]

조선의 국가의례는 여러 제약으로 현실적인 존재 양태에서는 분명한 한계가 있었다. 그러나 건국 이전부터 시작하여 건국 후까지도 이어진 100여 년에 걸친 몰입, 관료들의 열띤 논의를 통한 의견의 수렴 등은 '그래야 함'의 영역을 비교적 폭넓은 합의 하에 설정했다. 권력자는 의례를 통해 '그래야 함'의 영역을 선포함으로써 권위를 얻고, 자신의 권력을 강화하고 창출했다. 여기에서 이를 선포한 권력이나 차등적 질서보다 더 중요한 것은 바로 정당함의 모델을 제시하고, 많은 이들이 이 모델을 구축하는 데 함께했다는 점이다. 이는 의례에 참여하는 이들이 더욱 자연스럽게 그 모델을 수용하게 함으로써 그 질서의 정당함을 강화했다. 이러한 과정은 조선의 정치문화가 권력의 물리적 힘보다 논리성과 정당성을 중시했다는 점을 보여준다. 현실에서 한계가 있더라도 규범을 합의하고 이를 준수해야 한다는 압력이 강한 정치문화를 만든 것이다.

지금, 여기의 우리는 조선의 의례가 놓인 의미망과 전혀 다른 의미망 속에서 살아간다. 현재 흐릿한 흔적만을 남기고 있는 조선의 단은 과거의 의미망으로 접근하는 하나의 통로다. 그 의례가 놓인 의미망을 완전히 파악한다는 것은 어쩌면 불가능한 영역일지 모른다. 그러나 불가능성은 포기의 당위를 의미하지 않는다. 이는 끊임없는 노력의 필요성을 부른다. 우리가 끼고 있는 여러 겹의 불투명한 렌즈를 먼저 인지하고 끊임없이 이를 걷어내려고 노력할 때, 우리는 조선의 의례가 놓인 의미망에 한발 더 가까이 갈 것이며, 현재 의미망을 낯설게 할 수단을 얻을 것이다. 그런 노력 끝에 그들의 의미망에 접속했을 때, 의외로 그들이 맞닥뜨린 현실과 문제가 지금 우리와 맞닿아 있음을 깨닫게 된다. 또한 그런 고민 끝에 그들이 택한 방법들은 지금 우리에게도 자취를 남기고 있다. 그런 의미에서 조선의 의례가 놓인 의미망을 탐색하는 것은 지금, 여기의 의미망을 성찰하는 것이기도 하다. 이것이 '지금, 여기'의 우리가 '옛날 거기' 조선의 의례를 연구해야 하는 이유가 아닐까.

주

서설

1 《太祖實錄》권1, 태조 1년 7월 28일 丁未.
2 김태영, 〈조선 초기 사전의 성립에 대하여〉, 《역사학보》 58, 1973; 한영우, 《조선 전기 사회사상연구》, 지식산업사, 1983.
3 《역사비평》 121호(2017)에 실린 아래 논문들이 참고가 된다. 최종석, 〈13~15세기 천하질서하에서 고려와 조선의 국가 정체성〉; 이명미, 〈성지를 통해 본 여말선초의 정치·외교 환경〉; 정동훈, 〈몽골제국의 붕괴와 고려-명의 유산 상속 분쟁〉; 서은혜, 〈고려·조선의 국제관계에서 역서가 가지는 의미와 그 변화〉.
4 한우근, 〈조선왕조 초기에 있어서의 유교 이념의 실천과 신앙·종교〉, 《한국사론》 3, 1976; 지두환, 《조선 전기 의례 연구―성리학 정통론을 중심으로》, 서울대학교출판부, 1994; 이범직, 《한국 중세 예사상 연구―오례를 중심으로》, 일조각, 1991; 한형주, 《조선 초기 국가제례 연구》, 일조각, 2002; 김해영, 《조선 초기 제사전례 연구》, 집문당, 2003; 이욱, 《조선 시대 재난과 국가의례》, 창비, 2009.
5 환구, 사직, 선농, 선잠제에 대한 종합적 연구로는 김문식 외, 《왕실의 천지 제사》, 돌베개, 2011 참조. 기타 단묘나 의례별 연구 중 이 책에서 다루고 있는 것들은 본문 각 장에서 서술하겠다.

1. 예禮의 나라로 가는 길

1 《明 太祖高皇帝實錄》 권37, 홍무 원년 12월 26일 壬辰. 《高麗史》에는 설사가 11월에 출발했다고 하였다(권41, 공민왕 18년 4월 壬辰).

2 薛戈, 〈홍무 초기(1368~1374) 명·고려 외교 관계의 연구〉, 서울대학교 동양사학과 박사학위 논문, 2021, 47쪽. 정동훈은 명에서 고려에는 군신관계가 반영되지 않는 서한식 문서로 새서璽書를 보냈고 안남, 일본, 점성 등에는 조서詔書를 보냈음을 지적하였다(정동훈, 〈명과 주변국의 외교 관계 수립 절차의 재구성〉, 《명청사연구》 51, 2019, 28~32쪽).

3 설사를 보낼 때 언어 소통을 중시했다는 것은 우왕 13년(1387) 5월 사신으로 온 설장수偰長壽에게 홍무제가 내린 선유 성지에서 "너의 말을 나도 알고 나의 말을 너도 아니까 너에게 이 말을 하는 것이다"라고 한 데서도 짐작할 수 있다(《高麗史》 권136, 열전 49 우왕 13년 5월). 설장수는 설손의 아들이자 설사의 조카다.

4 《高麗史》 권41, 세가41 공민왕 18년 4월 壬辰. "昔我中國之君與高麗 壤地相接 其王或臣或賓 蓋慕中國之風 爲安生靈而已 天監其德 豈不永王高麗也哉."

5 정동훈은 처음 홍무제가 고려를 비롯한 여러 나라에 보낸 문서에서는 상대국의 신복을 받아내는 것을 목표로 한 것이 아니었으며 봉표칭신이 기획된 것도 아니라고 보았다(정동훈, 〈명과 주변국의 외교 관계 수립 절차의 재구성〉). 그러나 본문에서 인용한 새서를 볼 때, 상당히 조심스럽기는 했으나 홍무제가 아무런 방향도 내포하지 않은 채로 보냈다고 보기는 힘들다. 봉표칭신을 통한 책봉-조공 체제의 구성에 대한 홍무제의 희망은 굳이 과거의 관계인 '신臣'과 '빈賓'을 언급한다든지, '왕 노릇을 한다'는 것을 언급하는 등에서 드러난다.

6 《高麗史》 권41, 세가 41 공민왕 18년 8월 戊辰.

7 《高麗史》 권42, 세가 42 공민왕 19년 5월 甲寅.

8 《高麗史》 권42, 세가 42 공민왕 19년 6월 甲戌.

9 송미령, 〈명 홍무제의 동남아시아 외교 수립과 복원〉, 《명청사연구》 59, 2023, 14~15쪽.

10 이명미, 〈공민왕 대 후반 친명 정책의 한 배경〉, 《사학연구》 113, 2014 참조.

11 정동훈은 안남과 고려에서 봉표칭신한 것은 원대 고려와 안남이 해오던 관례의 연장

선상이었다고 평가했다(정동훈, 〈명과 주변국의 외교 관계 수립 절차의 재구성〉, 39~40쪽). 그러나 원 대의 사례는 선례일 뿐, 명 건국 후 안남과 고려의 행위를 관습적인 것으로 평가할 수는 없다. 기존 국가에 봉표칭신하는 것과 새로운 국가에 봉표칭신하는 것은 문제의 차원이 다르다.

12 薛戈, 〈홍무 초기(1368~1374) 명·고려 외교 관계의 연구〉, 47~54쪽. 薛戈는 고려가 자자손손 신하가 되기를 원한다고 하지 않았냐고 홍무제가 언급할 때마다 고려에서 딱히 불만이나 의문을 제기하지 않는다고 하는 것으로 보아 공민왕 18년의 표문에 대한 이해에 이견이 없었으며, 이색의 송설부보사환시서와 사은표가 칭신의 근거가 된다고 보았다. 그러나 본문에서 후술하겠지만 해당 글은 오히려 칭신과 일정한 거리를 두고 있다. 정동훈은 1369년(공민왕 18) 고려의 표문에서 칭신을 한 것은 맞지만 대단한 의미는 아니었고 원 대에 하던 관례대로 쓴 것이었다고 평가하였다(정동훈, 〈명과 주변국의 외교 관계 수립 절차의 재구성〉, 40~41쪽).

13 《高麗史》 권41, 세가41 공민왕 18년 5월 甲辰. "臣邈處東表 顒望北辰 雖未參稱賀之班 願恒貢蕲傾之懇". 이때 예부상서 홍상재洪尙載 등이 명에 사신으로 가서 제출한 하등극표와 사은표는 모두 이색이 지었다(《牧隱文藁》 권11, 事大表箋 賀登極表; 謝恩表).

14 《高麗史》 권13, 세가13 예종 5년 7월 戊戌.

15 《高麗史》 권39, 세가 39 공민왕 5년 7월 戊申.

16 지리적 거리감이 있는 용어를 가지고 고려의 정치적 독자성을 주장하려 했다는 부분에 대해서는 장지연, 〈고려 말 조선 초 봉건제 이상 속의 수도 인식과 그 위상—천하질서 속의 봉건과 수도〉, 《서울학연구》 60, 2015 참조.

17 《牧隱文藁》 권11, 事大表箋 謝恩表. "屬中原之板蕩 殊失依歸 逮上聖之作興 益勤欣戴 顧以山川之悠遠 尙稽江漢之朝宗 豈知曲賜包容 優加鎭撫……修文偃革 敷德舞干 大地半成 繼五帝三王而立極 朔南聲敎 奄九州四海以爲家 故令重譯之邦 獲被同仁之化 臣謹當志存忠順 世作翰藩 恪修執壤之儀 恒祝齊天之壽."

18 강한지조종江漢之朝宗에서 조朝는 봄의 조회, 종宗은 여름의 조회를 말하는 것으로 강물이 바다로 쏟아져 들어가는 것에 제후의 조회를 비유한 것이다. 《서경》 우공편에 나온다.

19 薛戈는 이색이 설사의 시집에 써준 서문이 홍무제가 언급한 '자손세세子孫世世 원위신첩願爲臣妾', 즉 칭신한 것을 담고 있는 것으로 보았다(〈홍무 초기(1368~1374) 명·고려 외교 관계의 연구〉, 52~53쪽). 본문에서 후술하지만 이 서문은 신속이 아니라는 점을 도리어 강조한다.

20 《牧隱文藁》 권9, 序 送偰符寶使還詩序. "子惟朝鮮氏立國 實唐堯之戊辰歲也 雖世通中國 而中國未嘗臣之 是以武王封殷太師而不之臣 其後新羅百濟高句麗鼎峙相雄長 秦漢以降或通或絕 我始祖以宏材遠略 起於唐季 遂倂三國而王其地 自五代以迄于今 蓋將五百年矣 俗習旣異 語言不通 固中國之所不齒也 然詩書禮樂之風 尙猶不泯 知尊中國 有聖人者出 未嘗不爲之依歸焉 矧今天子不鄙夷遠人 所以嘉惠之者如此 符寶公又能秉心忠直 視鯨濤不測之險如坦途然 宣布德音 上下交孚 無纖芥疑 則其世爲藩輔 戴我帝明 至于千萬世 蓋自今始."

21 《제왕운기》에서는 단군이 나라를 세운 것이 당요 무진년이라고 한 데 비해, 《삼국유사》에서는 단군이 나라를 세운 때를 당요 50년인 경인년(혹은 정사년)이라고 하였다(《帝王韻紀》 권하, 初誰開國啓風雲; 《三國遺事》 권1, 기이1 古朝鮮王儉朝鮮). 이색이 조선이 당요 무진년에 세워졌다고 한 것은 《제왕운기》와 일치한다.

22 薛戈, 〈홍무 초기(1368~1374) 명·고려 외교 관계의 연구〉, 53쪽.

23 《高麗史》 권42, 세가 42 공민왕 19년 5월 甲寅. "咨爾高麗國王王顓 世守朝鮮 紹前王之令緖 恪遵華夏 爲東土之名藩……凡儀制服用 許從本俗."

24 《海東繹史》 권57, 藝文志 16 中國文 4, 贈高麗張尙書還國序. "時則有若高麗 處于海東 遣使者 奉表稱臣 貢獻方物 上嘉其誠 詔錫以璽書金寶 仍爲高麗國王 且錫以王者禮樂 使祀宗廟山川百神於國中……高麗乃箕子胥餘之邦 上有常尊 下有等衰 實存先王之遺風焉."

25 단군에 대한 언급이 고려 역사의 유구함과 지역성과 관련이 깊다는 점에 대해서는 장지연, 《고려·조선 국도풍수론과 정치이념》, 신구문화사, 2015, 198~201쪽 참조.

26 《高麗史》 권35, 세가 35 충숙왕 12년 10월 乙未; 권63, 지17 예5 길례 소사 잡사 공민왕 5년 6월. 공민왕은 즉위 교서에서도 평양의 기자사를 수리하여 제사를 지낼 것을 언급한 바 있다.

27 김순자는 이때의 새서가 매우 고압적으로 내정과 대외 문제에 대해 간섭한 것으로, 고려에서는 이를 선택적으로 수용했다고 보았다(김순자,《한국 중세 한중관계사》, 혜안, 2007, 71~73쪽). 그러나 이 전후의 고려 국내 정치 방향을 볼 때 이 새서는 도리어 고려의 요청에 의한 것으로 보인다.

28 《高麗史》 권42, 세가 42 공민왕 19년 5월 甲寅.

29 《高麗史》 권62, 지 16, 예4 吉禮 中祀 文宣王廟 공민왕 18년 8월 丁卯; 籍田 공민왕 19년 3월 乙巳. 3월엔 적전에서 친경하지 못했으나 9월에 적전에 행차하였다(《高麗史》 권42, 세가 42 공민왕 19년 9월 乙未).

30 《高麗史》 권42, 세가 42 공민왕 19년 1월 丙辰.

31 《高麗史》 권70, 지24 악1 雅樂 太廟樂章 공민왕 20년 10월 乙未.

32 《高麗史》 권42, 세가42 공민왕 19년 8월 癸酉; 11월 辛丑; 乙巳.

33 보평청에 대해서는 장지연,《경복궁 시대를 세우다》, 너머북스, 2018, 153쪽 참조. 보평청과 무일편에 대해서는 같은 책 165~166쪽 참조.

34 《高麗史》 권70 지24 악1 雅樂 太廟樂章 공민왕 20년 10월 乙未.

35 1371년 태묘 제향 때 명이 하사한 악기를 썼다는 기록이 직접 나오지는 않지만, 후에 추가로 악기 구매를 요청하는 글에서 명이 하사한 악기를 종묘에서 사용하고 있다는 언급이 나오는 것으로 보아 사용했을 것으로 보인다(《高麗史》 권43, 세가 43 공민왕 21년 3월 甲寅). 고려에서는 1116년(예종 11) 송에서 대성악과 악기를 수입한 후 구실의 등가 악장을 새로 제작했는데, 이는 예종의 유신 정치 개혁과 관련이 깊었다. 1363년(공민왕 12)에는 홍건적의 침입으로 피해를 본 후 새롭게 신주를 안치하며 악장을 새로 제작한 적 있는데, 그 후 8년 만인 1371년 새롭게 악장을 제작하며 명의 악기를 쓴 것이다. 태묘의 악장 제작은 국가적 개혁의 선포나 정치의 일신과 관련이 깊으며, 매우 드물게 발생한다.

36 《高麗史》 권43, 세가 43 공민왕 20년 10월 乙未.

37 1370년(공민왕 19) 장자온이 가져온 조하의주는 1369년(홍무 2) 9월에 정한 번왕 조공 및 번국 관련 의례를 이듬해 인가해준 〈번국 의주〉로 추정된다. 이 중 '번국정단동지수일솔중관망궐행례의주蕃國正旦冬至壽日率衆官望闕行禮儀注'는 고려와 조선의 망궐례

望闕禮 의주로 계승되었는데, 이 망궐례는 이전에 고려 국왕이 정동행성 승상으로서 외로아문外路衙門에서 행하던 요하의遙賀儀에서 변화한 것으로 평가된다(최종석, 〈고려시대 조하의 의례 구조의 변동과 국가 위상〉, 《한국문화》 51, 2010 참조). 이 역시 신속臣屬이 아니라 독립적인 번국藩國으로서, 의례 주체의 지위를 승상이 아니라 국왕으로 자리매김한 이 첫 책봉 요청의 여러 노력과 궤를 같이한다.

38 고려 전기에 송과 관계를 끊은 뒤에도 '칭신상표'하여 군신을 칭한 사례가 있다(이익주, 〈1219년(고종 6) 고려-몽골 '형제맹약' 재론〉, 《동방학지》 175, 2016, 88쪽). 이러한 사례는 고려에서 '칭신상표'를 명 홍무제처럼 문자 그대로 엄정하게 생각하지는 않았을 수 있다는 점을 시사한다.

39 김순자, 《한국 중세 한중관계사》, 83~105쪽.

40 이익주, 〈14세기 후반 동아시아 국제질서의 변화와 고려-원·명-일본 관계〉, 《진단학보》 114, 2012, 109~110쪽.

41 《太祖實錄》 권1, 총서.

42 《太祖實錄》 권1, 총서.

43 《明 太祖高皇帝實錄》 권26, 吳 원년 10월 3일 丙午.

44 국자감학록은 종9품, 전부는 정8품 관직이다.

45 《高麗史》 권135, 열전48 우왕 11년 9월.

46 《高麗史》 권135, 열전48 우왕 11년 9월.

47 《高麗史》 권135, 列傳48 辛禑3 우왕 9년 9월. "設鎭兵法席于重興寺 命判書雲觀事崔融 踏徐師昊所立碑 盖以立碑之後 兵革不息 水旱相仍故也." 이때는 공물의 문제, 전왕 시호 문제 등으로 고려와 명의 관계가 악화한 상황이었고, 특히 전년에 명이 운남을 정벌하기도 해 고려로서는 위기감이 한층 고조되어 있기도 했다.

48 《世宗實錄》 권4, 세종 1년 6월 7일 庚辰. "近者 周倬奉使而來 謂我國人曰 聞 爾國祭天然乎 對曰然 倬曰以人事言之 爾國設饗禮 以請朝廷宰相 則容有許可之理 至如天子 則雖請之以誠 豈肯降臨爾國乎 於是 始廢祀天之禮."

49 《世宗實錄》 권84, 세종 21년 1월 11일 庚寅.

50 정몽주와 하륜이 수주로, 심덕부는 평양으로, 용천에는 임견미와 이성림이, 근교에

는 조민수가 나아가 이들을 맞이하였다(《東文選》권90, 書 送國子典簿周先生倬使還詩序).

51 장부, 주탁 등이 귀국할 때 우왕은 전별 물품을 풍성히 하사하였으나, 이들은 고려의 관료들이 증정한 시만을 받아서 돌아갔다.

52 《牧隱詩藁》권34, 詩 送張學錄使還 名溥. "歸拜丹墀應獨對三韓感德已無邪."

53 《東文選》권90, 序 送國子典簿周先生倬使還詩序. "繼自今 吾東方向化歸極之誠 益有以達於天聰 而得與於敷錫之福 實於生先焉有望矣."

54 공민왕 대 한동안의 오랜 갈등 끝에 명에서 보낸 사신인 임밀에게도 이숭인 등이 시를 증정하기도 했으나, 불행히도 귀환 도중 임밀이 납치되면서 효과를 볼 수 없었다 (《陶隱集》권2, 詩 謁實周主事; 茶呈實周主事 二首).

55 《東文選》권90, 序 送國子典簿周先生倬使還詩序; 送行人段公祐使還詩序.

56 《三峯集》권2, 五言律詩 伏蒙國子典簿周先生倬惠筆謹賦五言八句爲辭 乙丑秋.

57 《陶隱集》권1, 詩 龍江舟中有懷北平周參政 名倬字雲章.

58 《陽村集》권6, 詩 奉使錄 次舡板上詩韻.

59 《高麗史》권135, 열전48 우왕 11년 10월.

60 《陶隱集》跋 陶隱集跋 [高巽志].

61 《陽村集》권6, 詩 奉使錄 典儀所官張公 請題燕山老人 關山行旅圖 [自注 周參政倬使還詩 僕爲序 故知僕爲儒請之 不得辭.

62 《太宗實錄》권36, 태종 18년 11월 8일 甲寅.

63 서은혜, 〈정난의 변과 조선·명 관계의 반전〉, 《중앙사론》 56, 2022, 130~131쪽.

64 《太宗實錄》권6, 태종 3년 9월 9일 甲申; 권7, 태종 4년 2월 18일 己丑.

65 《太宗實錄》권3, 태종 2년 2월 26일 己卯.

66 단죠 히로시, 한종수 옮김, 《영락제 화이질서의 완성》, 아이필드, 2017, 217~218쪽.

67 《明 太宗文皇帝實錄》권50, 영락 4년 1월 18일 己酉.

68 단죠 히로시는 영락제의 일본 산천에 대한 제사를 일본의 산천을 중화와 동등하게 대접한 것으로서 요시미츠에게 최대한의 호의를 보인 증거라고 평가하였다(《영락제 화이질서의 완성》, 223쪽). 그러나 이는 산천 제사의 의미를 잘 파악하지 못한 것이다. 산천 제사는 《예기》에 기반하여 제후는 봉내의 산천에, 천자는 천하의 산천에 제사 지낼 수

있다는 개념에 근거한 것으로서, 명의 예제 패권주의적 성격이 가장 잘 드러나는 행위였다. 이에 대해서는 풍운뢰우산천성황단에서 후술한다.

69 조영헌, 〈북경 천도가 조·명 관계에 미친 영향〉, 《명청사연구》 60, 2023, 52쪽.

70 단죠 히로시, 《영락제 화이질서의 완성》, 228~235쪽.

71 《太宗實錄》 권13, 태종 7년 4월 8일 壬辰. "我皇帝本好大喜功 如我國少失事大之禮 必興師問罪 我則以爲一以至誠事之 一以固城壘蓄糧餉 最是今日之急務."

72 조영헌, 〈북경 천도가 조·명 관계에 미친 영향〉, 53쪽.

73 명사 황엄은 9월 15일에 명에서 출발하여 10월 21일 조선에 도착했다(《明 太宗文皇帝實錄》 권96, 영락 7년 9월 15일 甲申; 《太宗實錄》 권18, 태종 9년 10월 21일 己未).

74 《太宗實錄》 권18, 태종 9년 10월 22일 庚申.

75 《太宗實錄》 권18, 태종 9년 11월 10일 戊寅; 15일 癸未; 권19, 태종 10년 2월 27일 甲子; 3월 7일 癸酉.

76 만 필 가까이 운송한 것은 공양왕 3년~태조 원년과 태종 원년~태종 3년 두 시기를 들 수 있는데, 전자는 18개월 정도, 후자는 21개월 정도 걸렸다(김순자, 《한국 중세 한중관계사》, 228쪽 표 6-1 참조).

77 김순자, 《한국 중세 한중관계사》, 234쪽.

78 《太宗實錄》 권19, 태종 10년 5월 3일 己巳(김순자, 《한국 중세 한중관계사》, 237쪽 재인용).

79 김순자, 《한국 중세 한중관계사》, 237쪽.

80 《太宗實錄》 권18, 태종 9년 10월 12일 庚戌.

81 《太宗實錄》 권18, 태종 9년 11월 18일 丙戌.

82 《太宗實錄》 권19, 태종 10년 2월 6일 癸卯.

83 조영헌은 태종 9년의 말 무역뿐만 아니라 조선의 공녀 진헌도 중요한 외교적 전략으로 황제의 신뢰를 두텁게 하고 조-명 관계를 우호적으로 전환시켰다고 평가했다(조영헌, 〈북경 천도가 조·명 관계에 미친 영향〉, 57~59쪽).

84 태조는 1408년(태종 8) 정월 쓰러진 후 5월 24일 창덕궁 별전에서 죽었다.

85 석창진은 태조 국상의례 당시 태종은 삼년상을, 신하들은 역월제를 따라 연제練祭,

상제祥祭, 담제禫祭가 두 차례씩 거행되는 이중적인 거행 양상을 보였다고 하였다《조선 초기 유교적 국상의례의 거행양상과 그 특징》,《한국사학보》58, 2015). 남지대는 태종이 아버지의 삼년상을 통하여 자신의 왕통이 태조를 바로 이은 것으로 천명하고 신의왕후를 정비로 높여 부묘함으로써 적통의 근거를 거듭 확인했다고 하였다. 또한 삼년상을 치르는 동안 민무구 형제를 제거하고 선위 소동을 벌이는 등의 과정을 통해 왕권을 강화하였다고 보았다(〈태조 삼년상을 통한 태종 왕통의 완성〉,《규장각》49, 2016).

86 태조 승하 후 '치상은 한결같이《주자가례》에 의하고', 태종이 여막에 거처하면서부터는 날마다《주자가례》를 보았다고 하였다(《太宗實錄》권15, 태종 8년 5월 24일 壬申; 26일 甲戌).

87 《太宗實錄》권16, 태종 8년 9월 24일 己巳.

88 《太宗實錄》권20, 태종 10년 7월 26일 辛卯에 태조와 신의왕후의 신주를 부묘하였는데, 그에 앞서 5월 13일 己卯에 동·서상을 짓고 공신당의 제도를 바꾸기로 하였으며, 부묘 후인 태종 11년 4월 22일 壬子에는 종묘 4실의 존호를 가상하였다.

89 《太宗實錄》권22, 태종 11년 9월 26일 甲申. "當今明禮甚簡 皇帝若賜士大夫祭禮 終如之何 且問前此所行祭禮 則將何以對之 我朝皆倣唐禮 直辭以對 則無乃僭乎 恐有後患."

90 《太宗實錄》권22, 태종 11년 9월 26일 甲申.

91 《太宗實錄》권22, 태종 11년 9월 27일 乙酉.

92 다시금 논쟁을 한 것은 10월 3일 辛卯 종묘 친향을 하는 과정에서 전작奠爵한 뒤 절이 없고, 호戶의 안팎에서 읍이 없는 것이 너무 간략한 것 같다는 태종의 의심에서 비롯하였다(《太宗實錄》권22, 태종 11년 10월 3일 辛卯). 이는 의례 정비과정에서 하륜과 허조가 의견이 갈린 대표적인 지점이었다(한형주, 〈허조와 태종~세종 대 국가의례의 정비〉,《민족문화연구》44, 2006, 290쪽).

93 《太宗實錄》권22, 태종 11년 10월 26일 甲寅. "上又日 宗廟之制 宜奏請時王之制 禮曹判書偰眉壽對日 考之於文獻通考 只有天子卿大夫之禮 若頒卿大夫之祭禮 則將何如哉 上日 旣賜九章之服 必不頒卿大夫之禮矣 對日 開國已久 今而始請 無乃已緩乎 上日 與其不請 寧緩無傷 對日 我朝祭儀 不遵侯國者頗多 若頒之以太簡 則將如何 上日

今所用之儀 亦有增減之者 若太簡 則豈無加減之權乎 對曰 高皇帝勅曰 儀從本俗 法守舊章 不若不請 上曰 爵獻後拜之有無 不可不知也."

94 하륜은《홍무예제》에 근거해 작헌 후 절을 하지 않는다고 보았고, 허조는 당과 송에서는 모두 절을 했다고 하였다(《太宗實錄》권22, 태종 11년 10월 26일 甲寅).

95 《太宗實錄》권22, 태종 11년 11월 7일 甲子: "本國祖廟及社稷山川文廟等祭 未知聖朝所制藩國儀式 仍用前代王氏舊禮 深爲未便 上項祭禮 理合奏請 如蒙頒降 欽依遵守."

96 사신을 파견하기 며칠 전인 태종 11년 10월 27일부터 원단을 남교에 새로 쌓기 시작했다(《太宗實錄》권22, 태종 11년 10월 27일 乙卯).

97 《太宗實錄》권21, 태종 11년 1월 12일 癸酉; 3월 17일 丁丑; 10월 27일 乙卯.

98 《太宗實錄》권22, 태종 11년 12월 15일 辛丑.

99 장지연,《경복궁, 시대를 세우다》, 205~229쪽 참조.

100 《太宗實錄》권23, 태종 12년 5월 3일 丙戌. "永樂十年三月初二日 本部官於奉天門題奏奉聖旨 只從他本俗 恁禮部行文書去 着他知道."

101 본인은 이전 논문에서 영락제가 번국 의주를 반강하지 않은 것이 홍무제와 영락제의 주변국에 대한 태도의 차이를 반영하는 것으로 보았다(〈조선 초 중앙 사직단 단제의 형성과 그 성격〉,《서울학연구》43, 2011). 그러나 이는 태종 11년 전후의 상황에 대해 충분히 고찰하지 못하고 내린 결론이었다. 당시 상황을 면밀히 살펴보고 새로운 연구성과들을 참조하면서, 영락제 역시 예제적 지배에 관심이 많았으며, 태종 대 상황은 조선에서 의도한 대로 영락제의 지침을 얻어낸 것이라고 생각을 바꾸었다.

101 불개토풍의 원칙이 갖는 의의에 대해서는 이익주,〈14세기 후반 동아시아 국제질서의 변화와 고려-원·명-일본 관계〉참고.

102 영락제에게서 '본속을 따르라'는 지침을 받은 것은 소기의 성과였지만, 이 때문에 종묘에서 작헌 후 배례 여부에 대해서는 판가름을 할 수 없게 됐다. 이는 잠복하였다가 세종 대 다시금 의문으로 제기된다. 태종이 죽은 후 사제賜祭하기 위해 찾은 명 사신 예부낭중 양선楊善에게 황희는 작헌 후 배례 여부를 질문하였는데, 이를 보면, 이러한 논란이 빚어진 이유를 알 수 있다.《사림광기事林廣記》의 국조공후사선의國朝公

侯祀先儀와 《홍무예제》의 주현사직의州縣社稷儀 절차에 차이가 있기 때문이었는데, 양선은 이것이 조상과 외신外神에 대한 제사가 다르기 때문이라고 하며, 《사림광기》에서처럼 작헌 후 배례를 하는 것이 옳다고 답하였다(《世宗實錄》 권20, 세종 5년 4월 23일 癸酉).

I부 하늘

2. 풍운뢰우산천성황단- 왕조 교체기 위기의 전유

1 이욱, 《조선시대 재난과 국가의례》, 150쪽.

2 《世宗實錄》 권32, 세종 8년 4월 25일 戊子; 권47, 세종 12년 2월 19일 庚寅; 권84, 세종 20년 12월 19일 己巳.

3 최종석, 〈조선 초기 '시왕지제' 논의 구조의 특징과 중화 보편의 추구〉, 《조선시대사학보》 52, 2021, 19~26쪽.

4 《高麗史》 권63, 지 17 예5 吉禮 小祀 風師雨師雷神靈星.

5 최종석은 제사일과 위치를 가지고 고려가 당제를 따랐다고 보았으나 이는 단의 제도를 간과한 지적이다〈조선 초기 풍운뢰우산천성황제의 수용·지속과 그 인식적 기반〉, 《한국학연구》 42, 2016, 378쪽). 한정수 역시 위치만을 논하였다〈고려 시대 개경의 사전 정비와 제사 공간〉, 《역사와 현실》 60, 2006, 198쪽).

6 이욱, 《조선 시대 재난과 국가의례》, 150~151쪽.

7 《宋史》 지56, 예6 길례6 참조.

8 송의 풍사단과 우사단은 몇 차례에 걸쳐 변화했다. 표에서 제시한 단의 크기는 정화 연간의 제도로서, 그 이전 시기의 제도는 고려와 맞지 않는다. 단제 변화에 대해서는 《宋史》 지56, 예6 길례6 참조.

9 《高麗史》 권6, 세가 6 靖宗 11년 1월 丁丑.

10 고려에서 산천이 길례 잡사에 미분등제未分登第로 올라가 있었다는 점에 대해서는 김철웅, 〈고려 시대의 산천제〉, 《한국 중세사연구》 11, 2001 참조. 제사 대상인 지역

별 산천에 대해서는 김아네스, 〈고려 시대 명산대천과 제장〉, 《역사학연구》 50, 2013 참조.

11 장지연, 《고려, 조선 국도풍수론과 정치이념》, 88~89쪽.

12 김상범, 《당대 국가권력과 민간신앙》 신서원, 2005, 48~52쪽.

13 김철웅, 〈고려 시대의 산천제〉, 144쪽.

14 순천의 김총金摠, 양산梁山의 김인훈金忍訓, 의성의 김홍술金洪術, 밀양의 손긍훈孫兢訓, 곡성의 신숭겸申崇謙 등이 성황신으로 모셔진 대표적 인격신이다. 고려 시대 성황 신앙에 대해서는 김갑동, 〈고려 시대의 성황 신앙과 지방통치〉, 《한국사연구》 74, 1991 참조.

15 조영헌, 〈15세기 한중관계: 예제적-일원적 책봉·조공의 확립〉, 《조선 시대 한중관계사》, 동북아역사재단, 2018, 43쪽.

16 이윤석, 〈명청시대 강남도시 사묘의 사회적 연구〉, 서울대학교 동양사학과 박사학위 논문, 2003, 10~15쪽.

17 《明 太祖高皇帝實錄》 권38, 홍무 2년 1월 13일 戊申.

18 최종석은 명의 피책봉국의 명산대천에 대한 제사가 그 이전에는 실행되진 않았으나 원대 강향사降香使의 존재 등을 통해 그 인식의 원형이 만들어졌다고 보았다(《중화 보편, 딜레마, 창의의 메카니즘》, 《조선 시대 예교 담론과 예제질서》, 소명출판, 2016, 287쪽). 그러나 원대 강향사는 금강산처럼 구체적인 산천을 찾아간 것으로, 《예기》의 관념보다는 불교적 명산을 찾아 기원하기 위해 간 것이기 때문에, 이를 명대 외이산천 제사의 원형이라고 보기 힘들다.

19 《禮記》 王制. "天子祭天下名山大川 五嶽視三公 四瀆視諸侯 諸侯祭名山大川之在其地者."

20 고려에서 파견한 사신은 1369년 8월에, 안남에서 파견한 사신은 6월에 도착했다.

21 홍무 2년 정월, 수도 주변에 풍운뢰우 등의 신격을 제사 지낼 개별 단묘를 건설하라는 홍무제의 지침에 따라 예부禮部에서 고제古制를 고찰하여 의견을 정리했다. 이때 예부의 건의는 《대명집례》에 거의 그대로 들어가 있다. 濱島敦俊은 이 시기 중서성과 예부가 이념적 차이를 지니고 있었다고 하였는데, 이선장李善長 등을 중심으로 한 중

서성이 관습파로서 주로 강회江淮나 화북華北 출신의 서리에 가까운 층이었다면, 도안陶安, 최량崔亮 등의 예부 관료는 이념파로서 강남(특히 절동과 그 인근 지역) 출신의 사대부였다고 하였다(濱島敦俊,《總管信仰: 近世江南農村社會と民間信仰》, 研文出版, 2001, 135~137쪽. 이윤석,〈명청시대 강남도시 사묘의 사회사적 연구〉, 14~15쪽 재인용).

22 《明 太祖高皇帝實錄》권47, 홍무 2년 12월 21일 壬午.

23 岩井茂樹는 예제를 중심으로 동아시아 질서를 편제한 명의 지향을 예제 패권주의라 칭하였다(〈明代中國の禮制覇權主義と東アジアの秩序〉,《東洋文化》85, 2005). 산천 제사는 이러한 예제 패권주의적 성격을 가장 잘 보여주는 사례 중 하나인데, 특히 우왕 11년 고려-명 관계가 재개되었을 때 명에서 다시금 산천 제사의 기억을 되짚었다는 점에서도 이를 확인할 수 있다. 이에 대해서는 본문에서 후술하겠다.

24 일시동인이 명초 외국과 외국 관계에 적용된 화이사상이자 변경 인식과 국방의 기본 인식이었다는 점은 이경룡,〈명 초 금화학파의 화이론 형성과 변경 인식〉,《명청사연구》24, 2005, 220~221쪽 참조.

25 宋濂,《文憲集》권4, 記 代祀高麗國山川記. "邇者 高麗國奉表稱臣 已封其君 爲王爵 錫以金印 而其境內山川 未遑致祭 非一視同仁之意⋯⋯臣師吳聞之 自古帝王 以天下 爲一家 雖海外要荒之地 視如咫尺 則公羊高所謂方望之事無所不通者 固其宜也." 이 중에서도 "臣師吳聞之 自古帝王 以天下爲一家 雖海外要荒之地 視如咫尺 則公羊高所謂 方望之事 無所不通者 固其宜也" 대목은 홍무 2년 산천 제사를 산정할 때에도 인용되어 있어, 당시 예부 관리들이 공유하던 인식이었음을 알 수 있다.

26 《春秋公羊傳》권5, 僖公 31년. "夏四月⋯⋯天子有方望之事 無所不通 諸侯山川有不在其封內者 則不祭也."

27 홍승현,〈고대 중국 화이관의 성립과 성격〉,《중국사연구》57, 2008, 213~216쪽.

28 宋濂, 代祀高麗國山川記. "향과 폐는 모두 금합에 담았고, 백금 25냥으로 제물을 갖추게 하고 사자에게는 1인당 백금 10냥과 의복까지 주었다(《明 太祖高皇帝實錄》권 48, 홍무 3년 정월 10일 庚子). 얼마나 정성을 들인 호화로운 사절이었는지 짐작케 한다.

29 《明 太祖高皇帝實錄》권 48, 홍무 3년 정월 10일 庚子. "其略曰朕賴天地祖宗眷佑 位臣民之上 郊廟社稷以及嶽鎭海瀆之祭 不敢不恭 邇者占城安南高麗遣使 奉表稱臣 已

封其王 則其國境內山川 悉歸職方 考之古典 天子望祭 雖無不通 然未聞有遣使致祭於其境者 今思與普天之下共享昇平之治 故具牲幣遣使 往祭于神 神旣歆格 必能庇其國王世保境土 使風雨以時 年穀豐登 民庶得以靖安 民庶得以靖安 庶昭一視同仁之意 是用刻石以垂永久."

30 서사호는 공민왕 19년 4월에, 책봉 조서를 가지고 온 설사는 5월에 고려에 도착했다 《高麗史》 권42, 世家42 恭愍王 5 공민왕 19년 4월 庚辰; 5월 甲寅).

31 《高麗史》 권42, 世家42 恭愍王5 공민왕 19년 4월 庚辰.

32 薛戈, 〈홍무 초기(1368~1374) 명·고려 외교 관계의 연구〉, 110~111쪽.

33 최종석, 〈중화 보편, 딜레마, 창의의 메카니즘〉, 287쪽.

34 薛戈는 명 수도의 외이산천 제사와 고려, 안남 등지에 사신을 보내어 제사를 드린 것이 성격이 다르다고 보았다. 후자는 특별히 행해진 제사에 외교 행위로서, 예질禮秩에서도 태뢰太牢를 쓰는 등 격을 높인 점 등을 볼 때 고려를 우대한 조처라고 평가하였다. 이러한 해석에 기초하여 홍무제가 산천 제사를 위해 서사호를 파견한 것은 고려를 우대하기 위한 조처였으나 고려에서 정식 책봉이 늦어진 상황에서 이를 오해하여 이 사절을 박대했다고 보았다(〈홍무 초기(1368~1374) 명·고려 외교 관계의 연구〉, 92~113쪽). 그러나 본문에서 서술했듯이 망사건 견사건 두 가지는 모두 같은 발상에 기초하고 있으며, 예질을 높인 것은 이것이 천자가 특별히 내린 제사이기 때문이지, 고려의 산천에 대한 존중으로 해석하는 것은 무리가 있다.

35 예를 들어 1385년(우왕 11)에는 통사 곽해룡이 명에서 먼저 돌아와 책봉사가 도착할 것을 알렸다는 기록이 있다(《高麗史》 권135, 열전48 신우3 우왕 11년 9월). 이런 사례를 볼 때 사료에 나오지 않았을 뿐, 고려에서 책봉사가 올 것을 몰랐다고 보기는 힘들다.

36 《稼亭集》 권5, 記 東遊記. "三十六峯峯有碑 胡宗旦皆取而沉之 今其趺猶存焉 胡宗旦者 李昇唐之人也 來仕本國 出巡五道 所至輒將碑碣 或刮去其字 或碎或沉 至於鍾聲有名者皆鎔鐵以塞之 使之不聲 若於寒松叢石亭三日浦之碑 鷄林府奉德之鍾之類可見也."

37 《稼亭集》 권5, 記 東遊記.

38 장지연, 《한문이 말하지 못한 한국사》, 푸른역사, 2023, 56~57쪽.

39 《新增東國輿地勝覽》 권38, 全羅道 濟州牧. "斗泉 在屏門川西五十步 其形如斗 故名 世傳飮此泉 能解飛百步 胡宗朝[旦]來壓其氣 遂亡 旱則淸 將雨則金氣浮水面."

40 《世宗實錄》 권151, 地理志 全羅道 濟州牧. "諺傳云 漢拏山主神子季弟 生有聖德 沒爲 明神 適値胡宗旦鎭禳此土 乘舟向江南 神化爲鷹 飛上檣頭 俄而北風大吹 擊碎宗旦之 舟 沒于西境飛揚島嚴石開 國家褒其靈異 賜之食邑 封爲廣壤王 歲降香幣以祭."

41 《高麗史》 권14, 세가 제14 史臣贊.

42 예종 대 고려의 국도 풍수와 중국 도교의 갈등 양상에 대해서는 장지연, 《고려·조선 국도 풍수론과 정치이념》, 168~171쪽 참고.

43 산천 신앙과 고려 풍수의 관련성, 이것이 고려의 지역성과 밀접하다는 점에 대해서 는 장지연, 《고려·조선 국도풍수론과 정치이념》 참고.

44 장지연, 《고려·조선 국도 풍수론과 정치이념》, 171쪽.

45 《牧隱文藁》 권7, 序 送徐道士使還序. "今天子……而於玄敎 深契淸淨之道 期以寧壹 海內 其宏規遠略 度越漢氏萬萬矣."

46 薛戈, 〈홍무 초기(1368~1374) 명·고려 외교 관계의 연구〉, 110쪽.

47 《圃隱先生文集》 권2, 送徐道士師吳還京師(薛戈, 〈홍무 초기(1368~1374) 명·고려 외교 관계의 연구〉, 110쪽 재인용).

48 薛戈, 〈홍무 초기(1368~1374) 명·고려 외교 관계의 연구〉, 108~109쪽.

49 《高麗史》 권135, 列傳48 辛禑3 우왕 9년 9월. "設鎭兵法席于重興寺 命判書雲觀事崔 融 踣徐師昊所立碑 盖以立碑之後 兵革不息 水旱相仍故也". 이때는 공물, 전왕 시호 문제 등으로 고려와 명의 관계가 악화된 상황이었고, 특히 전년에 명이 운남을 정벌 하기도 해 고려로서는 위기감이 한층 고조되어 있기도 했다.

50 서경 중흥사는 태조가 세운 9층 탑이 있던 곳으로, 서경의 지덕을 빌려 삼한일통을 이루려는 태조의 발원과 직결되어 있는 장소다(《高麗史》 권92, 열전5 諸臣 崔凝). 서경의 다른 그 어떤 장소보다도 진병鎭兵, 일통一統 등의 관념과 밀접한 곳이다.

51 우왕 9년까지의 경색된 국면은 우왕 10년 명이 세공물 중 금은을 말로 대납하는 것을 허락하고, 그동안 명에 억류했던 고려 사신들을 풀어주면서 해소되기 시작하였다.

52 《太祖實錄》 권6, 태조 3년 6월 16일 甲申. "洪武二十七年四月二十五日 欽差內史黃永

奇等至 欽奉到告祭海岳山川等神祝文內節該 爲昔高麗陪臣李仁任之嗣某今名某者 或明遣人覘視 或暗行窺伺 誘我邊戍 殺掠沿海居民 及誘引爲非 如此構禍 卽欲興師問罪 然大兵入境 傷生必衆 所以未敢輕擧 且高麗三環海一負山 地方數千里 周回險阻 天造地設 其間主生民者 非帝命不可 今觀李某所爲 似非奉帝命主生民者 子欲昭告上帝 又恐輕易 有煩帝聽 今遣人先告于神 惟神察其所以 達于上帝 彼若肆侮不已 問罪之師 在所必擧 欽此 臣不勝隕越."

53 한양으로 천도한 것은 6개월 후인 이해 10월 25일이었다《太祖實錄》권6, 태조 3년 10월 25일 辛卯).

54 태조 3년 무렵 홍무제의 태조 이성계에 대한 인신공격은 극에 달했다. 홍무제는 명에 사신으로 온 정안군 이방원에게 "네 아비는 좀도둑이나 다름없다"고 한 적이 있다(정동훈, 《황제의 말과 글》, 푸른역사, 2023, 61~63쪽). 종계변무를 청하는 조선의 주본에서는 이러한 오류가 발생한 것이 윤이·이초의 난 관계자가 명에 이간질을 하며 틀린 정보를 주었기 때문이라고 해명한다. 그러나 이미 훨씬 이전부터 고려에 대한 정보를 수집하고 있던 명이 이런 잘못된 정보에 넘어갔다고 보기는 어렵다. 윤이·이초의 난은 조선, 혹은 명에서 홍무제의 의도적인 인신공격이라는 점을 무마하기 위해 사용한 핑계일 가능성이 크다.

55 1396년(태조 5) 표전을 문제삼았을 때에도 2년 전의 해악산천 제사를 언급했다《太祖實錄》권9, 태조 5년 2월 9일 丁酉).

56 《明 太祖高皇帝實錄》권257, 홍무31년 4월 4일 庚辰. 서은혜, 〈정난의 변과 조선·명 관계의 반전〉, 113쪽.

57 《太祖實錄》권14, 태조 7년 5월 14일 庚申. "今王疊生釁隙 我至尊又將昭告于上下神祇 何也 非敢以血氣之勇爲之 惟恐彼此有傷生靈 故不爲也……今王數數生邊釁於我朝 我至尊因邊釁之憂 已遣使祭告于海岳山川一次矣 彼國奄人歸 已令王知 今王人神皆不畏." 이 내용은 《明 太祖高皇帝實錄》권257, 홍무 31년 4월 4일 庚辰조에도 실려 있으나 문장과 내용이 조금 다르다.

58 《太祖實錄》권5, 태조 3년 5월 30일 戊辰.

59 《三峯集》권13, 朝鮮經國典 上 禮典.

60 《三峯集》권13, 朝鮮經國典 上 禮典 社稷. "社者土神也 稷者穀神也 蓋人非土不立 非穀不生 故自天子至諸侯 有人民者 皆得置社稷 蓋爲民求福之祭也 國家立社稷 犧牲致其肥腯 器幣致其淨潔 獻以三終 樂以八成 皆有司存 以時舉行 重民之意大矣."

61 《조선경국전》은 1394년(태조 3) 3월에 저술을 완료하고 5월에 찬진되었는데, 한양 천도는 8월에 논의를 시작하여 10월에 단행되었다. 계룡산 신도 건설은 1393년(태조 2) 2월 시작되어 12월에 중지되었고 음양산정도감이 설치되며 본격적인 논의가 불붙기 시작한 것은 1394년(태조 3) 7월이었다. 이런 흐름을 볼 때 이 책이 저술된 시점에서는 아직 천도를 예상할 수 없었다.

62 1392년(태조 1)부터 고려 종묘를 헐고 그 자리에 종묘를 지었다가 이듬해에는 새롭게 종묘 터를 살펴보고 공사를 시작하기도 했다가 접기도 했다(《太祖實錄》 권2, 태조 1년 9월 30일 戊申; 10월 9일 丁巳; 10월 13일 辛酉; 권4, 태조 2년 12월 4일 乙亥; 4월 21일 庚寅).

63 《三峯集》권13, 朝鮮經國典 上 禮典 風雲雷雨. "風雲雷雨 滋五穀遂品彙 則其澤物也至矣 國家欽奉詔旨 立其壇于國之南 有司以時致祭焉 其事大之禮 敬神之義 一舉而盡矣."

64 《高麗史》 권135, 열전 권48 우왕 11년 9월. "周倬等求見我國祀典 乃書社稷籍田風雲 以示 倬加以忠臣烈士孝子順孫義夫節婦, 使并祭之."

65 《世宗實錄》 권4, 세종 1년 6월 7일 庚辰.

66 宋濂, 代祀高麗國山川記. "至其國 某日甲子 爲壇三成於南門外."

67 《大明集禮》 권1, 吉禮 1 祀天 壇壝.

68 산천단에 풍운뢰우와 성황이 합사된 시기를 특정하기는 어렵다. 공민왕 대 서사호가 처음 산천단에 제사를 드릴 때부터 풍운뢰우와 성황을 합사한 것으로 보는 견해도 있으나(이욱, 〈조선 시대 공간 상징을 통한 왕도 만들기―풍운뢰우단을 중심으로〉, 《종교문화비평》 3, 2003, 104쪽), 세종 18년 민의생이 언급한 것처럼 이때의 제문에는 성황과 풍운뢰우가 들어가 있지 않고 제사의 성격상 그렇다고 보기도 힘들다. 그보다는 우왕 대 장부, 주탁에게 '풍운'이라는 사전 항목을 보여줬을 때 아니면 조선 건국 후 태조 대에 합사했을 가능성이 크다.

69 제신사전에서 산천을 따로 언급하기는 하지만, 이는 전국에 산재하는 구체적인 산천

을 의미하는 것으로 추정된다.
70 《三峯集》 권14, 朝鮮經國典 下 工典 宗廟.
71 《太宗實錄》 권8, 태종 4년 7월 18일 丁巳.
72 세종 대 민의생은 처음 공민왕 대 서사호가 왔을 때 풍운뢰우 등이 산천단에 합사되었다고 보기도 했다(《世宗實錄》 권32, 세종 8년 4월 22일 乙酉). 그러나 10년 후에는 비문을 다시 보니 풍운뢰우와 성황 얘기는 없다며 언제부터 합사된 것인지 모르겠다고 하였다(《世宗實錄》 권72, 세종 18년 4월 25일 辛酉).
73 《太宗實錄》 권12, 태종 6년 1월 28일 己未; 7월 25일 壬子; 윤7월 21일 戊寅.
74 《太祖實錄》 권6, 태조 3년 8월 21일 戊子.
75 《太宗實錄》 권21, 태종 11년 5월 3일 癸亥; 8일 戊辰.
76 《太宗實錄》 권21, 태종 11년 5월 18일 戊寅; 19일 己卯; 22일 戊午.
77 《太宗實錄》 권21, 태종 11년 5월 8일 戊辰. "啓曰 謹按月令 五月命有司爲民祈祀山川百源 注云 將欲禱雨也 臣等於前日 請依月令祈祀山川 得蒙兪允 將以來十一日 祭于山川壇 又考洪武禮制 山川壇祭 風雲雷雨之神居中 山川居左 城隍居右 故本國亦依此制 設三位而祭之 今捨風雲雷雨之神 而止祭山川 殊未合義 願自今如遇旱氣 依洪武禮制 幷祭風雲雷雨城隍之神 從之."
78 《太宗實錄》 권21, 태종 11년 5월 20일 庚辰. "謹按文獻通考及前朝詳定古今禮 倣隋唐古制 有日 凡京都孟夏以後旱 則祈嶽鎭海瀆及祭山川能興雲雨者於北郊 又祈社稷宗廟 每七日一祈 不雨 還從嶽瀆如初 旱甚則修雩 初祈後一旬不雨 則徙市 禁屠殺 斷傘扇 造土龍 又古典 有旱則審理冤獄 賑恤窮乏 掩骼埋胔 修溝洫 淨阡陌等事 當依古典施行."
79 수, 당, 고려의 기우제차를 비교하면 당과 고려가 거의 일치한다(최종성, 《기우제등록과 기후의례》, 서울대학교출판부, 2007, 77~78쪽).
80 《世宗實錄》 권129, 五禮 吉禮 儀式.
81 최종성, 《기우제등록과 기후의례》, 79쪽.
82 《太宗實錄》 권21, 태종 11년 1월 12일 癸酉; 3월 17일 丁丑.
83 《太宗實錄》 권22, 태종 11년 10월 27일 乙卯. "更築圓壇于南郊 先是 政府上言非天子

不得祭天 故罷 至是 或以爲秦在西 只祭白帝 我國在東 亦宜祭青帝 故更築之也."

84 이욱은 조선 전기 한양의 여러 제단 중 명과 관계 속에서 가장 왜곡된 형태로 나타난 것이 풍운뢰우단이라고 평가하였다(《조선 시대 공간 상징을 통한 왕도 만들기―풍운뢰우단을 중심으로》, 105쪽). 그러나 이 글에서는, 이를 왜곡이라기보다는 조선의 적극적인 전유로 평가한다.

85 《太宗實錄》 권23, 태종 12년 5월 3일 丙戌. "永樂十年三月初二日 本部官於奉天門 題奏奉聖旨 只從他本俗 恁禮部行文書去 着他知道."

86 《太宗實錄》 권25, 태종 13년 4월 13일 辛酉. "謹按前朝詳定古今禮 社稷宗廟別廟爲大祀 先農先蠶文宣王爲中祀 風師雨師雷師靈星司寒馬祖先牧馬步馬社禜祭七祀州縣文宣王爲小祀 臣等歷稽古典 前朝參酌得中 但風師雨師 自唐天寶年間 論其澤時育物之功 陞入中祀 幷祭雷師 終唐歷宋 無敢議者 皇明洪武禮制 增雲師 號曰風雲雷雨之神 與山川城隍 同祭一壇 今本國遵用此制 且文宣王 在國學爲中祀 在州縣爲小祀 於義未安 故宋制州縣釋奠 亦爲中祀 伏望風雲雷雨之神 陞入中祀 山川城隍同祭 州縣釋奠 亦陞中祀 其餘諸祀等第 一依前朝詳定禮." 한형주는 풍운뢰우가 세종 12년에서야 중사단으로 단유의 체제를 갖춘 것으로 이해했다(《조선 초기 국가제례 연구》, 160~161쪽). 그러나 해당 기록(《世宗實錄》 권50, 세종 12년 12월 8일 甲戌)은 태종 대 산정한 〈제사 의식〉의 규정을 옮겨 놓은 것이지, 그 시점의 풍운뢰우산천성황단을 언급한 것이 아니다.

87 《太宗實錄》 권25, 태종 13년 6월 8일 乙卯. "諸祀壇墠內 唯社稷壇風雲雷雨壇 如式造築 其餘靈星司寒馬祖先牧馬社馬步仲農後農壇墠 竝未造築 先農先蠶老人星北郊厲祭壇墠 雖已造築 亦不如式 上項壇墠 稽古制 相地造築."

88 《國朝五禮序例》 권1, 吉禮 壇廟圖說.

89 《世宗實錄》 권47, 세종 12년 2월 19일 庚寅. 여기에서 박연은 단유가 제대로 만들어지지 않은 다른 단에 비해 풍운뢰우단은 단유가 대체로 옛 제도에 가깝다고 하였다.

90 소사에서 중사로 올리면서 풍운뢰우산천성황단을 이른 시일 내에 새롭게 조성했을 가능성도 있다. 우사단의 경우, 5월 14일에 단을 쌓기 시작했는데 5월 27일에 제사를 드렸다(《太宗實錄》 권27, 태종 14년 5월 14일 丙戌; 27일 己亥). 그러나 선농단, 선잠단 등이 누차에 걸쳐 단을 고친다는 이야기가 나왔음에도 끝내 고치지 않은 것을 본다

면, 풍운뢰우산천성황단만이 제도에 맞게 고쳐졌다고 보기는 어려울 듯하다.

91 《洪武禮制》 권7, 祭祀儀禮.

92 《大明集禮》 권13, 길례13 專祀太歲風雲雷雨祀 壇制. "元 祭風師於東北郊 祭雨師於西南郊 而郡縣立壇 通祀風雨雷師 雷雨壇 在稷壇西 風師壇 在社壇東 其制 卑小於社稷壇 國朝 以春秋合祭太歲風雲雷雨於國南 其制屋而不壇 若各府州縣之祀風雲雷雨師 則仍築壇於城西南 祭用驚蟄秋分日." 명의 수도에 조성한 전사태세풍운뢰우사단은 옥옥의 형태였지 단단의 형태가 아니기 때문에 참조할 수 없었다.

93 예를 들어 천자의 경도經涂는 9궤, 제후는 7궤 등 2궤씩 감쇄한다.

94 2장 5절의 사직단조차도 행례하기에 작다는 문제가 제기되었다는 점을 상기할 필요가 있다. 이에 대해서는 사직단에서 후술한다.

95 《世宗實錄》 권32, 세종 8년 4월 25일 戊子. "山川壇之樂 據周制奏蕤賓歌函鍾 正也 今自奠幣至徹籩豆 堂上堂下皆用大呂 大呂黃鍾之合也 本於祀天神用之 故於風雲雨之神則宜矣 於山川全未有當也 況獨用一律 甚非所宜也 且風雲雷雨 古制於天神 不與山川同位祭之 今於一壇行祭 未見其宜也 此山川壇之樂 所以未合也."

96 《주례周禮》에 근거해 단별로 사용해야 하는 음악에 대한 설명은 김세종, 〈난계 박연 제사 음악, 논의와 정비〉, 《국악과 교육》 29, 2010 참조.

97 《주례》 춘관 대사악조에는 육악六樂에 대해 언급하면서, 천天, 지地, 사망四望, 산천山川, 선비先妣, 선조先祖의 여섯 가지로 제사 대상을 구별하고 있다. 여기에서 풍운뢰우는 직접적인 언급이 없는 데 비해 산천은 명확히 하나의 항목으로 잡혀 있다.

98 《世宗實錄》 권32, 세종 8년 4월 25일 戊子.

99 《世宗實錄》 권47, 세종 12년 2월 19일 庚寅.

100 《世宗實錄》 권47, 세종 12년 2월 19일 庚寅. "① 風雲雷雨之祀 今與山川城隍共爲一壇行事 然風雲雷雨 天神之屬 山川城隍 地祇之類 其氣類不同 尊卑有別 故古人於風雲雷雨山林川澤等六神 皆別立壇壝祭之 城隍之神則州縣所祭外國都之制 未有所考也 我朝同壇之制 乃倣洪武禮制爲之也 然洪武禮制 非天子諸侯國都之制 乃諸路府州縣之儀耳 皇明混一之初 新立府州縣之儀 酌州縣經費之宜 權時從簡 器用瓷瓦 陳設極簡 而乃曰同壇祭之 則國都之祭 其不同壇必矣 ② 今詳洪武禮制 其題主之法曰 某州某縣境內

山川之神 某州某縣城隍之神 於風雲雷雨之神 則不係州縣之名 謹重之也 又其神主風雲雷雨 共題一牌 山川二神 共題一牌 城隍一神 自爲一牌 城隍疑亦爲二神 然於洪武禮制 城隍幣只用一件 以此知中國之制 以一神祭之 ③ 其設位之圖 則壇上北邊 城隍居西 風雲雷雨居中 山川居東 坐皆南面 一行設之 似以城隍爲尊也 又考行事之儀 則先詣風雲雷雨 次詣山川 次詣城隍 又若以風雲雷雨 爲正位居中 而山川城隍作配 分東西也 大抵神位之設一行 則以西爲上 神道尙右故也 作配位 則東尊西卑 相向而坐 陰陽之位也 今見山川 其行禮在中 而位次末 城隍行禮在終 而位上且 必無是理 其作配位 東西相向 無疑矣 今只據其圖 而不考行禮之節 三位之神 一行設之 無正配位之別 以城隍之卑 居於天神之右 其不可者一也 ④ 以陳設言之 風雲雷雨四神之位 幣則用四 而床則一 牲亦如之; 山川二神之位 幣則用二 而床亦一 牲亦如之 城隍一神之位 則牲幣與床 專享一件 是於四神所享之饌不加隆 於二神一神之饌不加殺 其所奠之物 獨豐於城隍之位 其不可者二也 ⑤ 又祭祀之禮 祀天神 則祝幣燒於燎臺 祭地祇享人鬼等祭 則祝幣埋於瘞坎 又其用樂 亦各有所屬之律 此先王之制 各因所宜 爲之定制也 然樂以侑食 則統於尊可也 幣以禮神 則天神地祇之贈 宜各有所歸著 不可一例燒之 今於此祭 依洪武禮制 有望燎之文 七神幣祝 一樣燒 之 其不可者三也 ⑥ 臣之狂僭 以爲洪武禮制之儀 用之州縣 尙有不協於人心者 於國都之制 尤未爲之當也 願舊壇 只祀風雲雷雨四位之神 其牲幣饌具 宜各陳之 山川別別爲壇所祭之 城隍亦於山川之壇 作配位祭之可也 今若不改同壇之制 則如臣所論 風雲雷雨四神 作正位南面 山川二位在東西向 城隍一位在西東向 作配位祭之 而南置燒臺 北開瘞坎 祭畢之後 分行望燎望瘞之禮 使之不紊 又春秋厲祭之時 城隍發告 却於風雲雷雨壇 作正位行事 夫以天神作主之位 以城隍南面受祭 恐違望秩之意 春秋常祭 旣以城隍之神 居於尊神之右 厲祭發告 又僭居於天神之位 是何禮耶 城隍如其正神也 豈享非禮之祭哉 願殿下潛思獨斷 以正祀典 山川城隍 別爲一壇 不與風雲雷雨同位祭之 不勝幸甚."(번호: 필자)

101 《世宗實錄》권47, 세종 12년 2월 19일 庚寅. "其取義不同 而代各有異 以三代正朔言之 周建子 商建丑 夏建寅 聖人之制不同 惟我太祖 依皇明禮制 風雲雷雨山川城隍 合爲一壇而祭之 此乃時王之制 且爲祖宗成憲 仍舊爲便."

102 《世宗實錄》권32, 세종 8년 4월 22일 乙酉; 권72, 세종 18년 4월 25일 辛酉. 민의생

은 각각 가뭄철을 맞이하여 상서하면서, 역대 중국 왕조의 풍사와 우사 등의 방위별 제사를 언급하며, 이를 복원하자고 했다. 세종 8년 때에는 처음 공민왕 대 서사호가 와서 산천단 제사를 지낼 때 풍운뢰우와 성황을 한 단에 합제한 것으로 이해하였으나, 18년에는 당시 제문을 통해 서사호의 제사 때 풍운뢰우와 성황을 합제한 게 아니었음을 파악했다.

103 《世宗實錄》권72, 세종 18년 5월 13일 戊寅. "自古沿革 代各不同 恐難輕改 況我太祖太宗 遵用此制 行之已久 且歲在丁未 有獻議者 下令詳定所議之 取星山君李稷等議 仍舊不改."

104 《世宗實錄》권83, 세종 20년 12월 19일 己巳.

105 《世宗實錄》권83, 세종 20년 12월 19일 己巳.

106 《世宗實錄》권83, 세종 20년 12월 19일 己巳. "沈道源崔士康成抑皇甫仁等議 古制 風師雨師之祀處與日雖異 皆是天子事 未有明言通行侯國之文 且於洪武禮制 風雲雷雨 山川城隍之神 凡各布政司府州縣 皆令合祭 豈無所據 布政司制度 豈下於侯國乎 豈可輕議時王之制而更改乎 宜仍舊 但當各設風師雨師雷師之位 奠饌與爵 亦當各設."

107 《世宗實錄》권83, 세종 20년 12월 19일 己巳.

108 《世宗實錄》권43, 세종 11년 3월 20일 丙寅. 신상은 세종 17년 사망하여, 세종 20년 논의에는 참여하지 못했다.

109 강문식은 허조가 《문헌통고》를 비롯한 당·송의 예제를 중시했으며, 당시 시왕지제로 중시되던 《홍무예제》를 비롯한 명의 제도에 대해서 비판적인 입장이었다고 평가하였다. 대신 고제古制의 본질 및 국가례國家禮의 위상에 부합한다고 판단한 경우에는 《홍무예제》나 기타 명의 제도를 수용하기도 했다고 보았다(〈태종~세종 대 허조의 예제 정비와 예 인식〉, 《진단학보》 105, 2008, 124~128쪽). 강문식은 여러 예제 논의에서 허조가 근거로 삼은 것이 고제인지, 당·송제인지, 시왕지제인지 등을 구분하여 그 양을 가지고 허조의 예禮 인식을 분석하였다. 그러나 계량적 방법으로 예에 대한 인식을 설명하는 것은 한계가 있다. 또한 시왕지제에 대한 일관되지 않은 허조의 태도는 역으로 그에게 '고제의 본질' 혹은 '국가례의 위상'이라고 생각한 상이 '고제'와 '시왕지제' 이전에 있었다는 점을 의미하는 것이기에, 이를 먼저 규명하는 것이 필요하다.

110 한형주,《조선 초기 국가제례 연구》, 56쪽.

111 이정희,〈조선 시대 풍운뢰우 제례와 음악〉,《한국음악사학보》67, 2021, 225~226쪽.

112 이정희,〈조선 시대 풍운뢰우 제례와 음악〉, 213~214쪽.

113 《中宗實錄》권84, 중종 32년 4월 29일 丁丑; 권95, 36년 5월 6일 辛卯.

114 이욱,《조선 시대 재난과 국가의례》, 208~209쪽.

115 이정희,〈조선 시대 풍운뢰우 제례와 음악〉, 214~215쪽.

116 영조 대 북교 친행 기우에 대해서는 이욱,《조선 시대 재난과 국가의례》, 212~216쪽 참조.

117 사직단의 강조는 이곳에서 행하는 기곡제祈穀祭의 정례화를 통해 이루어졌다. 조선 후기 사전의 주요한 변화 중 하나가 기곡제의 실시로서 숙종 대부터 실행되기 시작하였고, 정조 대에 완전한 대사로 편입되었다(이영춘,〈조선 후기의 사전의 재편과 국가제사〉,《한국사연구》118, 2002 참조).

118 《正祖實錄》권35, 정조 16년 8월 12일 戊寅. "今之南壇 卽昔日郊祀之圜壇也 禮士庶不得祭五祀 大夫不得祭社稷 諸侯不得祭天地 惟杞宋魯以諸侯而祭之者 或因大國之後 或酬元聖之功也 我東建邦 創自檀君 而史稱自天而降 壘石行祭天之禮 則後皆因之者 以其不受大國之分茅 而不至於大僭逼也 至于我朝 嚴於別嫌明微之義 以圜壇之禮 或涉於小國之不敢以祭 光廟以後 圜壇之號 改曰南壇 蓋用郡國州縣各祭風師雨師之制也 主壇曰風雲雷雨 而位居中面以南……配以山川城隍之版於左右竝面南 於是乎專享爲合享 而以示不敢祭之微意 若乃致敬致潔之誠 豈或以圜壇南壇之殊稱異制而有所間然也哉."

119 이욱,《조선 시대 재난과 국가의례》, 216~218쪽.

120 이욱,〈대한제국기 환구제에 관한 연구〉,《종교연구》30, 2003, 187~191쪽.

121 고종이 정조의 정치를 계승하려고 했다는 부분에 대해서는 이태진,《고종 시대의 재조명》, 태학사, 2000; 장영숙,《고종의 정치사상과 정치개혁론》, 선인, 2010; 서진교,〈대한제국기 고종의 황실 추숭사업과 황제권의 강화의 사상적 기초〉,《한국근현대사연구》19, 2001 등 참조.

3. 우사단- 태종이 찾아낸 제천의 대체물

1 《太祖實錄》권1, 태조 1년 8월 11일 庚申. "臣等伏觀歷代祀典 宗廟籍田社稷山川城隍 文宣王釋奠祭 古今通行 有國常典 今將月令規式 具錄于後 請下攸司 以時擧行 圓丘天子祭天之禮 請罷之 諸神廟及諸州郡城隍國祭所請許只稱某州某郡城隍之神 設置位板 各其守令 每於春秋行祭 奠物祭器酌獻之禮 一依朝廷禮制 春秋藏經百高座法席七所親幸道場諸道殿神師醮祭等事 前朝君王各以私願 因時而設 後世子孫 因循不革 方今受命更始 豈可蹈襲前弊 以爲常法 請皆革去 朝鮮 檀君東方始受命之主 箕子始興敎化之君 令平壤府以時致祭 前朝惠王顯王忠敬王忠烈王 俱有功於民 亦於麻田郡 太祖廟附祭."

2 《太祖實錄》권6, 태조 3년 8월 21일 戊子.

3 한형주는 태종 11년 6월까지 별다른 논란 없이 원단제가 시행되었다고 보았으나, 이 글에서는 관점을 달리한다(《조선 초기 국가제례 연구》, 23쪽). 이에 대해서는 본문에서 후술한다.

4 《太宗實錄》권21, 태종 11년 1월 12일 癸酉.

5 《太宗實錄》권21, 태종 11년 3월 17일 丁丑.

6 실록의 태종 11년 정월에는 10일 자 기록이 없기 때문에 기곡제의 시행 여부를 확인할 수 없다. 그러나 해마다 기곡제를 행해왔다는 다른 해의 기록을 통해 정월의 원단 기곡제가 지속되어왔음을 알 수 있다(《太宗實錄》권7, 태종 4년 1월 9일 辛亥). 원구의 정월 기곡제는 모든 단묘 의례 중에서도 가장 중요한 제례 중 하나임에도 불구하고 초기 실록 기록에는 묘하게 기곡제의 실행 여부가 빠져 있는 경우가 많다.

7 《太宗實錄》권22, 태종 11년 10월 27일 乙卯. "更築圓壇于南郊 先是 政府上言 非天子不得祭天 故罷 至是 或以爲 秦在西 只祭白帝 我國在東 亦宜祭靑帝 故更築之也."

8 《太宗實錄》권22, 태종 11년 12월 6일 壬辰. "領議政府事河崙禮曹參議許稠等請只祭東方靑帝 啓曰 以侯國而祀天 未合於禮 請只祭靑帝 上曰 吾東方祭圓壇已久 卿等之議是矣 然儻有水旱之災 無乃以謂不祀圓壇之致然歟."

9 이듬해인 태종 12년 4월 원단에서의 우사 때 황보인이 오방의 신을 위해 각색의 폐백을 올려야 하는데, 백색만을 올려 탄핵된 것을 볼 때, 청제만이 아니라 호천상제를 중

주 359

10 《太宗實錄》 권24, 태종 12년 8월 7일 己未.

11 《太宗實錄》 권24, 태종 12년 7월 17일 庚子.

12 《太宗實錄》 권23, 태종 12년 4월 7일 辛酉; 권24, 8월 25일 丁丑.

13 《太宗實錄》 권24, 태종 12년 8월 28일 庚辰. "上曰 安有六天乎 禮可以祭則祭 昊天上帝不可則靑帝何獨祭乎 若旱乾之災 在寡躬闕失 豈有關於祀天 子自卽位以來 祈晴雨而不得 是雖子之誠心 不足以格天 天必不享非禮也."

14 《帝王韻紀》 권하.

15 장지연, 《고려·조선 국도 풍수론과 정치이념》, 199~200쪽.

16 《太宗實錄》 권27, 태종 14년 4월 12일 乙卯.

17 《太宗實錄》 권27, 태종 14년 5월 28일 庚子.

18 《太宗實錄》 권27, 태종 14년 4월 1일 甲辰; 3일 丙午; 4일 丁未; 7일 庚戌; 14일 丁巳; 5월 2일 甲戌; 14일 丙戌; 26일 戊戌; 29일 辛丑.

19 《太宗實錄》 권27, 태종 14년 5월 1일 癸酉; 7일 己卯.

20 《太宗實錄》 권27, 태종 14년 5월 13일 乙酉.

21 이욱, 《조선 시대 재난과 국가의례》, 145~146쪽.

22 《通典》 권43, 예3 연혁3 길례2 大雩.

23 《太宗實錄》 권27, 태종 14년 5월 14일 丙戌. "始建雩祀壇于興仁門外 初 上憂旱 親覽周禮月令等書 有諸侯雩上公之文 命禮曹稽考以聞."

24 《禮記》 月令, "仲夏之月 鄭氏曰……天子雩上帝 諸侯以下于上公" (정병섭 역, 《역주 예기집설대전 월령》, 학고방, 2010, 364쪽).

25 《太宗實錄》 권27, 태종 14년 5월 14일 丙戌. "禮曹啓 謹按 禮記 月令 仲夏之月 命百縣雩祀 百辟卿士有益於民者 以祈穀實 周禮 祭社稷五祀 家語曰 昔少皞之子有四 曰重 曰該 曰脩 曰熙 使重爲句芒 該爲蓐收 脩及熙爲玄冥 顓頊之子黎爲祝融 共工氏之子句龍爲后土 此五者 各以其所能業爲官職 生爲上公 死爲貴鬼 別稱五祀 春秋左氏傳曰 烈山氏之子曰柱爲稷 自夏以上祀之 周棄亦爲稷 自商以來祀之 五正與家語同 文獻通考曰 天子雩上帝 諸侯雩上公 上項五正與后稷 且有功德於民 古有常祀 乞依古典 設壇於

360

東郊 六位同壇 每當仲夏之月 擇日行祭 祭品依山川壇例 從之 至是命築之."

26 《禮記》月令. "命有司 爲民祈祀山川百源 大雩帝 用盛樂 乃命百縣雩祀百辟卿士有益 於民者 以祈穀實." 번역은 정승섭 역, 《역주 예기집설대전 – 월령》, 359~361쪽을 참조하여 의역하였다.

27 태종은 하륜에게 월령사목을 편찬하게 하고 월령도를 만들어 강하는 등, 월령에 깊은 관심을 가지고 국가 운영 원리로 만들고자 했다(한정수, 〈조선 초 월령의 이해와 국가 운영〉, 《한국사상사학》 36, 2010, 157쪽).

28 《太宗實錄》 권27, 태종 14년 5월 18일 庚寅.

29 《文獻通考》 권77, 郊祀考 10. "祭法有雩禜之壇 春秋之時 魯以南門爲雩門 先儒皆以魯之舞雩在城南 鄭氏曰 雩爲壇於南郊之旁 其說蓋有所受也 古者 雩斂在稻人 雩樂以皇舞 以女巫 皇與女 陰也 則舞所以達陽中之陰而已 董仲舒祈雨之術 閉南門縱北門 蓋亦古者達陰之意也 然則雩祀上帝必升煙 後世乃謂用火不可以祈水而為坎以瘞 就陽不可以求陰而移壇於東[梁禮]……隋制 雩壇國南十三里啟夏門外道左……唐開元禮 孟夏 雩祀昊天上帝於圜丘."

30 《宋史》 권100, 지53 예3 祈穀.

31 《明史》 권48, 지24 예2 大雩.

32 명에서 우단을 설치할 때에도 오랫동안 잊힌 예제라고 하였다(《明史》 권48, 지24 예2 大雩).

33 《太宗實錄》 권27, 태종 14년 5월 13일 乙酉.

34 《世宗實錄》 권50, 세종 12년 12월 8일 甲戌.

35 1415년(태종 15) 무렵에 정리된 〈제사서례〉, 〈제사의〉는 나중에 《世宗實錄》 五禮儀 吉禮 부분을 구성한다(김해영, 《조선 초기 제사전례 연구》, 174~176쪽).

36 《文宗實錄》 권4, 문종 즉위년 10월 23일 癸巳.

37 《成宗實錄》 권19, 성종 3년 6월 21일 丙戌. "吉禮前儀 雩祀壇六神位共一壇 壇方只二丈三尺 陳饌不便 請依宋朝制壇 廣改四丈 從之."

38 조선 시대 영조척은 30~31센티미터 내외이며, 주척은 19~21센티미터 내외인데, 이 책에서는 이종봉의 견해에 따라 일괄적으로 영조척은 30.8센티미터로, 주척은 20.6

센티미터로 계산한다(이종봉, 《한국 도량형사》, 소명출판, 2016, 191, 197쪽).

39 《宋史》권100, 志53 禮3 感生帝. "感生帝即五帝之一也 帝王之興 必感其一 北齊隋唐 皆祀之 而隋唐以祖考升配 宋因其制 乾德元年 太常博士聶崇義言 皇帝以火德上承正 統 請奉赤帝為感生帝 每歲正月 別壇而祭 以符火德 事下尙書省集議 請如崇義奏 乃酌 隋制 為壇于南郊 高七尺 廣四丈 日用上辛 配以宣祖."

40 《成宗實錄》권40, 성종 5년 3월 28일 癸丑. "周制建巳月 雩五方上帝 其壇名曰雩祭 在南郊之方 隋制在國南十三里 今五禮儀載雩祀壇在東郊 與古制相違 可於圜丘壇近地 設壇以祭."

41 《承政院日記》928책, 영조 17년 2월 8일 癸卯 22/37.

42 《承政院日記》1509책, 정조 6년 5월 11일 丁未 14/16. "上曰 雩祀壇在於何處乎 好仁 曰 距南壇不遠矣." 우사단 터는 《한국지명총람 (1): 서울편》(1966, 한글학회 편)에 사진 이 실려 있는데, 용산구 보광동 산4번지라고 하고 있으며, 김태우는 1912년 고양군 한지면 보광리 토지조사부 중 258번지가 우사단일 것으로 추정했다(〈조선 시대 한강 유역 국행 의례 제장에 대한 연구―문헌과 현장 조사를 통한 지리적 위치 고증에 대한 시도〉, 《서 울학연구》73, 2018, 55~58쪽).

43 《成宗實錄》권40, 성종 5년 3월 6일 辛卯.

44 한형주, 《조선 초기 국가제례 연구》, 58쪽.

45 《太宗實錄》권21, 태종 11년 1월 11일 壬申.

46 《世宗實錄》권47, 세종 12년 2월 19일 庚寅. 박연은 우사단에 모시는 신격을 인귀로 보아야 할지 지기로 보아야 할지 판별하기 어렵다고 하면서, 각각의 경우에 해당하는 음률을 제시했다.

47 로이 라파포트, 강대훈 옮김, 《인류를 만든 의례와 종교》, 황소걸음, 2017, 83~84쪽.

II부 땅

4. 적전 선농단 - 땅에서 농경으로, 화풍華風에서 전통으로

1 《禮記》月令. "孟春之月……是月也 天子乃以元日祈穀于上帝 乃擇元辰 天子親載耒耜 措之于參保介之御間 帥三公九卿諸侯大夫躬耕帝藉 天子三推 三公五推 卿諸侯九推 反 執爵于大寢 三公九卿諸侯大夫皆御 命曰勞酒."

2 《高麗史》권93, 열전6 諸臣 崔承老. "請以一年十二月分半 自二月至四月 自八月至十月 政事功德叅半行之 自五月至七月 自十一月至正月 除功德專修政事 逐日聽政 宵旰 圖治 每日午後 乃用君子四時之禮 修令安身."

3 《高麗史》권3, 세가3 성종 2년 1월. "辛未王祈穀于圓丘配以太祖 乙亥躬耕籍田 祀神農 配以后稷 祈穀籍田之禮始此."

4 한정수,《한국 중세 유교 정치사상과 농업》, 혜안, 2007; 이욱,《조선 시대 재난과 국가의례》, 232~238쪽.

5 《高麗史》권3, 세가3 성종 2년 5월 甲子.

6 《高麗史》권94, 열전7 徐熙.

7 《高麗史》권93, 열전6 崔承老.

8 유인선,《새로 쓴 베트남의 역사》, 이산, 2002, 118~127쪽.

9 안지원은 현종 대 이후 고려의 의례가 유교 의례와 불교 의례로 이원화되었다고 보았다(《고려의 불교 의례와 문화》, 서울대학교출판문화원, 2005, 300~301쪽). 토착의례 자체가 이미 불교 의례와 습합된 경우가 많기 때문에 큰 틀에서는 이원화되었다고 볼 수 있으나, 불교 의례로 국한할 경우 명쾌하게 설명하기 어려운 의례들도 있다. 예를 들어 구정 초제나 국왕의 순주巡駐, 별례기은別例祈恩 등은 불교 의례 범주만으로는 다 포괄되지 않는다. 따라서 이 글에서는 토착 의례를 또 하나의 범주로 설정했다.

10 《高麗史》권5, 세가5 현종2 현종 22년 1월 乙亥; 권17, 세가17 인종3 인종 22년 1월 辛酉; 乙亥.

11 《高麗史》권5, 세가5 현종2 현종 20년 8월.

12 1029년(현종 20)에 바로 원구 기곡과 친경이 행해지지 않은 것은 이해 흥료국興遼國의

건국으로 인한 긴장 상황이 현종 21년 말에서야 해소된 데서 비롯한 것이 아닐까 한다(《高麗史》 권5, 세가5 현종 20년 12월 壬辰).

13 《高麗史》 권16, 세가16 인종2 인종 12년 1월 乙亥 祭籍田 始用大晟樂.

14 《高麗史》 권14, 세가14 예종 11년 10월 癸酉.

15 예종 대 태조의 유훈은 왕건이 내린 훈요십조를 근간으로 한다. 예종 11년 제서의 분석에 대해서는 장지연, 《고려·조선 국도 풍수론과 정치이념》, 120~124쪽 참조.

16 《高麗史》 권17, 世家17 仁宗3 仁宗 20년 5월 庚戌; 7월 辛丑.

17 《高麗史》 권26, 輿服1 冠服 인종 20년 5월.

18 《高麗史》 권62, 志16 禮4 吉禮中祀 籍田. "仁宗二十二年正月乙亥 親耕籍田 王五推 諸王三公七推 尙書列卿九推."

19 중국에서는 역대로 선농단을 사단 중 하나로 이해할 것인가, 별개로 이해할 것인가에 대한 논란이 있었다. 당 후기인 8세기 초반에는 잠시 제사단帝社壇으로 설치되었으나, 일반적으로는 별개로 설치했다. 당唐, 원元, 명明 대 선농단은 사단과 크기와 높이가 동일하는 등, 양 단은 개념적 연관성을 지니고 있었다(《大明集禮》 권12, 吉禮 籍田享先農).

20 김해영, 《조선 초기 제사 전례 연구》, 27~28쪽.

21 《高麗史》 권59, 지13 예1 길례대사 방택. "周制夏日禮地祇於方丘 曲禮天子祭天地 疏曰 地神有二. 歲有二祭 夏至之日 祭崑崙之神於方澤 一也 夏正之月 祭神州地祇於北郊 二也 或云 建申之月祭之."

22 《文獻通考》 권76, 郊社考9 祀后土.

23 사교영기는 입춘, 입하, 입추, 입동의 절기에 맞춰 천자가 각각 동교·남교·서교·북교에서 춘하추동의 계절을 맞이하는 제천례의 일종이다. 이는 《주례》의 정현鄭玄의 주석과 《예기》 월령편에 기반한다(오이한, 《중국 고대의 천과 그 제사》, 문사철, 2015, 150~157쪽 참조).

24 《高麗史》 권14, 세가14 예종3 예종 11년 4월 庚辰. "況圓丘大廟社稷籍田 及諸鄭陵者 國家敬重之所也."

25 《高麗史》 권33, 세가33 충선왕1 충선왕 재즉위년 11월 辛未. "圓丘籍田社稷 乃國家

徼福之所……寢園及祖宗墳墓 務在敬崇."

26 《高麗史》世家35, 忠肅王2 충숙왕 12년 10월 乙未. "圓丘籍田 社稷寢園 佛宇道觀 修營以祭."

27 《高麗史》권43, 세가43 공민왕 20년 12월 己亥. "郊社宗廟 祭祀爲大 仰都評議使 摠理其事 大常寺管領太廟署諸陵署都祭庫太樂署檢察如儀 務極豊潔 保擧圜丘籍田社稷壇直 選揀諸陵殿直."

28 《高麗史》권120, 열전33 尹紹宗. "辛昌立陞典校令與同僚奏 本朝舊制 凡圜丘宗廟社稷山陵眞殿神祠祭享祝文 道殿佛宇詞疏 本寺官一人 每月輪直淸齋寫進上 齋沐親押 天地宗社則必親祀 佛宇道殿神祠則或命大臣攝行 近以祈禳猥多 或命正字小臣代押 其源一開 今唯四時大享親押 其餘則皆代押 甚遠誠敬之義 願遵祖宗舊制 祝文詞疏齋沐親押 圜丘社稷宗廟藉田大享 必皆親祀 朔望奠及凡祈 擇大臣攝行 御正殿 親受祝文詞疏."

29 뒷절에서 다시 언급하겠지만, 윤소종의 고려 구제에 대한 설명이 실제 역사와 일치하는 것은 아니다. 유교례를 강화해야 한다는 주장을 위해 고려의 구제를 가탁한 측면이 큰 것이다. 그러나 본문의 인용문에서 중요한 점은 가탁 여부와는 상관없이 그가 '천지종사'로 범주화한 의례들 중 지기에 해당하는 의례가 방택이 아닌 적전이라는 점이다.

30 《高麗史》권62, 志16 禮4 吉禮中祀 籍田 공민왕 19년 3월 乙巳. "王欲躬耕籍田 令有司講求儀注 以儀物未備 命守侍中李仁任攝行 仁任祭訖 遂行耕籍之禮."

31 《高麗史》권42, 세가42 공민5 공민왕 19년 9월 乙未. 이때의 행차를 통해 어떠한 의례가 펼쳐지거나 의미가 부여되었는지는 확인할 수 없지만, 우연히 이루어진 것이 아니었다. 미리 신돈을 보내어 살펴보게 하고 한복韓復 같은 이가 함께하며 여악을 중지시키려고 할 정도로 예제 개혁의 의미가 부여된 것이었다《高麗史》권112, 열전25 韓復. "王欲幸籍田 先命辛旽往觀之 復初欲偕往見 旽以女樂自隨 惡其僭乃止").

32 《高麗史》권76, 지30 백관1 典農寺.

33 삼소는 북소, 우소, 좌소 등 개경 주변의 세 곳을 의미하는데 구체적인 장소에 대해서는 고려 시기 내내 논란이 있었다. 세 곳의 좋은 땅에 국왕이 정기적으로 순주하면

재변을 물리치고 국가의 운수를 연장시킬 수 있다는 주장이 바로 삼소론으로, 태조 왕건의 권위에 의지해 있는 풍수도참 논의였다.

34 장지연, 《고려·조선 국도 풍수론과 정치이념》, 201~213쪽.

35 《高麗史》 권120, 열전33 尹紹宗.

36 《高麗史》 輿服條를 보면, 크게 조회의장朝會儀仗, 법가위장法駕衛仗, 연등위장燃燈衛仗, 팔관위장八關衛仗, 서남경순행위장西南京巡幸衛仗, 봉영위장奉迎衛仗, 선사위장宣赦儀仗 등으로 의위儀衛가 구분되어 있고, 노부는 법가노부法駕鹵簿, 연등노부燃燈鹵簿, 팔관노부八關鹵簿, 순행봉영노부巡幸奉迎鹵簿, 선사노부宣赦鹵簿, 소가노부小駕鹵簿, 왕태자노부王太子鹵簿, 백관의종百官儀從, 외관아종外官衙從으로 구분되어 있다(《高麗史》 권72, 지26 여복1). 서경과 남경 순행의 의장과 노부가 기타 노부 및 의장과 병렬될 정도의 정식 위상을 갖고 있었음을 잘 보여준다.

37 고려 말에는 태조를 유교적 현군으로 재해석하면서 풍수나 불교와의 연결고리를 끊음으로써 유교적 행위들에 대해 태조로 상징되는 전통적 권위를 부여하려는 여러 언설들이 나왔다. 이 시기의 유신들의 이러한 전략에 대해서는 장지연, 《고려·조선 국도 풍수론과 정치이념》, 243~250쪽 참조.

38 《高麗史》 권118, 列傳31 趙浚. "祖宗衣冠禮樂 悉遵唐制 迨至元朝 壓於時王之制 變華從戎 上下不辨 民志不定 我玄陵慎上下之無等 赫然有志於用夏變夷 追復祖宗之盛 上表天朝 請革胡服 未幾上賓."

39 《高麗史》 권93, 列傳6 崔承老. "華夏之制 不可不遵 然四方習俗 各隨土性 似難盡變 其禮樂詩書之敎 君臣父子之道 宜法中華 以革卑陋 其餘車馬衣服制度 可因土風 使奢儉得中 不必苟同."

40 《太祖實錄》 권1, 태조 1년 8월 11일 庚申.

41 《太祖實錄》 권3, 태조 2년 6월 28일 壬寅.

42 《三峰集》 권13, 朝鮮經國典 上 禮典 耤田.

43 적전이 태조 대 한성으로 천도했을 때에도 조성되었는지는 분명치 않으나, 태종 대 천도 후에는 바로 조성하였던 것으로 보인다(《太宗實錄》 권12, 태종 6년 윤7월 21일 戊寅).

44 《太宗實錄》 권1, 태종 1년 1월 20일 庚辰.

45 《太宗實錄》 권2, 태종 1년 12월 21일 乙亥. 이듬해 정월 4일 정해丁亥에 경적경자耕籍이 예정되어 있었으나, 절기를 조절하자는 논의 속에서 실행되지는 않았던 것 같다.

46 《太宗實錄》 권2, 태종 1년 12월 21일 乙亥.

47 《太宗實錄》 권25, 태종 13년 1월 21일 辛丑.

48 원래 '선농'이란 표현은 경전에 등장한 바가 없다. 경전에는 전조田祖, 전준田畯, 선색 先穡 등의 표현이 등장하는데, 이들이 모두 처음으로 농경을 시작한 신농神農을 의미하는 것으로 인식되었다. 그러나 이러한 제사 대상에 대한 인식이 고정적으로 완성되어 있었던 것은 아니다. 이에 대해서는 장지연, 〈고려~조선 초 적전 선농단의 변화와 그 특징〉, 《서울학연구》 44, 2011, 74~76쪽 참조.

49 《高麗史》 예지에서는 선농적전단 제례를 줄여 '선농'이라 기록된 일이 종종 있지만, 다른 부분에서는 선농이라고 줄여서 언급된 경우가 없다.

50 《世宗實錄》 권32, 세종 8년 4월 25일 戊子. "圓壇籍田先蠶等祭 本朝皆用大蔟爲樂 然大蔟祭地祇之樂 故社稷用之 今圓壇祈告于天之祭 用之恐未安也 先農先蠶 亦先代之人鬼耳 用祭社稷之樂 未當也."

51 《世宗實錄》 권47, 세종 12년 2월 19일 庚寅. "先農先蠶之樂 前此堂上堂下皆用大蔟宮 專無所據 今用古制 下奏姑洗 上歌南呂如釋奠之樂 此卽辰酉之合 而古人祀聖賢之樂也."

52 《太宗實錄》 권27, 太宗 14년 4월 14일 丁巳.

53 이욱, 《조선 시대 재난과 국가의례》, 60~66쪽.

54 《世宗實錄》 권21, 세종 5년 7월 24일 壬寅; 권25, 6년 8월 26일 戊辰; 권27, 7년 2월 29일 己巳.

55 《世宗實錄》 권102, 세종 25년 11월 4일 乙卯.

56 《成宗實錄》 권51, 성종 6년 1월 25일 乙亥.

57 《太宗實錄》 권12, 태종 6년 윤7월 21일 戊寅. 고려의 선농적전단의 단제와 적전의 위치에 대해서는 장지연, 〈고려~조선 초 籍田 先農壇의 변화와 그 특징〉, 56~62쪽 참조.

58 《太宗實錄》 권25, 태종 13년 6월 8일 乙卯. "諸祀壇壝內 唯社稷壇風雲雷雨壇 如式造

築 其餘靈星司寒馬祖先牧馬社馬步仲農後農壇壝 並未造築 先農先蠶老人星北郊厲祭
壇壝 雖已造築 亦不如式 上項壇壝 稽古制 相地造築."

59 《太宗實錄》 권27, 태종 14년 6월 13일 甲寅. "禮曹啓諸祀壇壝之制 先蠶壇靈星壇高
三尺 周八步四尺 四出陛 先農壇同 兩壝 壝各二十五步 馬社馬祖先牧馬步壇 各廣九步
高三尺 四出陛."

60 《世宗實錄》 오례의에 규정된 제단의 형식은 《國朝五禮序例국조오례서례》에 거의 그
대로 반영되었고 이후에도 거의 변동 없이 지속되었다. 《大韓禮典대한예전》에서는 일
부 변화된 것이 있기는 하지만 대부분의 단은 그대로 유지되었다. 큰 변화가 없었기
때문에 본문에서는 '전례서'로 통칭하여 서술한다.

61 《世宗實錄》 권50, 世宗 12년 12월 8일 甲戌. "禮曹啓 各道壇壝體制 非唯長廣高低不
一 或無垣墻 人畜牌踏毀汚穢 謹稽本朝諸祀儀式 大祀社稷壇 方二丈五尺 高三尺 四出
陛各三級兩壝 尺用營造尺 中祀風雲雷雨先農先蠶雩祀壇 方二丈二尺三寸 高二尺七寸
兩壝 小祀靈星馬祖先牧馬社馬步壇 並廣二丈一尺 高二尺五寸 一壝 凡瘞坎 皆在廟壇
之北壬地 南出陛 方深取足容物 其制用磚石砌作一小天井 深闊三四尺許 其南作踏道
上下 閑時以土實之 臨祭取去土掃令潔淨 祭畢 使人持幣及祝版之屬 從踏道下送入坎
中 然後下土築實 依例差人守視……從之."

62 《太宗實錄》 권32, 太宗 16년 9월 12일 庚子.

63 《世宗實錄》 권23, 世宗 6년 1월 20일 丁酉.

64 《世宗實錄》 권47, 세종 12년 2월 19일 庚寅.

65 《世宗實錄》 권83, 세종 20년 11월 13일 癸巳.

66 《世宗實錄》 권95, 세종 24년 3월 2일 癸亥.

67 《文宗實錄》 권4, 문종 즉위년 11월 22일 壬戌.

68 《國朝五禮序例》 권1, 吉禮 壇廟圖說 風雲雷雨山川城隍壇[先農先蠶雩祀嶽海瀆附].
"風雲雷雨山川城隍壇 在南郊 方二丈三尺 高二尺七寸 四出階 兩壝二十五步 風雲雷雨
神座居中 山川居左 城隍居右 並在北南向 ○先農[帝神農氏] 壇在東郊 制與風雲雷雨
同 神座在北南向 后稷氏配 在東西向."

69 《춘관통고》에서는 내유, 외유 등의 표현이 한 차례 등장하는데 이는 중국의 환구단

체제를 설명할 때이고《春官通考》권40, 吉禮 風雲雷雨山川城隍壇: 1976, 대동문화연구원 영인본《春官通考》中, 60쪽下), 중사단의 경우 등가登歌의 위치를 설명하며 북유北壝라는 표현이 등장한다(《春官通考》권40, 吉禮 風雲雷雨山川城隍壇: 1976, 대동문화연구원 영인본《춘관통고》중, 65쪽下). 북유는 북유문의 줄임말일 가능성도 있는데, 사직단의 경우엔 북유문이라는 표현이 사용된 사례가 보인다(《춘관통고》권1, 吉禮 社稷 登歌). 그러나 일유 체제인 사직단과는 달리 양유 체제인 중사단의 경우엔 북유라고만 등장한다는 점에서 일관성이 있다고 판단되므로 일단 북유를 사용하고 이에 대칭되는 표현으로 남유를 사용하겠다.

70 《國朝五禮序例》권1, 吉禮 壇廟圖說 社稷壇.

71 국사편찬위원회 한국사데이터베이스 사이트에서 이미지 보기가 가능하다(http://db.history.go.kr). 이와 함께 동일한 유리건판사진을 인화하여 종이에 붙여놓은 것도 있는데, 그 여백에 '선농단지, 현 여자사범학교'라고 부기되어 있다. 이는 경성여자사범학교가 들어선 후 부기된 것으로 보인다. 이 사진은 1936년 4월 5일 자《동아일보》에 인용되어 있다.

72 국사편찬위원회 사진유리필름 해제 참조.《한국민족문화대백과사전》등 일부 사이트에서는 이 사진이 1910년대 사진으로 잘못 수록되어 있다.

73 선농단의 위치 변동에 대해서는 박희성, 〈조선 선농단 훼손 과정으로 본 동교의 도시 재편 양상〉,《서울과 역사》81, 2012 참조.

74 《京城府史》권3, 832~841쪽.

75 松室生, 〈先蠶壇について〉,《조선》, 1930년 5월 제180호, 87~88쪽. "現京畿道原蠶種製造所構內に在る先農壇と比較するに先蠶壇は先農壇に比して其面積上段は同一下段は大差なきも稍狹く中段に於て甚だしく狹い. 而して長さは何れも八尺(一間)を以て單位とせろものの如くである."

5. 사직단- 만들어낸 '제후'의 의례와 일원화의 이상

1 《國朝五禮序例》 권1, 吉禮 壇廟圖說 社稷壇. "社稷 社土神 稷穀神 壇在都城內西 社在東 稷在西 兩壇 各方二丈五尺 高三尺 四出陛 各三級 壇飾隨以方色 冪以黃土 社有石主 長二尺五寸 方一尺 剡其上 培其下半 當壇南陛之上 四門 同一壝 方二十五步【以丈計之 六尺爲步 則十五丈也 尺用營造尺 ○ 州縣 則在城西 社稷 共一壇 無石主】繚以周垣 國社國稷神座 竝在南北向 后土氏 配國社 后稷氏 配國稷 各在正位之左 近北東向【州縣 則社在壇上近東 稷在壇上近西 無配位】."

2 기존 연구들은 유壝가 단의 성격도 지니고 있음을 간과함으로써, 유와 원장 등의 개념을 명백히 구분하지 못하기도 하였다(김동욱, 《종묘와 사직》, 대원사, 1990, 95쪽 외 지두환, 김해영, 한형주의 연구는 물론 발굴조사보고서에서도 이러한 오류를 범한 경우가 있다). 이는 고려 시대, 조선 태조 대와 태종 대 이후의 사직단의 차이를 분별하지 못하는 오류를 빚어낸다.

3 《世宗實錄》 권47, 세종 12년 2월 19일 庚寅. "其壇下則凡用樂之所 皆設兩壝【壝壖埒壇也 正壇下作埒壇也】."

4 《周禮》 地官 封人. "掌設王之社壝 爲畿封而樹之【壝 壇與壖埓也 畿上有封 若今時界矣 不言稷者 稷 社之細也】."

5 《周禮注疏》(十三經注疏), 北京大學校出版社, 2000, 368쪽. "釋曰 壝謂壇與壖埓也者 壖埒卽壝 經不言壇 故鄭兼見之也."

6 《社稷署謄錄》에서는 장원牆垣, 《社稷署儀軌》에서는 주원周垣, 〈社稷壇國王親享圖屛風〉에서는 단외장壇外墻이라고 하였다(문화재청, 《사직단복원정비계획》, 2014, 6쪽). 환장은 태종 대 논의 때 나오는데, 이는 본문에서 후술한다.

7 황지기와 사신社神에 대해서는 박미라, 〈중국 제지의례에 나타난 지신의 이중적 성격〉, 《도교문화연구》 25, 2006 참조.

8 《禮記》 祭法. "王爲羣姓立社 曰大社 王自爲立社 曰王社 諸侯爲百姓立社 曰國社 諸侯自爲立社 曰侯社 大夫以下 成羣立社 曰置社."

9 박미라, 〈중국 제지의례에 나타난 지신의 이중적 성격〉, 47쪽.

10 《通典》 권45, 社稷. "天子之社則以五色土 各依方色爲壇 廣五丈【春秋大義曰 天子社

壇 博五丈 諸侯半之】天子大社 東方靑 南方赤 西方白 北方黑 冒以黃土 諸侯則但用當
方之色爲壇."

11 단의 크기 이외에도 태사, 태직단의 제물은 태뢰를 사용하고, 국사, 국직단은 소뢰를
사용하며, 신주의 크기에 있어서도 차이가 있다.

12 《大明集禮》 권8, 社稷 壇壝. "高廣無定制 以黃泥飾之 韓詩外傳曰 天子之社稷 廣五丈
土五色."

13 송의 주현 사직단의 경우 제후의 단이 천자의 제도를 반감한다는 원칙에 따랐다는
점을 명기하고 있으며, 원의 군현사직단도 성의 서남쪽에 건설했고 너비는 태사태직
단의 절반이었다(《宋史》 권102, 지55 예5 길례5 社稷; 《元史》 권76, 지27상 제사5 郡縣社稷).

14 《明史》 권49, 지25 예3 길례3 社稷.

15 《明史》 권47, 지23 예1 길례1 壇壝之制. "王國社稷壇 高廣殺太社稷十之三 府州縣社
稷壇 廣殺十之五 高殺十之四 陛三級 後皆定同壇合祭 如京師."

16 《王國典禮》 권4, 祀禮 社稷(北京圖書館古籍珍本叢刊 59, 書目文獻出版社, 133쪽).

17 예의 현실 질서 추수라는 측면은 궁성 안에 있었던 서원西苑 토곡단土穀壇의 변화과
정 속에서도 드러난다. 서원 토곡단은 1531년(가정 10) 황제가 이를 사직단으로 여기
면서 명칭을 바꾸는데, 《예기》에 등장하는 왕사·왕직이 이미 왕부王府에서 사용되고
있어 '제사帝社·제직帝稷'이라는 명칭을 창안하였다. 그러나 1567년(융경 1) 제사·제
직이라는 명칭이 근거가 없다 하여 혁파했다(《明史》 권49, 지25 예3 길례3 社稷). 이처럼
현실 질서에 따라 새로운 예제적 개념과 질서는, 비록 한계가 있기는 해도 가감하여
창출할 수 있었다.

18 백소훈은 조선의 중앙 사직단제가 태조~세종 3대에 걸쳐 전통 형식과 명의 신규 형
식을 종합하여 만들어낸 것으로 완전히 새로운 것이 아니라고 보았다. 그러면서 원
대 지방지에 인용된 송 대 문헌 중 《후국통사의례侯國通祀儀禮》라는 책의 구절과 일치
한다는 점을 들어 그 내용이 조선에 이어졌을 가능성을 제시하였다(〈명 초 사직단 제도
개정과 조선 초 사직단 논쟁〉, 《건축역사연구》 24권 5호, 2015, 31쪽). 그러나 인용하고 있는
이 책의 구절과 《세종실록》 오례의 문구는 정확히 일치하는 것도 아닐 뿐더러, 해당
구절은 지방지에서 주현 사직단을 설명하기 위해 언급한 것이다. 따라서 이것을 조선

의 중앙 사직단에 대입하는 것은 무리가 있다. 또한 '완전히 새롭다'의 정의 역시 재검토할 필요가 있다. 경전에 그 어떤 근거도 찾을 수 없는 제도를 만들어야 '완전히 새롭다'는 평을 할 수 있다면, 유가儒家의 세상에서 그것은 불가능하다.

19 《太祖實錄》 권1, 태조 1년 7월 28일 丁未.

20 《高麗史》 권59, 지13 예1 길례대사 사직. "社稷壇 社在東 稷在西 各廣五丈 高三尺六寸 四出陛 五色土爲之 瘞坎二 各在兩壇子陛之北 南出陛 方深取足容物."

21 《高麗史》 권59, 지13 예1 길례대사 사직.

22 태조 대 단묘에 대한 연구로는 김웅호, 〈조선 태조 대 단묘의 건립과 운영〉, 《인천학연구》 8, 2008 참조.

23 《世宗實錄》 권57, 세종 14년 9월 1일 丙辰. "孟思誠以爲 初依朱子說 以周尺二十五尺 爲壇廣 以周尺二十五步爲壇內相去 其於陳設之際 壇上狹隘 不能容饌器 故不得已而依洪武禮制 以營造尺二十五尺爲壇廣 然後僅可容饌數 壇廣旣以營造尺爲之."

24 서은혜, 〈조선 초기 천문의기 제작에 사용된 주척에 대한 이론적 고찰〉, 《역사와 현실》 123, 2022, 157~158쪽.

25 《文獻通考》 권82, 郊社考15 社稷 朱子州縣社稷壇說. "州縣社壇方二丈五尺【四步 今每步六分之一 凡言方者皆徑也 此言方二丈五尺者 從東至西二丈五尺 從南至北二丈五尺也 壇二十五步 其說亦然】高三尺【既言壇高三尺 又言壇分三級 則是以一尺爲一級也】四出陛【此陛之級卽壇之級也 但於四面陛之兩旁各以石砌作慢道隔斷 使其中爲陛級 外爲壇級可也】稷壇如社壇之制【社以石爲主 其形如鐘 長二尺五寸 方一尺一寸 剡其上 培其下半 舊法惟社有主 而稷無主 不曉其意 恐不可以己意增添 其言壇上之南方 非壇之中也 蓋神位坐南向北 而祭器設於神位之北 故此石主當壇上南陛之上 若在壇中央 即無設祭處矣】四門同一墻, 二十五步【壇方二十五步者 亦是徑二十五步 謂從東至西二十五步 以丈計之 六尺爲步 則爲十五丈也 四角築土爲壇 高三尺許 使壇上與齋廳相望得見 上不用瓦 蓋以磚西面砌 使其走水 尤爲堅固 四門 當中開門 古法不言闊狹 恐須闊一丈餘 庶幾行禮執事之人往來寬展 不相妨礙 兩旁各立一華表 高一丈許 上以橫木貫之 如門之狀 華表於禮無文 但見州縣有如此者 或恐易得損壞 不作亦得 但壇面二丈五尺 乃是上一級之數 下面更兩級 一級須展一尺 即壇脚須徑二丈九尺 壇飾各隨

方色 上蓋以黃土 古者 社稷不屋有明文 不用磚砌無所考 然亦不言磚砌者 中原土密 雖城壁亦不用磚 今南方土疏 不砌恐易壞 赤土飾之 又恐僭於郊壇 不可用也】瘞坎於壇之北壬地 南出陛 方深取足容物【瘞坎在壇之北壬地 即是合在北壇門內兩壇邊 各於中央下日隔取壬地 各用磚石砌作二小天井 深闊三四尺許 其南作踏道上下 閉時以土實之 臨祭即令人取去土 掃令潔淨 祭畢 即使人特幣及祝版之屬 從踏道下送入坎中 然後下土築實 依條差人守視 又曰右出政和五禮新儀 以行事儀考之 二壇東西相並 坐南向北 石主在壇上之南方 北門壇外空地須令稍寬 可容獻官席位 空地之北 乃作齋廳 以備風雨 設獻官位 獻官南面行事 社各植以土之所宜木 壇墻等當用古尺 不當用大尺】.

26 지두환, 〈1. 사직대제의 역사와 의례〉,《사직대제》, 국립문화재연구소, 2007, 22쪽; 김해영,《조선 초기 제사 전례 연구》, 258쪽. 지두환과 김해영은 초기의 동단 체제가 세종 14년에 바뀌었다고 보았다. 이에 대해 한형주는 태조 대 별단으로 건설된 사직단이 태종 대 어느 때인가《홍무예제》에 따라 사직 동단으로 바뀌었다고 하고 있으나, 근거 사료를 달지 않았다(《조선 초기 국가 제례 연구》, 80쪽). 본문에서 후술하겠지만, 이는 단과 유, 주원의 정확한 개념을 이해하지 못한 채 세종 대 논의 내용을 오해한 데서 비롯한 것이다. 조선의 사직단은 처음부터 별단으로 건설되었다.

27 《世宗實錄》권57, 세종 14년 7월 25일 辛巳. "大提學鄭招上書……今我朝社稷壇 旣倣古禮 社稷各為一壇 以專其尊."

28 Taylor, Romeyn, "Official Religion in the Ming", *The Cambridge History of China Vol 8 The Ming Dynasty, Part2*, Cambridge:Cambridge University Press,1988, pp. 852~901.

29 《明史》권49, 지25 예3 길례3 社稷.

30 장주張籌가 주도하여 개편한 동단 형식의 사직단제의 방식에 대하여 당대 식자들이 비판하였다고 한다(《明史》권136, 열전24 張籌).

31 《明史》권47, 지23 예1 길례1 壇壝之制. 동단 형식인 태사직단은 그대로 유지되었으나, 왕국사직단이나 부·주·현의 사직단은 변화가 있었다. 태사직단의 배향은 이후 인조 대신 태조와 태종을 모시는 등의 변화를 거쳐 1530년(가정 9)에 후토와 후직으로 복구되었다.

32 태사태직단과 부·주·현 사직은 동단으로 바뀌었으나, 왕국사직단은 동단에서 다시

별단으로 바뀐 것으로 보인다. 백소훈은 왕국사직단이 별단(너비 2장 5척, 높이 3척/1368년)→별단(3장 5척, 3척 5촌, 1371년)→합단(1378년)→별단(1380년)으로 변화했다고 보았으며, 이 왕국사직단이 조선에 영향을 주었을 가능성을 제시했다(〈명 초 사직단 제도 개정과 조선 초 사직단 논쟁〉, 29~31쪽). 처음 1368년에 건설됐을 때 2장 5척으로 정했다는 것은 《대명집례》의 해당 기사를 오인한 것이다. 1380년에 별단으로 변화한 것은 《명실록》, 《오례통고》 등의 자료에 보인다.

33 백소훈, 〈명 초 사직단 제도 개정과 조선 초 사직단 논쟁〉, 30~31쪽.

34 《世宗實錄》 권57, 세종 14년 9월 1일 丙辰. "許稠以爲……高麗社稷壇 亦無壝 臣嘗親見之 其遺基今尙存……國初所立社稷壇 不設壝 而四面有門墻 猶有唐宋大社之遺制."

35 유뿐만 아니라 신주神廚, 고庫, 재실齋室 등 사직단의 부속 건물들도 후대에 건설됐다(《太宗實錄》 권25, 태종 13년 6월 8일 乙卯). 그러나 태종 13, 14년의 여러 단묘 관련 조처들도 후대에서야 실천되는 경우가 많아서, 문종 대 기록을 보면 사직의 제기들을 보관할 창고가 없어 이를 짓자는 논의가 나오기도 했다(《文宗實錄》 권8, 문종 1년 7월 20일 丙辰).

36 《世宗實錄》 권54, 세종 13년 11월 5일 丙寅.

37 《太宗實錄》 권25, 태종 13년 1월 21일 辛丑.

38 1407년(태종 7) 무렵 사직단에 담장을 건설하려는 시도가 있었으나 완공하지 못했다가, 14년에야 완공했다(《太宗實錄》 권12, 태종 6년 윤7월 21일 戊寅; 《太宗實錄》 권13, 태종 7년 4월 8일 壬辰).

한형주는 태종 7년 5월 22일 乙亥의 기사를 바탕으로 이때 사직단의 장場이 완성된 것으로 보았으나(《조선 초기 국가 제례 연구》, 66쪽), 이때 기록을 보면 의정부에서 사직단 담장과 왜객관 공사는 거의 완성되어가니 관리들로부터 인부를 차출하여 공사를 마칠 것을 상서하였으나, 태종이 가뭄을 이유로 끝내 동역을 중지하였다고 하고 있다(《太宗實錄》 권13, 태종 7년 5월 22일 乙亥). 따라서 이때에는 사직단 담장이 완성되지 못하였다가 태종 14년에 담장을 완공한 것으로 이해하는 것이 무리가 없을 듯하다.

39 《太宗實錄》 권27, 태종 14년 4월 17일 庚申. "禮曹進社稷周墻之制 啓曰 周墻依宋朝儀禮局五禮新儀 四門同一壝二十五步之制 爲一壝 依紹興十三年楊存中等上言 圍墻壝

外四十步之制 南西北以山岡爲限 東限一百四十步修築 爲大次儀仗禁衛排列之所 從之."

40 필자는 이전 논문에서 이 사료의 '환장'을 사직단 영역 전체를 두르는 외장으로 해석한 바 있다(장지연, 〈조선 초 중앙 사직단 단제의 형성과 그 성격〉, 122~123쪽). 그러나 사직단의 구조와 문맥을 볼 때 이 환장은 주원을 가리키는 것이며, 외장을 가리키는 주어는 생략된 것으로 보아야 맞기 때문에 여기에서 오류를 바로잡는다. 이에 따라 이 시기 단제 개혁에 대한 해석 역시 달라졌음을 밝힌다.

41 《文獻通考》권72, 郊社考 5. "紹興十三年 令臨安府於行宮東南城外 先次踏逐可以建圜壇並靑城齋宮去處 領殿前都指揮使職事楊存中……今於龍華寺西空地 得東西長一百二十步 南北長一百八十步 修築圜壇 除壇及內壝丈尺依制度使用地步九十步外 其中壝外壝欲乞隨地之宜 用二十五步 外作兩壝 外有四十步 若依前項地步修築 兵部車輅 儀仗 殿前司禁衛 皆可排列 共龍華寺地步修建靑城并望祭殿 委是圓備 從之."

42 《大明集禮》권8, 吉禮8 社稷 壇壝.

43 《文獻通考》권72, 郊社考 5.

44 1393년(태조 3) 예조전서禮曹典書 이민도의 상서에 따르면 국왕이 친제해야 할 사전으로 종묘와 적전만이 꼽히고 있다(《太祖實錄》권3, 태조 2년 6월 28일 壬寅).

45 《太宗實錄》권32, 태종 16년 9월 12일 庚子.

46 《太宗實錄》권25, 태종 13년 6월 8일 乙卯.

47 《世宗實錄》권47, 세종 12년 2월 19일 庚寅.

48 이 장은 이전 본인의 논문(〈조선 초 중앙 사직단 단제의 형성과 그 성격〉)의 분석과 완전히 달라졌음을 밝힌다.

49 《世宗實錄》권37, 세종 9년 9월 4일 己丑.

50 《世宗實錄》권47, 세종 12년 2월 19일 庚寅. "埂又云 祭壇之制 其壇上則只設神位奠饌而已 比之宗廟 則室之中也 方皆二丈餘 不可損益 其壇下則凡用樂之所 皆設兩壝【壇堳埒壇也 正壇下作堳壇也】以別堂上堂下之分 酌登歌樽所之位 軒架舞佾之場 爲之界限 不可少有差誤也 臣觀社稷壇制 古制方二丈五尺 高三尺 壇下設兩壝 皆以二十五步 爲界限 我朝社稷之壇 壇下只作一壝 無上下之別 故行祭之時 登歌琴瑟之所 堂上執禮

之位 固無所施 執禮及工人 皆升於祭壇神位之前 而樽所亦設於壇上 行禮之際 進退失儀 地窄太逼 工人不得盡登 半坐壇上 半立壇下 坐者奏技 而立者無爲 甚違古制 禮樂皆失其正."

51 《世宗實錄》 권55, 세종 14년 1월 19일 己卯. "禮曹啓 國初社壇稷壇之制 有未備 請別築社壇稷壇 其壇高廣及四出階級 一依古制 從之."

52 《世宗實錄》 권57, 세종 14년 7월 25일 辛巳. "今我朝社稷壇 旣倣古禮 社稷各爲一壇 以專其尊 置石主於社稷之中 則當依古禮 以祭石主也 今乃移社位 就於東偏設神牌 以后土氏神牌 設於西偏 稷壇亦然 而曰此依洪武禮制也 臣愚以爲洪武禮制 旣不合古 而今之所爲 又失洪武禮制之意也 洪武禮制 社稷同壇 而以石主居中 社稷立尊之位 不可一偏一正 故夾石主設神牌 猶之可也 今社(稷)[壇] 社與配位后土 夾石主 而分處東西兩偏 稷壇 稷與配位后稷 分處東西兩偏 是正位爲配位所屈 不得當尊其中矣 豈合於洪武禮制乎."

53 《世宗實錄》 권57, 세종 14년 7월 25일 辛巳. "今之所以使社位不得當石主 稷位不得當中者 其說有三焉 一則以配位在西陛之北 未便也 二則使酒樽依唐宋禮 在於壇上也 三則使控揭歌工 依唐禮登壇也 臣愚以爲皆未可也."

54 《世宗實錄》 권57, 세종 14년 7월 25일 辛巳. "至於酒樽陳設 隨地之宜耳 非有一定不易之義也 唐宋禮 天子之制 壇廣五十尺 則酒樽在於壇上 洪武禮 州縣之制 壇廣二十五尺 則酒樽在於壇下 其意可見矣 今以二十五尺之壇 欲倣五十尺壇之制 何異圓鑿而方物乎 其執樽者所處 去配位僅一步餘耳 立而臨視 似不敬 況緣此而使正位失尊哉."

55 《世宗實錄》 권57, 세종 14년 7월 25일 辛巳. "若歌工登壇 則非惟不可 固不能容矣 唐禮以節鼓歌鍾歌磬控揭琴瑟歌工 登於壇上 持匏竹者立於壇下 使一部之樂 半在壇上 半在壇下者 以五十尺之壇 尙不能盡容也 宋禮不用樂 高麗 詳定古今禮 歌工竝在壇下矣 今社稷壇 廣二十五尺耳 神位及燬物非設 約十許尺 獻官酌獻位及執事往來行禮之所 約十許尺 只餘五尺耳 登歌陳設節鼓二爲一行 歌鍾歌磬控揭爲一行 琴六爲一行 瑟六爲一行 歌工二十四人爲二行 以行計之 則合六行 以人計之 則合四十二人 雖蜂屯蟻集 促(膝)[膝] 如束 安能容之 假使容之 逼迫神位太近 工人衣服潔淨者少 汗垢薰蒸穢惡 恐神亦厭聞之矣 又況緣此而使正位失尊哉 至於執禮 唐宋禮 皆在壇下 無在壇上者

未知今之使處壇上者出何典記."

56 해당 기사를 정리한 표에 맞추어 번호를 붙였다.
《世宗實錄》권57, 세종 14년 9월 1일 丙辰.
禮曹啓 今以集賢殿所啓壇壝之制 僉議可否
① 一 元史 壇廣五丈 壝廣三十丈 朱子州縣社稷壇說曰 壇方二十五尺 壝方二十五步 以丈計之 六尺爲一步 則爲十五丈也 今壇內東西南北 皆不過十丈 規模狹隘 乞依古制增廣五丈爲方十五丈何如 ㉠ 孟思誠以爲 初依朱子說 以周尺二十五尺爲壇廣 以周尺二十五步爲壝內相去 其於陳設之際 壇上狹隘 不能容饌器 故不得已而依洪武禮制 以營造尺二十五尺爲壇廣 然後僅可容饌數 壇廣既以營造尺爲之 壝之相去 亦以營造尺二十五步爲之 乃可相稱 若曰周尺外營造尺無用步之法 則其於量田三等之尺 皆以步數計之 是不可謂無設也 然則壝之相去 以營造尺二十五步爲之 何害 壇高亦以營造尺爲之.

② 一 元史 壇高五丈 壝高五丈 朱子曰 壇高三尺 壝高三尺 壝之高皆與壇齊 今壇高三尺而壝高二尺半 壇壝高下不齊 亦依古制如壝高爲三尺何如 ㉡ 權軫等以爲 本以周尺造築高三尺 今集賢殿官 以營造尺度之 以爲不準三尺.

③ 一 文獻通考社壇註曰 四邊委土爲壇 朱文公曰 四角築土爲壇 不用瓦蓋 但以磚兩面砌之 使其走水 尤爲堅固 今社壇皆用磚 似非古法 然元史壝垣 以磚爲之 朱子亦云 壇飾不用磚砌 無所考 南方土疎 不砌 恐易毁 今依此說 仍舊爲之 但毋用白色石灰塗隙何如 ㉢ 僉曰 古制不論壇之色樣 宜仍舊.

④ 一 朱子曰 壇高三尺【旣言壇高三尺 又言壇分三級 則是以一尺爲一級也】四出陛【此陛之級 卽壇之級也 但於四面陛之兩旁 各以石砌作漫道隔斷 使其中爲陛級 外爲壇級可也】壇面二丈五尺 乃最上一級之數 下面兩級 一級須展一尺 卽壇脚須經二丈九尺 今壇高 但直下三尺 而無三級之限 殊失體制 乞依朱子之說 最上壇二十五尺爲一級 高一尺 又一尺爲第二級 高一尺 又一尺爲第三級 高一尺 使其中爲陛級 外爲壇級何如 ㉣ 軫等以爲 唐制諸州祭社稷儀宋政和新儀陳氏禮書 竝無三級 宜無舊.

⑤ 一 元史 大社大稷二壇廣五丈 社東稷西 相去五丈 今壇廣二十五尺 而兩壇間五尺 似乎太近 依元制兩壇相去 亦如壇之方廣爲二十五尺何如 ㉤ 僉曰 元制壇高五丈 故相

去亦五丈 宜矣 今壇高三尺 相去八尺 庶幾得中.

⑥ 一 朱子曰 四門同一壇 當中開門 須闊一丈餘 庶幾行禮執事之人 往來寬展 不相妨礙 兩旁各立一華表高[一]丈許 上以橫木貫之 如門之狀【華表 於禮無文 但見州縣有如此者 恐或易得損害 不作亦何】今壇門六尺餘 似爲狹隘 乞依朱子之說 不作華表門 雖或作門 稍增闊二三尺何如 ㊅ 軫等以爲 門闊已用周尺 依式造排 今以營造尺度之 曰不準.

⑦ 一 朱子曰 北門墻外空地 須令稍寬 可容獻官席位 今若增壇廣 則壇外稍隘 北外垣 亦隨宜增廣何如 ㊇ 申商以爲 壇廣已依古制造排 何用增廣.

⑧ 一 章圖壇垣有四門 而外垣唯有北門 以瓦蓋之 今壇外垣四面 皆有列戟紅門 亦依朱子之說 外垣但說蓋瓦北門何如 ㊈ 僉曰 唐制及洪武禮制 府州縣社稷圖 皆有四門.

⑨ 一 元制外壇內北垣下屋七間 南望二壇 以備風雨 朱子曰 壇外空地之北 乃作齋廳 以備風雨 設獻官位【(南)〔獻〕宮南向行事】今無齋廳 乞依此制 壇外北門內作齋廳 以爲雨雪日行事之所何如 ㊉ 思誠等以爲 如有雨雪日 或設幕或用傘行事 何必造屋.

㊊ 許稠以爲 謹按文獻通考 朱子州縣社稷壇說 四門同一壇 註云 四角築土爲壇 高三尺許 兩旁各立一華表 高一丈許 上以橫木貫之 如門之狀 北門墻外空地 須令稍寬 可容獻官席位 考之唐宋大社大稷行事儀 則無墻焉 臣竊詳二儀規模所以不同 反覆參詳 唐宋行事儀略 無一路及於壇之內外者 大社無墻明矣 歷考唐宋前後歷代之制 漢光武建武二年 立大社稷于洛陽 在宗廟之右方 壇無屋 有門墻而已 高麗社稷壇 亦無墻 臣嘗親見之 其遺基今尙存 高麗凡所制作 必法唐宋 於社稷不設墻 豈無所見乎 國初立社 亦不設壇 臣妄意天子諸侯社稷之制 與州縣不同 夫三代遠矣 制度之詳 無得而考 其可考者 唯唐宋文籍而已 今立制度 不法唐宋 臣未知其可也 況今朝廷州縣社稷不設墻 臣竊謂壇之有無 不干於祀事 非如配位之不可不合祭 社稷壇之不可不各築 則雖依洪武禮制 不復設壇 無缺於祀事 不遵其制而築之 無乃不可乎 國初所立社稷壇 不設墻 而四面有門墻 猶有唐宋大社之遺制 今復築壇 無乃與王侯之社不同 而近於州縣乎 其壇之上用營造尺 壇下用周尺 一壇上下 用尺各異 尤爲未便 且宗廟社稷 禮法之所自出 議禮之時 雖毫髮不可以臆見增損於其間 社稷壇若成 則殿下必親祭之矣 禮官撰儀注之際 臣不識將依唐宋大社之儀乎 依朱子州縣社稷壇說乎 殿下位版 設於墻內乎 墻外乎 軒架設於墻內乎 墻外乎 何所據而定制乎 伏望命禮官 略抄文獻通考內白虎通陳氏之說及漢光武社稷之

制唐 宋大社行事儀唐州縣祭社稷儀朱子州縣祭社稷說與高麗社稷之制共武禮制府州縣社稷之式 幷圖其體制 特賜睿覽 令攸司去其壇 而存四面門墻 則不背於唐宋及時王之制 而太祖代所築社稷壇之規模 尙存矣 命從思誠衡等議.

57 이하 허조의 의견은 각주 56의 ㉣ 참조.

58 《國朝五禮序例》 권1, 길례 雅部樂懸圖說 社稷軒架; 登歌.

59 《世宗實錄》 권50, 세종 12년 12월 8일 甲戌; 五禮儀 吉禮序例 壇壝.

60 《國朝五禮儀序例》 권1, 吉禮 壇廟圖說 社稷壇.

61 주척으로 건설한 것이 분명해 보이는 유에 비해, 40보 규모로 건설된 주원은 영조척 40보(240척)에 해당하는 72미터 정도의 크기였던 것으로 보인다. 《사직단국왕친향도병풍》에는 전체 둘레가 1,050척으로, 한 변으로 따지면 262.5척 정도가 된다. 이는 주척으로 계산하면 52.5미터 정도가 되는데, 《사직단국왕친향도병풍》의 용척은 28.1센티미터 정도였기에 73미터 정도가 된다. 이는 영조척에 가깝다. 1985년 현황 조사 기록에서는 남북 방향이 83.4미터, 동서 방향이 약 70.7미터였다. 공원을 조성하며 지대석이 일부 이동되어 변형되었으며 서측 면이 훼손된 상태였다고 한다(문화재청, 《사직단복원정비계획》, 137쪽). 현재의 규모가 원형과 달라지기는 했으나 규모의 측면에서 볼 때는 영조척의 치수에 더 가깝기 때문에, 영조척으로 건설되었을 가능성이 크다. 영조 대 《사직단국왕친향도병풍》 시기의 주척과 영조척은 이 책에서 사용하는 치수와 차이가 있다.

62 《世宗實錄》 권88, 세종 22년 2월 7일 庚辰. "我祖宗草創之初 凡干禮制 多襲高麗 有違古制者多矣 逮子嗣位 令許稠奬招更定其沿革 悉倣開元禮 然稠之學問 旣不博洽 性又固執 頗有訛謬之事 如冊封王妃世子之類 不能通曉禮書文義 率以臆意撰定 厥後始知其非 遂爲一時之笑 今欲擇文臣一二人 定宗廟朝會禮樂及王妃世子儀仗."

63 《太祖實錄》 권2, 태조 1년 9월 24일 壬寅. "都評議使司裵克廉趙浚等上言二十二條……一 學校風化之源 農桑衣食之本 興學校以養人才 課農桑以厚民生 一 守令 以田野荒墾戶口增減等事黜陟……一 文宣王釋奠祭及諸州城隍之祀 觀察使與守令 豊潔奠物 以時擧行 自公卿至于下士 皆立家廟 以祭先代 庶人祭於其寢 其餘淫祀 一皆禁斷……."

64 《太祖實錄》권1, 태조 1년 8월 11일 庚申.

65 《定宗實錄》권6, 태종 즉위년 12월 18일 戊申. "應敎金瞻對曰 因古制立里社之法 使民 皆得祀焉 則民皆悅從 而淫祀亦將絕矣."

66 1395년(태조 3) 최초로 한성 천도가 단행되었지만 정종이 즉위하며 개경으로 다시 천도하였다. 이후 태종이 즉위하면서 여러 차례 한성으로 재천도 시도가 있었지만 쉽게 이루어지지 못하다가 1405년(태종 5) 겨울에서야 재천도했다(《太宗實錄》권10, 태종 5년 10월 11일 癸酉).

67 중앙에서는 우선 천도 직후 송악의 성황신이 받던 녹을 백악의 성황신에게 옮겼으며 산천단이 마을 가운데에 있어 불편하다는 지적에 따라 그 위치를 옮겼다. 또한 태조 대 이미 만들어졌던 원단, 적전, 사직과 태종 대 한성으로 재천도하면서 재건립된 산천단, 성황당을 수리하고 수호하는 인정人丁을 두었다(《太宗實錄》권11, 태종 6년 1월 7일 戊寅; 윤7월 21일 戊寅).

68 《太宗實錄》권11, 태종 6년 6월 5일 癸亥. "禮曹啓 新都城隍之神 乞就舊基立堂以祭 從之 漢陽府城隍堂舊基也 又啓 按洪武禮制 府州郡縣 皆立社稷壇 以春秋行祭 至于庶民 亦祭社 乞依此制 令開城留後司以下各道各官 皆立社稷壇行祭 允之."

69 《太宗實錄》권1, 태종 1년 1월 14일 甲戌.

70 《太宗實錄》권11, 태종 6년 6월 27일 乙酉.

71 《太宗實錄》권12, 태종 6년 윤7월 20일 丁丑.

72 《太宗實錄》권14, 태종 7년 12월 2일 辛巳. 장지연, 《고려·조선 국도 풍수론과 정치이념》, 276~280쪽 참조.

73 《太宗實錄》권11, 태종 6년 3월 27일 丁巳. "議政府請定禪教各宗 合留寺社 啓曰…… 若前朝密記付各寺 則名爲舊都名堂神補 其於新都明堂 實無損益."

74 한기문, 《고려 사원의 구조와 기능》, 민족사, 1998, 110~117쪽.

75 《太宗實錄》권11, 태종 6년 4월 1일 辛酉.

76 《太宗實錄》권13, 태종 7년 1월 12일 丁卯.

77 《太宗實錄》권25, 태종 13년 4월 14일 壬戌.

78 《太宗實錄》권33, 태종 17년 5월 3일 戊子. 향교 노비의 경우 혁거된 사사 노비에서

전환되었다는 뚜렷한 기사는 보이지 않지만, 남는 노비의 경우 전농시에서 관리되었다는 점에서 상호 관련이 있을 가능성이 충분하다. 중앙의 서적전西籍田에서는 경작을 위해 인근 지역에 흩어져 사는 혁거한 사사 노비들을 활용한 경우도 찾을 수 있다(《太宗實錄》권28, 태종 14년 12월 9일 /戊寅). 이런 점에서 지방 관아나 향교의 필요에 따라 해당 지역의 혁거한 사사 노비들이 활용되었을 개연성은 충분하다.

79 《國朝五禮序例》권1, 길례 재관 州縣社稷.《世宗實錄》오례의에는 아직 자세한 규정이 없었다. 헌관에 대해서만 수령이 행한다고 되어 있고, 축祝 이하의 인원에 대해서는 '祝 掌饌者 司尊者 贊唱者 贊禮者'라고만 나온다(《世宗實錄》권128, 五禮儀 名山大川行事執事官; 州縣社稷行事執事官). 지방의 제관 규정은 세종 대 이후 확충되었다.

80 사직제 외에도 지방에 설치된 각종 제례는 수령과 학생층이 주로 재관을 맡는다.

81 지방에 존재한 악해독이나 명산대천은 별도로 변사체계에서 중사와 소사로 편재되었고, 초기부터 거론되었던 주현의 성황은 도리어《世宗實錄》五禮儀에 수록되지 않았다.

82 《世宗實錄》卷128, 五禮儀 吉禮 序例 祝板. "州縣釋奠及群祀 並稱具官姓名敢昭告."

83 《太宗實錄》卷25, 태종 13년 4월 13일 辛酉. 그러나《世宗實錄》五禮儀와《國朝五禮序例》에서 주현의 제례는 대·중·소사의 변사 등급에 속하지 않는다. 전자에서는 변사에 아예 기재하지 않았으며 후자에서는 '주현'으로 별도 항목을 설정하였다.

84 등급이 같고 동일한 날짜에 거행되기는 하지만, 진설 제물에는 차등이 있었다.

85 《太宗實錄》권12, 태종 6년 11월 13일 己巳.

86 김해영,《조선 초기 제사 전례 연구》, 293쪽.

87 1447년(세종 29) 개성 관음굴의 수륙재를 위해 가까운 서적전의 소출을 활용하자는 주장이 있었으나 "서적전은 본래 제향祭享을 위해 설치된 것이니 불사佛寺를 위해 쓸 수 없다"는 반대에 부딪쳐 무산됐다(《世宗實錄》권115, 세종 29년 2월 13일 乙巳). 이는 국행 의례라 할지라도 불교 의례를 위해 국가적 의례 자원을 변경시킬 수 없다고 인식하였다는 점을 잘 보여준다.

88 '성황당'이라는 명칭은 여러 지역에서 보이는데, 사묘의 이름으로 그대로 사용된 경우는 청주목에서 확인할 수 있으며(《新增東國輿地勝覽》권15, 忠淸道 淸州牧) '성황당산'

으로 산의 이름으로 사용되며 봉수가 위치한 경우가 많았다.

89 《新增東國輿地勝覽》권11, 京畿 積城縣.

90 《新增東國輿地勝覽》권5, 開城府 下.

91 《國朝五禮儀序例》권1, 吉禮 壇廟圖說 社稷壇. "社稷……○州縣則在城西 社稷共一壇……【州縣則社在壇上近東 稷在壇上近西 無配位】."

92 《世宗實錄》권50, 세종 12년 12월 8일 甲戌. "禮曹啓 各道壇壝體制 非唯長廣高低不一 或無垣墻 人畜頻沓毁污穢 謹稽本朝諸祀儀式……小祀 名山大川壇及所在官行祭壇 依靈星壇制 方二丈一尺 高二尺五寸一壝 四出陛各三級造築 而瘞坎亦依上項瘞坎體制造作 從之."

93 《世宗實錄》권76, 세종 19년 3월 13일 癸卯. "禮曹據諸道巡審別監啓本 詳定嶽海瀆山川壇廟及神牌制度……一 壇壝之制 宣德六年 本曹詳定……小祀 名山大川壇及所在官行祭壇 依靈星壇制 方二丈一尺 高二尺五寸 一壝 四出階 各三級 今各官祭壇 高低廣狹不一 依本曹受敎規式改築."

94 《增補文獻備考》권54, 禮考1 社稷 朝鮮. "顯宗朝……禮曹回牒云……諸侯旣半於天子 則州縣自當減半於京社 本道[충청도: 필자주]在於南方 當用赤土而冒以黃土." 그러나 《증보문헌비고》는 역대 연혁을 서술하는 데에 오류가 많기 때문에 당대 사료에서 이를 확인할 필요가 있으나, 필자의 능력으로는 찾지 못했다.

95 《世宗實錄》권49, 세종 12년 8월 6일 甲戌. 이런 사정을 해결하기 위해 7년 후 정연한 제도를 다시 만들어 배포하였으나, 새롭게 건물을 만드는 것과 평상시 관리가 어렵다는 점 등이 여전히 고려되고 있다(권76, 세종 19년 3월 13일 癸卯).

96 《燕巖集》권1, 安義縣社稷壇神宇記.

97 《記言》권37, 陟州記事 修社稷壇記. "壇方二丈五尺 高三尺 壇脚二丈九尺 一級殺一尺 壇三級 級尺 四出陛 各置石砌 作漫道 四門 同一壝 門闊一丈 壝二十五步 瘞坎於壇北出陛 方深足以容物 置石主於壇上南陛之上 崇二尺五寸 方尺 剡其上倍其下半."

98 《陟州誌》(규장각 소장, 古4790-13) 下, 社稷壇在府西. "順治八年 上之二年辛丑有敎修列邑諸祀壇場 社東稷西 壇方二丈五尺 高三尺 四出階 四門 同一壝 二十五步 瘞坎於壇之北壬地 南出階 方深取足容物 壇三級 一級一尺 故高三尺 階方各置石砌 作慢道

壇脚二丈九尺 一級殺一尺 壇成二丈五尺 門闊一丈 石主置壇上南階之上 崇二尺五寸 方尺 剡其上 倍其下半."

99 관동대학교 박물관,《삼척 원당동 유적 발굴조사보고서》, 1997, 62쪽.

III부 젠더

6. 악해독단- 공간과 젠더의 이항대조

1 최종성,〈국무와 국무당〉,《비교민속학》21, 2001, 399쪽. 사료에서는 별기은, 기은 등은 특별한 구분 없이 사용되었으나 최종성은 국행 및 내행 차원의 무속 산천제를 민간 차원의 기은과 구별하기 위해 별기은이라는 용어를 선택하여 사용했다. 여기에서는 별기은과 기은을 혼용하여 사용한다.

2 《定宗實錄》권6, 정종 2년 12월 18일 戊申. 이 자리에서 산천 제사에 대한 대안으로 김첨이 제기한 것이 이사里社의 법이었다. 태종은 전 달인 11월 11일 癸酉에 즉위했다.

3 《定宗實錄》권6, 정종 2년 12월 22일 壬子.

4 《太宗實錄》권1, 태종 1년 4월 13일 辛未.

5 《太宗實錄》권1, 태종 1년 3월 6일 乙丑.

6 《太宗實錄》권1, 태종 1년 3월 9일 戊辰.

7 《太宗實錄》권1, 태종 1년 윤3월 15일 甲辰; 4월 1일 己未; 4월 4일 壬戌.

8 《太宗實錄》권21, 태종 11년 5월 23일 癸未. "上命禮曹曰 松岳德積紺岳等名山之神 修祝文 遣臣行香 禮也 自前朝以來 稱內行祈恩 每當四節 兩殿使內臣司鑰與巫女 暗行無名之祭 至今未已 不合於禮 爾等考前朝祀典所載 終始本末 悉書以聞 予當以禮行之."

9 《太宗實錄》권22, 태종 11년 7월 11일 庚午.

10 《太宗實錄》권22, 태종 11년 7월 15일 甲戌. "命禮曹定德積紺岳開城大井祭禮 先是 國家承前朝之謬 於德積白岳松岳木覓紺岳開城 大井三聖朱雀等處 春秋祈恩 每令宦寺及巫女司鑰祀之 又張女樂 至是 上曰 神不享非禮 令禮官博求古典 皆罷之 以內侍別監奉香以祀之."

11 《太宗實錄》 권22, 태종 11년 7월 15일 甲戌.

12 태종 10년 3월 15일에 개성에 도착해서 이듬해 2월 16일에 환도했다.

13 이후로 1418년(태종 18)에 개성에 거둥하기 전까지, 개성에는 거의 행차하지 않고 한성에 머물며 한성을 가꾸는 데 집중했다. 태종 15년 강무 때 잠시 개성에 머문 적은 있으나 며칠 머무르지 않았다.

14 장지연, 《경복궁, 시대를 세우다》, 211~214쪽.

15 《太宗實錄》 권22, 태종 11년 7월 15일 甲戌.

16 《太宗實錄》 권24, 태종 12년 10월 8일 庚申. "天子然後祭天地 諸侯然後祭山川 尊卑上下 各有分限 截然不可犯也……是謂神不享非禮 故祭非其鬼 無益之甚也 我殿下灼知此義 停罷圓壇 只祭山川之神."

17 《太宗實錄》 권10, 태종 5년 8월 8일 辛未.

18 《太宗實錄》 권10, 태종 5년 8월 8일 辛未. "夫山川之神 非卿大夫士庶人之所當祭也 彼雖諂祀 神豈享之 今國人不識鬼神之不可欺 山川之不可祀 泯泯棼棼 靡然成習 自國之鎭山 以至郡縣名山大川 固不瀆祀 其越禮踰分甚矣 且男女相挈 往來絡繹 媚神費穀 弊亦不小 願自今 中外大小人臣 不得擅祀山川 以明尊卑之分 如有違者 痛繩以法 至於人鬼淫祀 亦皆痛禁 以正風俗."

19 장지연, 《고려·조선 국도 풍수론과 정치이념》, 88~89쪽.

20 《明太祖高皇帝實錄》 권53, 홍무 3년 6월 癸亥.

21 濱島敦俊, 《總管信仰: 近世江南農村社會と民間信仰》, 135~137쪽(이윤석, 〈명 초 국가권력의 지방 사묘 정비〉, 《중국학보》 44, 2001, 277쪽 재인용); 小島毅, 〈城隍制度の確立〉, 《思想》 792, 1990, 202쪽(이욱, 《조선 시대 재난과 국가의례》, 100쪽 재인용).

22 《高麗史》 권42, 세가42 공민왕 19년 7월 壬寅. "帝遣秘書監直長夏祥鳳來 詔曰……永惟爲治之道 必本於禮 考諸祀典 知五嶽五鎭四海四瀆之封 起自唐世 崇明美號 歷代有加 在朕思之 則有不然. 夫嶽鎭海瀆 皆高山廣水 自天地開闢 以至于今 英靈之氣 萃而爲神 必皆受命於上帝 幽微莫測 豈國家封號之所可加 瀆禮不敬 莫此爲甚……夫禮所以明神人正名分 不可以僭差 今命依古定制 凡嶽鎭海瀆 並去其前代所封名號 止以山水本號 稱其神 郡縣城隍神號 一體改封 歷代忠臣烈士 亦依當時初封 以爲實號 後世

溢美之稱 皆與革去."

23 《高麗史》권43, 세가 43 공민왕 20년 12월 己亥.

24 《太祖實錄》권1, 태조 1년 8월 11일 庚申.

25 이 무렵 성황과 산천신은 엄밀히 구분이 안 되는 경우도 많았지만, 여하간 조박의 언급에는 산천의 신주 서식에 대한 언급은 등장하지 않는다.

26 《太祖實錄》권3, 태조 2년 1월 21일 丁卯.

27 《太祖實錄》권8, 태조 4년 12월 29일 戊午.

28 《太宗實錄》권11, 태종 6년 1월 7일 戊戌.

29 《定宗實錄》권3, 정종 2년 1월 10일 乙亥. "上曰 鬼神之道 不可謂之虛也 寡人昔仕僞朝爲代言 從僞主次長湍 有妓五六人 俱發腹病 卽用酒肉享 紺嶽以禱 俄有神降于一妓 顚倒踴躍 不知羞恥 若此者 不可謂之虛也."

30 《太宗實錄》권25, 태종 13년 6월 8일 乙卯. "謹按文獻通考 山川封爵 肇自武后 至宋眞宗朝 五岳皆封爲帝 又各封后 陳武曰 帝只一上帝而已 安有山而謂之帝 又立后殿於其後 不知 何山可以當其配 而爲夫婦耶 洪武禮制 祀岳鎭海瀆 皆稱某岳某海之神 而未有封爵之號 前朝於境內山川 各加封爵 或設妻妾子女甥姪之像 皆與於祭 誠爲未便 及我太祖卽位之初 本曹建議 各官城隍之神 革去爵號 但稱某州城隍之神 卽蒙俞允 已爲著令 有司因循至今 莫之擧行 爵號像設 尙仍其舊 以行淫祀 伏望申明太祖已降敎旨 但稱某州城隍之神 只留神主一位 其妻妾等神 悉皆去之 山川海島之神 亦留主神一位 皆題木主曰某海某山川之神 其像設 竝皆徹去 以正祀典 從之 禮曹又啓 一 謹按唐 禮樂志 岳鎭海瀆爲中祀 山林川澤爲小祀 文獻通考 宋制亦以岳瀆爲中祀 本朝承前朝之制 山川之祀 未分等第 境內名山大川及諸山川 乞依古制分等第."

31 《太宗實錄》권25, 태종 13년 6월 8일 乙卯.

32 《太宗實錄》권28, 태종 14년 8월 21일 辛酉.

33 《新增東國輿地勝覽》권42, 黃海道 牛峯縣 朴淵 白文寶의 시.

34 《世祖實錄》권3, 세조 2년 3월 28일 丁酉.

35 대한제국 시기에 악해독 체제는 큰 변화를 가진다. 우선 악해독이 중사에서 소사로 등급이 내려졌다. 4악 체제였던 것에서 5악 체제로 바뀌었으며 5악의 대상도 중악 삼

각산, 동악 금강산, 남악 지리산, 서악 묘향산, 북악 백두산으로 삼각산과 지리산을 제외한 모든 산이 변화하였다. 그리고 새로이 5진이 설정되었는데, 중진 백악, 동진 오대산, 남진 속리산, 서진 구월산, 북진 장백산이 그것이었다. 한편 이전의 3해 체제에서 4해로 북해北海가 추가되었으며, 4독으로 동독 낙동강, 남독 한강, 서독 대동강, 북독 용흥강이 설정되었다. 이는 천자의 5악 4진 4해 4독 체제에 맞추어 편재한 것이다. 국토에서의 위치를 볼 때도 방위상 균형 잡힌 위치의 산천으로 바뀌었다. 다만 진이 천자보다도 1개가 더 많은 5진으로 설정된 점은 특기할 만하다.

36 《大韓禮典》에서 악해독은 큰 변화가 있었으나 명산대천은 변화가 없다.

37 《世宗實錄》권23, 세종 6년 2월 11일 丁巳. "李稷與大提學卞季良吏曹判書許稠禮曹判書申商等 稽古典以謂 山神封爵 始於唐宋 本國封爵山神 立廟山上 上下通祭 其來已久 又鬼神配匹有無 難以臆料 臣等以爲莫如仍舊 初許稠申商切欲罷之 及聞稷與季良之言 遂同辭以啓."

38 《世宗實錄》권40, 세종 10년 윤4월 18일 己亥.

39 《世宗實錄》권46, 세종 11년 11월 11일 癸丑. "去己丑年改詳定時 祀典所汰者 後因受敎 令所在官竝於春秋致祭 其祭享之資 或給位田 或用國庫米穀 或其官自備 祭品則或依中祀例 邊豆各十 或依小祀例 邊豆各八 或各二 甚爲不均 請勿分靈驗與否 除永革及不知祭所者外 竝依國行岳瀆山川祭品例 以國庫米穀致祭 祭後監司移文本曹 以爲恒式."

40 세종 11년 예조의 계문에서 산천 제사를 상정한 때로 기축년, 즉 1409년(태종 9)을 언급한 것은 의문이다. 태종 9년에는 실록에서 산천과 관련하여 특별히 무언가를 상정한 내용은 찾기 어렵다.

41 《世宗實錄》권49, 세종 12년 8월 6일 甲戌. 1437년(세종 19) 3월에는 예조에서 산천순심별감의 계본을 바탕으로 좀 더 정밀하게 신주, 제복 등의 제도 및 신주神廚·고방庫房·재실齋室 및 단묘를 건설할 것 등을 자세하게 논하여 상정하였다. 그러나 의정부에서는 단이나 묘는 예전대로 그대로 두고 신판과 제기를 간직하는 곳은 관리의 어려움을 들어 관사 안에 짓도록 하며, 제복이나 전물 등도 천천히 만들어가도록 하였다 《世宗實錄》권76, 세종 19년 3월 13일 癸卯. 다른 단들이 그랬던 것처럼 토목공역과 장기

적 관리는 쉽지 않기 때문이다.

42 《世宗實錄》 권76, 세종 19년 3월 13일 癸卯.

43 《太宗實錄》 권24, 태종 12년 11월 24일 乙巳.

44 《太宗實錄》 권24, 태종 12년 12월 20일 辛未. 당시에는 연종환원年終還願이라 하여 세밑에 불우나 산천에 복을 비는 풍습이 있었는데, 아마도 이 때문에 이 무렵에 관리들이 휴가를 내며 송악 성황을 오간 것으로 보인다. 연종환원 풍습에 대해서는 《世宗實錄》 권14, 세종 3년 12월 13일 壬寅 참조.

45 《太宗實錄》 권35, 태종 18년 1월 24일 乙亥. "命勿禁松嶽紺嶽之祭 命禮曹曰 雜人之致祭于松嶽紺嶽 習俗已久 難以遽變 若無知庶人 幸遇時令不和 致有疾病 必以禁松嶽紺嶽之祭爲辭 姑且無禁 以待漸變."

46 《太宗實錄》 권35, 태종 18년 1월 26일 丁丑.

47 《世宗實錄》 권8, 세종 2년 5월 27일 甲午; 6월 1일 戊戌 외 6월에 피병을 위한 여러 가지 행위들이 확인된다.

48 《世宗實錄》 권8, 세종 2년 6월 8일 乙巳.

49 《世宗實錄》 권29, 세종 7년 7월 2일 己巳. "禮曹啓 謹按文獻通考 小宗伯大裁 執事禱祀于上下神祇 註云 執事 大祝及男巫女巫也 今當盛農 旱災太甚 乞依古制 京中及畿內各處 以春秋別祈恩例 擇日遣巫及內侍 降香祈雨 從之."

50 《文獻通考》 권88, 郊社考 21.

51 《太宗實錄》 권31, 태종 16년 5월 20일 辛亥.

52 《太宗實錄》 권31, 태종 16년 5월 23일 甲寅; 25일 丙辰; 6월 1일 辛酉; 7일 丁卯.

53 《世宗實錄》 권34, 세종 8년 11월 7일 丙申.

54 《世宗實錄》 권45, 세종 11년 9월 30일 癸酉. "今之世俗 尙循舊習 惑於巫覡妖誕之說 是崇是信 或家或野 無地不作 以至踰分越禮 名山之神 皆得而祭 荒淫耽樂 糜費家産 恣情極欲 混亂男女之別 非惟庶民爲然 卿大夫之家 習以爲常 或稱祈恩 或稱半行 恒歌恒舞 往來絡繹 甚者率其婦女 躬自祈禱 恬不爲愧……臣等以爲上有好者 下必有甚焉者 伏望殿下亞罷國巫 如有祈禱 特遣朝臣 以禮祭之."

55 《世宗實錄》 권63, 세종 16년 3월 1일 戊寅.

56 최종성은 국행제는 국가의 공적 지위를 가지며 국가의 환난을 극복하기 위한 목적을 지니고 경비도 국고에서 지원되는 것인데 비해, 내행은 왕실의 사적인 의례로서 국왕 일족의 안정을 도모하며 궁고궁고宮庫에서 비용이 지불되는 것으로 구분하였다(《국무와 국무당》, 397~398쪽).

57 《世宗實錄》 권72, 세종 18년 5월 11일 丙子. "上曰 巫覡之事甚怪 宜當痛禁 然始於中古 而祖宗所未盡禁 豈敢遽革於今日乎 予當漸次除之 以開小貞之端."

58 《成宗實錄》 권84, 성종 8년 9월 9일 癸酉.

59 《成宗實錄》 권86, 성종 8년 11월 26일 己丑. "然法之不行 自上犯之 星宿廳之作 恐反於前日之所令 曩者殿下敎臣曰 此非予所爲 臣非不知非殿下之意 然爲一國之主 常任一國之責 孰謂令出宮闈而非殿下所爲乎 臣恐千載之下 必有議之者 願殿下體蠱之九二 惟以至誠感之 庶不至乎矯佛傷恩而內治自嚴矣."

60 《成宗實錄》 권91, 성종 9년 4월 15일 丙午; 11월 30일 丁亥; 권114, 성종 11년 2월 11일 辛酉.

61 《成宗實錄》 권78, 성종 8년 3월 7일 甲戌. "子年十七得侍東儲 其四年之間 朝侍兩殿 暮還于宮 未嘗一日專侍我王 會我王不豫 避居他處 子欲侍疾 而適懷妊主上 各在東西 從此永別 可勝痛哉 天地必知矣 求薦冥福 非我獨爲 自古有之 是以上爲先王 次爲我王 未嘗頃刻忘于懷也 且世祖不忍見我悲泣 使我每年春秋拜陵 以盡吾呼天之痛 今則我爲君母 常畏朝廷之議 未曾一事如吾志也."

62 《成宗實錄》 권78, 성종 8년 3월 7일 甲戌. "大抵自古儒者之斥佛 無他 專以人君過崇釋氏 則必聾於國政 勞民以建寺 傷財以飯僧……予則以私財成經 私穀飯人 暫不關於國家 而臺諫所論若此之甚 吾無所爲矣……若佛道虛妄 何爲爲先王先后設水陸 爲國家祭名山大川乎 吾意如斯, 誰與評之."

63 《成宗實錄》 권164, 성종 15년 3월 1일 戊子.

64 《中宗實錄》 권46, 중종 17년 12월 14일 丙戌. "昭格署雖非正道 非今日之始創也 亦非特前朝舊事 祖宗開國以後 列聖相承 賢臣在下 雖欲革之 尙難卒革也 主上 往往用新進之言 一朝卒革 此雖干於左道 非如佛氏惑亂人心之事也 況人生於天地間 日月星辰之祭 其可忽哉 昭格之有無 不關於予身 予之欲復者 亦非干於國政也 但祖宗難革之意 豈

無所在 子孫不念祖宗重難之意 可乎."

65 《明宗實錄》 권32, 명종 21년 1월 24일 丙辰.

66 《月沙集》 권38, 記下 遊松嶽記;《松都記異》. 명종 대 파괴했다는 월정당의 경우에도 1866년 온산 송악 별기도 발기에 이름이 등장한다(장서각 소장, 1866년 병인년 2월 온산 송악 별기도別祈禱 발기 도서번호 RD01772).

67 최종성, 〈조선조 유교 사회와 무속 국행 의례 연구〉, 서울대학교 종교학과 박사학위 논문, 2001, 86~94쪽.

68 근현대에도 신앙·의례의 젠더별 이원화는 비슷하게 관측된다. 이러한 부분에 대해서는 로렐 켄달, 김성례·김동규 옮김,《무당, 여성, 신령들》, 일조각, 2022 참조. 강상순은 켄달의 이런 관점을 차용하여 조선 시대 무속은 때로는 유교와 상충했지만 대부분 상보적인 역할을 했다고 보았으며, 가부장 남성이 주재한 유교적 가족 의례family ritual에 대응하여 무속 의례가 여성층이 주도한 가정 의례household ritual의 구심점이었다고 보았다(〈무고의 효용과 무고에 대한 시선〉,《고소설연구》 44, 2017, 77쪽).

69 《世祖實錄》 권3, 세조 2년 3월 28일 丁酉.

70 《太祖實錄》 권2, 태조 1년 9월 28일 丙午.

71 《太祖實錄》 권8, 태조 4년 12월 29일 戊午.

72 《高麗史》 권수, 〈高麗世系〉.

73 《世宗實錄》 권148, 地理志 舊都 開城留後司. 또한 속설에 대정이 붉게 끓어오르면 반드시 전쟁이 생긴다는 얘기가 전해질 정도로 예언적 성격도 지니고 있었다.

74 《三國史記》 권32, 잡지 제1 제사 小祀;《新增東國輿地勝覽》 권11, 京畿 積城縣 祠廟 紺岳祠.

75 《新增東國輿地勝覽》 권13, 京畿 豐德郡 古跡 興王寺.

76 성소는 계승되지 못했으나 경주의 여러 설화가 개경으로 옮겨왔다는 점은 주목할 필요가 있다. 진의가 오줌 꿈을 꾼 언니에게서 꿈을 산 이야기는 김유신의 누이 설화와 일치하고 작제건의 설화는 거타지 설화와 일치하며, 박연폭포 인근에 전하는 달달박박과 노힐부득의 설화는 원래 경상남도 창원의 백월산남사의 것이다.

77 《成宗實錄》 권98, 성종 9년 11월 30일 丁亥. "臣等嘗見祈恩之行 自京都至開城 自開

城至積城楊州之境 騎馬者不下數十人 其僮僕輜重倍之 或行或留 淹滯不發 守令鞠躬屛氣 迎人惟勤 或厚饋遺 或行賄賂 惟恐獲譴於萬一 雖拜舞跪起亦不得辭 弊之大者 無踰於此也."

78 조선 건국 후의 개성과 한성의 연속성에 대해서는 장지연, 〈조선 전기 개성과 한성의 관계 (2)—선과 면으로 보기〉, 《서울학연구》 73, 2018 참조.

79 《世宗實錄》 권49, 세종 12년 8월 6일 甲戌.

80 《世宗實錄》 권148, 地理志 舊都 開城留後司.

81 《潘谿集》 권7, 文 遊松都錄. "南北峯各有祠 北曰大王堂 神像六 皆峨冠褒笏 南曰聖母堂 神像亦六 戴女冠塗粉脂."

82 기존의 사우 중에 성황당과 국사당은 설명하지 않았는데, 최종성은 국사당 봉수와 성황당 봉수가 각각 있는 것을 근거로 이 두 사당은 송악산에서도 다른 봉우리에 위치했을 것으로 보았다(《조선 왕실의 민속종교》, 국학자료원, 87쪽).

83 《新增東國輿地勝覽》 권5, 開城府下 祠廟 松岳山祠. 이는 중종 대 '신증'한 부분이 아니어서 성종 대의 상황으로 볼 수 있다.

84 《明宗實錄》 권32, 명종 21년 1월 25일 丁巳.

85 임재해, 〈시용향악보 소재 무가류 시가연구〉, 《한민족어문학》 9, 1982, 9~13쪽.

86 임재해는 장악원에서 편찬하고 궁중과 귀족들이 사용했다고 보았다(〈시용향악보 소재 무가류 시가연구〉).

87 김영주, 〈《시용향악보》 소재 무가류 악곡 수록배경 연구〉, 《한국예술연구》 35, 2022, 304쪽.

88 《太宗實錄》 권22, 태종 11년 7월 15일 甲戌. "遣注書楊秩于海豊 問前摠制金瞻以三聖朱雀大國之神之祀 瞻對曰 朱雀 前朝之時 設立於松都本闕南薰門外 祀朱雀七宿 今在漢京 亦祭占處 實爲未便 更設壇於時坐宮南可也 三聖則前朝忠烈王尙世祖皇帝女 請中國在南之神祭焉 蓋主水道禍福也 大國則中國北方之神 忠烈王亦請祀之 昔周公作新邑 咸秩無文 右二神 雖非其正 載在祀典 不可廢也 上曰 朱雀 新設位於時坐宮南 三聖亦倣厲祭之意 仍舊祀之."

89 《太宗實錄》 권34, 태종 17년 11월 17일 戊辰; 권35, 태종 18년 5월 4일 癸丑.

90 《太宗實錄》 권22, 태종 11년 7월 15일 甲戌.

91 《太宗實錄》 권22, 태종 11년 7월 15일 甲戌.

92 《明宗實錄》 권32, 명종 21년 1월 24일 丙辰.

93 《崧岳集》 권4, 잡저 神像說.

94 위 기사 "吾聞回回得罪于明皇帝 黜在東國."

95 최종성, 《조선 왕실의 민속종교》, 국학자료원, 2022, 91~92쪽.

96 삼성대왕의 신격에 대한 여러 해석에 대해서는 변지선, 《시용향악보》 소개 〈삼성대왕〉 연구〉, *Journal of Korean Culture* 15호, 2010 연구사 참조.

97 최종성, 《조선 왕실의 민속종교》, 78~79쪽.

98 〈삼성대왕〉과 〈대국〉의 원 가사 및 어석에 대해서는 김명준, 《개정판 고려 속요 집성》, 다운샘, 2008 참조.

99 《象村雜錄》. "若夫巫佛祈祝 尙有夷俗 故祖宗朝 自上如有疾病 則僧徒巫覡 誦經設禱 於仁政殿上 且松岳神祠 尤極崇奉 神祠行禮後 巫女設筵 則開城留守入參 至於與巫女 歌舞 恬不知怪."

100 《象村雜錄》.

101 《明宗實錄》 권5, 명종 2년 5월 26일 丙子.

7. 친잠과 선잠단- 국가가 제시하는 규범적 젠더상

1 《周禮》 天官 內宰.

2 《禮記》 祭義 22절.

3 《文獻通考》 권87, 郊祀考 20 籍田祭先農; 親蠶祭先蠶.

4 《文獻通考》 권87, 郊祀考 20 皇帝吉亥享先農儀; 皇后季春吉巳享先蠶儀.

5 《禮記集說大典》 祭義 集說 "方氏曰 夫人之繅 止於三盆 猶天子之耕 止於三推"(정병섭 역, 《역주 예기집설대전 제의》, 학고방, 2015, 292쪽).

6 《文獻通考》 권87, 郊祀考 20 親蠶祭先蠶.

7 《元史》 권76, 지27, 祭祀5 先農. "武宗至大三年夏四月 從大司農請 建農蠶二壇 博士議

8 《明史》권49 지25 예3 길례3 先蠶. "先蠶 明初未列祀典 嘉靖時 都給事中夏言誚改各宮莊田爲親蠶廠公桑園 令有司種桑柘 以備宮中蠶事 九年復疏言 耕蠶之禮 不宜偏廢……二月 工部上 先蠶壇圖式 帝親定其制 壇方二丈六尺 疊二級 高二尺六寸 四出陛 東西北俱樹桑柘 內設蠶宮令署 採桑臺高一尺四寸 方十倍 三出陛 鑾駕庫五間 後蓋織堂 壇圍方八十丈."

二壇之式與社稷同 縱廣一十步 高五尺 四出陛 外壝相去二十五步 每方有櫺星門 今先農先蠶壇位在籍田內 若立外壝 恐妨千畝 其外壝勿築……先蠶之祀未聞."

9 《淸 高宗純皇帝實錄》권214, 건륭 9년 4월 1일 甲子; 권312, 건륭 13년 4월 5일 戊午.

10 한형주, 〈성종—중종 대 농상 관련 국가 제례의 변화양상과 친제〉, 《역사와 실학》 43, 2010; 한희숙, 〈조선 성종 8년 왕비의 친잠례 시행과 그 의미〉, 《아시아여성연구》 51, 2012; 임혜련, 〈조선 시대 선잠제 정비와 시행 의미〉, 《한국사상과 문화》 77, 2015. 영조 대의 친잠례는 의궤가 남아있어 역사뿐만 아니라 복식사, 음악사 등 다양한 분야에서도 여러 연구를 내고 있다.

11 김지영, 〈경쟁하는 두 왕조—조선 국왕의 개성 행행 의례와 '문명지치'의 약속〉, 《서울학연구》 86, 2022, 122~125쪽.

12 성종 대에는 종묘, 문소전, 왕릉 등의 친제가 자주 행해졌다. 성종 2년에는 사직 친제도 행해졌는데, 명목상 사직의 제사가 가장 수위에 있는 제사였으나 그 이전까지 친제가 행해진 것은 세조 대가 유일했다(한형주, 〈성종—중종 대 농상 관련 국가제례의 변화양상과 친제〉, 88~89쪽).

13 송웅섭, 〈조선 성종의 문묘 의례 준행과 국왕으로서의 권위 창출〉, 《역사와 담론》 85, 2018, 139쪽.

14 송웅섭, 〈조선 성종의 문묘 의례 준행과 국왕으로서의 권위 창출〉, 141쪽.

15 《成宗實錄》 권42, 성종 5년 5월 20일 甲辰.

16 《成宗實錄》 권46, 성종 5년 8월 23일 乙巳.

17 《成宗實錄》 권41, 성종 5년 4월 15일 己巳.

18 《成宗實錄》 권70, 성종 7년 8월 9일 己卯; 22일 壬辰.

19 구슬아, 〈초창과 윤색, 조선 전기 관각문학의 글쓰기 방식 연구〉, 《규장각》 53, 2018,

18~19쪽.
20 구슬아, 〈초창과 윤색, 조선 전기 관각문학의 글쓰기 방식 연구〉, 20~21쪽.
21 《成宗實錄》 권72, 성종 7년 10월 21일 辛卯.
22 《내훈》 등에 대한 기존 연구들은 성종의 수렴청정과 친정 등을 둘러싼 복잡한 정치적 역학 관계 속에서 《내훈》, 〈현비병〉 등의 역할을 주목한다(한희숙, 〈조선 초기 소혜왕후의 생애와 《내훈》〉, 《한국사상과 문화》 27, 2005; 최선혜, 〈조선 초기 황계감〉과 《내훈》—여성에 대한 서책 간행과 왕권의 안정〉, 《남도문화연구》 21, 2011). 여기에서는 이러한 직접적 목표 너머, 세종 대 후반~성종 대에 이르는 사이에 왕실 여성의 역할에 대한 고민의 흐름이 이어져 내려왔음을 주목한다.
23 《成宗實錄》 권72, 성종 7년 10월 21일 辛卯. "令曰 丈夫壯而不耕 天下有受其飢者 婦人豐盈而不織 天下有受其寒者 故神農親耕 后親織 以爲天下先."
24 잠업을 시작한 것은 헌원씨의 부인으로 알려진 서릉씨기 때문에, 명군병에 나오는 길쌈은 잠업을 가리키는 것은 아니다.
25 《成宗實錄》 권78, 성종 8년 3월 14일 辛巳. "若稽古昔 王者親耕以爲農先 后妃親蠶以勸女功 其籍田公桑之制 載諸經史 昭然可考 蓋民生之本 莫大於衣食 而衣食之原 在於農桑……乃於成化十年孟春有日 戾于東郊 躬秉耒耜 以講故典 夫農爲足食之道 桑乃豐衣之本 爰命禮官 參稽舊章 酌以時宜 撰就其儀 王妃又於今年三月十四日辛巳 率內外命婦 復行親蠶之禮……今予旣樂聞之 又親行之 庶幾民有觀感 樂於赴功 農桑得以盡其力 邦國得以裕其財 家給人足 以致時雍之化 其令監司布於守令 守令傳於村巷 使匹夫匹婦 皆獲自盡."
26 《春亭集》 권4, 先蠶樂章.
27 한희숙도 친잠례가 가지는 성별 역할 및 책임의식을 환기하는 의례였다는 점을 지적한 바 있다(〈조선 성종 8년 왕비의 친잠례 시행과 그 의미〉, 28쪽).
28 《成宗實錄》 권78, 성종 8년 3월 14일 辛巳.
29 신경숙, 〈정해 친경·친잠과 김수장 시조〉, 《시조학논총》 42, 2015.
30 《文獻通考》 권87, 郊祀考 20 親蠶祭先蠶.
31 《定宗實錄》 권3, 정종 2년 3월 4일 己巳.

32 《太宗實錄》권2, 태종 1년 12월 21일 乙亥.

33 《太宗實錄》권22, 태종 11년 8월 25일 甲寅.

34 《太宗實錄》권25, 태종 13년 1월 21일 辛丑.

35 《太宗實錄》권25, 태종 13년 4월 13일 辛酉.

36 《太宗實錄》권25, 태종 13년 6월 8일 乙卯.

37 《太宗實錄》권27, 태종 14년 6월 13일 甲寅.

38 《世宗實錄》권47, 세종 12년 2월 19일 庚寅. "㮫又云……先蠶之壇 營作極疎 丈尺失制 面勢欹斜 卵石纍成 高低不平 不可不改也 又土脈瘠薄 沙礫積磧 種桑不榮 曾謂帝妃之靈 陟降在玆乎 今若改正 則必不仍前基也 願於雩祀先農之傍 稍近改築 而三壇之直 一區完聚 立庫藏器 一心看守 則盜竊不近 而神人皆安矣."

39 《世宗實錄》권83, 세종 20년 11월 13일 癸巳. "祀享 國之大事也 而我國祭壇 失其制度 往者以臣之請 命皆改正 別立祭壇監造色……其時但改正宗廟社稷 而其餘中祀小祀 共十餘壇則皆未起役 逮今八九年間 緣國家營繕浩煩 寢而不擧……其中先蠶山川二壇 雜石成域 謹免頹圮 其餘諸壇 皆爲土丘耳 且於壇所 皆無欄衛 牛羊犬豕 縱橫作穢 兼以狹隘 又多傾仄 行禮用樂 俱失其儀."

40 《世宗實錄》권95, 세종 24년 3월 2일 癸亥.

41 《文宗實錄》권4, 문종 즉위년 11월 22일 壬戌. "往者世宗初 欲改正宗廟社稷 時判書許稠獻議曰 祖宗成憲享祀已久 不可輕改 盖謹重之也 臣則以爲 古制不合 行事未安 三復申奏 世宗卽命改正 其後諸祀之壇 一如臣請 先農雩祀 伐石幾石 適有營繕事緊 停役經年 臣請畢功 其時右議政申槪獻議曰 壇之古制 封土爲是 用石未便 宜更詳悉施行 以此沮之 因不更擧 已備之石 卒爲他用 臣常恨焉."

42 《文宗實錄》권4, 문종 즉위년 11월 22일 壬戌.

43 《成宗實錄》권35, 성종 4년 10월 25일 癸未.

44 《世宗實錄》地理志에서는 선잠단은 동소문 밖 사한이沙閑伊, 선농단과 우사단은 흥인문興仁門 밖 평촌坪村에 위치한다고 하였다. 《新增東國輿地勝覽》에서는 모두 동교에 있다고만 표현되어 있으나, 《東國輿地備考》에서는 표현은 조금 차이가 있지만 《世宗實錄》 지리지로부터 위치가 바뀌지 않았음을 확인할 수 있다(선농단: 동교東郊 보원

동동보원東洞, 선잠단: 동교東郊 혜화문惠化門 밖(《東國輿地備攷》 권2, 漢城府)).

45 《成宗實錄》 권40, 성종 5년 3월 28일 癸丑.

46 선잠단은 한성 성밖 동북쪽에 설치되었기에 북교로도, 또 동교로도 해석될 수 있다. 전례서와 《국조오례서례》에는 북교라고 기록됨으로써 공식적으로는 북교로 해석됐지만, 본문의 다른 인용문에서도 볼 수 있듯이 훗날 동교로 언급되는 경우도 보인다.

47 《春官通考》 권41, 吉禮 先蠶. "壇設於景福宮康寧殿舊基之東 行酌獻禮于西陵氏 制略倣東郊先蠶壇 方十四尺 高二尺 四出階 各三級 四門 兩壝 南北六十四尺 東西三十五尺 上壇高九寸 三階 各一級下壝."
한형주는 이 기록의 띄어읽기를 다르게 보아 '서릉씨에게 작헌례를 행하는 제도는 대략 동교의 선잠단을 모방한다'고 읽었는데(《조선 시대 선잠 의례의 동선과 제단의 크기》, 《여성과 역사》 36, 2022, 188쪽), 이 설명은 친잠단 도설에 붙은 것이며 내용으로 볼 때 본문에서처럼 해석하는 것이 자연스럽다고 본다.

48 2016년 선잠단에 대한 정밀 발굴조사가 시행되었다. 그 결과 북유와 남유의 동편 석렬 일부가 발굴되었는데, 이 중에서도 남유의 동편 석렬을 통해 남유의 남북 길이가 26.8미터라는 사실을 확인할 수 있었다. 북유의 남북 길이 역시 12.1미터 이상임을 확인할 수 있었는데, 이러한 결과는 문헌을 통해 확인할 수 있는 수치와 크게 차이가 난다. 이에 대해 발굴보고서에서는 태종 14년 기록을 다르게 해석하고 해당 기록의 유 각 25보를 남유와 북유가 각각 25보라는 뜻이 아니라, 남유와 북유를 합친 전체 유의 크기를 25보(영조척 45미터 남짓)를 의미한다고 보았다. 이에 따라 발굴 결과는 45미터 남짓 크기의 유의 구성에 부합한다고 보았으며, 《춘관통고》와 마쓰무로의 조사는 태종 대 이후 어느 시점에서 단을 축소하여 유지한 결과로 보았다(서울문화유산연구원, 《서울 선잠단지 유적》, 121~124쪽, 2018). 그러나 사료 해석에 무리가 있고, 태종 대 사직단은 영조척 25보라는 규정에도 불구하고 주척 25보로 건설되었다는 점, 선잠단 일대의 지형상 그 정도 크기의 단이 존재하기 힘들다는 점을 볼 때, 발굴보고서의 추정은 무리가 있다. 발굴 결과와 문헌의 불일치점에 대해서는 좀 더 심도 있는 고찰이 필요하지만, 선잠단의 서편 일곽이 도로 등으로 원 지형이 크게 훼손되어 조사에 한계가 있다.

49 조선 후기 도성도를 보면, 길례 소사에 속한 제단들은 거의 표기가 안 되었고 중사단 중에는 풍운뢰우산천성황단과 선농단, 선잠단만 표기되었다. 이 중 비교적 표기가 많이 된 풍운뢰우산천성황단과 선농단도 표기 비율이 50퍼센트를 넘지 못한다(장지연, 〈조선 후기 도성도를 통해 본 단묘 인식〉, 《조선시대사학보》 45, 2008 참조).
50 로이 라파포트, 강대훈 옮김, 《인류를 만든 의례와 종교》, 247~253쪽.

참고문헌

● **기초 자료 사이트**

조선왕조실록 http://sillok.history.go.kr

한국고전번역원, 한국고전종합DB http://db.itkc.or.kr

국사편찬위원회, 한국사데이터베이스 http://db.history.go.kr

● **중국 사료**

《宋史》,《元史》,《明史》,《明 太祖高皇帝實錄》,《明 太宗文皇帝實錄》,《淸 高宗純皇帝實錄》,《通典》,《大明集禮》,《洪武禮制》,《文獻通考》,《王國典禮》,《大明會典》

《文憲集》

《春秋公羊傳》,《禮記》,《周禮》,《書經》

● **한국 사료**

《高麗史》,《太祖實錄》,《太宗實錄》,《世宗實錄》,《文宗實錄》,《成宗實錄》,《明宗實錄》,《正祖實錄》,《承政院日記》

《東文選》,《三峯集》,《陶隱集》,《陽村集》,《稼亭集》,《春亭集》,《燕巖集》,《記言》,《月沙集》,《潘谿集》,《崧岳集》,《牧隱文藁》

《帝王韻紀》,《三國遺事》,《海東繹史》

《新增東國輿地勝覽》,《東國輿地備攷》,《陟州誌》

《國朝五禮序例》,《春官通考》,《增補文獻備考》,《大韓禮典》,《京城府史》

● **단행본**

관동대학교 박물관, 《삼척 원당동 유적 발굴조사보고서》, 1997.

김동욱, 《종묘와 사직》, 대원사, 1990.

김명준, 《개정판 고려 속요 집성》, 다운샘, 2008.

김상범, 《당대 국가권력과 민간신앙》, 신서원, 2005.

김순자, 《한국 중세 한중관계사》, 혜안, 2007.

김해영, 《조선 초기 제사 전례 연구》, 집문당, 2003.

단죠 히로시, 한종수 옮김, 《영락제 화이질서의 완성》, 아이필드, 2017.

로렐 켄달, 김성례·김동규 옮김, 《무당, 여성, 신령들》, 일조각, 2022.

로이 라파포트, 강대훈 옮김, 《인류를 만든 의례와 종교》, 황소걸음, 2017.

문화재청, 《사직단복원정비계획》, 2014.

서울문화유산연구원, 《서울 선잠단지 유적》, 2018.

안지원, 《고려의 불교 의례와 문화》, 서울대학교출판문화원, 2005.

오이환, 《중국 고대의 천과 그 제사》, 문사철, 2015.

유인선, 《새로 쓴 베트남의 역사》, 이산, 2002.

이범직, 《한국 중세 예사상연구―오례를 중심으로》, 일조각, 1991.

이 욱, 《조선 시대 재난과 국가의례》, 창비, 2009.

이종봉, 《한국 도량형사》, 소명출판, 2016.

이태진, 《고종 시대의 재조명》, 태학사, 2000.

장영숙, 《고종의 정치사상과 정치개혁론》, 선인, 2010.

장지연, 《고려·조선 국도 풍수론과 정치이념》, 신구문화사, 2015.

_____, 《경복궁 시대를 세우다》, 너머북스, 2018.

_____, 《한문이 말하지 못한 한국사》, 푸른역사, 2023.

정동훈, 《황제의 말과 글》, 푸른역사, 2023.

정병섭 역, 《역주 예기집설대전 월령》, 학고방, 2010.

_____, 《역주 예기집설대전 제의》, 학고방, 2015.

鄭玄 외, 《周禮注疏》(十三經注疏), 北京大學校出版社, 2000.

지두환,《조선 전기 의례연구―성리학 정통론을 중심으로》, 서울대학교출판부, 1994.
최종성,《기우제등록과 기후의례》, 서울대학교출판부, 2007.
＿＿＿,《조선 왕실의 민속종교》, 국학자료원, 2022.
한기문,《고려사원의 구조와 기능》, 민족사, 1998.
한영우,《조선 전기 사회사상 연구》, 지식산업사, 1983.
한정수,《한국 중세 유교 정치사상과 농업》, 혜안, 2007.
한형주,《조선 초기 국가 제례 연구》, 일조각, 2002.

● 논문

강문식,〈태종~세종 대 허조의 예제 정비와 예 인식〉,《진단학보》105, 2008.
강상순,〈무고의 효용과 무고에 대한 시선〉,《고소설연구》44, 2017.
구슬아,〈초창과 윤색, 조선 전기 관각문학의 글쓰기 방식 연구〉,《규장각》53, 2018.
김갑동,〈고려 시대의 성황 신앙과 지방통치〉,《한국사연구》74, 1991.
김세종,〈난계 박연 제사 음악, 논의와 정비〉,《국악과 교육》29, 2010.
김아네스,〈고려 시대 명산대천과 제장〉,《역사학연구》50, 2013.
김영주,〈《시용향악보》소재 무가류 악곡 수록배경 연구〉,《한국예술연구》35, 2022.
김웅호,〈조선 태조 대 단묘의 건립과 운영〉,《인천학연구》8, 2008.
김지영,〈경쟁하는 두 왕조―조선 국왕의 개성 행행 의례와 '문명지치'의 약속〉,《서울학연구》86, 2022.
김철웅,〈고려 시대의 산천제〉,《한국중세사연구》11, 2001.
김태영,〈조선 초기 사전의 성립에 대하여〉,《역사학보》58, 1973.
김태우,〈조선 시대 한강 유역 국행 의례 제장에 대한 연구―문헌과 현장 조사를 통한 지리적 위치 고증에 대한 시도〉,《서울학연구》73, 2018.
남지대,〈태조 삼년상을 통한 태종 왕통의 완성〉,《규장각》49, 2016.
박미라,〈중국 제지의례에 나타난 지신의 이중적 성격〉,《도교문화연구》25, 2006.
박희성,〈조선 선농단 훼손 과정으로 본 동교의 도시재편 양상〉,《서울과 역사》81, 2012.

백소훈, 〈명 초 사직단 제도 개정과 조선 초 사직단 논쟁〉, 《건축역사연구》 24권 5호, 2015.

변지선, 《《시용향악보》 소개 〈삼성대왕〉 연구〉, *Journal of Korean Culture* 15호, 2010.

서은혜, 〈고려·조선의 국제관계에서 역서가 가지는 의미와 그 변화〉, 《역사비평》 121, 2017.

_____, 〈정난의 변과 조선·명 관계의 반전〉, 《중앙사론》 56, 2022.

_____, 〈조선 초기 천문의기 제작에 사용된 주척에 대한 이론적 고찰〉, 《역사와 현실》 123, 2022.

서진교, 〈대한제국기 고종의 황실 추숭사업과 황제권의 강화의 사상적 기초〉, 《한국근현대사연구》 19, 2001.

석창진, 〈조선 초기 유교적 국상의례의 거행양상과 그 특징〉, 《한국사학보》 58, 2015.

薛戈, 〈홍무 초기(1368~1374) 명·고려 외교 관계의 연구〉, 서울대학교 동양사학과 박사학위 논문, 2021.

송미령, 〈명 홍무제의 동남아시아 외교 수립과 북원〉, 《명청사연구》 59, 2023.

송웅섭, 〈조선 성종의 문묘 의례 준행과 국왕으로서의 권위 창출〉, 《역사와 담론》 85, 2018.

신경숙, 〈정해 친경·친잠과 김수장 시조〉, 《시조학논총》 42, 2015.

이경룡, 〈명 초 금화학파의 화이론 형성과 변경 인식〉, 《명청사연구》 24, 2005.

이명미, 〈공민왕 대 후반 친명 정책의 한 배경〉, 《사학연구》 113, 2014.

_____, 〈성지를 통해 본 여말선초의 정치·외교 환경〉, 《역사비평》 121, 2017.

이영춘, 〈조선 후기의 사전의 재편과 국가 제사〉, 《한국사연구》 118, 2002.

이　욱, 〈대한제국기 환구제에 관한 연구〉, 《종교연구》 30, 2003.

_____, 〈조선 시대 공간 상징을 통한 왕도 만들기―풍운뢰우단을 중심으로〉, 《종교문화비평》 3, 2003.

이윤석, 〈명 초 국가권력의 지방 사묘 정비〉, 《중국학보》 44, 2001.

_____, 〈명청시대 강남도시 사묘의 사회사적 연구〉, 서울대학교 동양사학과 박사학위 논문, 2003.

이익주, 〈14세기 후반 동아시아 국제질서의 변화와 고려−원·명−일본 관계〉, 《진단학보》 114, 2012.
_____, 〈1219년(고종 6) 고려−몽골 '형제맹약' 재론〉, 《동방학지》 175, 2016.
이정희, 〈조선 시대 풍운뢰우 제례와 음악〉, 《한국음악사학보》 67, 2021.
임재해, 〈시용향악보 소재 무가류 시가연구〉, 《한민족어문학》 9, 1982.
임혜련, 〈조선 시대 선잠제 정비와 시행 의미〉, 《한국사상과 문화》 77, 2015.
장지연, 〈조선 후기 도성도를 통해 본 단묘 인식〉, 《조선시대사학보》 45, 2008
_____, 〈조선 초 중앙 사직단 단제의 형성과 그 성격〉, 《서울학연구》 43, 2011.
_____, 〈고려~조선 초 적전 선농단의 변화와 그 특징〉, 《서울학연구》 44, 2011.
_____, 〈조선 시기 주현 사직단 설치의 의미와 그 실제〉, 《한국문화》 56, 2011.
_____, 〈조선시대 선농단과 선잠단의 실제 형태 고찰〉, 《조선시대사학보》 63, 2012
_____, 〈고려 말 조선 초 봉건제 이상 속의 수도 인식과 그 위상—천하 질서 속의 봉건과 수도〉, 《서울학연구》 60, 2015.
_____, 〈조선 전기 개성과 한성의 관계 (2)—선과 면으로 보기〉, 《서울학연구》 73, 2018.
정동훈, 〈몽골제국의 붕괴와 고려−명의 유산 상속 분쟁〉, 《역사비평》 121, 2017.
_____, 〈명과 주변국의 외교관계 수립 절차의 재구성〉, 《명청사연구》 51, 2019.
조영헌, 〈15세기 한중관계: 예제적−일원적 책봉·조공의 확립〉, 《조선 시대 한중관계사》, 동북아역사재단, 2018.
_____, 〈북경 천도가 조·명 관계에 미친 영향〉, 《명청사연구》 60, 2023.
지두환, 〈1. 사직대제의 역사와 의례〉, 《사직대제》, 국립문화재연구소, 2007.
최선혜, 〈조선 초기 《명황계감》과 《내훈》—여성에 대한 서책 간행과 왕권의 안정〉, 《남도문화연구》 21, 2011.
최종석, 〈고려 시대 조하의 의례 구조의 변동과 국가 위상〉, 《한국문화》 51, 2010.
최종석, 〈조선 초기 풍운뢰우산천성황제의 수용·지속과 그 인식적 기반〉, 《한국학연구》 42, 2016.
_____, 〈조선 초기 '시왕지제' 논의 구조의 특징과 중화 보편의 추구〉, 《조선시대사학

보》 52, 2021.

_____, 〈중화 보편, 딜레마, 창의의 메카니즘〉, 《조선 시대 예교담론과 예제질서》, 소명출판, 2016.

_____, 〈13~15세기 천하질서하에서 고려와 조선의 국가 정체성〉, 《역사비평》 121, 2017.

최종성, 〈국무와 국무당〉, 《비교민속학》 21, 2001.

_____, 〈조선조 유교 사회와 무속 국행의례 연구〉, 서울대학교 종교학과 박사학위 논문, 2001.

한정수, 〈고려 시대 개경의 사전 정비와 제사 공간〉, 《역사와 현실》 60, 2006.

_____, 〈조선 초 월령의 이해와 국가운영〉, 《한국사상사학》 36, 2010.

한형주, 〈허조와 태종~세종 대 국가의례의 정비〉, 《민족문화연구》 44, 2006.

_____, 〈성종-중종 대 농상 관련 국가 제례의 변화양상과 친제〉, 《역사와 실학》 43, 2010.

_____, 〈조선 시대 선잠 의례의 동선과 제단의 크기〉, 《여성과 역사》 36, 2022.

한희숙, 〈조선 초기 소혜왕후의 생애와 《내훈》〉, 《한국사상과 문화》 27, 2005.

_____, 〈조선 성종 8년 왕비의 친잠례 시행과 그 의미〉, 《아시아여성연구》 51, 2012.

홍승현, 〈고대 중국 화이관의 성립과 성격〉, 《중국사연구》 57, 2008.

濱島敦俊, 《總管信仰: 近世江南農村社會と民間信仰》, 研文出版, 2001.

小島毅, 〈城隍制度の確立〉, 《思想》 792, 1990.

松室生, 〈先蠶壇について〉, 《朝鮮》, 1930년 5월 제180호.

岩井茂樹, 〈明代中國の禮制覇權主義と東アジアの秩序〉, 《東洋文化》 85, 2005.

Taylor, Romeyn, "Official Religion in the Ming", *The Cambridge History of China Vol 8 The Ming Dynasty, Part 2*, Cambridge: Cambridge University Press, 1988.

수록 그림 및 도표

● 그림

〔그림 1〕 중사단 대표 도설 풍운뢰우산천성황단 …… 102
〔그림 2〕 1936년 선농단 …… 177
〔그림 3〕 국사편찬위원회 소장 유리필름사진 선농단지 …… 177
〔그림 4〕 현재 잠령공양탑 …… 177
〔그림 5〕 선농단지 사진 분석도 …… 179
〔그림 6〕 선농단지 사진 중심부 확대 …… 179
〔그림 7〕 선농단지 사진을 통해 본 수치 추정 ① …… 180
〔그림 8〕 선농단지 사진을 통해 본 수치 추정 ② …… 180
〔그림 9〕 선농단 추정도(CAD 도면) …… 183
〔그림 10〕 1921년 〈조선지형도집성〉 중 사직단 부분 …… 189
〔그림 11〕 《조선고적도보》 권11, 경성 사직단 …… 189
〔그림 12〕 《대명집례大明集禮》 중 태사태직도 …… 201
〔그림 13〕 《대명회전大明會典》 중 태사태직도 …… 201
〔그림 14〕 세종 대 논의안 비교 CAD 도면 …… 218
〔그림 15〕 사직단 악공 및 진설 배치 개념도 …… 225
〔그림 16〕 《국조오례서례》 중 사직단 도설 …… 227
〔그림 17〕 삼척 사직단지 추정도 …… 246
〔그림 18〕 《신증동국여지승람》 동람도 중 팔도총도 …… 271
〔그림 19〕 근대 선잠단지 사진 …… 321
〔그림 20〕 파손되기 이전 선잠단 …… 321
〔그림 21〕 《춘관통고》 친잠단 개념도와 마쓰무로 측정 도면 …… 324
〔그림 22〕 선잠단 추정도(CAD 도면) …… 325

● 표

〔표 1〕 고려와 조선의 단壇 변사체계 비교 …… 019
〔표 2〕 1385년(우왕 11) 이전 명에서 보낸 사신 …… 041
〔표 3〕 풍사단 비교 …… 068
〔표 4〕 우사단(뇌사 부) 비교 …… 068
〔표 5〕《국조오례서례》단묘도설 …… 103
〔표 6〕 1438년(세종 20) 풍운뢰우산천성황단의 단제에 대한 논의 …… 110
〔표 7〕 송의 풍사단과 우단제도 …… 134
〔표 8〕 고려의 친경 사례 …… 153
〔표 9〕 태종 14년 조사와 전례서 규정 비교 …… 171
〔표 10〕《국조오례서례》 기준 수치와 사진 측정 수치 …… 182
〔표 11〕 사단의 종류 …… 192
〔표 12〕 1432년(세종 14) 집현전의 사직단 개혁안과 대신의 의견 …… 214
〔표 13〕 세종 대 사직단제 논의 비교 …… 221
〔표 14〕 태종 14년 예조의 산천 제사 방안 …… 266
〔표 15〕 중사 악해독의 변천 …… 269
〔표 16〕 소사 명산대천의 변천 …… 270
〔표 17〕 고려의 선잠단과 당송 제도의 비교 …… 314
〔표 18〕 선잠단의 단 크기 비교 …… 323

찾아보기

ㄱ~ㄴ

가공 210, 211
《가어》 130, 131
감생제 138, 139, 140, 141
감악 252, 254, 255, 256, 263, 276, 277, 278, 291
감악사 240
감악산 266, 270, 274, 280, 290, 291
갑오개혁 117
강금강 197
강녕전 323
강릉 289
강무 307
강사포 75
강천주 195
강충 290
강향사 76, 77
강희맹 307
개경 나성 152
개경사 278
개성 성균관 307
개성 유수 297
개성당 287

개성유후사 234
《개원례》 67, 229, 302
개천 58, 256
건문제 48, 49
견사 73
《경국대전》 285, 312
경기도 농업시험장 176
경복궁 6, 313, 323, 325
경성여자사범학교 176
경운궁 117
경적례 161, 165, 166
경회루 256
계국백 290
계룡산 266, 270
계제 79
고녀 293
고려 성종 18
고려 예종 69, 77
고선 167
고손지 46
고척 197, 205, 228
곡신 88, 132, 185
공계 5, 209, 211
공비 278, 282

공상公桑 301, 310
공인 207, 211
공혜왕후 한씨 308
광연루 255
광종 149, 151
교방 38, 253
교사郊社 4, 157
교사郊祀 2, 75, 199
교사종묘의 71
구룡산 266, 267
구류관 155
구망 130, 131, 141
구병원장 278
구실등가 154
구장면복 49, 55, 56, 57, 155
구정 151
국내산천지신 65
국무당 252, 280, 281, 282, 283
국사 186, 191,
국사국직단 192, 193, 194, 196, 242
국선 78
국직 186
국행 기은 281
군마대왕 295
군성 191, 192
군자속전 235, 237
군자시 237
권규 278
권근 45, 46, 235
권진 214, 215, 216
근정전 313
금성산 266, 270, 290
금인 74, 155
기고사직의 96
기고종묘의 96

기곡祈穀 123, 124, 147, 150, 152, 153, 156, 157, 158, 159, 161, 165, 332
기성 68
기신재 298
기양 160, 234, 279
기우제차 95, 96
기은사 292
기자 34, 35, 36, 39, 122
기철 32
길례 잡사 70
김부식 155
김재순 243
김종직 309
김첨 166, 234, 235, 295, 296
나한전 278
낙영 42,
남경 161, 162
남교 42, 92, 97, 115, 118, 124, 129, 133, 139, 140, 141, 157, 175, 190
남단 114, 116, 117, 139
남려 167
남별궁 117
남산 율현 93, 100
남효온 283
남훈문 295
내당 294
내유 102, 175
내재 301
내행기은 254, 282
《내훈》 286, 309, 313
노인성 19, 21, 99, 100, 103, 169
노주 147
뇌사 65, 68, 98, 99, 111
뇌신 19, 67, 71,
뇌우단 101

ㄷ~ㅁ

다이라성 151
단군 36, 116, 122, 126, 127, 296
단외장 188
단우 42
단우의 243
《답산기》 236
당 숙종 290
대국당 287, 295, 296
대국 116, 295, 296, 297,
대국제 255, 296
《대명집례》 72, 115, 135, 201, 216
대사고려국산천기 73
대사례 307
대사악 104
대성악 153, 154, 161
대왕반 294, 295
대정 255, 256, 266, 267, 268, 274, 291
대척 197, 198, 205
대침 147
《대한예전》 175, 268, 269, 270
대한제국 117
대화궁 154
대황당 274, 293
덕적 291, 252, 254, 255, 256, 291
덕종 284
덕진 291, 266, 268, 270
토룡단 280
《도선밀기》 236
《도은집》 46
도첩 285
동단同壇 105, 106, 199, 200, 208, 226, 241, 245
동방청제 124, 126, 141

동양척식회사 176
동유기 77, 79
동지환구대제 117
두만강 268, 269
두우 192
두천 78, 79
등가 104, 186, 206, 207, 212, 222, 223
리 왕조 151
마보 19, 21, 98, 99, 103, 169, 171
마사 19, 21, 98, 169, 172, 315
마쓰무로 시게마사松室重正 181, 322
마제馬祭 281, 295
마제禡祭 19, 21, 103
마조 19, 21, 98, 99, 103, 169, 171, 172, 315
막북 친정 50, 51, 53, 59
망료 107
망사 73, 80
망예 107
맹사성 42, 46, 113, 197, 214, 215, 216
명군병 309, 310
명산대천단 241, 242
명종 287, 288, 293, 294, 296, 298
명통사 255
모니노 38
목멱 205, 253, 256, 262, 266, 270, 278, 290, 298
목종 70, 260
목청전 307
묘청 80, 154, 155, 156, 158
무등산 290
무일편 37
무측천 70, 72, 260
문선왕묘도 150
문정왕후 287

문종 291, 319, 320
《문헌통고》 55, 95, 107, 130, 131, 133, 140, 197, 214, 263, 279, 280, 302, 314
미랄단 186, 187
민의생 108, 109, 110, 112
민제 45

ㅂ~ㅅ

박연 65, 66, 103, 104, 105, 107, 108, 109, 110, 112, 113, 114, 118, 141, 166, 167, 173, 174, 175, 181, 188, 205, 206, 207, 212, 219, 221, 222, 223, 224, 225, 228, 229, 230, 266, 267, 268, 291, 316, 317, 318, 319, 320, 330, 331
박은 52
반행 280
방구 16, 71, 115, 157
방택 19, 91, 117, 157, 158, 159, 190
배극렴 232
백고좌법석 121, 122
백악 125, 162, 253, 255, 256, 257, 262, 269, 278, 281, 290, 298, 322
법사존자 293
변계량 44, 48, 91, 92, 272, 273, 275, 276, 312
병문천 78
보사 253, 254
보우 287
보평칭 37
복원궁 77
봉상시 320
봉선사 284
부녀府女 280 293
북교 301, 315, 322, 326

북유 102, 175, 176, 178, 181, 182, 223, 320, 322
북유문 176, 223
북한산 326
북해 269, 289
분황례 45
불개토풍 60
비보사사 236, 237
사교四郊 157, 158
사단社壇 191, 193, 196, 197, 199, 200, 202, 207, 208, 212, 226
사복시 267, 295
사선 77, 78
사유社壝 187, 214
사은표 31, 32
사직단도 150, 201, 202
사풍운뢰우의 114
사한 169
산단 114
살곶이목장 267
삼각산 105, 266, 269, 290
《삼강행실도》 290
삼성 255, 280, 295, 296, 297
삼소론 162
삼척 243, 244, 245, 246
상로 155
상사上祀 199
《상정고금예문》 18, 95, 98, 210
《서경》 70, 80, 82, 132, 140, 154, 158, 161, 162, 260, 273
서릉씨 301, 323
서사호 39, 41, 42, 43, 76, 77, 80, 81, 82, 84, 92, 110, 261, 262
석전 37, 121, 232, 233, 238
석주 185, 186, 207, 208, 209, 241, 244

선농 17, 19, 21, 26, 98, 99, 100, 164, 166, 167, 169, 172, 174, 302, 303, 319
선명후암군병 309
선목 19, 21, 98, 99, 103, 169, 171, 172
선잠 19, 21, 98, 99, 100, 167, 169, 172, 174, 302, 303, 315, 317
〈선잠악장〉 312
설미수 54, 55, 56, 57
설사 29, 30, 31, 34, 35, 36, 41, 42, 46
설인귀 291
성균관 38, 90, 253, 307
성녕대군 278
성석린 55, 125
성석인 132
성수청 282, 283, 284, 285, 331
성수초제 149
성억 110, 111
성준득 30, 36
성현 283
성황당 287, 293, 295
성황반 294, 295
성황발고제 107
성황사 70, 235, 238, 239, 240, 295
성황신 65, 70, 71, 72, 234, 261, 262, 278
소격전 278, 296
소뢰 253
소종백 279
소혜왕후 282, 283, 284, 285, 286, 309, 313
본궐 295
《송도지》 296
송렴 35, 36, 73, 74
송설부보사환시서 31, 33
송악산 266, 268, 269, 274, 289, 293, 294
송악신사 240, 295, 297, 298

수륙재 285
수안진국지산 49
수창궁 37
숙의 윤씨 308
순음 315, 322
순주 80, 154, 158, 161, 162, 163, 164
순천 289
숭인문 38
시무 28조 149, 150, 163
시왕지제 198, 199, 230, 304, 332
《시용향악보》 294, 295, 297, 299
시학視學 239, 307
시한북교망기악해독급제산천의 96
신개 110, 111, 112, 319
신농도 310
신농씨 16, 166, 167
신덕왕후 강씨 53
신돈 76, 80, 161, 162, 262
신상 113, 215, 264, 272, 273, 274, 275, 276, 292, 293, 294, 296
신의왕후 한씨 53, 123
신인손 110
신종 68, 315
신주지기 157, 158
《신증동국여지승람》 239, 271, 293
신흠 297, 298
심도원 110, 111
심온 279
12도 생도 38

ㅇ

아소산 49
악진해독 17, 38, 41, 70, 71, 72, 75, 95, 96, 113, 260, 261, 264, 265, 268

《악학궤범》 299
악해독 19, 21, 103, 174, 242, 265, 268, 269, 271, 272, 274, 275, 276, 289, 291
안남 29, 30, 31, 48, 49, 50, 59, 72, 73, 75
안변 290
안성 56
안숭선 110
안암사 285, 286
안암천 326
안의현 243
알성 239, 307
알자 237
압승 76, 77, 79, 80, 81, 82
양 무제 133, 134
양로연 307
양릉정 76
양성지 268, 289
양유 103, 169, 172, 173, 174, 178, 186, 188, 206, 221, 222, 224, 315, 324
양존중 203, 204
양주 성황 278
양진楊津 253, 266, 270
여단 232, 233, 235, 239, 240
여제 19, 21, 99, 100, 103, 107, 169, 235, 296
연복사 162
연산군 115, 308
연종환원 298
영기 157, 158
영락제 25, 48, 49, 50, 51, 53, 59, 127, 258, 265, 330
영성 17, 19, 21, 67, 98, 99, 169, 172
영안성 266, 267
영제 19, 21, 98, 103
영조 115, 139, 313, 322, 324

영조척 200, 202, 204, 205, 212, 214, 216, 219, 220, 221, 226, 231, 245, 246, 316, 323
영창문 67, 68
영흥 성황 266, 270, 274
예감 106, 107, 172, 178, 196, 242, 244
《예기》 158, 165, 168, 191, 301, 302
오관산 266, 268, 270, 289, 290
오관산곡 290
오정문 296
오정 130
옥규 155
완산 290
왕국사직단 193, 194, 200
왕기王畿 187
왕부王府 193
왕사王社 191, 192
왕후관세 312
왕후승단 312
왕후입소차 312
왕후입유 312
외변 226, 231
외이산천 59, 72, 73, 75
요대 106, 107
욕수 130, 131, 141
용건 267
용녀 267, 268, 291
용수산사 240
우단雩壇 129, 133, 134, 135, 138
우사雩祀 19, 21
우사雨師 17, 65, 67, 68, 69, 71, 98, 99, 110, 116, 117, 125, 129, 130, 131, 133, 136, 174, 319
우사의雩祀儀 107, 108, 111, 132, 139
우이산 266, 270, 289, 290

우한사의 95, 254
운사 65, 67, 71, 90, 98, 110
원경왕후 278
원구 19, 22, 37, 44, 69, 71, 91, 117, 121, 122, 123, 140, 150, 157, 159, 160, 161, 162, 163, 164, 165, 166, 308, 331
원구단 16, 18, 21, 25, 26, 93, 116, 123, 129, 133, 135, 139, 140, 165, 331
원단 22, 26, 57, 58, 91, 93, 95, 96, 97, 109, 113, 116, 117, 123, 124, 125, 126, 127, 128, 129, 138, 140, 165, 167, 198, 203, 204, 257, 258, 280
《원사》 41, 197, 212, 214, 215, 220
원잠종제조소 176, 181
월산 68
월정당 287
유맹문 280, 281
유문 176, 181, 213, 216, 220, 221
유빈 104, 105
유향 273
유호인 293
육부 132
육악 104
육천 125
윤소종 160, 162, 163
응봉 322
의관령 266, 270, 274
의천군 275
이견기 110, 111
이곡 77, 78, 79
이맹균 110
이맹현 307, 308
이민도 165
이백강 278
이사里社 234, 235

이색 31, 33, 35, 37, 45, 80, 81
이선장 199
이성계 40, 53, 83, 84, 85, 87, 123
이숭인 46
이승휴 126
이심원 282, 283, 285
이인임 83, 84, 85, 123, 161
이자겸·척준경의 난 158
이제현 79
이지백 150
이직 109, 113, 132, 272, 273, 277
인귀 65, 106, 135, 167, 190, 259
인달암 266, 267
인당 32
인정전 297, 308
인조 199
인천 289
1묘 3단 233, 240
일시동인 33, 73, 74, 75, 80, 81, 329
임안부 203
임진강 291
임창택 296
임첨년 58

ㅈ

자복사 236
《자치통감강목》 307
작제건 267, 290
잠실 301, 305
장경도량 122, 252
장난章難 297
장단 161, 162, 262, 291, 495
장부 42, 43, 45, 46, 47, 82, 90, 91, 123, 200, 310

장원牆垣 188
장자온 30, 35
장찬자 237
재가녀손금고법 312
재관 114
재청 213, 215, 217
저화 통행법 256
적전 18, 19, 26, 42, 44, 69, 88, 89, 90, 91, 115, 121, 147, 148, 150, 151, 153, 154, 157, 159, 160, 161, 162, 164, 165, 166, 167, 168, 307, 310, 332
전농시 161, 237
전주 성황 266, 270, 274
절령 278
점성 31, 72, 75
정난의 변 48
정단正壇 186, 187, 206
정도전 46, 88, 91, 92, 93, 97, 165
정몽주 46, 80, 81
정사색 43
정인지 110
정조 81, 115, 116, 117, 118, 139, 243
정종 69, 157, 158, 252, 262, 315
정주목감 266, 267
정초 199, 206, 207, 209, 210, 211, 212, 222, 223, 224, 228, 229
정탁 56
정현 130, 187
정화 50, 69, 134, 135
《정화오례신의》 203
정희왕후 282, 283, 309, 312, 313
제단감조색 173
제도순심별감 242
제사서례 136
제사의 136, 164, 167, 172, 253, 263, 265, 268, 272, 273, 275, 276, 331
제사 의식 69, 136, 172, 173, 224, 241
제신사전 88
《제왕명감》 309, 313
《제왕운기》 126
제주도 78
조광조 298
조박 121, 164, 233, 262
《조선경국전》 88, 89, 93, 165, 224
《조선국악장》 103
조선씨 33
조영무 54
조조晁錯 307
조준 163, 22
조하의주 30, 35
종계변무 84, 87, 88
종묘 7, 16, 17, 18, 19, 20, 21, 35, 53, 54, 55~58, 69, 75, 88, 89, 92, 95, 96, 98, 115, 121, 123, 149, 150, 152, 159, 160, 162, 164, 165, 173, 195, 203, 205, 207, 230, 232, 252~254, 307, 317, 318
종묘 악장 37
주 무왕 33, 34
《주례》 17, 18, 101, 104, 129, 130, 131, 140, 187, 301
《주례주소》 187
《주역》 고괘 283
주원장 29, 36
주원周垣 185, 186, 188~190, 202~205, 212, 213, 216, 217, 223, 224, 225, 226, 231
《주자가례》 54, 197
주자주현 사직단설 197
주작 255, 256, 295, 296
제주사직의 214

주제周制 104
주준酒尊 209, 210, 212, 223
주척 135, 171, 197, 198, 204, 205, 212, 214, 216, 217, 219, 220, 221, 226, 228, 316, 326
주탁 42~47, 82, 90, 91, 123, 200
주현석전문선왕 238
주현제사직 238
주희 197~199, 202, 204, 205, 210, 216, 217, 219, 220, 226, 230, 244, 245
준소 206, 207, 222, 225
《중경지》 296
중궁 별기은 281, 282, 288
중농 17, 99, 167, 169
중종 115, 286, 287, 298, 331
중흥사 82
지기 86, 87, 105, 106, 107, 157, 158, 159, 160, 166, 167, 190
지리산 266, 268, 290
직단稷壇 103, 196, 197, 199, 200, 202, 208, 209, 212
진국공 290
진국백 290
진리陳理 197
진무陳武 263, 265
진병법석 82
진씨예서 214
진우량 197
진의 290
진종 134, 263, 265, 303, 315
진포대첩 40
집례 207, 211, 212, 223, 225, 230

ㅊ~ㅎ

찬자 237
창덕궁 255, 256
창릉 267
《척주지》 244
천립 313
천사성 315
천신 65~67, 86, 87, 104~107, 111, 112, 114, 118, 190
천지종사 160
초제 122, 151
총사 294
최득비 58, 59
최사강 110, 111
최승로 149, 150, 151, 163
최연 298
최영 40
최항 309
축수재 282, 283, 298
축융 130, 131, 141
축祝 237
축흠명 148
《춘관통고》 115, 139, 175, 322, 323, 324, 325
《춘추공양전》 74
《춘추좌씨전》 130, 131
충렬왕 122, 295, 296
치사置社 191, 192
친경 37, 150, 153, 155, 156, 157, 159, 161, 163, 165, 302, 304~308, 310, 312~314, 322, 332, 333
친잠제선잠 302
친향풍운뢰우산천기우의 115
칠소친행도량 122

쿠빌라이 50, 60
타이쪼 151
타이똥 151
탕룽 151
태뢰 203
태묘 38, 43, 45, 154, 155, 156, 159, 162
태묘당도 150
태사 33, 191, 192, 196, 202, 215, 217, 219, 226, 230
태사지신 202
태사태직단 192, 193, 194, 195, 196, 199, 200, 216, 242
태세 71, 72
태조의 유훈 154, 161
태직지신 202
토신 88, 185
토풍 151
《통전》 192, 194
통천관 75
팔관회 78, 151
팔선궁 240
평천관 239
포제 19, 21, 103
풍사단 67~71, 101, 109, 134, 135, 141
풍사 19, 65, 67~69, 71, 90, 98, 99, 107, 108, 110, 111, 116, 117
풍운뢰우단기우의 96
풍운뢰우산천성황 19, 21, 108
풍운뢰우지신 65
풍천 76, 269, 289
필성 68
하등극표 31
하륜 43, 48, 55, 124, 125, 132, 263
하연 110
한 문제 307, 308

한강 253, 266, 268, 269
한라산 79
한상경 96, 123, 124
함길도 275
함종 104, 105
합사 92~94, 97, 110, 111, 159, 199
해악산천 83, 84, 87, 88, 93, 123
행랑 58, 256
허복 243, 244, 245
허조 54, 110, 113, 114, 124, 197, 200, 212, 217, 219, 220, 230, 272, 273, 318
헌관 186, 188, 206, 207, 211, 212, 215, 237, 271
헌현 186, 188, 223
현명 130, 131, 141
현비병 309
협제 156
호경 267
호국백 290
호복 163
호유용의 옥 200
호종단 77, 78, 79, 80, 81
호천상제 17, 125, 138, 141, 142, 265
《홍무예제》 65, 66, 92, 94, 95, 96, 98, 99, 101, 105~112, 117, 197, 198, 202, 207, 208, 214, 215, 217, 220, 230, 234, 235, 252, 263, 264, 330, 331
홍문관 292
화령 290
화표 215
환구기곡대제 117
환구단 92, 117, 118
환장 188, 203, 204
황명예제 108, 252
황보인 110, 111

황산대첩 40
황엄 50, 53
황영기 83, 86
황우 69, 134, 135~137, 141
황제길해향선농의 302
황지기 190
황후계춘길사향선잠의 302
황희 110, 113, 114
회빈문 76
회회세자 296
효자 문충 290
후농 17, 99, 167, 169

《후비명감》 309, 313
후사(後祀) 38, 83, 191, 192
후직씨 175, 186
후토씨 186, 208
흥덕사 278
흥왕사 291
흥인문 129, 279
흥천사 사리전 255
희령 68

조선을 읽는 법, 단亶

2025년 3월 25일 초판 1쇄 인쇄
2025년 3월 30일 초판 1쇄 발행

글쓴이   장지연
펴낸이   박혜숙
디자인   이보용 김진
펴낸곳   도서출판 푸른역사

　우) 03044 서울시 종로구 자하문로8길 13
　전화: 02)720-8921(편집부) 02)720-8920(영업부)
　팩스: 02)720-9887
　전자우편: 2013history@naver.com
　등록: 1997년 2월 14일 제13-483호

ⓒ 장지연, 2025

ISBN 979-11-5612-291-3　93900

· 잘못 만들어진 책은 교환해드립니다.